LES SCANDALES DE LA RÉPUBLIQUE

JEAN GARRIGUES

LES SCANDALES DE LA RÉPUBLIQUE DE PANAMA À ELF

ROBERT LAFFONT

Ouvrage édité par Dominique Missika

ISBN 2-221-09495-6

À mon père.

Introduction

Wilson, Lesseps, Caillaux, Rochette, Berthelot, Hanau, Oustric, Stavisky, Ben Barka, Rives-Henrÿs, Aranda, Boulin, Broglie, Nucci, Carignon, Sirven : autant de noms qui ont scandé les heures sombres et les moments forts de notre histoire contemporaine. Autant d'affaires troubles de corruption, d'abus de pouvoir, de trafic d'influence, de collusion illicite, de racket organisé, de commissions occultes, qui ont alimenté les colonnes des journaux, les diatribes parlementaires et les conversations de café du Commerce.

À chaque époque, son scandale : à la fin du XIXe siècle, on ne parle que des « chéquards » de Panama ; à la veille de la Grande Guerre, le procès de Madame Caillaux, meurtrière du journaliste Gaston Calmette, défraie la chronique ; en 1934, l'affaire Stavisky pousse les ligues d'extrême droite à l'assaut du Palais-Bourbon ; en 1936, la campagne menée contre le ministre Roger Salengro le conduit au suicide ; à la Libération, le trafic des vins éclabousse Félix Gouin, le président du Conseil ; dans les années 1950, le scandale des piastres discrédite la « sale guerre » d'Indochine ; sous la présidence gaullienne, tout le monde parle de l'affaire Ben Barka.

Sous la Ve République, presque tous les gouvernants y sont passés : Georges Pompidou a été sali par l'affaire Markovic, Jacques Chaban-Delmas par sa feuille d'impôts, Valéry Giscard d'Estaing par les diamants de Bokassa, Michel Poniatowski par l'assassinat du prince de Broglie, François Mitterrand par le faux attentat de l'Observatoire, Laurent Fabius par le sang contaminé, Charles Hernu par le *Rainbow Warrior*, Jacques Chirac par la cassette Méry... Un véritable jeu de massacre !

Autant de débats houleux, de campagnes de presse, de discours vengeurs qui ont contribué à construire notre identité politique. En France, la politique du scandale apparaît comme un sport national.

Comment s'y retrouver dans ce fatras complexe de petites et de grandes compromissions, de complaisances naïves ou de cyniques crapuleries ?

Bien sûr, les scandales politiques ne sont pas nés avec la République. À toutes les époques, sous tous les régimes et toutes les latitudes, les détenteurs du pouvoir ont été impliqués dans des affaires retentissantes. Il faut donc se demander ce qui fait la spécificité française du scandale, et pourquoi la République en est le terreau privilégié.

Pourquoi certaines affaires deviennent-elles des scandales, tandis que d'autres sont étouffées ? Qui fait éclater le scandale, qui a intérêt à prendre à témoin l'opinion ? Il faut enquêter dans les coulisses des affaires, comprendre les motivations, les règlements de comptes qui engendrent le scandale. Un jeu complexe s'organise, dont les politiques, les magistrats, les avocats et les journalistes sont les principaux acteurs. Quelle est l'issue de la partie ? À quoi sert le scandale ? Peut-il faire progresser la démocratie ? Il nous renvoie aux carences du système politique français comme à sa capacité de régénération. C'est un révélateur, mais aussi un faux-semblant, voire le paravent de nos dérives. Alors se pose la question-clé : à qui profite le scandale ?

Le recul de l'Histoire

On a beaucoup écrit « à chaud » sur les scandales, des récits, des souvenirs, des pamphlets, des fictions. Mais pour bien comprendre le phénomène du scandale, il faut prendre de la distance, il faut le recul de l'Histoire.

Par essence, le scandale est fait de bruit et de fureur, d'indignation et de passion, tout le contraire d'une réflexion objective. Instantané un peu trouble d'un moment de crise, il faut le décortiquer, en décrypter l'image à tête reposée. Apparaît alors une chronologie des scandales qui segmente des phases, des périodes, dessinant les contours d'époques contrastées, dont chacune mérite une attention particulière. D'une République à l'autre, ce ne sont plus les mêmes vices qui apparaissent scandaleux, ce ne sont plus les mêmes partis qui sont éclaboussés par le scandale, ce ne sont plus les mêmes qui les exploitent, ce n'est plus le même traitement médiatique.

Pourrait-on concevoir aujourd'hui un scandale comme celui de Panama, qui mit en accusation une bonne centaine de parlementaires soupçonnés de corruption ? Pourrait-on admettre le déferlement antisémite qui accompagna presque tous les scandales de la IIIe République ? Comment restituer l'atmosphère des grands scandales de la IVe République, marqués par la guerre froide et par la décolonisation ? Celle des scandales immobiliers des années 1960-1970, au cœur des années de croissance, celle des années 1980, lorsque délits d'initié et bureaux d'études se partageaient la une de l'actualité ? À chaque époque ses vices et ses dérives, à chaque époque ses scandales, miroirs et révélateurs sociaux. En somme, il y a plusieurs âges du scandale, qui lui construisent une histoire à part entière.

Quarante récits de scandales

On trouvera dans ce livre une quarantaine de scandales, parmi les plus importants. Sur Stavisky, Ben Barka, le *Rainbow Warrior* ou le sang contaminé, tout a été dit, ou presque, par des historiens ou par des journalistes. Mais il reste de nombreux mystères, de nombreuses affaires non élucidées, depuis le suicide du baron de Reinach, l'un des corrupteurs de Panama, jusqu'aux emplois fictifs de la mairie de Paris, en passant par l'assassinat du prince Jean de Broglie ou le mystérieux suicide de Robert Boulin. Dans la mesure du possible, on essaiera de faire le point sur les hypothèses qui se présentent dans ces affaires inachevées. Mais surtout, on remettra en lumière des affaires trop vite oubliées : le scandale des décorations, qui fit tomber en 1887 le président de la République Jules Grévy ; les financiers véreux des années 1930, Albert Oustric et Marthe Hanau, familiers du Tout-Paris politique ; l'affaire des vins et celle des bons d'Arras, dans les années troubles qui suivent la Libération ; les trois scandales liés à la guerre d'Indochine ; les scandales immobiliers de l'époque Pompidou ; les diamants de Valéry Giscard d'Estaing ; les dérives de Charles Hernu et les copinages financiers de l'époque Mitterrand, jusqu'aux marchés truqués des lycées d'Île-de-France, il y a quelques années à peine.

Le scandale, une arme politique

Plus encore que les affaires elles-mêmes, ce livre mettra l'accent sur le phénomène du scandale comme élément constitutif et récurrent de notre vie politique. Certains étudient le fonctionnement des institutions, le jeu des partis, l'influence des grèves ou des manifestations. Nous le traiterons comme élément moteur d'une histoire politique en devenir. En effet, le scandale est une arme dont se sont servis tous les partis, à un moment ou à un autre de leur histoire. Sous la IIIe République, l'extrême droite en a fait son cheval de bataille contre la « pourriture » du système parlementaire. Sous la IVe République, les communistes l'ont utilisé contre les partis de la Troisième Force. Sous la Ve République, le scandale a permis bien des règlements de comptes, entre droite et gauche bien sûr, mais aussi à l'intérieur de chaque camp. De la démission du président de la République Jules Grévy à l'inculpation de l'ancien Premier ministre Alain Juppé, la liste des victimes politiques du scandale est interminable. Pour écarter des rivaux, discréditer un courant, affaiblir un parlementaire, un parti ou un gouvernant, c'est une arme redoutable qui a traversé les époques et les régimes. L'étude des scandales est donc une composante incontournable, et pas seulement anecdotique, de notre histoire politique contemporaine.

Halte au « tous pourris ! »

Pour les rendre vivants, il faut raconter les scandales au jour le jour, du point de vue du Français moyen, qui reçoit l'information à chaud, sans possibilité de distance. Mais il faut aussi comprendre, expliquer les mécanismes du scandale, les ressorts cachés de la provocation, de la manipulation ou de l'exploitation.

C'est pourquoi ce livre se veut à rebours des incantations haineuses et des vociférations populistes, trop souvent acharnées à discréditer le politique. Le « tous pourris ! » n'est pas notre affaire. L'historien est là pour décrire et pour expliquer, non pour hurler avec les loups. L'histoire des scandales lui apparaît avant tout comme un révélateur social. Que l'on n'y voie surtout pas une volonté de dénigrement systématique, pas plus qu'une tentative pour esquiver la réalité. Le goût de la politique passe par une exigence de lucidité. Le double pari de ce livre, c'est de raconter et de comprendre.

Première partie

L'INVENTION DU SCANDALE

Les premières décennies de la IIIe République sont des années d'apprentissage pour la société française. Elle découvre la révolution industrielle, la démocratie parlementaire, l'école laïque et obligatoire, la presse de masse, l'âge du fer et de l'électricité. Dans le champ politique, ce sont de nouvelles pratiques qu'il faut intégrer, de nouvelles institutions, une nouvelle répartition des pouvoirs. Les représentants élus du peuple se voient investis d'une légitimité nouvelle et d'un champ considérable de pouvoirs, le souverain ayant disparu. Certains vont en abuser, mélanger les genres, parfois utiliser leur fonction au service de leurs intérêts personnels.

Depuis la nuit des temps, cela a toujours existé. Mais ces excès, ces déviances, ces abus de pouvoir sont désormais soumis à l'attention vigilante d'une opposition politique qui a les moyens de s'exprimer. L'opinion publique entend exercer son droit de regard démocratique, et la presse, devenue un quatrième pouvoir, dispose de la liberté nécessaire pour informer les citoyens. C'est ainsi que s'effectue, dans les premières décennies de la IIIe République, l'invention du scandale.

1

1887. « Ah ! quel malheur d'avoir un gendre ! »

Au matin du 2 décembre 1887, plusieurs centaines de Parisiens se rassemblent place de la Concorde. Ils sont venus nombreux, les socialistes, les nationalistes, les partisans du général Boulanger, tous unis par un rejet commun du régime républicain et de celui qui le représente. Un seul cri : « À bas Grévy ! Grévy démission ! » Au début de l'après-midi, un cri de joie s'élève de cette foule bigarrée : après une semaine de résistance, le président de la République s'est enfin décidé à se démettre de ses fonctions. C'est le dénouement d'un scandale sans précédent, qui bouleverse le pays depuis le mois d'octobre. « Ah ! quel malheur d'avoir un gendre ! », s'amusent les chansonniers. C'est sans doute ce que pense Grévy en quittant son bureau de l'Élysée.

Les mauvaises habitudes de Daniel Wilson

C'est en effet son gendre, Daniel Wilson, qui l'a plongé dans le scandale. Il aurait dû se douter que ce grand garçon aux yeux bleus et à l'épaisse barbe rousse, marié en 1881 à sa fille Alice, finirait par lui causer de graves problèmes. Depuis sa jeunesse, Wilson traîne derrière lui une réputation de noceur, grand amateur de « cocottes », de restaurants à la mode et de fêtes somptuaires. Au début des années 1860, on raconte qu'il donne des dîners où chaque femme trouve sous sa serviette un billet de cinq cents francs pour jouer au baccara ou aux autres jeux de hasard. Il passe pour le plus gros joueur de son cercle, l'Union artistique, alors dénommé Les Mirlitons. Au point que sa sœur Marguerite doit lui faire donner en 1862 un conseil judiciaire pour l'empêcher de dilapider la fortune familiale.

C'est pourtant la belle Marguerite, propriétaire du château de Chenonceaux, qui présente Wilson à Jules Grévy, l'une des figures de l'opposition républicaine. Chacun sait qu'elle est la maîtresse de Grévy, et ce bien avant la mort de son mari, le chimiste Pelouze, en mars 1881. Le chef républicain soutient la candidature de Wilson en Touraine lors des élections législatives de juin 1869. À l'issue d'une campagne électorale riche en prodigalités, le débutant en politique remporte la victoire sur l'industriel Mame, grand éditeur catholique de Tours, député sortant et candidat officiel de Napoléon III. Réélu en février 1871, Daniel Wilson devient un notable de la région mais aussi une personnalité d'envergure nationale, rapporteur général du budget en 1879, puis sous-secrétaire d'État aux finances dans les gouvernements Freycinet et Ferry, de décembre 1879 à novembre 1881.

Intime de l'Élysée, il est considéré comme l'un des hommes forts du régime, en dépit des rumeurs qui courent sur ses affaires plus ou moins douteuses. « On dit en Bourse que Wilson a gagné des sommes énormes », rapporte un indicateur de la police en 1879. Quatre ans plus tard, le polémiste Auguste Chirac le dénonce comme « l'un des rois de la République », lui reprochant d'exercer des pressions sur les administrations publiques et d'être mêlé à des agiotages suspects. Si l'on en croit Auguste Chirac, Wilson « a installé dans le palais même du chef de l'État une manière de vaste agence de corruption. On les voit là, deux fois par semaine, tous les Tricoche et Cacolet de la politique, les Robert Macaire de la finance, les Giboyer et les sous-Giboyer du journalisme, ils viennent quémander : qui l'impunité, qui les honneurs, qui l'argent ». Et Auguste Chirac de multiplier les anecdotes sur l'immoralité et le cynisme du conseiller présidentiel.

À la Chambre, en 1883, le député bonapartiste Paul de Cassagnac l'accuse d'avoir influencé à des fins personnelles la politique coloniale de la France au Tonkin. On le soupçonne aussi d'être intervenu dans les négociations entre l'État et les grandes compagnies ferroviaires. *Le Figaro* du 30 juin 1883 affirme que Wilson s'est acheté un terrain avenue d'Iéna grâce aux spéculations sur la conversion de la rente. En 1886, un dessin paru dans *Le Courrier français* le représente à l'entrée d'une maison de commerce, les mains dans les poches, attirant le chaland pour lui vendre décorations, rubans, képis, avec cette légende : « Rubans et croix à vendre ».

Vrai ou faux ? En tout cas, Wilson ne dément pas. « Il a gagné des millions depuis qu'il est le gendre de Grévy », peut-on lire dans un rapport de police d'avril 1884. Et le rapport ajoute : « Si les questions étaient examinées de près, il en résulterait un grand scandale. »

Le trafic des décorations

Le 7 octobre 1887, *Le XIX*e *siècle*, un journal proche des boulangistes, révèle à ses lecteurs que l'on trafique sur la Légion d'honneur au ministère de la Guerre, et qu'il y a une « cote des rubans rouges, comme pour les valeurs de Bourse, variant suivant les saisons, les demandes, de vingt-cinq mille à cinquante mille francs ». Sur les Grands Boulevards, à la sortie des théâtres, les crieurs de journaux s'en donnent à cœur joie : « Demandez le scandale du jour. Le trafic des décorations au ministère de la Guerre. Un général marchande des rubans. »

Le général en question n'est autre que Caffarel, héros de Magenta, sous-chef d'état-major de l'armée. À la suite d'une enquête confidentielle menée par le préfet de police, et grâce au témoignage d'une certaine Mme Limouzin, il est établi que Caffarel a trempé dans un commerce illicite de décorations officielles. Afin d'éviter le scandale, le président du Conseil Maurice Rouvier et le ministre de la Guerre Ferron ont décidé de le mettre discrètement à la retraite d'office, le décret étant signé au matin du 7 octobre par le président Grévy. Mais des fuites ont informé le journal boulangiste, qui bien sûr fait ses choux gras d'une pareille affaire. Dès lors que l'opinion est informée, les pouvoirs publics ne peuvent plus se dérober à des investigations plus poussées. On arrête donc le général Caffarel, la dame Limouzin, et toute une bande d'intermédiaires véreux liés au trafic, les dames Ratazzi, Véron, Boissy, ainsi que les sieurs Buy, Bayle, Lorentz.

On apprend peu après que le comte d'Andlau, sénateur et général, s'est fait le complice de ces aigrefins. Mis en cause par la Limouzin, il se présente spontanément au juge Atthalin pour se justifier, avant de disparaître dans la nature. Mais ce n'est que du menu fretin. La Limouzin, décidément très bavarde, affirme à un journaliste du *Temps* qu'elle détient des lettres du général Thibaudin, ancien ministre de la Guerre. On retrouve effectivement ces lettres, et leur ton très amical, voire amoureux, est jugé suffisamment compromettant pour que le général soit contraint à abandonner le commandement de la place de Paris pour une quasi-retraite dans le cadre de réserve. Mais il y a encore mieux que Thibaudin, encore plus haut, encore plus puissant : c'est Daniel Wilson, le gendre du président de la République, qui a orchestré le trafic des décorations !

La démission d'un président

Confronté chez le juge d'instruction avec la Limouzin et la Ratazzi, qui l'accusent d'être leur complice, Wilson nie sans faiblesse pendant plusieurs heures, au point que les deux femmes se rétractent. Mais la presse d'opposition ne veut pas lâcher sa proie, apportant à chaque édition de nouvelles révélations sur « Monsieur Gendre », ou sur « le wilsonisme du jour ». On y apprend que Wilson a installé à l'Élysée un véritable « ministère des recommandations et des démarches », réservant une partie du premier étage à ses trafics, auxquels travaillaient en permanence sept ou huit secrétaires. Près de vingt-trois mille dossiers y ont été traités, comprenant environ deux cent mille lettres, et Wilson lui-même accordait à peu près cent cinquante audiences par jour. Il avait même des correspondants à l'étranger. C'est ainsi qu'un sieur Trébucien a obtenu sa décoration par l'intermédiaire de Bongers, installé à Bruxelles, en échange de vingt-cinq mille actions du journal *La Petite France*, propriété de Wilson. En effet, plutôt que d'être payé en argent comptant, il préférait demander à ses « clients » de souscrire des actions ou des abonnements à ses journaux, une vingtaine de publications à un sou qui formaient un véritable groupe de presse.

Wilson se défend pied à pied, inondant les journaux de ses démentis et de ses explications chiffrées et embrouillées. Mais ses adversaires réclament sa tête à Grévy : « Il faut choisir entre la famille et l'État », peut-on lire dans *Le XIXe siècle*. Le 25 octobre 1887, dès la rentrée de la Chambre, le député bonapartiste Cunéo d'Ornano demande la nomination d'une commission d'enquête parlementaire « sur les faits de trafic de fonctions publiques et de décorations ». Malgré l'opposition du président du Conseil Maurice Rouvier, la proposition est adoptée par 338 voix contre 133.

Le procès en correctionnelle des intermédiaires, la Limouzin et la Ratazzi, s'ouvre dès le 7 novembre 1887. « Je suis ici pour cette canaille de Wilson, il me le paiera si je suis condamnée », déclare la Limouzin aux journalistes. Elle s'en tire avec six mois de prison, tandis que la Ratazzi prend treize mois, et le sénateur d'Andlau trois ans, mais par contumace. Mais l'événement marquant du procès est la révélation d'un scandale dans le scandale : on apprend en effet que les services de la police ont falsifié deux pièces majeures de l'instruction, deux lettres envoyées par Wilson à la Limouzin.

Dès le lendemain de ce coup de théâtre, le préfet de police est révoqué et les députés d'opposition réclament l'ouverture de poursuites judiciaires contre « Monsieur Gendre ». Ils les obtiennent le 17 novembre, ce qui réjouit certains humoristes :

« Vous êtes priés d'assister au Convoi, Service et Enterrement politique de Monsieur Daniel Wilson, dit le "Roi des tripoteurs", décédé moralement, à l'âge de près de cinquante ans, à la suite d'une Trucomanie limousinarde aiguë, contractée à l'Élysée pendant sa campagne de tripotage. » Cette brochure satirique s'arrache sur les Boulevards, tandis qu'à la Chambre Georges Clemenceau, le chef des radicaux, sonne l'hallali contre le gouvernement, le 19 novembre : « Gardez-vous de demander du temps, le malheur n'en accorde pas ! » Mis en minorité par la Chambre, le gouvernement Rouvier est renversé. Reste Grévy, impassible statue du Commandeur, réfugié dans un silence hautain : « Au fond, il n'y a pas dans tout cela de quoi fouetter un chat », confie-t-il au *Figaro*, le jour même de la chute de Rouvier. Mais ses adversaires comme ses amis savent qu'il n'est plus qu'un président en sursis.

Pendant une dizaine de jours, Grévy reçoit à l'Élysée le gotha du monde politique français, en un ballet ininterrompu de réunions et de conciliabules visant à trouver un successeur à Rouvier. Tour à tour, Clemenceau, Freycinet, Floquet, de Marcère se récusent. « Vite, vite, qu'il s'en aille ! », titre *Le XIXe siècle*. Dans le plus grand secret, Georges Clemenceau rencontre le général Boulanger et ses principaux comparses, Rochefort et Déroulède, dans la nuit du 27 au 28 novembre. La nuit suivante, Boulanger complote avec le baron de Mackau, l'émissaire des monarchistes. On prépare la succession.

Le 2 décembre, Jules Grévy jette enfin l'éponge. Devant les députés hostiles, Maurice Rouvier vient lire le message de démission présidentiel, tandis qu'une foule en colère manifeste devant le Palais-Bourbon. On conspue Wilson, Grévy, et surtout Ferry, l'homme des expéditions coloniales, Ferry le Tonkinois, qui pourtant n'est pour rien dans le scandale. Le 3 décembre, c'est l'obscur Sadi Carnot qui est élu président de la République par le Congrès réuni à Versailles. « Je vote pour le plus bête », aurait dit Clemenceau. « C'est la tyrannie de la médiocrité qui commence », écrivent les Goncourt.

Le paria du Palais-Bourbon

Que devient Wilson, l'homme par qui le scandale est arrivé ? Il continue à clamer son innocence, mais ses dénégations ne semblent convaincre personne. Fin décembre 1887, un rapport de police nous apprend que l'une de ses anciennes maîtresses, nommée Jane Hading, lui a extorqué huit cent cinquante mille francs sous la menace de publier quatorze lettres très compromettantes.

On parle de lui à la Chambre, le 3 février 1888 : les ténors de la droite, Paul de Cassagnac en tête, interpellent le garde des Sceaux, Armand Fallières, à propos des « efforts qu'il paraît avoir tentés pour soustraire un des inculpés à l'action du droit commun ». Ils l'accusent d'avoir fait obstacle à l'instruction en suspendant le juge Vigneau, chargé de l'affaire, au moment même où ce dernier allait faire arrêter Wilson. « Vous n'avez pas supprimé le dossier, vous avez supprimé le juge », ironise le monarchiste Jacques Piou. Alexandre Millerand, l'un des ténors de l'extrême gauche, reconnaît « une part de vérité » dans les accusations de la droite : « Assez de potins, asssez de scandales, assez d'ordures », réclame le futur président de la République. Mais la plupart des députés votent néanmoins l'ordre du jour pur et simple, qui absout le gouvernement.

Le 16 février 1888 s'ouvre devant la 10e chambre correctionnelle de Paris le procès de Daniel Wilson. Avec lui dans le box des accusés, Mme Ratazzi et trois comparses, François Ribaudeau, administrateur du *Moniteur de l'Exposition universelle*, l'un des journaux de Wilson, ainsi que Germain Dubreuil et Armand Hébert, employés. Ils sont accusés d'avoir escroqué trois « pigeons », nommés Crespin de La Jeannière, Belloc et Durand, qui ont payé pour obtenir des décorations. Wilson, arrivé au dernier moment, juste avant le début de l'audience, n'est accusé que de « complicité d'escroquerie par dons, promesses et recels ».

Les cinq prévenus se déclarent innocents, chacun à sa façon. Ribaudeau admet avoir reçu de l'argent, mais affirme qu'il n'y a eu « aucun marché, aucun trafic de décorations ». La Ratazzi, en revanche, charge Wilson, qui serait selon elle la plaque tournante du trafic. Elle l'accuse d'avoir personnellement reçu dans son bureau le dénommé Legrand, l'un des quémandeurs, ce que dément Wilson. Mais le rapport du commissaire de police affirme que les deux hommes se connaissaient déjà lorsqu'ils ont été confrontés par le juge.

Le réquisitoire du substitut Lombard dure deux jours, pendant lesquels il détaille les trafics de Wilson et de ses acolytes, qui réclamaient à leurs solliciteurs beaucoup d'argent ou des souscriptions d'actions dans les différents journaux de « Monsieur Gendre ». S'il n'y a « aucune preuve directe contre lui », on relève néanmoins des « promiscuités étranges ». Il ne fait aucun doute pour Lombard que « l'intervention de M. Wilson était vénale ». Le gendre du président, dit-il, « a établi dans le palais du chef de l'État ce que j'appelle une agence et une maison de commerce ». D'où une conclusion sévère, applaudie par le public : « Il faut un exemple frappant à la moralité publique, car pour s'accoupler à de tels individus et trafiquer de la sorte, il a fallu à M. Wilson une audace inouïe ou un prodigieux aveuglement. »

Me Lenté, l'avocat de Wilson, dénonce les attaques et les injures dont son client serait l'innocente victime. « La justice n'est pas faite pour recevoir je ne sais quelle impulsion de je ne sais quelle opinion publique, conclut-il. Il n'y a pas de délit dans cette affaire. Proclamez-le sans préoccupation d'aucune sorte et sans faiblesse. » Mais il n'est pas suivi par le tribunal, qui condamne Wilson, le 1er mars, à deux ans de prison, trois mille francs d'amende (neuf mille cent cinquante euros d'aujourd'hui) et cinq ans de privation des droits civiques. « Monsieur Gendre », convaincu de complicité d'escroquerie, est le plus durement frappé des cinq prévenus, la Ratazzi étant acquittée, et les autres écopant de peines de un à huit mois de prison. Le tribunal a voulu sanctionner la faute politique, à défaut de prouver un délit caractérisé.

Mais on n'a pas pu le condamner pour trafic d'influence, car aucune loi n'existe à cette époque pour punir ce type de délit. C'est pour cette raison que la cour d'appel va l'acquitter, le 27 mars 1888, au motif qu'il n'a pas pu faire de « promesse ferme » des décorations accordées, car il n'avait pas le pouvoir de les attribuer. C'est jouer sur les mots, car les recommandations du gendre du président de la République étaient évidemment suivies par les administrations concernées. Toujours est-il que Wilson est libre, et vierge de toute sanction.

En revanche, sa carrière politique semble brisée. Le 26 novembre 1888, jour de la rentrée parlementaire, lorsqu'il vient s'asseoir sur son banc de député, le président de la Chambre demande que la séance soit levée aussitôt pendant une heure. Tous les députés sortent de l'hémicycle, et Wilson reste seul, faisant mine d'être plongé dans ses dossiers. Pas la moindre parole d'encouragement, pas la moindre main secourable. Il est seul, tout seul, comme un pestiféré.

« Wilson est sorti de la Chambre en proie à une vive irritation, écrit un indicateur de la police au lendemain de cette dramatique séance. Wilson laisse clairement entendre qu'il n'aura plus la moindre pitié. » Pitié pour qui ? Que veut dire le policier ? Il fait allusion aux nombreux dossiers que posséderait Wilson sur une bonne partie de ses collègues parlementaires, et qui seraient explosifs. *La Cocarde* du 21 juillet 1890 affirme qu'il s'occupe activement de rédiger ses « souvenirs personnels », qui contiendront « des révélations curieuses, piquantes, sur les hommes et les événements ». Plus tard, on apprend que l'ouvrage serait publié en Italie, et qu'il mettrait en cause plusieurs grands noms de la République. Composé de trois volumes, il s'intitulerait *Histoire de dix ans. Mes documents*, et impliquerait Georges Clemenceau, Eugène Étienne, David Raynal, et surtout Maurice Rouvier, en vedette dans le dernier tome. Ce brûlot, réel ou virtuel, ne sera jamais publié, mais l'entourage de Wilson ne cesse d'en brandir la menace. Une chanson intitulée *L'Homme de Loches* circule dans les rues de Paris : « Devant ses vingt mill'dossiers,/Pleins de souvenirs peu flatteurs,/Députés et sénateurs,/S'écrient tous : J'en ai l'dos scié. » Ribaudeau, son homme de confiance, affirme que Wilson va se représenter aux élections de 1893 « pour se venger de ceux qui l'ont frappé lorsqu'il était à terre », et qu'il fera lancer des petits journaux à scandales pour « étaler en plein soleil toutes leurs saletés ».

Élu maire de Loches en mars 1892, Wilson se représente en effet à la députation en septembre 1893… et il gagne. Son élection ayant été invalidée, il menace de nouveau de déballer toutes les turpitudes de la classe politique : « Il a des journaux qui pourraient parler pour lui », affirme un rapport de police. En juillet 1895, un autre rapport affirme que le socialiste Millerand l'aurait sollicité pour utiliser ses dossiers, mais sans résultat. Réalité ou manipulation ? En tout cas, l'élection de Wilson est finalement validée et il revient siéger à la Chambre en 1896. Neuf ans après, qui se soucie encore de l'affaire des décorations ? Un autre scandale a éclaté entre-temps, éclaboussant cette fois l'ensemble du monde parlementaire : c'est le scandale de Panama.

2

1892. Les « chéquards » de Panama

« Panama, c'est toute une camarilla politique sur laquelle pèse l'opprobre de la vénalité, c'est le mal lui-même qui a gagné tout le corps social parce que vous l'avez laissé se développer, c'est la curée au grand soleil de la fortune des citoyens par des hommes ayant mission de les protéger et de les défendre. » Ainsi s'exprime à la tribune de la Chambre le député nationaliste Jules Delahaye, le 21 novembre 1892. Sa diatribe passionnée est le point d'orgue d'une vaste campagne de presse orchestrée par Édouard Drumont, directeur de *La Libre Parole*, contre les parlementaires républicains, accusés de s'être vendus à la Compagnie universelle du canal de Panama. L'affaire des décorations avait discrédité un homme. Cette fois, c'est toute la classe politique française qui est éclaboussée par le scandale.

La faillite du perceur de canal

Tout commence au mois de mai 1879, lorsque Ferdinand de Lesseps, auréolé par la gloire du percement du canal de Suez sous le Second Empire, lance la construction d'un nouveau canal transocéanique à Panama. Dès le début de cette incroyable entreprise, ce fringant septuagénaire, entouré de ses fils Charles et Victor, du baron Henri Cottu et de Marius Fontane, secrétaire général de la Compagnie et immortel auteur de *Zaïra la rebelle*, se comporte avec une légèreté coupable. Il ne tient aucun compte de l'avis des spécialistes, qui l'ont pourtant averti des dangers : la cordillère des Andes, barrière naturelle redoutable ; les pluies diluviennes, qui durent six mois ; les eaux du río Chagres, qui menacent d'inonder le chantier du canal ; enfin, la moiteur du climat équatorial, qui entretient la fièvre jaune à l'état endémique, décimant les ingénieurs français. Négligeant ces avertissements, Lesseps s'engage à percer le canal dans un délai record de sept à huit ans. Mais, au bout de quelques mois, il est devenu évident que le budget prévu serait très largement dépassé.

Où trouver l'argent supplémentaire ? Le gouvernement français, engagé depuis une décennie dans un plan de travaux publics sans fin et dans de coûteuses expéditions coloniales, ne peut pas financer Lesseps. La haute banque traditionnelle, prudente face à ce type d'entreprises lointaines et échaudée par le krach de l'Union générale, préfère les placements sûrs des mines, de la métallurgie ou des chemins de fer. C'est donc à la masse des petits épargnants que la Compagnie universelle du canal transocéanique doit s'adresser. En décembre 1880, Lesseps lance une vaste émission de titres de Panama, afin d'obtenir quatre cents millions de francs-or. Grâce à une campagne de presse élogieuse, due au million de « frais de publicité » distribué par la Compagnie, un capital de trois cents millions est réuni. Lesseps peut organiser en grande pompe la première assemblée générale de Panama, le 31 janvier 1881, avec six mille actionnaires en liesse, debout sur les gradins du cirque d'Hiver.

Mais il faut très vite déchanter, le percement du canal engloutissant les hommes, les machines et les millions des actionnaires. Entre 1882 et 1888, la Compagnie organise pas moins de six émissions, près de huit cents millions supplémentaires tirés de la poche des épargnants, les banques prélevant des commissions de plus en plus exorbitantes pour chaque opération. En juillet 1886, revenant d'un voyage dans l'isthme de Panama, Lesseps sait déjà qu'il lui faut renoncer à son projet utopique de canal à niveau pour un système à écluses, moins séduisant pour l'ingénieur mais plus réaliste pour le financier. Il sait aussi qu'il lui faudra encore de l'argent, beaucoup d'argent, et qu'il aura besoin d'alliés puissants pour en trouver. Du côté de la presse, pas de problèmes, les bonnes habitudes sont prises : de droite comme de gauche, tous les journaux « en croquent ». Mais à partir de 1885, la corruption ne peut plus se limiter à la presse, car Lesseps sollicite l'autorisation d'émettre un emprunt à lots, d'une valeur de six cents millions de francs-or, indispensable pour la survie de la Compagnie. Or l'émission de cet emprunt extraordinaire, qui appâte les souscripteurs par des lots tirés périodiquement sur les obligations émises, est soumise à un vote du Parlement : ce sont les députés et les sénateurs qu'il faut acheter. C'est donc à ce moment que commence l'entreprise de corruption généralisée de la classe politique.

Les « financiers » de Panama se nomment le baron Jacques de Reinach, Cornélius Herz et Léopold Arton. Le premier est l'une des personnalités en vue du Tout-Paris mondain, grand brasseur d'affaires, héritier de la banque Kohn-Reinach, associée aux Rothschild à de multiples occasions. Son neveu Joseph de Reinach, directeur du journal *La République française*, apparaît comme l'une des grandes figures du régime. Son comparse Cornélius Herz s'est installé en France en 1878 après une brillante carrière de médecin en Californie, devenant rapidement un familier des conseils d'administration et des antichambres ministérielles. Ses amis intimes s'appellent Maurice Rouvier, Charles de Freycinet, Jules Grévy et Georges Clemenceau, c'est-à-dire le gratin de la vie politique républicaine. Fort de tels appuis, Cornélius Herz a déjà exercé ses talents d'entremetteur pour plusieurs sociétés. Léopold Arton, le troisième larron de la corruption, se charge plutôt du menu fretin parlementaire. Il fréquente assidûment les couloirs du Parlement, comme le décrit Maurice Barrès : « La lippe épaisse mal dissimulée dans sa moustache et sa barbe noires, il accostait le député inconnu et lui démontrait qu'il était de son devoir de voter l'emprunt à lots et ajoutait l'offre de quelques billets. En cas d'acceptation, il payait de la main à la main. » On le voit aussi dans les loges des actrices, que fréquentent plusieurs parlementaires.

Grâce aux millions généreusement distribués par ces intermédiaires sans scrupule, la loi autorisant l'emprunt à lots est votée, en juin 1888. Mais l'émission tant espérée se solde par un échec : sur sept cent vingt millions lancés sur le marché, les épargnants n'en ont souscrit que deux cent cinquante-quatre, une misère ! C'est la fin du rêve pour Lesseps, c'est l'arrêt de mort de la Compagnie universelle du canal transocéanique. Le 4 février 1889, il faut procéder à la mise en faillite de la société, jetant dans la misère ou dans le désespoir des milliers de petits épargnants qui avaient fait confiance à Ferdinand de Lesseps. Apprenant la nouvelle, un petit rentier se jette sous les roues du train, gare du Trocadéro. Un autre, connu sous le nom de père Joseph, s'asphyxie au gaz en laissant ce billet : « J'avais tout mon avoir sur Panama. Le canal craque, moi je sombre. »

Les silences de la justice

C'est alors que le scandale devrait éclater, mais le pouvoir politique et judiciaire ne l'entend pas de cette oreille. À aucun moment le rapport de l'expert-comptable Rossignol sur les comptes de l'entreprise n'évoque d'éventuels fonds suspects consacrés à la corruption. Lorsque les actionnaires lésés par la liquidation déposent plainte auprès du procureur général Quesnay de Beaurepaire, en mars 1889, celui-ci ne juge même pas nécessaire de diligenter une enquête.

Il faudra une campagne de pétitions des victimes auprès des députés pour que les choses commencent à bouger. Le 21 juin 1890, le député boulangiste Jules Delahaye, grand pourfendeur de la corruption parlementaire, intervient à la Chambre pour commenter ces pétitions. Soulignant au passage les lenteurs du procureur général, il s'en prend à la Compagnie de Panama, « une nouvelle invention, une immense piperie, imaginée par les spéculateurs et les hommes de Bourse », et il demande que l'on en finisse avec les scandales financiers « qui se succèdent chez nous avec la même régularité que les quatre saisons ».

Un an se passe néanmoins avant qu'une information ne soit ouverte contre la direction de la Compagnie, en juin 1891. Encore faut-il préciser que l'instruction du dossier Panama a été confiée au juge Prinet, conseiller à la cour, dont Fallières observe ironiquement qu'il « met cinq ans à instruire la plus simple affaire ». Sous la pression de la Chambre, qui vote en janvier 1892 une motion exigeant « la répression énergique et rapide » contre les responsables de la faillite, le conseiller Prinet remet son rapport plus tôt que prévu, en juin 1892. Mais le procureur Quesnay le garde sous le coude pendant trois mois avant de le remettre au nouveau garde des Sceaux, Louis Ricard. Manifestement, l'appareil politico-judiciaire essaie d'étouffer l'affaire.

C'est *La Libre Parole*, le journal nationaliste et antisémite d'Édouard Drumont, qui brise la loi du silence. Du 6 au 18 septembre 1892, une série d'articles, signés d'un certain Micros, dévoilent au grand public « les dessous de Panama ». Manifestement très bien informé, le mystérieux journaliste commence par dénoncer la mainmise des juifs sur la Compagnie, puis la vénalité de la presse. Dans l'article du 14 septembre, il s'en prend aux politiciens corrompus, notamment à Charles Baïhaut : ministre des Travaux publics en 1886, il est accusé de s'être laissé acheter pour appuyer la demande d'emprunt à lots auprès de la Chambre. Dans l'article du 16, Micros ironise sur la « monomanie du pot-de-vin » de Ferdinand de Lesseps, qui aurait arrosé toute la classe politique.

Dès lors, il n'est plus possible d'arrêter la machine judiciaire, malgré les réticences des politiques et de certains journaux, qui ont eux aussi « croqué » dans l'entreprise. « Si le gouvernement laisse classer l'affaire, c'est-à-dire s'il la laisse enterrer, c'est que lui, gouvernement, est l'associé et le complice des voleurs », affirme le bonapartiste Paul de Cassagnac dans *L'Autorité*. On apprend que le garde des Sceaux Louis Ricard a bataillé ferme en Conseil des ministres pour obtenir des poursuites judiciaires, surmontant les réticences du président de la République Sadi Carnot et du président du Conseil

Émile Loubet. Selon *La Cocarde*, Ricard a menacé de démissionner si justice n'était pas faite. Finalement, les dirigeants de Panama sont inculpés le 15 novembre 1892. Ils sont prévenus « d'avoir employé des manœuvres frauduleuses pour faire croire à l'existence d'un événement chimérique et d'un crédit imaginaire, et escroqué tout ou partie de la fortune d'autrui ». Peu de temps après, *La Cocarde* accuse l'ancien président du Conseil Floquet de s'être laissé corrompre. « J'affirme que je n'ai rien demandé, rien reçu et rien distribué. Le gouvernement que j'ai eu l'honneur de présider a été loyal et probe », réplique Floquet à la Chambre, le 19 novembre. Mais pendant qu'il se défend, un journal passe de main en main dans l'hémicycle, avec une interview de ce même Floquet, avouant qu'il a demandé aux grands établissements de crédit, et entre autres à la Compagnie de Panama, leur concours financier pour lutter contre le boulangisme.

On murmure que c'est Cornélius Herz qui a fourni les informations à *La Libre Parole*, et que Daniel Wilson est derrière le scandale, afin de se venger de ceux qui l'ont rejeté. On apprend qu'Henri Cottu, l'un des administrateurs de la Compagnie, a fait parvenir au ministre de l'Intérieur Ernest Constans une liste de cent quatre parlementaires ayant touché des pots-de-vin, les « chéquards ». On dit que le fameux Micros de *La Libre Parole* est un ancien banquier nommé Ferdinand Martin, ancien agent de la Compagnie de Panama, et manipulé sans doute par Georges Clemenceau. Les articles du journal d'extrême droite seraient donc téléguidés par le chef radical, proche de Cornélius Herz, afin de mettre en difficulté les républicains modérés au pouvoir, protecteurs du baron de Reinach. Mais ce ne sont que des hypothèses.

La mort d'un baron

La mort suspecte du baron de Reinach, dans la nuit du 19 au 20 novembre 1892, fait véritablement éclater le scandale de Panama. Au petit matin, son valet de chambre le retrouve gisant dans sa chambre du luxueux hôtel particulier de la rue Murillo, une fiole d'aconit, poison mortel, sur sa table de chevet. Les rumeurs les plus folles commencent à courir sur ce décès mystérieux, dont certains affirment que c'est un meurtre maquillé en suicide. Selon le docteur Benoît, qui a examiné le cadavre, Reinach aurait succombé à une congestion cérébrale. Mais on se demande pourquoi une autopsie n'a pas été réalisée aussitôt après la découverte du corps. On trouve bien étrange que le corrupteur de Panama, inculpé depuis le 4 novembre par le conseiller Prinet, disparaisse juste à la veille de l'interpellation parlementaire demandée par le député nationaliste Jules Delahaye.

On saura bientôt que Reinach a essayé d'acheter le silence de ce dernier. Selon *La Libre Parole* du 1er décembre, Maurice Rouvier aurait été aperçu dînant avec Reinach dans une maison du quartier Marbeuf, le soir même de sa mort. Ils auraient fouillé des casiers, et emporté des papiers, comme pour détruire des preuves. Dans *Le Figaro* du 12 décembre, on trouve le récit de la dernière journée du baron : flanqué de Rouvier et de Clemenceau, il serait allé supplier Cornélius Herz de faire cesser la campagne de *La Libre Parole*. « Je ne peux rien pour vous », aurait répondu le maître chanteur. « Je suis perdu », aurait confié Reinach à Clemenceau, avant de se donner la mort.

Sans attendre l'enquête, Jules Delahaye monte à la tribune, le 21 novembre 1892, devant un hémicycle en ébullition. L'occasion est trop belle pour le député nationaliste de dénoncer la déliquescence du régime, la gangrène de la corruption. Il faut relire les pages que Maurice Barrès, dans *Leurs figures*, a consacrées à cette séance parlementaire exceptionnelle. Arcbouté à la tribune, le visage blême, Delahaye raconte comment Lesseps et ses collaborateurs ont été « assaillis par une véritable meute de politiciens », trois millions ayant été distribués à cent cinquante parlementaires. « Il y a ici deux catégories de personnes qui m'écoutent : celles qui ont touché et celles qui n'ont pas touché », conclut le député nationaliste. « Il semblerait que nous ayons dans notre pays une colonie financière qui vient de l'étranger s'y établir, comme l'oiseau de proie qui choisit la région la plus giboyeuse », ajoute le député Provost de Launay, reprenant l'un des thèmes favoris de l'extrême droite. On s'injurie, on s'invective, et on manque même en venir aux mains. Finalement, une commission d'enquête est nommée, afin de « faire la lumière » sur les affaires de Panama. On n'en attend pas grand-chose, mais désormais c'est dans la presse et dans la rue que déferle le torrent du scandale.

Le jour même du suicide de Reinach, le journal satirique *Le Don Quichotte* présente en première page un actionnaire de Panama, l'air misérable et en guenilles, tenant d'une main un paquet de titres de la Compagnie, devenus sans valeur, et dans l'autre la manivelle d'un piano mécanique, son haut-de-forme devant lui, attendant l'aumône des passants. Quelques jours plus tard, on saisit à Paris une brochure à un sou, colportée par les marchands ambulants, intitulée *Les Millions du Panama*, avec ce sous-titre : *Histoire. Scandales. Révélations. Procès.* Sur la couverture, Reinach et Lesseps sont représentés actionnant le robinet du Panama, mais la canalisation qui y mène est percée, et les pièces d'or, tant espérées par les épargnants, se déversent dans les sacs du pape et d'un juif. À la fois anticlérical et antisémite, ce pamphlet n'en est pas moins révélateur du sentiment commun : une fois de plus, ce sont les petits qui trinquent, et ce sont les gros qui s'engraissent.

Et que dire des innombrables chansons qui fleurissent sur les Boulevards ? Sur l'air du *Pendu*, on peut choisir entre *Victime de Panama* ou la *Complainte de Panama*, dénonçant les députés véreux qui s'en sont mis « plein les poches » ; sur l'air de *La Digue digue don*, on peut préférer *La Chambre et le Sénat ou la Biographie de nos braves ministres*, qui s'en prend nommément au président de la République Sadi Carnot, à l'ancien président du Conseil Charles Floquet, ainsi qu'aux ministres Ernest Constans et Maurice Rouvier, qui sont au cœur du cyclone. Il y en a pour tous les goûts, sur toutes les lèvres, et la classe politique n'en sort pas grandie.

De la tribune aux coups de pistolet

Le 28 novembre, le conseiller Prinet informe la commission d'enquête parlementaire qu'il détient une liste de plus de cinq cents personnes ayant reçu des fonds de la Compagnie de Panama. Deux jours plus tard, le banquier Anthony Thierrée, ancien associé de Jacques de Reinach, affirme détenir les talons de vingt-six chèques destinés à la corruption, pour une somme totale de trois millions quatre cent mille francs, dont deux millions redistribués par Cornélius Herz. Le 16 décembre, aux premières heures, la police arrête les dirigeants de Panama, sauf Henri Cottu, qui est « en voyage » en Autriche. Aux yeux de la presse nationaliste, c'est une diversion « pour détourner l'attention publique du tripotage des parlementaires ». Pourtant, ces derniers sont à leur tour sur la sellette, lors d'une nouvelle séance explosive de la Chambre, le 20 décembre.

Cinq noms sont prononcés ce jour-là, cinq députés « chéquards » dont la levée d'immunité parlementaire est demandée : Emmanuel Arène, député de Corse, Dugué de La Fauconnerie, député de l'Orne, Antonin Proust, ancien ministre des Beaux-Arts, Jules Roche, ancien ministre du Commerce, et surtout Maurice Rouvier, ancien président du Conseil et affairiste notoire, et qui vient de démissionner de son poste de ministre des Finances. « Pour une fois que je me trouve sur une liste », ironise Emmanuel Arène, dans un silence réprobateur. Résigné, il ajoute : « J'ai constamment servi de toutes mes forces mon parti et soutenu de mon mieux ceux-là mêmes qui m'envoient brusquement, sans que je n'ose m'y attendre, cette balle en pleine poitrine. » Quelques députés lui serrent la main, dont Clemenceau. Dugué de La Fauconnerie explique que Reinach lui a demandé de « participer » à Panama, et n'y voit rien de répréhensible. Quant à Rouvier, il dénie toute valeur juridique à une accusation fondée sur un talon de chèque, et se retranche derrière le service de l'État : « Quand j'étais président du Conseil, je n'ai pas trouvé dans les fonds votés par le Parlement les ressources nécessaires pour défendre la République comme il fallait la défendre. On paraît apprendre pour la première fois qu'en pareil cas on est bien heureux d'avoir, parmi les financiers, des amis qui puissent vous venir en aide. Entendons-nous, il ne s'agit pas ici d'une œuvre de corruption, mais de publicité. Ce que j'ai fait dans cette circonstance, tous les hommes politiques l'ont fait. J'irai le front haut devant la cour d'assises. » Rouvier sait qu'il ne craint pas grand-chose, car il n'a jamais rien touché directement de Panama. Quant à Jules Roche, il aura ce mot, le lendemain, en passant devant le banc des ministres : « Vous êtes tous des canailles ! »

Trois jours plus tard, une séance similaire a lieu à la Chambre haute, et, pour faire bonne mesure, ce sont cinq sénateurs qui sont cette fois immolés sur l'autel de la justice parlementaire : Béral, sénateur du Lot, Devès, ancien ministre de l'Agriculture, Thévenet, l'ancien garde des Sceaux, Léon Renault, ancien préfet de police, et surtout celui que l'on surnomme « Monsieur Frère », Albert Grévy, le frère de l'ancien président de la République, et qui est lui aussi très introduit dans le monde des affaires. À l'instar de la Chambre des députés, le Sénat vote la levée de l'immunité parlementaire pour les cinq supposés « chéquards ». Mais aucun d'entre eux ne commet l'erreur d'avouer sa faute.

Une grande figure de la République est passée bien près de l'inculpation : c'est Georges Clemenceau, le chef de file des radicaux, attaqué avec violence par les députés nationalistes Paul Déroulède et Lucien Millevoye, lors de la fameuse séance parlementaire du 20 décembre. À leurs yeux, Cornélius Herz, le « petit juif allemand », serait non seulement un corrupteur mais aussi « un agent de l'étranger », un traître à la solde de l'ennemi héréditaire, protégé par l'un des hommes les plus puissants du régime. Qui est donc ce protecteur haut placé, « ce complaisant, ce dévoué, cet infatigable intermédiaire si actif et si dangereux ? Vous le connaissez tous, son nom est sur toutes les lèvres, affirme Déroulède, mais pas un de vous pourtant ne le nommerait, car il est trois choses que vous redoutez, son épée, son pistolet, sa langue. Eh bien ! moi, je brave tous les trois et je les nomme : c'est M. Clemenceau ». Pâle, les bras croisés, ce dernier accuse : « Monsieur Paul Déroulède, vous avez menti. » Scène fameuse, immortalisée par Maurice Barrès. L'affaire se règle deux jours plus tard, sur le champ de courses de Saint-Ouen, où se presse une meute de journalistes. Six balles sont échangées, mais heureusement le sang ne coule pas. On est ce jour-là au paroxysme du scandale.

Beaucoup de bruit pour rien

Beaucoup de bruit pour rien ! C'est en tout cas l'impression que donne le traitement judiciaire du scandale le plus retentissant de notre histoire. Sur les dix parlementaires inculpés en décembre 1892, sept bénéficient d'un non-lieu, en janvier et en février 1893, au motif qu'ils n'ont pas personnellement touché les chèques qui leur étaient destinés. Seuls Antonin Proust, Dugué de La Fauconnerie et le sénateur Béral comparaissent devant la cour d'assises de la Seine, le 8 mars 1893, aux côtés de deux autres parlementaires inculpés par le juge d'instruction, Sans-Leroy et Gobron, de l'ancien ministre Charles Baïhaut et de son intermédiaire Léopold Blondin. Figurent aussi au banc des accusés Charles de Lesseps et Marius Fontane, considérés comme les commanditaires de la corruption.

Ces derniers ont déjà comparu au mois de janvier pour escroquerie et abus de confiance devant un tribunal correctionnel, aux côtés du baron Cottu et du célèbre ingénieur Gustave Eiffel, compromis dans le scandale. Ferdinand de Lesseps, alors âgé de quatre-vingt-huit ans, a été dispensé de se présenter. Pour les défendre, les plus grands maîtres du barreau, René Waldeck-Rousseau, futur président du Conseil, et le bâtonnier Henri Barboux. Ce dernier les a présentés comme des victimes, obligées de « subir les exigences des financiers, publicistes, hommes du monde et parlementaires pillards comme un chef de caravane paie son tribut aux pirates du désert ». Au président qui lui reprochait d'avoir dilapidé volontairement les millions des épargnants, Charles de Lesseps a répondu : « Volontairement ? Oui, comme on donne sa montre au coin d'un bois ! » Lui et son père ont néanmoins écopé de cinq ans de prison, et leurs comparses de deux ans. Mais la Cour de cassation, se fondant sur la prescription des faits incriminés, annulera ce jugement au mois de juin. À cause des lenteurs de la justice, les petits porteurs de titres ne seront donc pas vengés.

Le procès de mars 1893 s'annonce plus sulfureux, car on doit y parler de corruption. Mais les gros poissons comme Maurice Rouvier et Albert Grévy ont déjà bénéficié d'un non-lieu, et aucun des corrupteurs n'est présent : Reinach est mort, Arton est en fuite, et la Grande-Bretagne refuse d'extrader Cornélius Herz. Quant aux accusés, ils nient toute culpabilité. Béral admet qu'il a touché quarante mille francs, mais il prétend que c'était au titre d'ingénieur-conseil de la Compagnie. Proust, Dugué de La Fauconnerie et Gobron affirment que les sommes qu'ils ont perçues représentent leurs parts dans la fondation d'une société d'électricité vendue à Reinach.

Plaidant deux jours entiers, le bâtonnier Barboux tente de démontrer que son client Charles de Lesseps n'est que le bouc émissaire d'une classe politique malsaine : « Ce qu'on veut, c'est sauver les uns en sacrifiant les autres. » Et Barboux de raconter comment les plus grands noms de la République, Clemenceau, Floquet, Freycinet, sont venus demander à Lesseps d'accorder cinq millions à Reinach pour neutraliser Cornélius Herz, qui faisait chanter le baron. Quant à Clemenceau, entendu au titre de témoin, il affirme : « Dans cette affaire, je ne suis pour rien. Lorque l'on parle de moi dans mon dos, c'est à mon cul que l'on parle ! »

Le 21 mars 1893, tous les parlementaires sont acquittés, à l'exception de l'ancien ministre Baïhaut, condamné à cinq ans de prison. Pour avoir commis l'erreur d'avouer son crime, il se voit en outre infliger la dégradation civique ainsi que deux amendes considérables, l'une de trois cent soixante-quinze mille francs, équivalente au pot-de-vin qu'il a reçu, et l'autre de sept cent cinquante mille francs, à verser au Trésor. Au total, c'est une énorme somme, équivalente à plus de trois cent cinq mille de nos euros, et qui va le ruiner complètement. La condamnation est lourde, trop lourde si l'on considère qu'aucun autre responsable politique n'est sanctionné. Rappelons que la liste fournie au ministre Ernest Constans par le baron Cottu, collaborateur direct de Lesseps, ne comporte pas moins de cent quatre noms, cent quatre « chéquards » aussi corrompus que Baïhaut. Il fallait un bouc émissaire afin d'absoudre la classe politique.

Georges Clemenceau, à sa façon, peut lui aussi être considéré comme un bouc émissaire du scandale, en tout cas comme la cible principale de l'extrême droite. Sur la foi d'un document fourni par un certain Norton, le député nationaliste Lucien Millevoye l'accuse à la Chambre, le 22 juin 1893, d'être payé par les Britanniques. « L'agent principal de la politique anglaise est en France, il collabore aux lois françaises, il est au milieu de nous », accuse Millevoye. « Je n'ai pas vendu mon pays, vous le savez bien, riposte Clemenceau, menteur ! Menteur ! Menteur ! » Et de fait, on ne tarde pas à apprendre que Norton est un escroc, de son vrai nom Louis-Alfred Véron, et que les lettres produites par Millevoye sont des faux grossiers. Le verdict du procès qui s'ensuit est sans appel, le 5 août 1893 : trois ans de prison pour Norton, un an de prison pour Ducret, le directeur du journal nationaliste *La Cocarde*, et un franc symbolique de dommages et intérêts à Clemenceau. Mais le poison de Panama lui est fatal sur le terrain politique : le 3 septembre, il est battu à l'élection législative de Draguignan, au terme d'une campagne marquée par la calomnie et la rumeur. On a même vu paraître un journal intitulé *L'Anticlemenciste*, qui dénonce à longueur de page ses « honteux tripotages », ainsi qu'une grande affiche, titrée *L'Exécution de Clemenceau*, et proclamant, allusion à la mort de Reinach : « Vous sentez le cadavre. » De fait, cet échec électoral apparaît comme une petite mort politique pour Clemenceau, victime du scandale.

Au contraire, et de façon paradoxale, le corrupteur Cornélius Herz, réfugié en Grande-Bretagne, va échapper à toute sanction : « Il me semble que vraiment ce qu'on redoute ce n'est pas son dernier soupir, c'est plutôt son avant-dernier soupir », ironise Lucien de Millevoye. Redouterait-on ses révélations ? S'il est condamné à cinq ans de prison par contumace, en août 1894, c'est uniquement pour le chantage qu'il a exercé à l'encontre de Reinach. Dans une dépêche télégraphique envoyée au député Louis Delpech, sa femme évoque « les promesses faites par vous et d'autres au nom de vos amis haut placés », les menaçant de dévoiler tous les dessous de l'affaire à la presse. Dans une interview accordée au *Figaro* en janvier 1894, Cornélius Herz laisse d'ailleurs planer quelques menaces à peine voilées à l'encontre de Clemenceau, Rouvier, Freycinet et quelques autres. C'est la manière la plus sûre de ne pas être inquiété.

Léopold Arton, lui aussi réfugié en Grande-Bretagne, est arrêté à Londres au mois de novembre 1895 après avoir été dénoncé par un comparse. Il débarque à Calais en février 1896, au milieu d'une foule qui crie « À bas les voleurs ! ». La plaie n'est donc pas refermée, d'autant que le journal *La France* vient de publier la fameuse liste des cent quatre « chéquards ». Grâce aux révélations d'Arton, l'enquête rebondit et huit nouveaux parlementaires sont poursuivis par la justice. Arton est condamné à huit ans de réclusion, mais tous les députés qu'il accuse sont acquittés en décembre 1896. De même, la nouvelle commission d'enquête parlementaire, nommée en juin 1897, refuse-t-elle les offres de service de Cornélius Herz : « Je suis prêt à lui faire connaître ce que je sais sur les affaires dont il s'agit et sur les hommes qui y sont mêlés. » Personne ne lui répond. Le nouveau rapport d'enquête sur Panama, déposé sur le bureau de la Chambre le 27 janvier 1898, étouffe définitivement toute responsabilité des politiques, à l'exception de Baïhaut et du défunt ministre Paul Barbé, qui avait reçu cinq cent cinquante mille francs de Reinach. La commission se contente de blâmer « l'immixtion et la participation des hommes politiques dans les négociations ou opérations financières ayant un lien avec les pouvoirs publics ». Le député nationaliste Albert Chiché dénonce le « moteur de cette vaste machination, la haute banque cosmopolite, la finance internationale, toute cette tourbe de financiers sans scrupule comme sans patrie. » Mais le seul responsable nommé est le procureur général Quesnay de Beaurepaire, accusé par le socialiste René Viviani d'avoir « assuré à de hauts coupables une complète impunité ». On vote l'affichage du discours de Viviani, mais on se garde bien de désigner les parlementaires corrompus, qui siègent encore à la Chambre.

Seul un article du *Gaulois*, au lendemain de la mort de Cornélius Herz, le 6 juillet 1898, pose une série de questions gênantes, à jamais irrésolues. Mais le président de la République élu le 16 février 1899 n'est autre qu'Émile Loubet, que l'on surnomme « Panama Ier ». À peine élu, il s'empresse d'accorder une remise de peine à Léopold Arton, qui reprend aussitôt ses activités d'homme d'affaires. On le retrouvera mort à son bureau, le 17 juillet 1905, une fiole de cyanure à ses côtés. Les politiques respirent : le véritable scandale de Panama n'aura jamais vu le jour.

3

Scandaleuse république ?

Pourquoi Wilson a-t-il pu reprendre impunément sa carrière politique ? Pourquoi les « chéquards » de Panama sont-ils restés impunis ? Pourquoi les pouvoirs politique et judiciaire ont-ils étouffé des pratiques et des usages que l'opinion publique désapprouvait ?

La réponse à ces questions réside dans la nature même du système politique qui s'est installé en France dans les années 1870. À l'instar des régimes qui l'ont précédée, la IIIe République s'est étroitement associée, dès le début de son histoire, aux hommes d'affaires et aux financiers. Dans le contexte d'incertitudes politiques qui a suivi la défaite de 1871, l'enjeu du redressement économique et financier était primordial pour ramener un semblant d'équilibre dans la société française. Les milieux d'affaires ont alors joué un rôle décisif dans la remise en ordre des finances de l'État ainsi que dans le rétablissement de la confiance indispensable au développement. Interlocuteurs obligés du nouveau pouvoir républicain, ils ont été associés *de facto* à l'instauration du nouveau régime. Sans trop forcer le trait, on pourrait dire que la IIIe République est le fruit d'un « contrat » entre les républicains « historiques », maîtres du pouvoir depuis le 4 septembre 1870, et les milieux d'affaires, ralliés progressivement à partir de 1871.

Le contrat républicain des milieux d'affaires

Si l'on connaît bien aujourd'hui les républicains historiques, les pères fondateurs de la République, tels Jules Ferry et Léon Gambetta, en revanche le rôle de leurs partenaires financiers n'est pas toujours souligné. Ce sont pourtant des hommes clés, qui ont permis le redressement économique de la France, crédibilisé la République auprès des entreprises, des épargnants et même de toute l'Europe. De ce fait, ils ont exercé une influence notable sur les institutions du régime ainsi que sur ses grandes orientations.

Parmi eux, bon nombre de présidents du Conseil, de ministres, de secrétaires d'État et de parlementaires, à la charnière du monde politique et des conseils d'administration. Les groupes parlementaires du centre, auxquels ils appartiennent pour la plupart, fournissent la majeure partie des ministres qui gouvernent la France dans les dix premières années de la IIIe République. Ils se nomment Auguste Pouyer-Quertier, grand filateur normand, Léon Say, président des mines de Decazeville, Eugène Caillaux, vice-président du chemin de fer Paris-Lyon-Méditerranée (PLM), Agénor Bardoux, président de la Banque hypothécaire, ou Émile de Marcère, président des mines de Béthune. Ce ne sont pas de purs entrepreneurs, rarement des patrons, mais ils siègent dans les conseils d'administration des plus grandes sociétés françaises.

Dans la génération suivante, le poids des hommes d'affaires et des vieilles dynasties patronales s'estompe, mais le lien entre argent et politique ne se rompt pas pour autant. Bien au contraire, les réseaux politico-financiers ne vont faire que s'étendre. Cette collusion prend évidemment des formes nouvelles, puisque la classe politique s'est recomposée. Les héritiers se font plus rares dans l'hémicycle, et le niveau de fortune moyen des gouvernants baisse sensiblement. Mais on constate que les actions, les obligations, les titres boursiers envahissent le patrimoine de cette nouvelle génération politique. Elle entretient une relation constante et privilégiée avec le monde de la Bourse, des spéculateurs et des grandes affaires. La généralisation du service rendu, la banalisation de la corruption, de l'agiotage et du trafic d'influence sont des caractéristiques de la fin du siècle. Les nouveaux parvenus de la politique ne sont pas toujours indifférents à la perspective d'un enrichissement personnel.

Comment préserver la poule aux œufs d'or quand le scandale fait rage ? Au prix du silence et du déni de justice, si gros soit-il. Dans toutes les « affaires » de cette époque, on observe une volonté politique d'enterrer le scandale. Voici par exemple ce qu'affirme le ministre Léon Say à la tribune de la Chambre, en mai 1876, répondant à la proposition de créer une commission d'enquête parlementaire sur les malversations du Crédit foncier : « Il n'y a plus de crédit privé ou public, il n'y a plus d'affaires sérieuses possibles si le Parlement crée ainsi des commissions d'enquête pour examiner la situation des sociétés. » Au nom de la libre entreprise et de la paix sociale, il faut fermer les yeux.

Les malversations d'un gouverneur

Au moment où Daniel Wilson est éclaboussé par le scandale des décorations, un autre personnage important de la République est lui aussi mis en cause par certains journaux. Il s'agit d'Albert Christophle, député de l'Orne et ancien ministre des Travaux publics, nommé en 1878 gouverneur du Crédit foncier. Dans un article intitulé « Haute Pègre », publié en mars 1887 dans le journal socialiste *La Voix du peuple*, le polémiste Auguste Chirac révèle que Christophle aurait prêté de l'argent du Crédit foncier à une société de travaux publics et de constructions en échange d'un stock important d'actions de cette société. Il s'est donc laissé corrompre dans l'exercice de sa fonction de gouverneur, nommé et salarié par la République.

En octobre 1888, c'est au tour du journaliste Charles Laurent de dénoncer les malversations de Christophle dans *Le Paris*. Cette fois, le gouverneur du Crédit foncier fait figure de corrupteur : il aurait offert à Jules Grévy, le président de la République, cinq mille titres lors de chaque émission de son institution, lesquels titres étaient portés sur le compte « publicité ». En échange, Grévy aurait poussé le gouvernement à autoriser le Crédit foncier à émettre des emprunts à lots avec réduction d'impôts sur les obligations, soit un cadeau annuel de un million sept cent mille francs. En outre, Christophle aurait fait des prélèvements irréguliers sur le prix de revient de ces emprunts (pas moins de quarante millions au total), au profit de lui-même et de ses amis, parmi lesquels « les familiers et les grands chefs de l'Élysée », c'est-à-dire Daniel Wilson et ses acolytes.

Pures calomnies inventées par les socialistes ? Le problème, c'est que les accusations de la presse sont confirmées par Frédéric Lévêque, sous-gouverneur du Crédit foncier, l'adjoint direct de Christophle. Malgré les menaces du ministre des Finances Maurice Rouvier, qui voudrait étouffer l'affaire, Lévêque réclame une commission d'enquête parlementaire et livre au journal *Le Matin* du 7 mai 1890 le texte de sa lettre de démission, ainsi que les motifs qui l'ont occasionnée. Étant aussi député, il s'explique à la tribune de la Chambre, le lendemain. Il affirme que Christophle s'est constitué une cagnotte de « fonds secrets » pour arroser la presse, et qu'il a fait des « opérations en Bourse dans des proportions considérables », ce qui lui était formellement interdit par les statuts de sa fonction. Christophle se défend lui aussi à la tribune, invoquant la « liberté d'action » nécessaire à la gestion d'un organisme aussi lourd que le Crédit foncier, et dénonçant la « coalition des spéculateurs de mauvais aloi » qui veulent profiter du scandale pour l'abattre. Mais, sur le fond, il ne dément pas les accusations de Lévêque. Face à une telle évidence, les députés sont bien obligés de voter la création d'une commission d'enquête, dont le rapport, remis au mois de juin, révélera un certain nombre d'opérations anormales, concluant à l'urgence de « faire rentrer l'établissement dans ses statuts ».

Mais Christophle dispose de solides appuis, capables de lui éviter toute sanction. Un dossier de la Sûreté générale signale qu'il a été voir individuellement chaque ministre afin d'obtenir le rapport de la commission d'enquête, et que « M. Rouvier, son ami, n'a pas eu de peine à convaincre ses collègues » d'accepter cette requête. D'autre part, il semble qu'une grande partie de la presse parisienne soit grassement rétribuée par le gouverneur du Crédit foncier pour fermer les yeux sur ses opérations. Comme le souligne malicieusement un indicateur de la police, « Christophle est la manne qui tombe du ciel pour beaucoup de journalistes, il a beaucoup donné, il lui sera beaucoup pardonné ». Dans ces conditions, on ne s'étonnera pas que le député de l'Orne ait franchi sans encombre le cap difficile du scandale. Il sera maintenu à la tête du Crédit foncier pendant cinq années encore, ne démissionnant que pour raison de santé en février 1895, après dix-sept ans de gestion controversée et de pots-de-vin généreusement distribués à la presse comme au monde politique. Mais ce n'est rien, comparé à la carrière de Maurice Rouvier.

Le roi de l'affairisme : Maurice Rouvier

Parmi les grandes figures de notre histoire politique, Maurice Rouvier, député et sénateur de 1871 à 1911, plusieurs fois ministre et président du Conseil, occupe une place toute particulière. Plus que tout autre, il incarne la figure de l'affairiste.

Sa longue carrière est en effet ponctuée de pots-de-vin et de scandales financiers à répétition. Employé de la maison de commerce Zafiropoulo et Zarifi, qui avait le monopole des affaires de banque du Levant égyptien et syrien, son travail était de négocier à la Bourse les grosses affaires sur les céréales. Il y a gagné une expérience incomparable du marché boursier. Un rapport de police raconte à son propos une anecdote révélatrice : débutant à *La République française*, le journal de Gambetta, il ramassait dans la rédaction les journaux envoyés gratuitement « en service », afin de les revendre. Gambetta, à qui l'on révélait cette pratique malhonnête, se serait exclamé : « Je sais que c'est un petit serpent et j'ai un œil sur lui. »

Ce sens inné des affaires a permis au « petit serpent » de se constituer une fortune impressionnante. Il mène un train de vie fastueux dans son hôtel particulier avec parc privé donnant sur la Seine à Neuilly, sa villa à Beaulieu-sur-Mer, dans les Alpes-Maritimes, puis le château de Chapuis, en Seine-et-Marne, acheté en 1909. Si l'on en croit certains rapports de police, les pots-de-vin et les commissions occultes expliquent largement cet enrichissement spectaculaire. Il figure au premier rang des « chéquards » accusés de corruption dans le scandale de Panama en 1892, ce qui lui vaudra une éclipse ministérielle d'une dizaine d'années. Il n'en continue pas moins ses affaires, figurant sur une autre liste de parlementaires ayant touché des pots-de-vin de la Banque de France en 1897. Ce sont plus des rumeurs que des accusations précises, mais leur récurrence nous autorise une certaine suspicion.

Revenu au ministère des Finances en juin 1902, puis président du Conseil de janvier 1905 à février 1906, il continue ses fructueuses affaires. À la fin de l'année 1903, il est l'un des heureux bénéficiaires du coup d'État orchestré à Panama par les deux frères Bunau-Varilla, dont l'un possède le grand quotidien *Le Matin*. Grâce à ce coup de force, l'action de la nouvelle société du canal de Panama a quasiment doublé en quelques jours, ce qui a permis aux spéculateurs mis dans la confidence, dont Rouvier et l'ingénieur Gustave Eiffel, de réaliser des reventes exceptionnelles.

Sa maladie, à l'automne 1904, affole les milieux boursiers : « Certains financiers prétendent que si son état s'aggravait et faisait prévoir une issue fatale, ce serait la ruine pour certaines maisons. On dit en effet que le marché ne se soutient que parce que M. Rouvier, en qui on a confiance, est à la tête des Finances. » C'est ainsi que le fils d'un petit aubergiste d'Aix-en-Provence, éclaboussé à maintes reprises par les scandales, accusé de tous les maux, a pu tranquillement aller jusqu'au bout de sa carrière politique et mourir, richissime, dans son hôtel particulier de Neuilly, en 1911.

4

À qui profite le scandale ?

Maurice Rouvier est l'incarnation d'un système appuyé sur la collusion des élites politiques et financières, sur le délit d'initiés, le bon tuyau, le passe-droit et le favoritisme. Pourtant, cet affairiste forcené, maintes fois soupçonné par la rumeur publique et même par la justice, a presque toujours échappé au scandale, si ce n'est à celui de Panama. Alors pourquoi cette étrange mansuétude du système politique et judiciaire à l'égard d'un homme que tous savent corrompu ? Tout simplement parce que Rouvier est un fin politique, qui sait préserver ses arrières et se ménager des amitiés puissantes. Il a compris cette maxime fondamentale du parlementaire expérimenté : c'est l'exploitation politique qui fait le scandale.

Le scandale, une arme politique

On ne peut pas expliquer les scandales de la fin du XIXe siècle si l'on ne mentionne pas l'émergence à cette époque d'une famille politique nouvelle : la droite nationaliste. Ce courant populiste et antiparlementaire, né de la crise sociale et morale que traverse alors la France, n'existait pas encore dans les années 1870, lorsque ont éclaté les premières affaires. Le débat politique de l'époque opposait les républicains et les monarchistes. Aucun républicain digne de ce nom n'aurait souhaité déstabiliser le régime naissant, alors qu'il était si vulnérable. Les monarchistes, en perte de vitesse, et eux-mêmes liés aux milieux affairistes, ne s'y sont pas risqués.

À la fin des années 1880, la situation a considérablement évolué. La conquête républicaine est achevée, la France est entrée dans la crise depuis le krach boursier de 1882, et les républicains se divisent entre radicaux et modérés. Le terrain est favorable pour qu'apparaisse une droite nouvelle, qui prend le relais de la vieille droite monarchiste. Elle se trouve un chef en la personne du général Boulanger, nommé ministre de la Guerre en janvier 1886, et qui est devenu en quelques mois la personnalité la plus populaire de France. Autour de lui se coalisent tous les déçus de la République, qui voient en lui le sauveur providentiel, l'homme de la Revanche sur l'Allemagne, et surtout celui qui va nettoyer les écuries nauséabondes d'un Parlement corrompu.

L'affaire Wilson, qui éclate en octobre 1887, tombe à pic pour Boulanger et pour ses partisans. C'est l'occasion rêvée pour le général Revanche d'endosser la tunique blanche du justicier aux mains propres. La presse boulangiste s'en donne alors à cœur joie, dénonçant la pourriture d'un régime dans lequel le propre gendre du président de la République trafique des décorations au palais de l'Élysée. Henri Rochefort, le plus brillant polémiste de l'époque, ne se lasse pas de pourfendre Wilson, Grévy, Ferry et les autres dans son journal *L'Intransigeant*. Le 2 décembre 1887, jour de la démission de Grévy, les manifestants boulangistes et les ligueurs nationalistes de Déroulède se mêlent aux socialistes pour encercler le Palais-Bourbon. Grâce aux manœuvres de Clemenceau, c'est finalement Sadi Carnot qui succède à Grévy, et c'est Jules Ferry qui paie la note du scandale. Le général Boulanger, qui espérait retrouver le ministère de la Guerre, devra se contenter du lit de sa maîtresse Marguerite de Bonnemains. Mais cinq ans plus tard, ses anciens compagnons feront éclater le scandale de Panama.

L'opposition nationaliste est-elle la seule à exploiter le scandale ? Loin de là. Elle rencontre en effet les stratégies tortueuses d'autres familles politiques, qui appartiennent pourtant à la même majorité républicaine. C'est ainsi, on l'a vu plus haut, que les radicaux de Clemenceau ne se sont pas privés d'exploiter l'affaire Wilson, afin d'affaiblir les républicains modérés. Si l'on en croit un rapport de police du 20 novembre 1887, faisant état d'une « source intime », ce serait Clemenceau en personne qui aurait fabriqué le scandale. L'article du journal *Le XIXe siècle* aurait été alimenté par les révélations d'un certain Ladislas Heffler, ancien secrétaire du baron Seillière. Ce dernier avait en effet offert six cent mille francs à Wilson, en échange d'une intervention pour lui faire obtenir un important marché de fournitures militaires. Or, selon le rapport de police, Heffler était manipulé par Clemenceau.

Et qui donc manipule à l'automne 1892 le banquier Ferdinand Martin, le mystérieux informateur de *La Libre Parole* ? Si l'on en croit certaines rumeurs, c'est encore Clemenceau. Il s'agit une nouvelle fois de déstabiliser les républicains modérés, à commencer par le président du Conseil Émile Loubet et ses ministres. Opération réussie, puisque Loubet est contraint à la démission, le 28 novembre 1892. Mais tel est pris qui croyait prendre : la cascade des révélations suscitées par la campagne de *La Libre Parole* et par le suicide du baron de Reinach déferle aussi bien sur les radicaux que sur leurs adversaires modérés. Clemenceau est lui aussi dans l'œil du cyclone depuis que Déroulède a révélé ses liens avec Cornélius Herz. On sait d'ailleurs qu'à la veille du suicide de Reinach, Clemenceau et Rouvier ont tenté en vain de jouer les intermédiaires entre les deux corrupteurs de Panama, afin d'obtenir qu'ils cessent le jeu dangereux des révélations. Trop tard ! Le chef radical et le ministre modéré se sont retrouvés tous les deux au cœur de l'affaire, ce qui leur a valu une longue traversée du désert. En tout cas, le scandale n'a profité ni aux uns ni aux autres.

Boucs émissaires et silences troublants

À quoi les scandales de la fin du XIXe siècle ont-ils donc servi, si ce n'est à alimenter la « guéguerre » que se livraient modérés et radicaux, engagés dans un long bras de fer pour la conquête du pouvoir ? Peut-on entrevoir une fonction cathartique du scandale, à travers cette tempête de cris et de fureur ?

La réponse, lucide et désabusée, est peut-être contenue dans cette réflexion proférée par le boulangiste Georges Thiébaud, le 26 novembre 1888, lorsque les députés ont quitté l'hémicycle du Palais-Bourbon pour marquer leur désapprobation envers Wilson : « Ce sont les catins qui s'éloignent de la femme adultère. » En d'autres termes, le scandale des décorations n'a fait apparaître que la partie émergée d'un iceberg d'affaires louches, que personne ne tenait à faire remonter à la surface.

C'est d'ailleurs dans le même sens que plaide Me Lenté, l'avocat de « Monsieur Gendre », rappelant que le trafic d'influence est une pratique fréquente à l'époque, et donc que Wilson n'est pas plus coupable que la plupart de ses collègues politiciens. Ce que l'on peut lui reprocher, c'est d'avoir institutionnalisé cette pratique, d'en avoir fait une profession. Mais, sur le fond de l'affaire, rares sont ceux qui peuvent lui jeter la pierre.

« On a voulu faire un exemple ; les autres parlementaires étaient indemnes, on ne s'en est montré pour moi que plus sévère », écrit dans ses *Impressions cellulaires* l'ancien ministre Charles Baïhaut, le seul homme politique condamné dans l'affaire de Panama. Depuis sa condamnation en mars 1893, Baïhaut a subi un véritable acharnement judiciaire, manifestement orchestré par le pouvoir politique, qui voulait écarter définitivement « ce pelé, ce galeux, d'où venait tout le mal ». Libéré par anticipation en mars 1896, il est condamné à nouveau en décembre, pour non-paiement de ses dettes au Trésor, puis une troisième fois en mai 1897. On a voulu faire un exemple, pour mieux occulter la corruption de masse. C'est l'arbre qui cache la forêt.

Pourquoi Baïhaut ? Parce qu'il a touché des sommes plus importantes que les autres ? Cet argument n'a jamais été invoqué, pas plus au procès que dans la presse. Parce que son poste de ministre des Travaux publics faisait de lui un personnage clé ? Certes, mais il n'a joué aucun rôle dans l'adoption finale de l'emprunt à lots. Son influence a été moins décisive que celle de ténors républicains comme Maurice Rouvier, Léon Renault, Antonin Proust, qui sont pourtant passés entre les mailles du filet judiciaire. Comme l'affirme au procès Henri Barboux, l'avocat des Lesseps : « On vous livre les moins compromis ; on néglige avec soin de vous livrer les autres, les ministres qui vous révéleraient les secrets des ministères. »

La vraie raison de la condamnation de Baïhaut, c'est l'aveu de sa propre culpabilité et des pratiques auxquelles se livrait la Compagnie : en brisant la loi du silence d'un régime prompt à s'absoudre, il s'en est lui-même exclu. La responsabilité pénale d'un individu a permis d'occulter la responsabilité politique de tout un système. C'est pourquoi sa condamnation n'a pas valeur d'exemple, bien au contraire. Comme l'écrit Maurice Barrès dans *Leurs figures* : « L'accès de Panama tombé, on était revenu au plus immoral "chacun pour soi". »

Ajoutons que le monde politique n'est pas le seul à se blanchir dans cette affaire. Que dire de la presse, grassement rétribuée, et qui n'a pas tari d'éloges sur la merveilleuse entreprise de Lesseps sans dire un mot des difficultés énormes rencontrées par les ingénieurs du canal ? Écoutons ce qu'en dit le liquidateur de Panama : « Je crois qu'à un certain moment il suffisait de se présenter à la Compagnie avec une carte de rédacteur, ou en faisant croire qu'on avait une influence dans un journal, pour recevoir de l'argent. » Certaines feuilles se sont contentées de broutilles, quelques dizaines de francs selon le témoignage de Charles de Lesseps. Mais les grands journaux de l'époque, tels *Le Figaro*, *Le Matin*, *Le Journal*, se sont montrés beaucoup plus gourmands. Il est même arrivé que la Compagnie verse des pots-de-vin à la fois au journal et, à titre privé, au directeur du journal, tels Adrien Hébrard du *Temps* ou

Arthur Meyer du *Gaulois*. Au total, les journaux auraient touché plus de treize millions de francs (environ quatre millions d'euros actuels) pour faire l'apologie de Panama.

Pourtant, les sommes prélevées par les journaux ne sont rien par rapport aux commissions prélevées par les grandes banques françaises, le Crédit Lyonnais, la Société générale, la Banque de Paris et des Pays-Bas, pour accepter de placer et de garantir les emprunts de la Compagnie de Panama. Alors que le gain habituel des commissions bancaires était de 1,5 à 2 % en moyenne, elles ont réclamé plus de 5,6 % à Lesseps. Devant la commission d'enquête parlementaire, ce dernier n'a pas de mots assez durs pour qualifier ces banquiers étrangleurs, dont « les exigences sont devenues de plus en plus fortes à mesure que la situation devenait difficile ». De ce véritable racket financier auquel se sont livrées les banques, on s'est bien gardé de trop parler dans les rapports parlementaires et dans les audiences des procès. Il n'y a pas eu de scandale des banques, comme il n'y a pas eu de scandale de la presse. Ce sont les parlementaires, et eux seuls, qui ont subi l'opprobre du grand public.

Le poids des scandales

Les conséquences du scandale n'ont pas tardé à se faire sentir pour la classe politique française. Après la démission d'Alexandre Ribot, en mars 1893, c'est Charles Dupuy, un nouveau venu, qui est arrivé à la présidence du Conseil. Son gouvernement est celui d'une génération nouvelle, qui n'est pas compromise dans le scandale. La campagne pour les élections générales, prévues pour le mois de septembre, est elle aussi dominée par l'ombre de Panama.

Les socialistes y voient le signal de la conquête révolutionnaire, à l'instar d'Alexandre Millerand dans sa profession de foi électorale : « L'affaire de Panama a montré toutes les forces sociales de ce pays au service et sous les ordres de la haute finance. C'est contre elle qu'il nous faut concentrer nos efforts.

La nation doit reprendre sur les barons de cette nouvelle féodalité cosmopolite les forteresses qu'ils lui ont ravies pour la dominer. »

Du côté de la droite nationaliste, la tête de Turc est Clemenceau, sur le thème du traître vendu aux puissances étrangères.

Dans le supplément illustré du *Petit Journal*, paru le 19 août 1893, la veille du premier tour des législatives, une caricature de Dazy le représente en danseur sur la scène de l'Opéra, jonglant avec quatre sacs de pièces d'or marqués livres sterling, tandis qu'un souffleur juif lui dicte la partition depuis la fosse, avec ce titre évocateur : « Clemenceau. Le pas du commandité. »

Le chef radical est la principale victime des élections du 3 septembre, très marquées par les conséquences du scandale. Le taux d'abstention exceptionnel, atteignant 28,8 % des inscrits, démontre avec évidence le divorce de l'opinion et de sa classe politique. Les pertes sont incontestables parmi les républicains modérés, mais surtout chez les tenants de la droite traditionnelle, victimes de leur collusion avec le régime, ce que l'on a appelé le ralliement. Les plus fortes poussées sont enregistrées par les partis extrêmes, ceux qui ont dénoncé le scandale. Malgré les défaites personnelles de Clemenceau et Floquet, trop identifiés à Panama, les radicaux progressent, parce qu'ils incarnent l'opposition au régime. Mais c'est surtout la percée des socialistes qui est spectaculaire, avec six cent mille voix et une cinquantaine de députés, dont Jean Jaurès et Alexandre Millerand. Plus globalement, le personnel politique sort profondément renouvelé des élections de 1889 et 1893, cent quatre-vingt-dix élus étant des hommes nouveaux. Cela signifie que les électeurs ont exprimé leur rejet envers la classe politique traditionnelle, éclaboussée par les scandales.

En outre, il règne dans les années qui suivent Panama une atmosphère de suspicion à l'égard des « affaires » qui n'est pas sans conséquences politiques. Jean Casimir-Perier, élu le 27 juin 1894 à la présidence de la République, en fait la triste expérience. Grand bourgeois conservateur, héritier de l'une des plus grandes sociétés françaises, les mines d'Anzin, il est confronté dès son élection aux attaques violentes des socialistes, qui voient en lui le symbole même du capitalisme corrupteur. Dans *Le Chambard,* Gérault-Richard voit en lui « l'image fidèle et repoussante d'une caste sanguinaire dont la prospérité a pour étiage la mortalité des travailleurs ». Attaqué en diffamation, Gérault-Richard est défendu par Jean Jaurès en personne, dont la plaidoirie du 5 novembre 1894 est un véritable réquisitoire contre Casimir-Perier, présenté comme « le symbole de la tradition larmoyante et hautaine du despotisme bourgeois ».

Au même moment, Louis Barthou, le ministre des Travaux publics, est accusé d'avoir favorisé les intérêts d'une société privée, la Compagnie des chemins de fer du sud de la France, lancée par trois affairistes notoires : Jules Roche, Albert Christophle et Maurice Rouvier. Le 13 janvier 1895, Barthou démissionne du gouvernement dirigé par Charles Dupuy qui est mis en minorité à la Chambre. Dans sa chute, le gouvernement entraîne le président de la République. Lassé par les attaques de la gauche, miné par l'impuissance de sa fonction, Casimir-Perier décide en effet d'abandonner la magistrature suprême, le 15 janvier 1895. Après Jules Grévy, il est le deuxième président à tomber, victime indirecte des affaires.

Peut-on en conclure que le scandale de Panama a profondément ébranlé le régime républicain ? Ce serait aller trop vite en besogne si l'on considère que la presse, les banques et la quasi-totalité des parlementaires corrompus ont échappé à la justice, et que les personnalités les plus impliquées dans le scandale, tels Jules Roche et Maurice Rouvier, sont revenues sur le devant de la scène politique peu de temps après. Même Daniel Wilson, le trafiquant de l'Élysée, est redevenu député après le scandale des décorations. Comme le constate amèrement le bâtonnier Barboux : « Pour franchir un rapide dangereux, on fait descendre ses amis de la barque ministérielle, mais le rapide franchi, soyez tranquille, ils s'y rembarqueront ! »

Quant aux pratiques de pots-de-vin, d'abus de pouvoir et de services rendus révélées par les scandales, tous les témoignages prouvent qu'elles ont repris de plus belle dans les années qui ont suivi. Pour ne citer qu'un seul exemple, évoquons l'affaire des phosphates de Tebessa, en Algérie, qui éclabousse Maurice Rouvier et Eugène Étienne, deux figures du monde politico-financier dans les années 1900. Cette affaire, qu'un rapport de police présente comme « un nouveau Panama », aurait permis à Rouvier et à Étienne de toucher plusieurs « dizaines de millions » de substantiels pots-de-vin, en échange de leur intervention pour favoriser la concession des mines de phosphates. Et pourtant, l'affaire de Tebessa n'a provoqué aucun scandale.

Bien sûr, tous les hommes politiques de l'époque ne partagent pas l'avidité d'un Maurice Rouvier. La plupart des députés et des sénateurs de la IIIe République se considèrent comme des hommes honnêtes, imperméables à la corruption. Mais rares sont ceux qui ont tiré des leçons bénéfiques de l'affaire des décorations ou de celle de Panama. On se garde bien de voter une quelconque loi réprimant la corruption. La seule loi qui vaille est celle de l'opinion et du « pas vu, pas pris ». On sera désormais plus prudent, c'est sûr, moins tapageur que Wilson, moins affairiste que Rouvier, moins naïf que Charles Baïhaut. Mais l'argent et la politique vont continuer à faire bon ménage, et de nouveaux scandales sont à venir.

Deuxième partie

LE TEMPS DES RADICAUX

Pendant quarante ans, de la Belle Époque au régime de Vichy, un parti politique domine la vie politique française : c'est le Parti radical. Depuis le « petit père » Combes jusqu'à Édouard Daladier, en passant par Georges Clemenceau, le « Tigre », et Édouard Herriot, figure de proue du Cartel des gauches, ce sont les radicaux qui incarnent la France profonde de l'entre-deux-guerres.

Cette « république radicale » est née d'un scandale, celui d'une monstrueuse erreur judiciaire, orchestrée par les services de renseignements de l'armée au ministère de la Guerre puis couverte par le pouvoir politique : l'injuste condamnation du capitaine Alfred Dreyfus pour haute trahison, le 22 décembre 1894. Une affaire restée plus ou moins confidentielle jusqu'à la célèbre lettre ouverte d'Émile Zola, publiée dans *L'Aurore*, le journal de Clemenceau, daté du 13 janvier 1898. Ce jour-là, l'opinion publique découvre ce que l'on appellera l'« affaire Dreyfus ». Commence alors la guerre entre dreyfusards, partisans de réviser le jugement du Conseil de guerre, et antidreyfusards, soucieux avant tout de sauvegarder l'honneur de l'armée. Dans cette guerre civile qui mobilise intellectuels et politiques, les radicaux, Clemenceau en tête, constituent le fer de lance du parti dreyfusard. Quand l'affaire se dénoue, en 1899, les radicaux se retrouvent tout naturellement aux commandes de la République.

Hélas ! l'exercice du pouvoir transforme et corrompt ces républicains vertueux, naguère pourfendeurs inlassables des vices de la république modérée. La république radicale devient un « système », aussi critiquable et aussi critiqué que le système précédent. C'est désormais autour du Parti radical que s'organise le grand jeu de l'argent et du pouvoir. Le sénateur Albert Mascuraud, président du Comité républicain du commerce et de l'industrie, est l'incarnation de ce système politico-financier. Les rapports de la Sûreté générale le décrivent comme le bailleur de fonds du Parti radical. « Rien n'a changé depuis l'affaire Wilson. Mascuraud vend des décorations et il donne de l'argent au gouvernement pour ses élections », s'indigne le député Georges Berry, le 16 juin 1904, à la tribune de la Chambre.

Dans la génération de l'après-guerre, l'Union des intérêts économiques, dirigée par le sénateur Ernest Billiet, le bien nommé, reprend cette fonction d'intermédiaire entre le monde des affaires et celui de la politique. C'est l'époque des Années folles, des spéculateurs qui flambent, des fortunes qui se font et se défont au rythme de l'inflation galopante et des coups de Bourse, jusqu'à la crise des années 1930, qui va donner un coup d'arrêt décisif à cette frénésie financière. De la Belle Époque aux années de crise, nombreux sont les aventuriers qui tentent leur chance à la loterie du boursicotage et de l'argent facile. Ils se nomment Henri Rochette, André Berthelot, Marthe Hanau, Albert Oustric ou Alexandre Stavisky. Dans leurs affaires louches, ils entraînent des ministres, des parlementaires, des hauts fonctionnaires, dignes représentants de la république radicale. Alors, pour tous les opposants au système, pour l'extrême droite comme pour les communistes, les scandales sont autant d'occasions d'ébranler la république radicale.

1

Le fichier des francs-maçons

Il y a foule dans les tribunes de la Chambre, le 28 octobre 1904, lorsque le député de la droite nationaliste Jean Guyot de Villeneuve monte à la tribune pour interpeller le général André, ministre de la Guerre du gouvernement radical dirigé par Émile Combes. Depuis quelques jours, une rumeur s'est propagée dans la classe politique, relayée par un article paru la veille dans *Le Figaro* sous ce titre prometteur : « La délation dans l'armée. Une nouvelle mafia. » L'opposition nationaliste aurait la preuve que le ministre de la Guerre a organisé un vaste système d'espionnage parmi les officiers. Guyot de Villeneuve va révéler le scandale.

« L'armée n'a plus de chef »

Livide, comme habité par sa mission, il monte à la tribune dans un silence impressionnant. Devant lui, il dispose calmement plusieurs chemises jaunes. Il annonce qu'elles contiennent des documents provenant de trois sources : le ministère de la Guerre, le Grand Orient, ainsi que des personnalités franc-maçonnes. À l'en croire, ces documents sont autant de preuves de la culpabilité du ministre de la Guerre, accusé de faire appel aux loges maçonniques pour collecter des renseignements sur les officiers de l'armée française.

À gauche et à l'extrême gauche, on s'indigne bruyamment contre cette nouvelle perfidie de l'extrême droite. Mais Guyot de Villeneuve, imperturbable, commence la lecture d'une correspondance, très explicite, entre le capitaine Mollin, officier d'ordonnance du ministre, et Vadecard, le secrétaire général du Grand Orient de France. La gauche vocifère, on frappe sur les pupitres, la droite réplique, on se lève, on s'injurie, mais le député nationaliste continue sa lecture. Les lettres sont accablantes : elles montrent que Mollin a sollicité pendant plusieurs années les services des francs-maçons, en dehors ou à l'intérieur même de l'armée, pour confectionner des fiches sur les officiers suspects de royalisme ou de cléricalisme.

Pris à partie par les députés socialistes, qui ne peuvent croire à un tel système, Guyot de Villeneuve interrompt soudain sa lecture : « Que M. le Ministre de la Guerre réponde, lance-t-il. Il sait, lui, si ces lettres ont ou non été écrites. Qu'il le dise ! Qu'il se lève ! » Mais le général André ne bouge pas, cloué au banc des ministres. « Vous n'osez pas le dire, mais parlez, parlez donc », l'exhorte Guyot de Villeneuve. On voit alors Émile Combes, le président du Conseil, s'approcher de son ministre pour lui demander d'intervenir. Le général André s'exécute, petit homme sec, écrasé par les circonstances : « J'ignore absolument l'existence de ces lettres. Je voulais que vous ayez terminé cette lecture pour faire cette déclaration ; mais puisqu'on me pousse beaucoup à parler tout de suite, je déclare que j'ignore absolument l'existence de ces lettres. »

Émile Combes, crâne chauve et moustache blanche, se jette à son tour dans la bataille, accusant Guyot de Villeneuve d'entretenir volontairement « la confusion entre la conduite personnelle du ministre de la Guerre et les actes, ignorés de lui, d'un de ses officiers d'ordonnance ». Mais Guyot de Villeneuve, arrimé à la tribune, reprend la lecture de ses lettres, puis de quelques fiches confectionnées par les francs-maçons. Au bout de trois heures de discours, de lectures et d'interruptions, il conclut : « Ministre de la Guerre à qui la France avait confié la force et l'honneur de son armée, vous avez divisé les officiers, vous avez semé la discorde dans le corps des officiers en y introduisant la politique et ses passions (...) Vous ne pouvez plus rester sur ces bancs. L'armée est trahie, l'armée n'a plus de chef, l'armée en appelle au Parlement. »

La réponse d'André est peu convaincante, comme s'il voulait noyer le poisson. Affirmant blâmer « très énergiquement les agissements qui viennent d'être dévoilés », il demande néanmoins « vérification » : « Je vous assure, messieurs de la droite, que si je viens à constater la réalité de ces faits, je n'hésiterai pas une minute à considérer que ma responsabilité est engagée et à venir vous l'offrir. » Jean Jaurès, le chef de file des socialistes, vient à sa rescousse : « Sera dupe qui voudra, sera complice qui voudra dans cette intrigue politique. » À ses yeux, la vraie question est de savoir comment Guyot de Villeneuve a pu se procurer les documents qu'il cite. Et le tribun socialiste de conclure : « À cette heure obscure et redoutable où des complications extérieures peuvent à tout moment surgir, le parti républicain se demandera s'il lui plaît de livrer le pays aux césariens d'aventure. »

Finalement, un ordre du jour favorable au gouvernement est adopté par 294 voix contre 263 : Émile Combes sauve sa tête. Mais on note qu'une bonne trentaine de députés de son parti, tels Paul Doumer, Georges Leygues et Joseph Caillaux, ont refusé de le soutenir. Doumer se déclare même choqué que le ministre de la Guerre essaie de rejeter sur son subordonné Mollin la responsabilité d'un « système de basse police que beaucoup soupçonnaient ». L'affaire semble ébranler sérieusement la majorité gouvernementale. Et ce n'est que le début du scandale.

Les vingt mille fiches du Grand Orient

Comment expliquer le scandale des fiches ? Très simplement par la lutte au couteau qui oppose depuis l'affaire Dreyfus les républicains de gouvernement, et notamment Émile Combes, à l'Église catholique et à ses soutiens politiques. Président du Conseil depuis juin 1902, Émile Combes traque impitoyablement les monarchistes, cléricaux et antidreyfusards de tous poils.

Quelles sont ses cibles ? L'Église, au premier rang, car cet ancien séminariste, surnommé « le petit père Combes », est un anticlérical convaincu. Engagé dans une véritable « campagne laïque », il multiplie les provocations et les brimades, notamment envers les congrégations religieuses. Par la loi du 7 juillet 1904, il fait même interdire l'enseignement à tous les congréganistes. Multipliant les provocations envers l'Église, il s'attire les foudres du pape, ce qui le conduit à rompre les relations diplomatiques avec le Vatican trois semaines plus tard.

L'épuration de l'appareil d'État est son deuxième objectif. Par l'intermédiaire de son fils, secrétaire général du ministère de l'Intérieur, il tente de débarrasser l'administration de tous les éléments suspects. Selon une circulaire du 20 juin 1902, les préfets sont tenus de réserver les postes administratifs à ceux « qui ont donné des preuves non équivoques de fidélité aux institutions républicaines ». Enfin, il s'en prend à l'armée, considérée, non sans raison, comme une pépinière d'antirépublicains. C'est en tout cas l'opinion du ministre de la Guerre, le général André, ancien directeur de l'École polytechnique et fervent républicain. L'un de ses officiers d'ordonnance, le capitaine Mollin, frère d'une loge maçonnique, est chargé de mettre en place la collaboration avec le Grand Orient. Ayant sympathisé avec Vadecard, le secrétaire général de l'ordre, Mollin lui a d'abord demandé des fiches sur une trentaine d'officiers, au printemps 1901. Satisfait du résultat, il a étendu les demandes de renseignements à des centaines d'officiers supérieurs et généraux. Des dizaines de loges sont mises à contribution, et les officiers francs-maçons fournissent eux-mêmes de nombreux renseignements. Au total, ce sont plus de vingt mille fiches qui sont ainsi transmises au ministère de la Guerre par le Grand Orient de France.

Les dossiers explosifs de GT-104

Le général André aurait dû se méfier de Guyot de Villeneuve. Officier d'état-major, ce dernier a démissionné de l'armée avec fracas, en décembre 1901, en lui adressant une lettre incendiaire :

« Il serait trop long d'énumérer ici tout ce que vous avez fait contre l'armée (...) Vous voulez de nos officiers faire les valets de la Défense républicaine ; ils veulent et doivent rester les soldats de la France. » Placé dans la réserve avec le grade de sergent, il a rejoint la Ligue de la Patrie française, avant d'être élu à Neuilly en mars 1902. Sa première intervention parlementaire, le 12 novembre 1903, a été pour dénoncer les interventions politiques dans l'avancement des officiers. Déjà, à cette époque, il se disait persuadé que le ministre de la Guerre avait organisé un réseau de mouchards pour les espionner.

Le 28 mai 1904, lors d'une conférence consacrée à « La franc-maçonnerie diabolique » chez Boni de Castellane, le « roi de Paris », Guyot de Villeneuve a reçu une lettre cachetée apportée par un valet de pied : « Monsieur le député. Je suis un F. M. disposé à me venger en divulguant tout à votre parti à condition d'obtenir de lui une rétribution équitable (...) Adresser propositions déguisées dans les annonces du *Petit Parisien* aux initiales GT-104. » Qui était ce mystérieux correspondant si bien informé ? Le numéro deux du Grand Orient, Jean-Baptiste Bidegain, l'adjoint de Vadecard. Très déçu que ce dernier ne lui ait pas laissé sa place, ce Basque d'origine est revenu à la foi catholique de son adolescence. Sous l'influence de l'abbé Bessonies, il a décidé de trahir le Grand Orient, en livrant les fameux fichiers.

Le 25 juin 1904, chez Bessonies, Guyot de Villeneuve a découvert avec stupéfaction les dossiers dérobés par Bidegain : ils contenaient les fiches de centaines d'officiers, ainsi qu'une trentaine de lettres du capitaine Mollin à Vadecard. Les fiches étaient d'abord et avant tout consacrées aux opinions religieuses des officiers : « ... ultra ou archiclérical, très militant, violent et sectaire, enragé, méchant, actif, féroce, honteux, absolu, intransigeant, farouche, nuisible, fanatique, exalté, cléricaille, jésuite, jésuitard, jésuite en robe rouge, ou jésuitique jésuitisant. » On y trouvait aussi des informations sur les pratiques religieuses des officiers, sur leurs opinions politiques, leurs journaux préférés, leur famille, leurs relations, voire leurs vices cachés : « cherche l'oubli dans l'absinthe », « ne pense qu'au plaisir », « court la fillette », « reçoit le soir une femme réactionnaire »… Une bombe à retardement que Guyot de Villeneuve a fait exploser à son heure dans l'hémicycle.

Deux gifles et un suicide

À peine remis de leurs émotions du 28 octobre, les députés assistent le 4 novembre à une nouvelle séance très animée. Guyot de Villeneuve brandit à la tribune une note reçue par Émile Combes en décembre 1902 prouvant de manière irréfutable qu'il était au courant du système des fiches. Or, six jours plus tôt, il a affirmé le contraire. En conséquence, le député nationaliste exige la démission immédiate du président du Conseil.

Au moment d'ouvrir le scrutin sur l'ordre du jour de confiance, un nouvel incident éclate. « Je sais qu'un certain nombre de mes ennemis ont juré d'avoir ma peau ! Je résisterai à toutes les attaques et je resterai à mon poste jusqu'à ce qu'un vote manifeste de la Chambre m'en ait exclu », déclare le général André. À ces mots, le député nationaliste Gabriel Syveton se lève de son banc et vient gifler par deux fois le ministre de la Guerre. Les proches du gouvernement se précipitent pour le ceinturer, ceux de la droite viennent à sa rescousse, et une bagarre générale s'ensuit, tandis que le général André quitte l'hémicycle entre deux huissiers. C'est une des séances les plus chaudes de notre histoire parlementaire !

À Paris comme en province, l'agitation est grande, les camps se forment, les comptes se règlent, comme aux plus beaux jours de l'affaire Dreyfus. Une frénésie de duels s'empare des nationalistes, à commencer par Guyot de Villeneuve, qui se bat plusieurs fois à l'épée pendant le mois de novembre. Quant à Gabriel Syveton, il échange deux balles avec le capitaine de Gail, qui défend l'honneur du ministre de la Guerre. Ce dernier, alité, épuisé par le scandale, présente finalement sa démission le 15 novembre 1904. À Émile Combes, venu aussitôt à son chevet, il déclare : « Depuis huit jours, je ne vis plus. Je veux dormir tranquillement dans mon lit la nuit prochaine. » Dans *L'Aurore*, Georges Clemenceau le considère comme un bouc émissaire : « Combes a démissionné le général André », écrit-il, ajoutant que le président du Conseil « a connu et encouragé, tacitement du moins, toutes les fautes ». Après Doumer, Leygues et Caillaux, voilà encore un ténor du radicalisme qui attaque Émile Combes !

Le 8 décembre, un événement imprévu survient au cœur du scandale : la mort mystérieuse de Gabriel Syveton. Sa femme, qui a découvert le corps, pense qu'il s'agit d'une fuite du chauffage au gaz qui l'a asphyxié. La presse nationaliste crie aussitôt au meurtre : « À l'assassin ! », titre *L'Intransigeant*, tandis que *La Libre Parole* évoque un « assassinat maçonnique ». Mais, quelques jours plus tard, nouveau coup de théâtre : on apprend que le gendre de Syveton, Ménard, était sur le point de porter plainte contre son beau-père. Le député nationaliste aurait en effet abusé de Marguerite de Bruyn, fille d'un premier mariage de sa femme, et épouse de Ménard. Il se serait suicidé au gaz pour échapper au déshonneur. Cette révélation surprenante est aussitôt confirmée par Marguerite, puis par sa mère, l'épouse de Syveton, ainsi que par deux servantes de la famille, qu'il aurait forcées à participer à des orgies érotiques.

C'est le grand déballage, qui fait apparaître un véritable obsédé sexuel, amateur de plaisirs pervers et de maisons closes. Les faits sont si choquants que plusieurs journaux refusent d'en faire mention, et que *Le Matin* choisit de les publier en grec… afin d'épargner la pudeur des masses. Mme Syveton révèle en outre que son mari aurait détourné quatre-vingt-dix-huit mille francs des caisses de la Ligue de la Patrie française, dont il était le trésorier. Cela fait beaucoup de charges pour celui qui voulait apparaître comme l'un des chevaliers blancs de la droite nationaliste. Pour Émile Combes, c'est une aubaine, car l'extrême droite se trouve discréditée. Mais c'est dans son propre camp que se trouvent ses plus dangereux adversaires.

La chute du « combisme »

Combes est cerné par les attaques. Le 9 décembre 1904, le député socialiste Alexandre Millerand demande à la Chambre de le renverser : « À vous de libérer ce pays de la domination la plus abjecte et la plus répugnante que jamais gouvernement ait entreprise de faire peser sur l'honneur et les intérêts des citoyens. » De son côté, Guyot de Villeneuve reprend le 12 décembre la publication quotidienne des fiches. Il écrit au général Florentin, grand chancelier de la Légion d'honneur, pour lui demander d'interdire le port de la croix à ceux qui ont collaboré aux fichiers. Une pétition, rendue publique le 23 décembre, porte la signature de six mille membres de la Légion d'honneur favorables à cette mesure. Le même jour, au Palais-Bourbon, une large majorité de députés vote un ordre du jour condamnant la délation.

Élu président de la Chambre le 10 janvier 1905, Paul Doumer s'en prend à son tour ouvertement à Émile Combes : « Par les pratiques corruptrices dont il use, par la délation qu'il protège, ce ministère est devenu pour le pays une cause de scandale en même temps qu'un véritable danger. » Trois jours plus tard, à l'occasion d'une énième interpellation sur la politique générale du gouvernement, le marquis Baudry d'Asson, député royaliste de Vendée, bondit sur le président du Conseil avec une casserole en cuivre dissimulée sous sa redingote et tente de l'en coiffer : « Recevez cette couronne, monsieur l'abbé, vous l'avez bien méritée. » Le marquis subit évidemment la censure de la part d'une large majorité de députés, mais cette nouvelle agression reflète la fragilité du ministère, attaqué de toutes parts.

Lorsque Émile Combes monte à la tribune pour répondre à l'interpellation, le lendemain, chacun a compris qu'il va prononcer son testament politique. En dépit des interruptions multiples, le président du Conseil présente longuement le bilan de son action, ne reniant rien de sa politique anticléricale, insistant notamment sur la fermeture des écoles religieuses, « l'un des actes les plus considérables accomplis depuis un siècle ». S'il exprime sa réprobation pour le système des fiches, dont il rappelle qu'il a été installé par son prédécesseur Waldeck-Rousseau dès 1901, il estime injuste de frapper ceux qui y ont participé de bonne foi, ceux que ses adversaires appellent les « délateurs ». Se déclarant « fier » des services rendus à la République, il évoque de nouvelles réformes, à discuter à Pâques. Des bancs de la droite, on lui crie « Et à la Trinité ? ».

Le 18 janvier 1905, Combes envoie sa lettre de démission au président de la République Émile Loubet, qui l'accueille avec plaisir. Joint à cette lettre, un rapport manuscrit condamne « la coalition d'ambitions impatientes et de haines cléricales et nationalistes », invitant le président de la République à nommer un successeur qui continuera sa politique. Juste après sa démission, paraît sous forme de faire-part bordé de noir le *Testament politique et d'intérêt supérieur d'Émile Combes, dit Concombre, ex-président du ministère de la Désorganisation Nationale.* On ricane sur les Boulevards.

L'apaisement

Comme par miracle, le scandale des fiches s'arrête avec la démission d'Émile Combes. Non pas que Maurice Rouvier, son successeur, ait décidé de rompre avec la politique anticléricale. C'est lui qui va faire aboutir en décembre 1905 le projet de séparation des Églises et de l'État. Lors de sa première déclaration à la Chambre, le 27 janvier, il réprouve fermement le système des fiches mais se refuse « à céder aux mises en demeure violentes que formulent les adversaires de la République ». Sur le fond, il reste sur la même ligne que son prédécesseur. En revanche, la forme est différente, car Rouvier dit rechercher « la détente et l'apaisement ». Afin de prouver sa bonne volonté, il sanctionne le général Peigné, franc-maçon notoire, et s'attire la sympathie de Guyot de Villeneuve. « La publication des fiches cessera dès ce soir », déclare le député nationaliste. À ses yeux, l'affaire est close.

Dans la presse d'extrême droite, nombreux sont ceux qui, à l'instar de Charles Maurras ou de Léon Daudet, accusent Guyot de Villeneuve d'avoir abdiqué. En février 1906, ce dernier décide alors de repartir en guerre contre les fiches maçonniques. Il aurait, dit-il, reçu un témoignage affirmant que le système continue au ministère de la Guerre, le commandant Ancelin étant désormais chargé de le coordonner. Secondé par le commandant Driant, gendre du général Boulanger et nationaliste ardent, il reprend donc sa campagne de publication des fiches, multipliant les réunions publiques et les appels au combat. Dans le contexte troublé de la querelle des « inventaires », qui voient les fidèles s'opposer à la troupe pour empêcher la profanation des églises, on aurait pu penser que cette nouvelle croisade remporterait un grand succès. Mais la France de 1906 n'en peut plus de ses incessantes guerres religieuses. Nommé ministre de l'Intérieur dans le nouveau gouvernement Sarrien en mars 1906, Georges Clemenceau négocie avec habileté une paix de raison avec l'Église catholique, soucieuse de gérer au mieux les conséquences de la séparation. Battu lors des élections du mois de mai, Guyot de Villeneuve est victime d'un grave accident d'automobile, qui le laisse dans un état de semi-conscience. À sa mort, quelques mois plus tard, la presse nationaliste prétendra qu'il a été tué par un infirmier franc-maçon.

Quid du système des fiches ? Bien des années après le scandale, le ministère de la Guerre continue à collecter des renseignements sur les officiers, non plus par l'intermédiaire des francs-maçons, mais grâce aux préfets et à leurs réseaux d'indicateurs. Il faut attendre l'arrivée d'Alexandre Millerand rue Saint-Dominique, en janvier 1912, pour voir définitivement cesser cette pratique.

À cette date, le général André a depuis longtemps renoncé à toute ambition politique, mais son ancien chef de cabinet, le général Percin, qui avait organisé le système des fiches, termine tranquillement sa carrière comme directeur de l'artillerie. Seul le capitaine Mollin a joué le rôle de victime expiatoire, contraint à démissionner de l'armée, abandonné par sa femme et par ses amis, puis parti noyer son déshonneur et sa peine en Afrique. Mais si Mollin est le bouc émissaire, la victime politique est sans conteste Émile Combes, écarté pour toujours du pouvoir. Dans ses *Mémoires*, il admet avoir eu connaissance de trois mille fiches dont dix-huit cents provenaient des francs-maçons, mais il assure qu'aucune d'elles n'a échappé au contrôle de son administration ou de ses propres services. En clair, les informations maçonniques auraient été vérifiées, labellisées par l'État. Il n'empêche que la révélation de cette affaire a choqué bon nombre de républicains, qui se faisaient une autre idée, plus tolérante et plus transparente, de leur régime.

« On me rendra justice (…) Je n'ai eu qu'un but, réconcilier la religion et la République », a confié Émile Combes au préfet Combarieu, secrétaire général de l'Élysée. Pourtant, le « combisme » est aujourd'hui associé aux excès et aux dérives que le scandale des fiches a permis de révéler. Que bon nombre d'officiers aient effectivement milité contre la République, c'est un fait indéniable, qui peut expliquer la méfiance du ministère de la Guerre à leur encontre. La droite nationaliste s'est empressée d'exploiter l'affaire, qui a permis le règlement de comptes orchestré par Paul Doumer. Mais le scandale aura au moins permis de mettre fin à une collusion inacceptable, dont Émile Combes était le symbole. Quelques années plus tard, c'est un autre type de collusion, cette fois financière, qui va atteindre une autre grande figure du radicalisme.

2

L'honneur perdu de Joseph Caillaux

Le lundi 16 mars 1914, en fin d'après-midi, une jeune femme se présente au journal *Le Figaro*, rue Drouot, et demande à y rencontrer le directeur Gaston Calmette. C'est une femme élégante, une mondaine, et l'enveloppe parfumée qu'elle tend à l'huissier porte le sigle de la Chambre des députés. Calmette arrive au bout d'une heure, accompagné de l'écrivain Paul Bourget, puis il introduit la jeune femme blonde dans son bureau.

— Vous savez pourquoi je viens, dit-elle sans préambule.

Avant même que Calmette ait eu le temps de répondre, elle sort un browning du manchon qui le dissimulait et tire au jugé, cinq fois, en direction du journaliste. Quand l'huissier entre dans la pièce, il trouve son patron appuyé contre son fauteuil, pâle comme la mort qui le gagne. La femme est debout, immobile, son arme à la main.

— Je ne veux pas m'enfuir, dit-elle. J'ai mon auto en bas pour aller au poste avec les agents.

On l'emmène au commissariat, où elle est inculpée de tentative de meurtre. Bientôt, la nouvelle est sur toutes les lèvres, des milliers de personnes se rassemblent rue Drouot, puis sur les Boulevards. Ce sont des Camelots du roi, des militants de l'Action française, qui conspuent la République et le gouvernement. Car la femme qui vient d'assassiner Gaston Calmette n'est autre qu'Henriette Caillaux, l'épouse du ministre des Finances, ancien président du Conseil. Si elle a tué le directeur du *Figaro*, c'était pour défendre l'honneur de son mari.

Caillaux a-t-il protégé Henri Rochette ?

Caillaux est-il « le grand protecteur », voire « le complice » de l'escroc Henri Rochette, surnommé « l'Attila de la petite épargne » ? C'est ce qu'a affirmé Gaston Calmette dans un article du *Figaro* paru le 10 mars 1914, six jours avant de se faire assassiner.

Pour bien comprendre la portée de cette accusation, arrêtons-nous un instant sur la carrière et sur la personnalité de Rochette, aventurier de la finance bien connu du Tout-Paris mondain. Tout jeune encore, il a fondé en 1902 la Société générale de crédit minier et industriel, une banque vouée au placement des valeurs de sociétés mirobolantes… mais éphémères. En trois ans, il a en effet créé pas moins de quinze sociétés, aux noms plus ronflants les uns que les autres : les Charbonnages de Laviana, les Mines de zinc du val d'Aran, la Banque franco-espagnole, la Société anglaise du gaz méthane, l'Union franco-belge, Mexico Railway and Mining Corporation, les Cuirs de Transylvanie, un véritable trust international. Sa promotion était assurée par un quotidien, *Le Financier*, distribué gratuitement dans les soixante-deux succursales de la Société générale de crédit minier et industriel.

Le problème, c'est que Rochette gonflait systématiquement le capital de ses sociétés, falsifiait les bilans, manipulait les cotations, et courait sans cesse après l'argent des gogos. Il s'est lié d'amitié avec plusieurs parlementaires, dont le sénateur Charles Humbert, rapporteur du budget de la Guerre, et le député du Loiret Fernand Rabier, qui lui a d'ailleurs obtenu la Légion d'honneur. Tout en siégeant à la vice-présidence de la Chambre, Rabier exerçait la fonction grassement rétribuée d'avocat-conseil de la Banque franco-espagnole, l'une des sociétés de Rochette. Fort de tels appuis, Rochette a fait étouffer sans trop de mal les premières plaintes dénonçant ses agissements frauduleux et ses publicités mensongères. Mais il a commis l'erreur de vouloir s'emparer en 1908 de la Compagnie des omnibus parisiens, propriétaire du *Petit Journal*, l'un des quatre grands quotidiens de la presse populaire. C'était heurter de front deux personnages très puissants à cette époque : le député Eugène Étienne, plusieurs fois ministre et grande figure du lobby colonial, président du conseil d'administration de la Compagnie des omnibus, et le sénateur Charles Prévet, qui venait d'être nommé à la tête du *Petit Journal*.

Ces deux personnages influents sont allés tous deux se plaindre au président du Conseil, Georges Clemenceau, qui a demandé à son préfet de police, Louis Lépine, d'ouvrir une enquête discrète, mais approfondie, sur le banquier trop gourmand. De son côté, le garde des Sceaux Aristide Briand a demandé au procureur général Fabre d'entamer d'urgence des poursuites contre Rochette. Quelques jours plus tard, fin mars 1908, ce dernier a été écroué à la prison de la Santé, et, dès le 2 avril, sa banque a été déclarée en faillite. Un premier inventaire faisait état de trente-cinq millions de déficit, et l'on parlait de cent millions de francs escroqués aux gogos par « l'Attila de la petite épargne ». Rochette a été remis en liberté provisoire dès le 8 mai 1908, et son chauffeur est venu l'attendre à la sortie de la prison, un énorme bouquet de fleurs à la main. Des syndicats de défense se sont constitués en sa faveur, pas moins de cinquante-deux mille lettres étant envoyées à la Chambre des députés. L'arrêt de la cour d'appel de Rouen, en juillet 1912, l'a cependant condamné à trois ans de prison, mais il s'est enfui au Mexique. C'est alors que le scandale politique a éclaté.

On se demande en effet pourquoi la cour d'appel, saisie en 1910, a attendu deux ans avant de se prononcer. Grâce à ce délai supplémentaire, Rochette a pu bénéficier de la prescription, car plus de trois ans se sont écoulés depuis les faits incriminés. On se demande qui a pris la décision de faire repousser le jugement d'appel, et c'est alors que le nom de Joseph Caillaux apparaît. Selon la commission d'enquête parlementaire, présidée par le socialiste Jean Jaurès, il semble que le président du Conseil Ernest Monis soit personnellement intervenu auprès du procureur général Fabre, en mars 1911, pour obtenir la remise du procès. Mais Ernest Monis affirme qu'il a agi à la demande expresse de son ministre des Finances, Joseph Caillaux. Ce dernier souhaitait « être agréable » à Maurice Bernard, l'avocat de Rochette. Selon Me Bernard, Rochette lui a assuré que la remise du procès serait « accordée d'avance » grâce à Caillaux.

Il y aurait donc eu un accord passé entre Rochette et le ministre des Finances. Caillaux redoutait, semble-t-il, que Maurice Bernard se livre dans sa plaidoirie à un grand déballage des turpitudes politico-financières, de « toutes les affaires, tous les appels faits à l'épargne qui ont été suivis de désastres et où aucune poursuite n'a été exercée ». En outre, Rochette aurait menacé de publier un ouvrage intitulé *La Fortune mobilière de la France de 1890 à 1910*, imprimé chez Chaix à dix exemplaires, et qui en dirait long sur le sujet. Si l'on en croit les rapports de la Sûreté générale, c'est pour éviter ce brûlot que Caillaux aurait obtenu la remise du procès. C'est aussi ce qu'a laissé entendre Gaston Calmette dans *Le Figaro* et c'est ce qui lui a coûté la vie.

« Je l'ai tué pour lui apprendre à vivre »

« Je l'ai tué pour lui apprendre à vivre », se défend Henriette Caillaux lors de son procès. Elle n'a pas supporté que Calmette publie dans *Le Figaro* du 13 mars un extrait d'une lettre intime envoyée par le ministre à sa première femme, et dans laquelle Caillaux apparaissait comme un cynique absolu, se vantant d'avoir « écrasé l'impôt sur le revenu en ayant l'air de le défendre ». Elle redoutait que Calmette ne publie aussi les lettres qu'elle-même avait échangées avec Caillaux lorsque elle était encore la femme de Léo Claretie, et que « son Jo » l'appelait « Ma Riri bien-aimée ».

À la une de tous les journaux, le crime passionnel éclipse aussitôt l'affaire Rochette. Prudemment, Joseph Caillaux démissionne de son ministère dès le lendemain du meurtre. Devant une nouvelle commission d'enquête, toujours présidée par Jean Jaurès, Ernest Monis reconnaît être intervenu auprès du procureur Fabre, sur la demande de Caillaux... mais, dit-il, « il s'agissait d'une suggestion, non d'un ordre ». Fabre, indigné, maintient qu'on lui a forcé la main, mais le rapport de la commission d'enquête se refuse à mettre en accusation les ministres incriminés. Devant tant d'hypocrisie, Jaurès préfère abandonner la présidence de la commission.

La séance parlementaire du 3 avril 1914, consacrée à l'examen de la question, est houleuse. Maurice Barrès, le bouillant porte-parole de l'opposition nationaliste, réclame des poursuites judiciaires contre Caillaux et Monis, représentants de ces « anciens partis qui ont fait place à des groupements d'intérêts politiques », « en relation avec des groupements d'intérêts financiers », et qui représentent à ses yeux « le dernier degré de la pourriture parlementaire ». Le socialiste Marcel Sembat n'est pas moins virulent à l'encontre de Louis Barthou, qu'il accuse d'avoir dissimulé la note du procureur Fabre que lui avait remise Briand. Mais la majorité vote un ordre du jour se contentant de « réprouver les interventions abusives de la finance dans la politique, et de la politique dans l'administration de la justice ». Finalement, le seul sanctionné dans l'affaire sera un lampiste, le procureur Fabre, muté à Aix-en-Provence.

Le 28 juillet 1914, Henriette Caillaux est acquittée, au terme d'un procès mélodramatique. Jeune, blonde et jolie, toute vêtue de noir, du bout de ses gants à la plume qui orne son chapeau, elle charme tous les hommes, nombreux à l'audience. Elle regrette son geste, un moment d'égarement : « C'est effrayant, un revolver comme ça ; ça part tout seul. Je déclare ici que j'aurais préféré laisser publier n'importe quoi plutôt que d'être la cause de ce qui est arrivé. » Et tandis que devant le Palais de justice s'affrontent partisans et adversaires de Joseph Caillaux, celui-ci déclare : « Quel que soit le mal qu'on a pu me faire, si je pouvais rendre la vie à Gaston Calmette, je le ferais. » La déposition de l'ex-femme de Caillaux, brandissant les lettres coupables de son époux volage, n'ébranle en rien la conviction des jurés : Henriette Caillaux n'est pas coupable, si ce n'est d'avoir trop aimé.

Au soir du verdict, un journaliste du *Matin* rend visite à l'acquittée, redevenue femme du monde, « dans une robe de voile bleu, aérienne, diaprée », pour une fête aux bougies offerte par ses amis. Mais la fête sera de courte durée, car, le 3 août, l'Allemagne déclare la guerre à la France : c'est le premier conflit mondial qui commence. C'est aussi la fin du règne politique de Joseph Caillaux.

Épilogue tragique

Le scandale a sonné le glas des ambitions gouvernementales de l'ex-président du Conseil. Partisan d'une paix de compromis avec l'Allemagne, il fait figure de pacifiste pendant la guerre, ce qui lui vaut d'être arrêté, traduit devant le Sénat constitué en Haute Cour de justice, et condamné en février 1920 à trois ans de prison. Bien qu'amnistié, réélu député puis sénateur, il ne reviendra plus jamais à la tête d'un gouvernement.

Quant à Henri Rochette, il revient d'exil au mois d'août 1914 pour s'engager sous les drapeaux sous le nom de Georges Bienaimé. Affecté comme motocycliste dans un service de liaison, il se fait pincer bêtement pour une permission irrégulière, le 17 octobre 1916, et l'on découvre alors sa véritable identité. Condamné à purger sa peine, il sort de prison en décembre 1918, puis il replonge aussitôt dans les affaires louches. Le voici négociant en écrémeuses et machines à laver, puis fondateur, sous le nom de Cadoune, d'un Musée commercial universel, une sorte de foire permanente d'échantillons, organisée sous le couvert d'une association d'anciens combattants.

Une nouvelle fois, il est arrêté en 1921 pour avoir escroqué plus de cinq cent mille francs aux souscripteurs naïfs de son étrange musée. Ayant obtenu un non-lieu, il reprend de plus belle ses escroqueries, à la tête d'un nouveau journal, *Bourse et Finance*, voué au placement de titres fictifs auprès des petits épargnants. Ils sont ainsi quelques dizaines de milliers d'innocentes victimes à découvrir, après quelques mois de hausse artificielle des cours, l'effondrement de leurs actions.

C'est seulement en mai 1931 que cette nouvelle escroquerie est jugée par un tribunal correctionnel, qui condamne Rochette à deux ans de prison. En mars 1934, la cour d'appel de Paris allonge la peine à trois ans. « Il y aura du sang », s'écrie-t-il à l'issue du verdict. Dans l'après-midi du 14 avril 1934, il envoie une série de lettres, dont une au président de la République Gaston Doumergue, et une à l'archevêque de Paris : il s'y présente comme un bouc émissaire de la justice, injustement frappé alors que les vrais escrocs sont passés entre les gouttes. Le lendemain matin, tous les grands journaux parisiens publient les copies de ces lettres, qui accusent de forfaiture quatre ministres, Barthou, Chéron, Tardieu et Laval, coupables de s'être acharnés contre lui. Mais à l'heure où les Parisiens vont découvrir ces brûlots grandiloquents, Rochette est déjà mort.

Juste après avoir rédigé les lettres-testaments, il s'est rendu au Palais de justice et s'est glissé au fond de la 9e chambre, celle où il a été condamné trois semaines plus tôt. Soudain, au beau milieu de la plaidoirie de Me de Moro-Giafferi, le public a entendu le bruit sourd d'un corps qui s'effondrait. L'avocat s'est interrompu, et un murmure d'effroi a parcouru l'assistance : un homme gisait sur le sol, la barbe blanche rougie de sang, la gorge tranchée, un rasoir dans sa main crispée. « Mais c'est Rochette ! » se sont écriés le président et l'avocat, en découvrant le suicidé, agonisant. Une heure plus tard, il mourait à l'Hôtel-Dieu, sans avoir repris connaissance.

À cette époque, Joseph Caillaux est redevenu depuis longtemps une personnalité influente de la république radicale. Ministre des Finances d'un éphémère cabinet Briand en juin-juillet 1926, puis président de la commission des finances du

Sénat, c'est lui qui fera tomber Léon Blum, en avril 1937. Plus de vingt ans après, c'est une sorte de revanche sur les socialistes, qui avaient naguère dénoncé son rôle dans l'affaire Rochette. C'est aussi la revanche de la république radicale, main dans la main avec les hommes d'affaires.

3

Scandale au Quai d'Orsay

« Comment se fait-il qu'un fonctionnaire, secrétaire général des Affaires étrangères, ait pu, par une dépêche, engager le crédit de l'État, et comment se fait-il que cette dépêche, qui n'a pas été communiquée au ministre des Affaires étrangères, ait pu être renvoyée dans des conditions aussi particulières, alors que ce fonctionnaire, par ses liens de famille, pouvait avoir des intérêts considérables dans l'affaire en question ? » C'est en ces termes que le député de Seine-et-Oise Edmond Gast interpelle le président du Conseil Aristide Briand, le 8 juillet 1921. Il fait ainsi éclater au grand jour une affaire dont tout le monde parle depuis quelques mois dans le petit monde des élites politico-financières.

La faillite de la Banque industrielle de Chine

Sur la sellette, Philippe Berthelot, secrétaire général du Quai d'Orsay, donc numéro deux de la diplomatie française, et son frère André, sénateur et homme d'affaires. À eux deux, ils cumulent tous les pouvoirs de la république radicale.

Fasciné par l'immense marché de la toute nouvelle République chinoise, André Berthelot a fondé en 1913 la Banque industrielle de Chine. Le président de la République Yuan She-kai a accueilli avec bienveillance cette banque nouvelle, le gouvernement chinois souscrivant un tiers du capital et lui octroyant l'émission sur le marché français d'un emprunt d'État de cent millions de francs. Pour garantir cet emprunt, les Chinois ont attribué en gage à la Banque industrielle les revenus de l'impôt sur le tabac et de celui sur l'alcool. C'est ainsi qu'André Berthelot et son directeur général Alexis-Joseph Pernotte ont été associés au développement de la Chine nouvelle.

Dès le début, ils ont pu compter sur le soutien actif de Philippe Berthelot, alors sous-directeur de l'Asie au ministère des Affaires étrangères. Le 30 mars 1914, le député Edmond Lefebvre du Prey s'est pour la première fois étonné de cette confusion des genres. À la tribune de la Chambre, il a exhibé un prospectus de publicité de la banque qui contenait, contrairement à toutes les règles, une lettre d'approbation de la sous-direction de l'Asie, organisme officiel tenu au devoir de réserve. Les banques britanniques, concurrentes de la Banque industrielle, ont de leur part demandé à leur ambassadeur d'exprimer de vives protestations auprès du Quai d'Orsay. En outre, le ministère des Finances émettait les plus grandes réserves envers les méthodes de Berthelot et Pernotte, accusés de dépenser des sommes absolument incroyables en frais de représentation et d'accorder à leurs clients des intérêts faramineux.

Néanmoins, jusqu'à la fin de 1920, Philippe Berthelot, devenu secrétaire général du Quai d'Orsay, continue à intervenir en faveur de son frère, mélangeant allégrement fonction publique et intérêts privés. Le 23 novembre 1920, par exemple, il n'hésite pas à envoyer une note au ministère des Finances pour demander que la Banque de France augmente ses crédits à la Banque industrielle, « en raison des services rendus » aux intérêts français en Chine. Lorsque les graves problèmes de gestion de la banque commencent à être connus en France, il sollicite son ami Horace Finaly, le puissant directeur de la Banque de Paris et des Pays-Bas.

Ce dernier forme un consortium des grandes banques françaises en janvier 1921 afin d'éviter la faillite de Berthelot. Par ailleurs, ils bénéficient de l'aide de la Société des missions étrangères, qui se démène aussi beaucoup auprès des banques, notamment par la voix de son supérieur général Mgr de Guébriant, évêque de Canton. De même pour Louis Loucheur, industriel de haut vol, surnommé « Loucheur Tout-en-Or », l'un des ministres les plus influents auprès du monde financier. Le président de la République Alexandre Millerand intervient lui aussi en personne pour demander à la Banque de l'Indochine, concurrente de celle de Berthelot, de contribuer au sauvetage. Quant au président du Conseil, Aristide Briand, il les soutient sans réserves.

Pourtant, en dépit des millions investis par le consortium bancaire, par le gouvernement français et par le gouvernement général de l'Indochine, la Banque industrielle n'arrive pas à se rétablir. En outre, Berthelot se heurte aux réticences du nouveau ministre des Finances Paul Doumer, qui entretient d'excellentes relations avec un établissement concurrent, la Banque de l'Indochine. Lorsque Finaly réclame une nouvelle aide de l'État pour la Banque industrielle de Chine, Doumer exige de la soumettre à un vote du Parlement. Dix jours plus tard, quand Philippe Berthelot demande que la banque de son frère soit autorisée à émettre un nouvel emprunt de trois cents millions, il essuie un nouveau refus. Une réunion de la dernière chance, organisée le 29 juin 1921 avec les représentants des grandes banques françaises dans le bureau de Paul Doumer, tourne court. Le lendemain, André Berthelot se résigne donc à fermer les guichets de sa banque. C'est alors que la faillite financière devient un scandale politique.

Des télégrammes compromettants

Dès le 2 juillet 1921, dans son éditorial de *L'Action française*, Charles Maurras met en cause la responsabilité de Philippe Berthelot et surtout celle du président du Conseil : « Ignorant ou complaisant, berné par ses bureaux ou les couvrant en connaissance de cause, M. Aristide Briand distingue-t-il combien ce trait monumental de son incapacité politique ajoute au monument de l'incohérence et de la discontinuité du régime ? » Le ton est donné pour l'extrême droite : il s'agit de porter un nouveau coup à la république radicale, en la personne de l'infâme pacifiste Briand. « Il a joué, il a perdu. Qu'il paie et qu'il s'en aille. C'est l'unique service qu'il puisse rendre à son pays », affirme Maurras le 6 juillet.

Le même jour, Briand reconnaît devant les commissions des Affaires étrangères des deux chambres que Philippe Berthelot a envoyé depuis le Quai d'Orsay de nombreux télégrammes pour soutenir la banque de son frère. Selon *La Libre Parole*, Berthelot aurait envoyé pas moins de vingt-sept télégrammes de ce type entre janvier et juin 1921. *L'Écho de Paris* publie le texte de l'un d'entre eux, daté du 13 janvier 1921, et envoyé à notre ambassadeur à Londres pour rassurer le Foreign Office. Le problème est que ce télégramme portait la mention PC, donc qu'il était censé émaner du président du Conseil, alors que ce dernier, Georges Leygues, n'était absolument pas au courant.

La séance parlementaire du 8 juillet 1921 donne l'occasion aux opposants de toutes sortes de porter l'affaire sur la scène politique. Le socialiste Marcel Barthe dénonce la « collusion entre la politique et la haute finance », et réclame un débat de fond sur cette question capitale. Le député d'extrême droite Provost de Launay est encore plus virulent : « M. le Président du Conseil n'aime pas à donner des noms. Je vais les donner. La situation de la Banque industrielle de Chine serait autre si elle n'avait pas à sa tête M. Berthelot, sénateur, dont le frère est M. Philippe Berthelot, fonctionnaire que nous connaissons tous. Je demande que la lumière complète soit faite et que le rôle de M. Philippe Berthelot dans cette affaire soit exactement défini. »

Face à toutes ces attaques, Briand reste très ferme, se retranchant derrière l'intérêt national, qui commande de ne pas mettre en péril les intérêts français en Extrême-Orient. Pour ce qui est de Berthelot, « rien n'indique que le secrétaire général des Affaires étrangères ait été mêlé aux affaires de cette banque, affirme-t-il. Je serais indigne de mon poste si je laissais dire en ma présence des paroles désobligeantes pour un homme qui est un fonctionnaire excellent. Quand on attaquera un homme relevant de moi, c'est moi qui le couvrirai, jusqu'à ce que j'aie découvert s'il mérite les attaques dont il est l'objet ». Bel exemple de langue de bois gouvernementale !

La démission de Berthelot

La presse d'extrême droite crie au scandale, et Maurras s'amuse dans *L'Action française* du 29 juillet 1921 : « Philippe et Aristide sont comme les deux artistes du père Hugo : L'un sculptant l'idéal et l'autre le réel, tous deux partageant le profit. » Le haut fonctionnaire modèle décrit par Briand n'est aux yeux de Maurras qu'une sorte de « fils à papa », qui a surtout bénéficié de l'influence de son père, le fameux chimiste Marcelin Berthelot. Il ironise sur ce « dandy » du Quai d'Orsay, qui se pique de poésie et de littérature, au point que ses collègues l'ont surnommé le « des Esseintes de la diplomatie », en référence au héros décadent du roman de Huysmans.

Mais les attaques de Maurras sont relativement isolées, car Horace Finaly, qui soutient Berthelot, est le maître de la grande presse. Dans la coulisse, il orchestre une véritable campagne contre le ministre des Finances Paul Doumer, afin d'obliger ce dernier à accorder l'emprunt. *Le Journal*, *Le Petit Journal*, *Le Petit Parisien*, *L'Information*, tous les journaux proches du pouvoir se mettent de la partie pour réclamer au ministre le renflouement de la Banque industrielle. Derrière l'affaire Berthelot, *L'Œuvre* dénonce une manœuvre visant à affaiblir Briand. Dans *L'Homme libre*, Eugène Lautier défend bec et ongles Philippe Berthelot, « un des rares hommes de valeur qui restent dans nos administrations françaises ». La république radicale se mobilise pour protéger l'un de ses serviteurs.

Pourtant, c'est au moment où la Chambre accepte enfin de renflouer la banque de son frère que Philippe Berthelot entre dans l'œil du cyclone. Le 24 décembre 1921, le député nationaliste Pierre Taittinger intervient en effet pour apporter de nouvelles preuves contre le secrétaire général des Affaires étrangères. Il révèle que Berthelot a une nouvelle fois utilisé la signature du président du Conseil, cette fois Aristide Briand, dans un télégramme envoyé le 22 janvier 1921 à Casenave, agent financier du gouvernement français à New York, chargé d'intervenir auprès des banquiers américains. Au-delà de l'affaire Berthelot, il reprend les accusations de la gauche contre le « système », qui autorise « nos fonctionnaires à tenir en dehors de leurs hautes fonctions des emplois dans des grandes sociétés ». Il réclame que soit mis fin à « ces mœurs abolies, ces compromissions louches, ces camaraderies honteuses dont le pays fait tous les frais et dont l'intérêt général pâtit ». Une nouvelle fois, Briand tente de couvrir son protégé : « Je suis de ces ministres qui pensent que les fonctionnaires ne sont pas des petites choses fragiles qu'on brise sur son genou pour protéger sa propre existence. » Mais l'accusation de Taittinger est trop grave et provoque dès le lendemain, 25 décembre 1921, la démission de Philippe Berthelot.

Dans sa lettre de démission, ce dernier se défend de toute manipulation, tout en reconnaissant qu'il a eu tort de ne pas en parler à Briand et que « les apparences » sont contre lui. *La Libre Parole* s'indigne de ce « Panama de la Banque industrielle de Chine ». Léon Daudet se déchaîne une nouvelle fois dans *L'Action française* contre Rothschild et Finaly, les dirigeants de la haute banque cosmopolite qu'il pourfend. Mais nombreux sont les journaux radicaux ou briandistes qui continent à défendre Berthelot, à l'instar de *L'Œuvre* ou de *La Lanterne*. La plupart des grands journaux, tels *Le Temps*, *Le Matin*, *Le Petit Journal*, *Le Petit Parisien*, se contentent de signaler la démission, sans commentaire. L'incident est clos, on ne veut plus de scandale.

La disgrâce de Briand

Deux semaines plus tard, le 12 janvier 1922, Briand est renversé et remplacé par son grand rival Raymond Poincaré, qui veut très vite régler la question de la Banque industrielle de

Chine. C'est lui-même qui préside le conseil de discipline réuni au Quai d'Orsay, le 13 mars, afin de sanctionner Philippe Berthelot. Selon le témoignage d'un haut fonctionnaire présent lors de cette comparution, Poincaré prononce « un réquisitoire très dur » contre Berthelot, au point que celui-ci se met à sangloter comme un enfant : on lui inflige une peine de mise en non-activité pour dix ans. Son frère André sera condamné en août 1923 par le tribunal de la Seine à trois mille francs d'amende, et Pernotte à six mois de prison, commués en une amende par la cour d'appel. Ce sont des peines légères, comparées à la sanction et au déshonneur qui frappent Philippe Berthelot.

Certains s'en indignent, à l'instar de son ami Jean Cocteau, qui lui envoie cette lettre : « Vous voilà comme nous : le poète. Recevoir des pierres est encore la meilleure façon d'avoir son buste. » Derrière l'échec de la Banque industrielle de Chine et des Berthelot se profilent des règlements de comptes aussi bien financiers que politiques. C'est la victoire de la Banque de l'Indochine sur sa concurrente. La Banque industrielle de Chine, confiée à une société de gérance, va continuer sa carrière, mais de façon beaucoup plus modeste, et sans faire de l'ombre aux autres établissements. C'est aussi la victoire du centre droit sur le centre gauche, de Poincaré sur Briand. Léon Daudet, dans un article intitulé « Escroquerie, chantage, trahison », exige que l'ex-président du Conseil soit jugé par la Haute Cour de justice, « qu'on lui passe les menottes et qu'on le fourre en prison ». Dans un autre article de *L'Action française*, il s'en prend à Louis Loucheur, qui s'est fait le serviteur de la Banque industrielle, ainsi que Finaly, dont l'ombre plane sur toute l'affaire.

Mais l'affaire Berthelot ne fait plus recette. C'est en vain que le député nationaliste Ybarnegaray tente de relancer l'affaire le 17 mai 1923. Il se demande si Philippe Berthelot a engagé la parole de la France dans un but désintéressé ou s'il avait d'autres raisons d'agir comme il l'a fait. Comme Briand persiste à défendre la probité de son ex-collaborateur, Daudet l'accuse de pratiquer « la république des camarades » et l'accuse d'être

« politiquement compromis dans cette affaire ». « Qu'est-ce que ce maître chanteur a osé dire contre un homme comme moi ? » s'indigne alors Briand. « Il n'est pas non plus en votre pouvoir d'insulter, homme de police ! » réplique Léon Daudet. Et ainsi de suite jusqu'à ce que le président de la Chambre décide de suspendre la discussion.

Dès 1925, Philippe Berthelot retrouvera son poste au Quai d'Orsay, grâce à la bienveillance de Briand, revenu lui-même au pouvoir. Au fond, le scandale de la Banque industrielle de Chine n'aura été qu'une péripétie dans l'histoire de la concurrence financière en Asie comme dans l'histoire de la république radicale, faite de crises ministérielles à répétitions. La sanction infligée à Berthelot a démontré la capacité de l'appareil d'État républicain à se purger de ses fautes. Mais le scandale est un coup de canif supplémentaire dans le contrat de confiance entre le pouvoir politique et l'opinion. Le sentiment du « Tous pourris », soigneusement entretenu par la droite nationaliste, s'infiltre encore un peu plus dans l'état d'esprit des Français.

4

Les amis de la présidente Hanau

Au début de décembre 1928, une petite femme épaisse et brune, coiffée d'un chapeau-cloche, fait la une de tous les journaux parisiens : elle s'appelle Marthe Hanau, on l'appelle la Présidente, et elle vient de fermer boutique. Une banque qui ferme ses guichets, des milliers de clients lésés, ce n'est pas très original dans le climat d'incertitudes financières des années 1920. Mais il ne s'agit pas d'une banque comme les autres : c'est un syndicat d'actionnaires, recrutés et réunis par son périodique, *La Gazette du franc*. Derrière Marthe Hanau, il n'y a pas seulement un conseil d'administration composé de vieux messieurs très dignes, il y a les espérances de milliers de petits épargnants qui croient en elle comme au messie. Il y a aussi des amis politiques très haut placés, notamment parmi les radicaux, qui ont cru habiles de l'encourager, de la soutenir, et même de cautionner ses affaires. C'est pourquoi la faillite de la Présidente déclenche un énorme scandale.

Une banquière pas comme les autres

Née à Paris en 1886 dans une famille de petits boutiquiers israélites qui tenaient un magasin avenue de Clichy, à l'enseigne de La Layette, Marthe Hanau s'est lancée très jeune dans les affaires, et pas toujours en pleine légalité. En 1917, elle a même été condamnée avec son mari, Lazare Bloch, pour avoir commercialisé le « bâton du soldat », un produit synthétique de café et de rhum destiné à réchauffer le poilu dans la tranchée. Cette condamnation conjointe a poussé les deux époux au divorce, mais ils ne sont pas perdus de vue, prêts à exploiter ensemble toute idée fructueuse.

Attirée par le monde de la Bourse, Marthe Hanau s'y fraie rapidement un chemin aux côtés des meilleurs. L'entrée du palais Brongniart étant à cette époque interdite aux femmes, il lui arrive même de se déguiser en homme pour approcher de la corbeille. Au début des années 1920, elle est devenue un personnage du monde des affaires, jouant gros et parlant fort, n'hésitant pas à afficher le style garçonne et des penchants ouvertement homosexuels. Elle crée une banque d'un type nouveau, le Groupement technique de gérance financière, rue Marivaux, à deux pas de la Bourse. Les clients, qui déposent leurs capitaux pour un temps limité, en reçoivent un fort intérêt grâce au flair financier de Marthe Hanau… et surtout grâce aux bons tuyaux qu'elle recueille parmi les coulissiers de la Bourse ou dans le grand monde, chez Maxim's, où elle a sa table, ou au Bœuf sur le toit, où elle soupe avec le Tout-Paris mondain.

En mars 1925, elle a l'idée de créer une revue pour attirer les épargnants, au nom de la défense du franc. Sur la page de couverture de *La Gazette du franc*, un discobole lance un franc vers les sommets, avec ce commentaire patriotique : « La France a été victorieuse. Pourquoi le franc serait-il vaincu ? » Investir chez Marthe Hanau, c'est donc contribuer au redressement national, dans une période où le gouvernement du Cartel des gauches se débat dans les sables mouvants de la crise monétaire. Les plus grandes plumes du moment mettent leur talent au service de cette grande œuvre patriotique, tels Roland Dorgelès, Paul Morand ou Maurice Dekobra. Tous les courants politiques y sont représentés. Le rédacteur en chef, Charles Bertrand, député-maire de Dinard, est le secrétaire général de l'Union nationale des combattants, proche de la droite. Le critique théâtral Lucien Dubech écrit d'ordinaire dans *L'Action française*. Mais d'autres collaborateurs réguliers du journal sont issus de la nébuleuse radicale, tels les sénateurs Rio, Peyronnet et Charles Dumont, et les députés François Piétri, Le Troquer et Lucien Lamoureux. En somme, tous les bons Français se retrouvent à *La Gazette* pour mener un combat pour la victoire du franc.

Puis, trois ans plus tard, Marthe Hanau décide de s'attacher au grand projet politique de l'époque : la construction de la paix. Sous le charme du journaliste Pierre Audibert, chargé de mission au cabinet du ministre Anatole de Monzie et surnommé par ses amis « le d'Artagnan de la paix », elle lui confie la direction d'un supplément à *La Gazette du franc*. Le premier numéro de *La Gazette des nations* paraît le 14 janvier 1928, prestigieuse vitrine des affaires de la mère Hanau. En quelques semaines, elle obtient les signatures des plus grands responsables politiques, à commencer par Anatole de Monzie, mais aussi Louis Loucheur, Robert de Jouvenel, ou Philippe Berthelot, redevenu le numéro deux de la diplomatie française.

Mieux encore : en avril 1928, Louis Audibert décroche une entrevue avec le président du Conseil Raymond Poincaré. La photo et la signature du « Sauveur du franc » en première page, c'est un superbe coup de propagande, qui permet à *La Gazette des nations* de doubler son tirage. Quatre mois plus tard, à l'occasion du pacte Briand-Kellog, signé le 28 août 1928 au Quai d'Orsay, *La Gazette* publie un numéro spécial sur la paix, et Audibert obtient d'Édouard Herriot, alors ministre de l'Instruction publique, que ce numéro extraordinaire soit recommandé à tous les directeurs d'école de France. Marthe Hanau apparaît comme la coqueluche de la république radicale ! Mais c'est alors que les choses commencent à se gâter.

Le succès de la Présidente fait de l'ombre à bien trop de gens haut placés. Elle a même créé sa propre agence de publicité, Interpresse, afin d'orienter la publicité financière des journaux amis vers les sociétés où son groupe investit. Pour les barons de la finance, tel Horace Finaly, il n'est pas question de laisser cette arriviste, cette autodidacte des affaires, rafler tous les marchés et leur donner des leçons. Du côté de chez Havas, la plus puissante des agences de presse, liée à Finaly, la concurrence d'Interpresse est tout à fait nuisible. C'est ainsi que, de rumeurs malveillantes en articles insidieux, la campagne hostile à la Présidente commence à prendre son essor. C'est l'hebdomadaire d'indiscrétions *Aux écoutes* qui mène l'offensive dès le mois de mars 1928, accusant Marthe Hanau d'être financée par les Allemands. Ce serait l'explication de l'engagement pacifiste de *La Gazette des nations*. L'accusation est grave, et sera reprise à longueur de colonne par la suite. « Dans le même temps où *La Gazette du franc* dégonflait les portefeuilles, *La Gazette des nations* anémiait les esprits », peut-on lire dans *L'Écho de Paris*, qui dénonce les « campagnes dissolvantes » menées par le groupe Hanau, « où l'Allemagne et la république des Soviets pouvaient trouver le meilleur compte ». Et le chroniqueur financier de *L'Action française*, Hervé Le Grand, de prophétiser : « Cette combinaison de journaux, de publicité, de placements, finira dans un gros scandale. »

Le coup d'arrêt de Poincaré

Le scandale éclate le 4 décembre 1928. Alertés par les campagnes de presse, des centaines de petits épargnants viennent frapper aux portes de *La Gazette du franc*, 124, rue de Provence, pour réclamer leur argent. Mais l'immeuble est vide, le personnel s'est enfui, et Marthe Hanau vient d'être arrêtée et écrouée à la prison Saint-Lazare.

La veille, c'est Raymond Poincaré en personne qui a réclamé sa tête au Conseil des ministres. Sous la pression des banquiers sans doute ? On sait que le président du Conseil a rencontré Horace Finaly à la fin du mois de novembre : en échange d'une forte avance consentie par sa banque au Trésor public, le directeur de la Banque de Paris et des Pays-Bas a réclamé la tête de Marthe Hanau. Mais il y a aussi des raisons plus politiques à l'acharnement de Poincaré. Il s'agit de faire oublier l'interview qu'il a imprudemment accordée à *La*

Gazette des nations. S'il veut éviter toute accusation de complicité, il lui faut se montrer impitoyable envers Marthe Hanau.

Comme d'habitude, la presse d'extrême droite se déchaîne, trop heureuse de dénoncer la collusion entre le régime républicain et la juive Marthe Hanau. Selon *L'Action française*, soixante-cinq parlementaires seraient directement compromis dans cette ténébreuse affaire. Hervé Le Grand révèle que, à la suite de son article du 27 septembre sur les pratiques louches de *La Gazette du franc*, son journal a subi à plusieurs reprises des pressions financières pour lui demander d'arrêter sa campagne. Derrière Marthe Hanau, il dénonce « les hommes politiques de gauche, les pacifistes les plus notoires, les locarniens les plus en vue ». Maurice Pujo affirme que la Présidente déjeunait régulièrement avec Peycelon, proche collaborateur d'Aristide Briand, et que ce dernier supervisait tous les articles de *La Gazette*. Léon Daudet affirme quant à lui que « Poincaré, le grand Péteux de Lorraine », est en relations suivies avec Pierre Audibert, « sale canaille de gauche », qui joue les intermédiaires en sa faveur auprès des journaux radicaux. « Il n'est aucunement douteux, affirme Daudet, que le certificat de bonne galette consenti autographiquement par Poincaré dans le numéro du 14 avril de *La Gazette des nations* a attiré des centaines de dupes à la caverne de la femme Hanau. »

Voilà exactement l'accusation que Poincaré a voulu éviter, et qui explique la nécessité de régler au plus vite le dossier de la Présidente. Mais c'est un dossier à multiples facettes, parce qu'il met en lumière tous les mécanismes du système de la république radicale.

« République de voleurs »

« Qu'attend-on pour arrêter les protecteurs, largement rétribués avec l'argent des victimes, de ceux qui ont spolié l'épargne française ? Laissera-t-on dire que les politiciens du Cartel, après avoir crevé le plafond, ont pu impunément dévaliser les bas de laine ? » tonne Camille Aymard dans *La Liberté*. « République de voleurs, de traîtres et d'assassins » : tel est le titre de l'éditorial de Léon Daudet dans *L'Action française* du 7 décembre 1928, ajoutant « l'affaire scandaleuse de *La Gazette du franc* » à « la pyramide d'ignominies qu'accumule, depuis quelques semaines, le gouvernement de la République ».

À gauche, ce n'est pas la République qui est mise en cause, mais bien la collusion entre argent et politique, et ceux qui l'incarnent au sein du gouvernement. Sur la sellette, le ministre de l'Agriculture Jean Hennessy, accusé par le député socialiste Chastenet d'avoir accepté le concours financier de l'Interpresse pour son journal *Le Quotidien*. Léon Blum affirme dans *Le Populaire* qu'Hennessy a reçu trois cent mille francs par mois de Marthe Hanau. En échange de cette manne, Henri Dumay, le directeur du *Quotidien*, aurait fait fonction de « rabatteur » auprès de ses lecteurs pour qu'ils confient leurs économies à *La Gazette du franc*. On dit que Dumay a vendu à la Présidente les soixante mille adresses de ses souscripteurs.

De l'extrême droite aux communistes, on se demande pourquoi Jean Hennessy n'est pas arrêté. Sous le titre « Une belle crapule », Léon Daudet en rajoute encore dans son éditorial du 28 décembre : « Si cette Chambre n'était pas le pauvre rassemblement de nouilles et de gourdes, de moules et d'épluchures qu'elle est, un député demanderait à Poincaré comment et pourquoi il déshonore son cabinet et sa personne en n'envoyant pas à la Santé ce Sganarelle tragique, ce pillard du crédit public, ce profiteur du vol qu'est Jean Hennessy. » Les étudiants d'Action française manifestent devant le ministère de l'Agriculture aux cris de « Hennessy à la Santé ! ». Dans les tribunes de la Chambre, le 21 décembre, l'un d'entre eux s'écrie : « Quand va-t-on arrêter Hennessy, le ministre voleur ? »

Le ministre de l'Agriculture n'est d'ailleurs pas seul en cause. On évoque aussi le nom de Joseph Paul-Boncour, un proche de Briand, qui serait intervenu auprès de la Société des Nations pour qu'elle accorde une subvention à *La Gazette*. On signale que Mouton, l'un des collaborateurs du garde des Sceaux Louis Barthou, est un familier de la Présidente. On rappelle que Jérôme Lévy, sous-chef de cabinet du ministre du Travail Louis Loucheur, a été nommé secrétaire général de l'une des sociétés fondées par Marthe Hanau. On souligne surtout que Me Alfred Dominique, l'avocat et le conseiller de la Présidente, est secrétaire général du Parti radical-socialiste.

C'est toute la nébuleuse gouvernementale qui est en cause dans cette affaire… et c'est pourquoi le scandale doit être évité. La seule victime politique est Henri Dumay, contraint à démissionner de la direction du *Quotidien*, le 18 décembre. Aucun des responsables cités dans la presse n'est inquiété. Dans *Paris-Midi*, Marcel Lucain estime que « l'étouffement du scandale politico-financier de la *Gazette* est désormais acquis ». C'est Marthe Hanau et ses sbires qui feront seuls les frais du scandale.

« C'est fini pour moi »

Fidèle à sa réputation, la Présidente se défend pied à pied contre ceux qui l'accusent. En janvier 1930, elle intente un procès à Georges Anquetil, directeur de *La Rumeur*, qu'elle accuse de lui avoir extorqué pas moins de treize millions de francs en un an. « D'une parfaite immoralité, vous êtes considéré dans tous les milieux comme un danger public », déclare le juge au journaliste véreux. « Vous n'êtes qu'une coquine que j'ai démasquée, un escroc en jupons », lance Anquetil à Marthe Hanau, qui réplique aussitôt : « Et vous, le plus parfait maître chanteur de la création. » Le verdict lui donne gain de cause, Anquetil était condamné à quatre ans de prison.

Face au juge d'instruction de son propre dossier, elle se montre tout aussi combative, affirmant avoir agi au nom des petits épargnants, au nom de ses milliers d'actionnaires qui lui ont fait confiance et qui continuent à lui envoyer chaque jour des lettres de soutien. Le dossier est d'ailleurs très complexe, tant les affaires de Marthe Hanau sont inextricablement emmêlées. L'accusée ne cesse de réclamer une contre-expertise qu'on ne lui accorde pas. Elle fait alors la grève de la faim. On la transfère de la prison Saint-Lazare à l'hôpital Cochin pour la nourrir de force. De là, elle s'évade en sautant d'une fenêtre pour regagner Saint-Lazare en taxi. Enfin, on lui accorde la liberté provisoire, et, sans perdre une minute, elle se relance dans les affaires, en mai 1930.

Son nouveau journal financier, baptisé *Forces*, compte rapidement plusieurs dizaines de milliers de lecteurs. Le 27 septembre 1930, elle convoque ses cinq mille deux cents créanciers dans le hall du tribunal de commerce, et s'engage à régler ses dettes dans les cinq ans à venir, en abandonnant son patrimoine personnel. « Le concordat est accordé à la mère Hanau », titre *L'Action française*, rappelant toutefois que son procès est prévu pour le 30 octobre devant la 11e chambre du tribunal correctionnel. Lors de l'audience, elle se défend bec et ongles, avec l'aide de son avocat, Alfred Dominique. Elle récuse les expertises et proteste contre la situation qui lui est faite : « J'attends encore les preuves des faits qu'on m'impute. J'ai été victime d'un coup de force. On ne peut rien me reprocher ! Je n'ai commis aucun délit. Je voulais donner au capital, petit et moyen, à l'épargne, sa juste part. On ne me l'a pas pardonné. J'ai droit à toute la lumière, je la réclame ! » Elle éructe, elle tonne, elle s'enflamme, parfois même elle tape du poing sur le box des accusés. « Ne vous fâchez pas ! tempère le président Gaulier, quand vous vous fâchez, c'est que vous avez tort. »

Elle est finalement condamnée à deux ans de prison, et Lazare Bloch à dix-huit mois. Pierre Audibert est acquitté, mais il est victime d'une crise cardiaque au lendemain du procès. Peu de temps après, la Présidente est elle-même victime d'un très grave accident de voiture, ce qui ne l'empêche pas de faire appel du jugement et de mener une campagne virulente dans son énième journal, *Le Secret des dieux*, contre la Banque de Paris et des Pays-Bas. Elle y récolte une nouvelle inculpation pour avoir publié un rapport de la section financière du parquet, qui prouve la connivence entre les magistrats et la banque du tout-puissant Horace Finaly.

Appuyée sur deux béquilles, elle comparaît en appel, en juillet 1934, mais cette fois dans l'anonymat total. Condamnée à trois ans de prison, oubliée de tous, elle voit son pourvoi rejeté par la Cour de cassation en février 1935. Mais elle ne gêne plus personne, et c'est sans difficulté qu'elle obtient d'être libérée par anticipation. Le 13 juillet suivant, Alfred Dominique vient la voir à l'infirmerie de la prison de Fresnes, pour lui annoncer la bonne nouvelle : « Vous sortirez le 30, comme on vous l'a promis hier. C'est réglé, plus que dix-sept jours. » Pourtant, la nuit suivante, elle se suicide au véronal. Sur sa table de chevet, elle a laissé une lettre : « J'ai la nausée de cet argent qui m'écrasa. Voilà de longs mois que c'est fini pour moi. » On la retrouve morte dans sa cellule, au matin du 14 juillet 1935. Jour de gloire pour les gauches, qui se rassemblent contre la menace fasciste. Celle qui se voulait la banquière des pauvres ne verra pas le triomphe du Front populaire.

5

Les protecteurs d'Albert Oustric

« Au cours de ma longue carrière ministérielle, je n'ai jamais rien vu de semblable », s'exclame Joseph Caillaux, qui pourtant en a vu d'autres. En cet automne 1930, toute la classe politique est secouée par la faillite frauduleuse du banquier Albert Oustric, arrêté pour avoir procédé à des cotations fictives et tiré des traites de complaisance. Le scandale de *La Gazette du franc* est à peine retombé, Marthe Hanau n'a même pas été jugée, et voilà qu'une nouvelle affaire l'éclipse dans les débats parlementaires et dans les colonnes des journaux. C'est que derrière l'escroc se profilent les ombres de ses amis politiques. Voilà pourquoi une banqueroute financière se transforme aussitôt en scandale.

Une ascension spectaculaire

Fils d'un petit cafetier de Carcassonne, Oustric multiplie les petits boulots et les basses besognes jusqu'à la Grande Guerre, en gagnant au poker, au Grand Cercle de Toulouse, de quoi arrondir ses fins de mois. Mobilisé en 1914, il est affecté comme comptable dans une fabrique d'obus, ce qui lui laisse un peu de temps pour faire des affaires. C'est ainsi qu'en 1917 il fonde avec quelques amis une société baptisée Force et Lumière des Pyrénées, qui exploite l'énergie hydroélectrique d'une chute d'eau appartenant à sa famille, à Gripp-Artigues, en Bigorre. En manque de charbon, l'État lui verse des subventions. Puis, la fin de la guerre survenant avant que l'usine ne soit terminée, on n'a plus besoin de Force et Lumière, et Oustric reçoit deux cent mille francs en guise de dédommagement. Avec cette somme rondelette et quelques économies, il monte à Paris en juin 1919 pour lancer la Banque Oustric et Cie.

Pendant les premières années, il ronronne gentiment, mais la fureur spéculative qui suit le redressement du franc, à l'automne 1926, lui donne un nouveau départ. Devenu propriétaire d'une mine d'argent en Bolivie, la Huanchaca, il fait diffuser de fausses informations qui lui permettent d'en faire gonfler les cours et de rafler au passage de substantiels bénéfices. Puis il reprend cette méthode avec d'autres sociétés, et c'est ainsi qu'il s'enrichit. Au Sporting Club, le cercle de jeu très mondain de l'avenue Gabriel, il rencontre un Roumain nommé Sarovitch, qui lui signale une affaire italienne pleine de promesses, la SNIA Viscosa. Cette société de textiles artificiels a besoin d'autorisations officielles pour être introduite à la Bourse de Paris : Oustric se charge de les lui obtenir.

Par l'intermédiaire de l'ancien sous-secrétaire d'État Albert Fabre, administrateur de plusieurs de ses sociétés, il entre en contact avec le député Gaston Vidal, ancien sportif et héros de la Grande Guerre. Méridional haut en couleur, ce dernier fréquente l'entourage du président du Conseil Aristide Briand, dont il a été le sous-secrétaire d'État. Fort de ses appuis, Oustric obtient la cotation de la SNIA Viscosa sur le marché parisien. Introduit par Vidal dans les salons du Tout-Paris politique et littéraire, il y rencontre de nombreuses personnalités, qui viennent peu à peu enrichir la galerie de ses administrateurs. C'est le cas de Pierre Fournier, ancien gouverneur de la Banque de France, et du comte de Saint-Aulaire, qui fut ambassadeur de France. Dévoré d'ambition, grisé par ses succès et fort de ses appuis, Oustric monte affaires sur affaires, constituant deux holdings financiers, le Holfra et l'Extension… en gonflant artificiellement la valeur des titres.

Malheureusement pour lui, cet empire financier fondé sur du vide s'effondre comme un château de cartes lorsque survient le krach boursier de Wall Street. La chute brutale des prix des matières premières entraîne une dégringolade des valeurs boursières, les créanciers du groupe prennent peur, et, le 30 octobre 1930, ses sociétés ne sont plus cotées en Bourse. Résultat : il dépose le bilan de sa banque, quelques jours avant d'être inculpé et mis sous mandat de dépôt par le juge Bracke. Dans le monde politique, où l'escroc Oustric comptait tellement d'amis, on commence à trembler.

« L'affaire ne fait que commencer »

Dès que l'affaire éclate, le garde des Sceaux Raoul Péret est sur la sellette, car il a exercé la fonction d'avocat-conseil des sociétés Oustric à partir de 1926, pendant plus de trois ans. Attaqué à la Chambre, le 14 novembre 1930, il est défendu par le président du Conseil Tardieu, qui obtient un vote de confiance pour son ministre. « La fidèle majorité de M. Tardieu s'est déshonorée pour rien, constate *Le Populaire*, car l'affaire Oustric ne fait que commencer. Sur les collusions de la politique et de la finance, nous voulons qu'on fasse toute la lumière. Parmi les membres du gouvernement, M. Oustric n'a-t-il pas trouvé d'autres conseils que M. Péret ? » se demande le journal socialiste. Pour *l'Humanité*, « le cas Péret n'est qu'un exemple de la pourriture et de la corruption du parlementarisme bourgeois ». Du côté de la droite, l'indignation n'est pas moins forte : « On ne reste pas, que diable ! l'avocat-conseil d'un homme qui donne la fièvre à la Bourse deux ou trois fois par an quand on a l'ambition de devenir président de la République ! La faute du garde des Sceaux fut si énorme qu'elle atteste en même temps sa loyauté et sa légèreté », écrit Émile Buré dans *L'Ordre.*

Trois jours plus tard, Raoul Péret démissionne du gouvernement Tardieu. Le 21 novembre, la Chambre vote la constitution d'une commission d'enquête chargée d'examiner, entre autres, « les concours d'ordre politique » dont a bénéficié Oustric.

« Nous avons voulu étendre le champ d'investigations de la commission à la dimension des écuries à nettoyer. Le Parlement ne peut assurer un droit d'asile spécial à ceux de ses membres qui pourraient avoir forfait à un devoir d'honnêteté », s'exclame le député d'extrême droite Xavier Vallat, rapporteur de la commission. Saisissant l'occasion d'affaiblir le gouvernement du modéré Tardieu, le radical Édouard Daladier réclame lui aussi la lumière : « À la Bourse, dit-il, on raconte qu'il y a trente-deux parlementaires compromis dans les affaires Oustric et que quelques-uns siègent sur les bancs du gouvernement. » Ce qui fait dire au communiste Jacques Doriot : « Quand M. Vallat a parlé d'immenses écuries, il m'a semblé que beaucoup de chevaux applaudissaient. »

Mais la commission d'enquête est-elle résolue à nettoyer de fond en comble les écuries nauséabondes de l'affaire Oustric ? *L'Action française* en doute, qui parle d'une « commission d'enterrement ». Quant à *L'Ami du peuple*, le quotidien du richissime parfumeur François Coty, il en fait son cheval de bataille : « Puisque l'opposition cartelliste (c'est-à-dire radicale) a commis l'imprudence d'engager un débat sur la vertu, allons-y. C'est à une explosion complète des égouts qu'il faut la contraindre. Et tant pis pour elle si elle revient de sa promenade couverte de boue. » Les radicaux vont-ils sortir indemnes de ce grand déballage ?

Les écuries de l'affaire Oustric

Interrogé par le juge Bracke, Oustric doit répondre de plusieurs manœuvres frauduleuses, notamment l'émission de titres sans valeur de sa société Holfra, qu'il présentait aux courtiers comme créditrice de sa banque, alors qu'elle en était en réalité débitrice de plus de deux cent cinquante millions de francs. Bracke ayant refusé de l'inculper, faute de preuves, le juge Audibert prend la responsabilité de son arrestation, le 28 novembre 1930, dans le cadre d'une autre instruction, ouverte depuis mars 1927.

Le même jour, les sous-secrétaires d'État aux Travaux publics et aux Beaux-Arts, Falcoz et Lautier, présentent leur démission au président du Conseil, qui n'obtient que quatorze voix de majorité à la Chambre. Falcoz et Lautier, qui entretenaient des relations d'affaires avec Oustric, ont préféré comme Raoul Péret quitter les feux des projecteurs. On apprend qu'Eugène Lautier, propriétaire de *L'Homme libre*, a reçu pour son journal quatre cent mille francs d'Oustric entre 1928 et 1930. Mais Doriot se demande si l'on est « au bout de la liquidation », évoquant d'autres affaires auxquelles seraient mêlés d'autres ministres. « Vous n'avez plus aucune autorité morale », lance Léon Blum à André Tardieu. De fait, ce dernier est renversé au Sénat dès la semaine suivante, le 4 décembre 1930, et s'ouvre une crise ministérielle, la énième de l'entre-deux-guerres.

La commission d'enquête révèle que plusieurs personnalités se sont compromises pour favoriser l'introduction des actions de la SNIA Viscosa en France, en 1926. On cite René Besnard, sénateur radical et ambassadeur de France à Rome, ainsi que les députés André Hesse et Antériou. Mais c'est surtout le nom de Raoul Péret qui revient sur toutes les lèvres, car c'est lui qui a pris la décision d'introduire les actions de la SNIA Viscosa, alors que son gouvernement était démissionnaire. L'introduction a été officiellement acceptée par Joseph Caillaux, le successeur de Péret aux Finances, le 25 juin 1926, le jour même de son entrée en fonctions. Or il semble que Moret, directeur du mouvement des fonds au ministère, se soit formellement opposé à cette opération. De même, l'attaché commercial de France à Rome aurait envoyé à Paris un rapport défavorable, en date du 10 juin. Ce rapport ne serait parvenu sur le bureau de Caillaux que vingt jours plus tard, le 30 juin, après avoir transité par le ministère des Affaires étrangères. Étrange périple pour un document officiel ! Étrange délai, qui tombait à pic pour Oustric et pour Péret, son complice !

Interrogé par la commission d'enquête, le 11 décembre 1930, ce dernier reconnaît avoir travaillé pour les sociétés Oustric et reçu des « gratifications », pour un total de 281 250 francs en trois ans. Badoux, le directeur du siège parisien de la banque Oustric, confirme que Péret a reçu de l'argent jusqu'en février 1930, avant d'être nommé garde des Sceaux par Tardieu. René Besnard aurait touché plus de quatre cent cinquante-deux mille francs en deux ans, en tant que conseil, pour six sociétés du groupe Oustric. Quant à André Hesse, il collaborait plus étroitement encore avec le banquier, mais pour un salaire plus modeste de douze cents francs par mois. Déposant devant la commission, le 16 décembre, Besnard admet que Gaston Vidal est venu le voir à plusieurs reprises pour plaider la cause de la SNIA Viscosa, au nom des « intérêts de l'industrie française », et que lui-même a rendu visite au ministre Péret dans le même but. De son côté, Gaston Vidal avoue qu'il a personnellement remis à Péret une lettre d'Oustric demandant l'autorisation de la SNIA Viscosa, le 23 juin. En récompense, il aurait touché quarante mille francs dans cette affaire. Six mois après l'introduction en Bourse de la SNIA Viscosa, Raoul Péret est devenu l'avocat-conseil de la banque Oustric.

Sont aussi impliqués le commissaire Benoist, directeur de la police judiciaire, ainsi que Haguenin, directeur général des Contributions indirectes, Augé, inspecteur de l'Enregistrement, Moreau, chef de cabinet du ministre du Budget, Perquel, directeur du quotidien *Le Capital*, et Robenne d'Azcona, journaliste et agent de publicité, qui a touché cent soixante mille francs pour son rôle dans la même affaire : « Pour que je fasse des amabilités autour de moi, pour que je maintienne l'atmosphère, pour que, si vraiment des journaux protestaient, ou n'importe quoi, je fasse le nécessaire », a-t-il avoué à la commission.

Des journalistes, des hauts fonctionnaires, des parlementaires, un ambassadeur, un commissaire de police, des sous-secrétaires d'État et l'un des ministres les plus influents de l'époque : c'est un condensé des élites républicaines qui apparaît dans cette affaire Oustric. Certains s'en amusent, comme l'actrice Arletty qui triomphe au théâtre du Palais-Royal dans une revue de Rip intitulée *Viscosa*, où l'on voit un crochet happer tour à tour ses amants. Au théâtre des Deux-Ânes, on se signe au nom « du

Péret, du fisc et du Saint-Oustric ». En revanche, les adversaires du régime laissent éclater leur haine : « Il importe de détruire dans le plus bref délai possible notre régime de maîtres chanteurs, de voleurs et d'assassins, notre régime de Péret et d'Oustric », vitupère Léon Daudet dans *L'Action française*.

« Ils ont préféré tout couvrir »

Le procès des quatre parlementaires, Raoul Péret, René Besnard, Gaston Vidal et Albert Fabre s'ouvre le 20 juillet 1931 devant le Sénat siégeant en Haute Cour. « Je n'ai pas mérité l'épreuve qui m'est imposée », proteste Raoul Péret, affirmant qu'il ne faut voir aucun lien entre son activité d'avocat-conseil pour Oustric et son feu vert pour l'introduction de la SNIA Viscosa. René Besnard prétend qu'il ne poursuivait dans cette affaire que des vues patriotiques, visant à rapprocher la France et l'Italie. Plus sincère, Gaston Vidal reconnaît qu'une place d'administrateur à la SNIA n'avait rien pour lui déplaire, et Albert Fabre minimise son rôle, qui se bornait, selon lui, à « créer une atmosphère favorable ». Entendu comme témoin, Oustric affirme qu'il n'a « jamais rien demandé que de correct ». Après trois jours d'audiences, Péret est acquitté par deux cent sept voix contre cinquante-trois, ainsi que ses complices. Dans la cour du Sénat, deux admirateurs se précipitent même pour remettre une gerbe de fleurs à l'ancien ministre, héros du jour.

La presse modérée se réjouit de ce verdict de clémence. Dans *La Liberté*, le journal de Tardieu, on est satisfait de voir finir le « calvaire » des acquittés, et *Le Temps* félicite le Sénat ne pas avoir cédé au « rigorisme ostentatoire ». Mais les opposants, de droite et de gauche, expriment leur colère : « La farce est jouée, commente *L'Action française*, la république des camarades est sauvée. Le Sénat républicain a maintenu le droit des parlementaires et des ministres au trafic d'influence. » Pour *Le Populaire*, « la Haute Cour a osé blanchir le ministre félon et ses complices appointés d'Oustric : c'est un défi au pays ! ».

Xavier Vallat démissionne de la commission d'enquête pour protester contre cet acquittement de complaisance. Le président de la commission, Louis Marin, qui est pourtant un modéré, exprime lui aussi son mécontentement : « Le public aura peine à comprendre que le Sénat se soit contenté de jouer au moraliste éploré et que, ayant stigmatisé des pratiques qu'il déclare déplorables, il n'ait utilisé aucune sanction. » Dans sa correspondance, il est encore plus véhément : « Les travaux de la commission d'enquête ont été étouffés par la plus basse des conjurations, s'indigne-t-il. La presse a servi d'écran entre la commission et l'opinion. Le Parlement a été effrayé des tares qu'on découvrait dans son sein. Les politiciens ont mis le holà. (...) Commission en léthargie, Haute Cour, tribunaux, conseils de discipline n'ont pas suivi la commission dans sa volonté d'assainissement. Ils ont préféré tout couvrir. »

6

Stavisky, un scandale de trop

Le 24 décembre 1933, la presse parisienne dévoile au grand public une nouvelle affaire qui s'ajoute à la litanie sans fin des escroqueries et des banqueroutes qui font l'ordinaire de cette époque troublée. Cette fois, il s'agit de bons d'emprunt émis par le crédit municipal de Bayonne, pour un total de deux cent quarante millions de francs, et qui n'ont en réalité aucune valeur. Tissier, le directeur, est arrêté et écroué, mais on découvre très vite qu'il n'est qu'un homme de paille. Le véritable maître d'œuvre de l'escroquerie est un personnage en vue du Tout-Paris de la finance : il se nomme Serge Stavisky, dit Monsieur Alexandre, « la canaille la plus sympathique de Paris » si l'on en croit *Le Journal*. Il va être à l'origine du plus grand scandale politico-financier de l'entre-deux-guerres.

Le roi du Tout-Paris

En quelques semaines, Stavisky devient le sujet préféré des gazettes et des conversations. Derrière l'affaire de Bayonne apparaissent en effet des années et des années de malversations et d'escroqueries de haut vol. Né en 1886, fils d'un dentiste russe naturalisé français, il a commencé très jeune sa carrière frauduleuse. Encore adolescent, il se fabrique de fausses cartes de visite au nom de l'éditeur Lemerre pour entrer gratuitement au théâtre. Puis il loue le théâtre des Folies-Marigny pour la saison d'été, prétendument pour y produire des spectacles... mais il s'enfuit après avoir empoché les cautionnements réclamés aux organisateurs. Jusqu'à la guerre, il vivote de petites escroqueries diverses, trafics de bijoux, vols de voitures. Il va même jusqu'à fonder une banque, rue Caumartin à Paris, sans autre objet que d'extorquer des fonds aux épargnants trop crédules. Dix fois inculpé, dix fois relâché : ses avocats le tirent toujours d'affaire. Pour l'escroquerie des Folies-Marigny, son défenseur n'est autre qu'Albert Clemenceau, un ténor du barreau, frère cadet du président du Conseil. Dans cette République où les avocats sont bien souvent les maîtres du jeu politique, Stavisky commence à se faire une place au soleil.

Si l'on en croit une fiche de police datée de 1914, il est « le type parfait du chevalier d'industrie capable d'entreprendre quoi que ce soit, pourvu qu'il en tire profit ». La guerre est donc pour lui une occasion rêvée de s'enrichir. Engagé quelques mois dans la Légion étrangère, afin d'obtenir la suspension des poursuites judiciaires qui pèsent sur lui, réformé dès janvier 1915 pour fragilité de cœur et mauvais état du foie, il se fait munitionnaire auprès du gouvernement italien, allié de la France. Le contrat de vingt mille bombes livrées à l'armée italienne lui rapporte d'énormes bénéfices et lui permet de se refaire une virginité dans le monde des affaires.

Dans le Paris mondain de l'après-guerre, emporté dans le tourbillon des Années folles, il se lance à corps perdu et à bourse déliée. Serge Stavisky devient Serge Alexandre, amateur de jolies femmes et de grosses voitures, menant la grande vie dans les cabarets à la mode ou sur les champs de courses. Pour entretenir ce train de vie fastueux, il faut beaucoup d'argent, donc de nouvelles combines : des escroqueries diverses, de faux bons du Trésor distribués aux rentiers naïfs, des chèques en bois à la pelle, et même du trafic de drogue à l'occasion. Il est incarcéré pour vol de titres chez les agents de change Basset et Laforcade, pour une valeur de cinq millions de francs. Mais il s'enfuit du cabinet du juge d'instruction et se cache en banlieue, à Marly-le-Roi, auprès de sa femme, Arlette Simon, ex-mannequin chez Chanel. Le 22 juillet 1926, alors que sa maison est cernée par la police, il offre un dîner d'adieux à ses amis. Écroué à la prison de la Santé, il est aussitôt transféré à l'infirmerie de Fresnes pour raison médicale, puis libéré sous caution afin d'être opéré dans une clinique privée. Il ne sera jamais jugé pour le vol des titres.

Il se lance ensuite avec son complice Hayotte dans un nouveau type d'escroquerie, utilisant la couverture respectable des crédits municipaux, appelés familièrement monts-de-piété. Pour consentir des prêts sur gages aux personnes dans la gêne, les crédits municipaux émettent dans le public des emprunts, sous formes de bons, eux-mêmes garantis par la valeur des gages. Avec la complicité du directeur du crédit municipal d'Orléans, un nommé Desbrosses, Stavisky fait gager de faux bijoux et émettre des bons falsifiés. Les honorables Établissements Alex – sa couverture – comptent dans leur conseil d'administration un général, un diplomate sud-américain et un faux aristocrate, M. de Chevert, afin d'inspirer confiance aux gogos. Au total, le crédit municipal d'Orléans émet en trois ans pour soixante-dix millions de francs de bons fictifs.

Dénoncé par Chevert début 1931, Stavisky doit rembourser en catastrophe les porteurs de bons, mais les bénéfices réalisés entre-temps lui ont permis de monter d'autres affaires autour de sa Compagnie foncière d'entreprise et de travaux publics, fondée en 1929. Recevant dans son luxueux appartement de l'hôtel Claridge le Tout-Paris de la politique et de la culture, finançant quelques campagnes électorales, arrosant la presse, il organise fêtes sur fêtes dans les palaces de la Riviera ou de la Côte basque. Il est alors à son zénith, et gare à ceux qui s'y frottent. Sartori, directeur d'une feuille à scandales, *La Bonne Guerre,* est roué de coups par Romagnino, le garde du corps de Stavisky, et par ses comparses. Paul Merle, du journal *Le Pays*, reçoit lui aussi un coup de poing d'un certain Hainnaux, dit Jo les cheveux gris, ancien gangster devenu l'homme de main de Monsieur Alexandre.

C'est au Pays basque qu'il monte sa dernière affaire, celle qui lui sera fatale. Roi de la nuit au casino de Bayonne, il y rencontre Garat, le député-maire de la ville, et lui conseille de monter un crédit municipal. Il y place ses hommes, Tissier comme directeur, Desbrosses, l'ancien comparse orléanais, et tout recommence comme à Orléans : plus de deux cents millions de bons plus ou moins fictifs sont ainsi extorqués aux épargnants de Bayonne. Jusqu'au jour où l'escroquerie est dévoilée.

« La bande à Chautemps »

« Qui va faire les frais des deux cents millions volés par Stavisky ? » Quelles sont les « puissantes influences occultes » qui le protègent depuis des années ? Comment a-t-il obtenu que le crédit municipal de Bayonne puisse émettre des bons ? Ce sont les questions que se pose *La Liberté* du 31 décembre 1933, et qui agitent toute la presse.

On s'étonne que Stavisky ait été reçu au ministère de l'Intérieur, d'où il est sorti en affirmant à ses intimes que tout était arrangé. On raconte qu'au Palais de justice il a reçu le surnom « d'enfant chéri », tant il a bénéficié de l'indulgence des magistrats. Si l'on en croit *L'Action française*, « il y a pourtant belle lurette que la Sûreté générale est fixée sur les activités de Stavisky ». Ce dernier aurait profité de puissantes protections policières, notamment celle de Xavier Guichard, le directeur de la police judiciaire. Stavisky est le bailleur de fonds du journal *La Volonté*, dirigé par Alexandre Dubarry, et qui serait l'organe officieux de Guichard.

Puis c'est Henri Dalimier, ministre du Travail et de la Prévoyance sociale à l'époque des faits incriminés, qui est mis en cause. *L'Action française* publie une lettre qu'il a envoyée, le 25 juin 1932, à Max Hermant, président du Comité général des assurances : il lui demande de faire acheter par les entreprises d'assurances les bons émis par le crédit municipal de Bayonne. Une autre lettre, envoyée par ce même Dalimier à Tissier, le

23 septembre de la même année, exprime le souhait que « les conseils d'administration – et plus particulièrement ceux de la région de Bayonne – réservent un bon accueil aux offres qui leur seront faites ». Léon Daudet se déchaîne dans son éditorial du 4 janvier 1934 contre ceux qu'il appelle « La bande à Chautemps » : Camille Chautemps, président du Conseil en exercice, Henri Dalimier, devenu ministre des Colonies, le commissaire divisionnaire Guichard et le procureur général Pressard, beau-frère de Chautemps, voient ainsi leurs noms associés au plus grand escroc de l'époque. Et Daudet ne s'arrête pas là, débusquant « une centaine de personnages secondaires dans la coulisse, sénateurs et députés, maîtres chanteurs qui vivent des rapines de la bande ».

Commencent les perquisitions au siège des sociétés montées par Stavisky et dans son appartement du Claridge. « Chautemps va rechercher Chautemps », ironise *L'Action française*. Moins virulent que le quotidien monarchiste, *Le Matin* voit néanmoins dans cette affaire « un scandale d'État ». Il publie l'interview du député et ancien ministre René Renoult, qui reconnaît avoir exercé en 1926 des activités d'avocat-conseil auprès de Stavisky, mais « ne se souvient plus pour quelle affaire ». Un autre député radical, Gaston Bonnaure, révèle au journal *L'Ordre* qu'il a été lui aussi l'avocat de Stavisky, mais affirme qu'il n'a jamais plaidé pour lui, qu'il ne le connaissait que sous le nom d'Alexandre, et qu'il n'a jamais entendu parler du crédit municipal de Bayonne. S'il lui est bien arrivé de rendre visite quelquefois à son collègue radical Garat à Bayonne, c'était, dit-il, « pour évoquer devant un bol de chocolat fumant l'exquise figure d'Alexandre, un homme du monde ».

Des explications aussi fantaisistes ne font qu'alimenter la rumeur qui associe étroitement Stavisky au Parti radical et à ses représentants. Le sénateur Lémery confie son indignation au *Figaro* : « Il y a décidément à travers tout le régime une odeur de corruption qui flotte dans l'air. » On cite le nom du ministre des Finances Georges Bonnet, qui aurait eu des relations personnelles avec Stavisky, et celui d'André Hesse, vice-président de la Chambre. On parle d'un déjeuner qui aurait eu lieu dans le plus grand restaurant de Vichy, en juillet 1933, au moment du congrès du Parti radical, réunissant Stavisky, Chautemps et Dalimier. Ce dernier démissionne au soir du 8 janvier 1934, ce qui apparaît comme un aveu de sa culpabilité. Mais la nouvelle passe plus ou moins inaperçue, car l'affaire connaît un rebondissement spectaculaire et inattendu : Stavisky vient de se donner la mort à Chamonix.

« L'ai-je bien descendu ? »

Selon la dépêche de l'agence Havas, c'est le 8 janvier vers 16 heures que les policiers ont fait irruption dans le chalet Le Vieux Logis, où s'était réfugié Stavisky, en cavale. Au moment d'entrer, ils ont entendu un coup de feu, avant de découvrir le corps ensanglanté de Stavisky. Conduit dans le coma à l'hôpital le plus proche, il meurt quelques heures après son admission.

Si l'on en croit *L'Action française*, certains députés auraient accueilli la nouvelle avec des sourires, soulagés qu'ils étaient d'échapper à des aveux compromettants. Puis, très vite, la rumeur se répand que Stavisky ne se serait pas donné la mort mais aurait « été suicidé » d'une balle dans la nuque par les policiers. *Le Populaire* publie en première page le dessin d'un policier descendant les escaliers du Vieux Logis, avec cette légende : « L'ai-je bien descendu ? » Selon le quotidien socialiste, trois policiers seraient entrés dans le chalet sans sommation et quand les gendarmes y ont pénétré à leur tour, le corps de Stavisky était déjà déposé sur un lit, comme si l'on avait voulu dissimuler tout indice de crime. On dit que l'escroc aurait reçu trois balles, ce qui exclut évidemment la thèse du suicide. Arlette Stavisky affirme au *Petit Parisien* que son mari ne possédait pas de revolver, donc qu'il n'a pas pu se donner la mort.

Les ragots vont bon train, et les hypothèses les plus farfelues sont évoquées. Il est vrai que la version officielle du suicide comporte de nombreuses zones d'ombre. Pourquoi le commissaire Charpentier et ses hommes ont-ils attendu plus d'une heure et demie à l'intérieur du chalet, devant la porte fermée à clé de la chambre de Stavisky ? Pourquoi l'inspecteur Le Gall, qui a finalement enfoncé la porte vers 16 heures, affirme-t-il que le défunt tenait son browning dans la main gauche alors que c'est la tempe droite qui est trouée ? Pourquoi a-t-on laissé le mourant agoniser pendant deux heures dans le chalet alors que l'hôpital de Chamonix n'était qu'à deux kilomètres ? On dit aussi que le président du Conseil Camille Chautemps a passé ses vacances près de la station quelques jours plus tôt. Rentré à Paris, le 6 janvier, il aurait reçu la visite d'un avocat du Parti radical venant lui transmettre la volonté de Stavisky de se constituer prisonnier sous certaines garanties, dont une liste explosive de cent quatre-vingts noms. Certains pensent que cette démarche lui a coûté la vie.

« Une balle dans la tête. Paix à son silence. Mais qu'importe la fin de l'aventurier ! L'aventure commence », écrit Henri Béraud dans *Gringoire*. Pour l'extrême droite, en effet, c'est le moment de porter l'estocade à un régime déjà fort affaibli. Dans les couloirs du Palais-Bourbon, le député de l'extrême droite Ybarnegaray apostrophe Camille Chautemps : « On a tué Stavisky comme on a tué, du temps du scandale de Panama, le baron de Reinach. » À la tribune, il réclame une commission d'enquête : « Le scandale d'aujourd'hui n'est pas le scandale d'un escroc. C'est celui du contrôleur qui ne contrôle pas, du juge qui ne juge pas, c'est celui de consciences pourries. » La majorité ayant refusé de créer une commission, c'est dans la rue que les ligueurs vont mener bataille.

Dès le lendemain de la mort de Stavisky, les Camelots du roi et d'autres groupes d'extrême droite manifestent autour du Palais-Bourbon, aux cris de « À bas les voleurs ! À bas les assassins ! Chautemps a fait assassiner Stavisky. » Le 11 janvier, alors que des poursuites sont engagées contre Gaston Bonnaure et Alexandre Dubarry, les ligueurs sont de nouveau dans la rue. Vers minuit, après plusieurs heures d'émeutes, de pétards et de feux de Bengale, ils donnent l'assaut au ministère des Travaux publics. Dans les couloirs de la Chambre, le

18 janvier, le député d'extrême droite Philippe Henriot gifle l'ancien ministre radical Anatole de Monzie en l'accusant de s'être entremis pour Stavisky. Le 19, les Camelots du roi reviennent manifester, cette fois dans le quartier de l'Opéra, en criant : « Les députés à la lanterne ! » Au soir du 22, c'est toute l'extrême droite qui se mobilise de nouveau autour du Palais-Bourbon. La situation est devenue intenable.

Afin de ramener le calme, Chautemps décide de présenter la démission de son gouvernement, le 27 janvier. Il a été précédé de quelques heures par son garde des Sceaux Raynaldy, compromis pour corruption dans un autre scandale, l'affaire Sacazan. Le soir même, les Camelots du roi défilent sur les Grands Boulevards. Le 30, Édouard Daladier, chef des Jeunes Radicaux, constitue le nouveau gouvernement, incluant quelques ministres de droite pour renforcer sa majorité. En outre, il décide d'écarter le préfet de police Jean Chiappe, jugé trop proche de l'extrême droite et compromis par ses relations personnelles avec Stavisky. Mais Chiappe refuse sa nomination de résident général au Maroc, et les trois ministres conservateurs démissionnent du gouvernement. C'est l'occasion qu'attendait l'extrême droite : Léon Daudet appelle à anéantir le « régime de mort que l'on appelle la République ».

L'émeute du 6 février 1934

À l'appel des conseillers municipaux de la droite parisienne, de l'Union nationale des combattants et des ligues, une grande manifestation est organisée, le 6 février 1934, jour où le nouveau ministère se présente devant les Chambres. Face aux manifestants, Camelots du roi, Jeunesses patriotes, militants de Solidarité française et de l'Union nationale des combattants, on a mobilisé trois mille huit cents gardiens de la paix, deux mille militaires de la garde républicaine et dix pelotons de la garde mobile venus de province. Vers 17 heures, les conseillers municipaux parisiens de la droite, ceints de leur écharpe tricolore, viennent protester devant la Chambre contre le départ de

Chiappe. Ils sont chargés par un peloton de gardes mobiles sur le quai de Solferino, et cinq ou six d'entre eux sont blessés. C'est ce qui déclenche la colère des manifestants, massés sur la place de la Concorde.

Des coups de feu éclatent, les projectiles pleuvent, des billes d'acier, des grilles d'arbre, des kiosques renversés, des chaises du jardin des Tuileries, tandis qu'un autobus, égaré dans la foule, est mis à sac. La cavalerie charge, les autopompes inondent la place de la Concorde, c'est la mêlée générale. Vers 20 heures, Daladier obtient sans difficulté un vote de confiance de la Chambre, dans une atmosphère de citadelle assiégée. Un peu plus tard, un cortège d'anciens combattants descend les Champs-Élysées, tandis que les Croix-de-Feu arrivent par le quai d'Orsay. Légaliste, le colonel de La Rocque leur fait faire demi-tour, mais, jusqu'à 2 h 30 du matin, la violence est reine de Paris.

Au matin du 7 février, le bilan est très lourd : la place de la Concorde est jonchée de gravats, de débris de fonte, de boulons, de détritus, et l'on déplore dix-neuf morts et 1 435 blessés. « Après les voleurs, les assassins », titre *L'Action française*, qui a perdu quatre de ses militants. Daladier, encore décidé à faire face, est lâché par ses ministres, qui lui conseillent de démissionner. C'est chose faite le soir même, et Gaston Doumergue constitue un gouvernement d'union nationale, un cabinet « de trêve, d'apaisement et de justice ». On y trouve le radical Édouard Herriot, le conservateur André Tardieu mais aussi le maréchal Pétain, proche de l'extrême droite. « Le gouvernement a capitulé devant l'émeute fasciste », s'indigne *Le Populaire*. De fait, on apprend que les chefs des ligues, qui avaient prévu une nouvelle manifestation le soir même, ont décidé de l'annuler. C'est une abdication politique des gouvernants devant la pression de la rue, c'est une défaite des républicains face aux ligues. Discréditée par la litanie des scandales, la république radicale doit céder le pas.

« M. Doumergue a deux actions de justice à mener jusqu'au bout, estime *Le Quotidien*, le scandale Stavisky avec tout ce qu'il peut comporter de complaisances et de compromissions, et la fusillade de la place de la Concorde, avec tout ce qu'elle peut comporter de responsabilités. » Pour répondre à cette double mission, le 20 février, la Chambre décide de nommer deux commissions d'enquête parlementaires, l'une relative aux événements du 6 février, l'autre chargée de faire toute la lumière sur les protections accordées à Stavisky. Cette dernière est dépourvue de pouvoirs judiciaires mais devra travailler rapidement, car elle rendra son rapport dans un délai de trois mois.

Le système radical en question

Le 21 février 1934, un nouveau coup de théâtre perturbe l'enquête. Sur le ballast de la voie ferrée Paris-Dijon, on découvre le corps d'un homme broyé et décapité : il s'agit du conseiller Prince, chargé de la section financière au parquet de Paris, et qui enquêtait précisément sur les affaires Stavisky. Le lendemain de cette macabre découverte, Prince devait déposer devant la commission d'enquête judiciaire à propos des lenteurs imputées au procureur Pressard, son supérieur hiérarchique. Troublante coïncidence ! Son corps ayant été disloqué par un train, il est bien difficile d'affirmer s'il s'agit d'un accident, d'un suicide ou d'un meurtre. Pour l'extrême droite, il ne fait aucun doute qu'il a été éliminé comme Stavisky. Selon *L'Action française*, c'est « un crime maçonnique et policier », perpétré sur ordre de Chautemps, afin de protéger son beau-frère Pressard.

Ce dernier est démis de ses fonctions, moins d'une semaine plus tard, pour avoir retardé les investigations sur Stavisky. Les rumeurs les plus folles courent une nouvelle fois sur l'enquête. Le quotidien *Paris-Soir* fait sa manchette sur les détectives britanniques venus prêter main-forte à la police française, tandis que les écrivains Georges Simenon et Gaston Leroux mènent leurs propres investigations dans les tripots de la capitale. De son côté, la commission d'enquête parlementaire ne chôme pas, et ses membres ne se gênent pas pour divulguer à la presse les noms des « chéquards » achetés par Monsieur Alexandre, et figurant sur les talons retrouvés par la Sûreté générale : on cite Alexandre Dubarry, l'avocat d'affaires Guiboud-Ribaud, les députés Edmond Boyer et Gaston Bonnaure, ainsi que le journaliste et romancier Joseph Kessel, qui aurait beaucoup fréquenté Stavisky. Le 2 mars, on apprend que l'inspecteur Bony a fait main basse sur douze cents talons de chèques Stavisky, dans des conditions d'ailleurs très mystérieuses. Il prétend que Hainnaux, « Jo les cheveux gris », les lui a apportés à son domicile, la nuit précédente. Sachant que Bony vient d'être mis à pied pour une sombre histoire de corruption, puis réintégré, son témoignage est sujet à caution.

Le rapport d'enquête, présenté par le député Ernest Lafont en mars 1935, est accablant. On y apprend que Henri Rossignol, le président de l'Union nationale des combattants, a siégé au conseil d'administration d'une société Stavisky. C'est aussi le cas de Guiboud-Ribaud, qui est personnellement intervenu auprès de divers ministères pour lui obtenir des faveurs officielles. Alexandre Dubarry, le directeur du journal *La Volonté*, s'est permis de faire pression sur le gouverneur de la Banque de France en faveur des bons du crédit municipal de Bayonne. En février 1933, il s'est même rendu chez le préfet de police afin de faire cesser les poursuites contre Stavisky. Camille Aymard, directeur du grand journal *La Liberté*, a reçu des chèques de l'escroc, de même que Pierre Darius, directeur du journal à scandales *Bec et Ongles*, et que la plupart de ses confrères.

Les parlementaires ne sont pas en reste dans le rapport Lafont. Le garde des Sceaux René Renoult, ancien avocat-conseil de l'escroc, a demandé au procureur Pressard de lever le mandat d'arrêt contre lui. Gaston Bonnaure a été élu en 1932 grâce à l'argent de son ami. Garat, le député-maire de Bayonne, a reçu plus de sept cent mille francs pour créer le crédit municipal, ce qui lui vaudra d'être condamné en cour d'assises à deux ans de prison. Garat, Bonnaure, Hesse, Proust, Renoult et Dalimier, tous cités dans le rapport, sont membres du Parti radical, qui est le poumon du régime. Lors du congrès organisé à Clermont-Ferrand en mai 1934, ils sont exclus du parti. Mais seuls les deux premiers comparaissent lors du procès d'assises ouvert le 4 novembre 1935.

Quinze accusés répartis sur trois rangées, plus de soixante avocats, trois heures pour la lecture de l'acte d'accusation : c'est un procès aux dimensions exceptionnelles… mais qui va accoucher d'une souris. « Où sont les fonctionnaires et les hommes politiques ? » demande Alexandre Dubarry. Si Dalimier est présent, c'est seulement au titre de témoin. Interrogé sur ses lettres favorables aux bons de Bayonne, il déclare avoir agi « pour faire plaisir à Dubarry ». Quant à Camille Chautemps, témoin lui aussi, il vitupère contre ceux qui « ont voulu faire de moi le chef de je ne sais quelle mafia ». Le 15 janvier 1936, à l'issue de quarante plaidoiries, les jurés décident d'acquitter Arlette Stavisky ainsi que les publicistes Dubarry, Aymard et Darius. En revanche, Tissier et Hayotte, complices directs de l'escroc, écopent de sept ans. Les deux parlementaires inculpés, Garat et Bonnaure, sont condamnés respectivement à deux ans et un an avec sursis. Ce sont d'ailleurs les seuls politiques sanctionnés dans l'affaire, les autres étant réintégrés dans le Parti radical dès 1936. Si l'on rappelle que vingt-six parlementaires ont été cités dans l'enquête, on comprend qu'une fois de plus la classe politique a tout fait pour se disculper.

Le verdict de l'affaire Stavisky, c'est la foule des ligueurs qui l'a prononcé, sur la place de la Concorde, le 6 février 1934. Ce jour-là, le ras-le-bol de l'opinion à l'égard de sa classe politique a atteint un degré de violence que l'on ne soupçonnait pas. L'accumulation des scandales a fait exploser la marmite nauséabonde de l'antiparlementarisme. Nourrie depuis des années par les « affaires » de corruption et d'abus de pouvoir qui ont jalonné la république radicale, la démagogie des chefs ligueurs a rencontré la protestation d'une partie de la population. Sur fond de crise sociale et d'inertie politique, on peut dire que l'affaire Stavisky, point d'orgue des « années-scandales », a joué un rôle décisif dans cette explosion de haine contre le régime républicain. Roger Salengro en est, deux ans plus tard, la victime expiatoire.

Roger Salengro, victime du scandale

Le scandale peut tuer. Longue est la liste des victimes, depuis le baron de Reinach jusqu'au conseiller Prince, en passant par Gabriel Syveton, Henri Rochette, Gaston Calmette, Marthe Hanau, et, bien sûr, Alexandre Stavisky. Plus tard viendront s'ajouter à la liste les noms de Robert Boulin et de Pierre Bérégovoy. À cette occasion, beaucoup évoqueront la fin tragique de Roger Salengro, maire socialiste de Lille et ministre de l'Intérieur du Front populaire, conduit au suicide par le scandale, innocente victime de la calomnie.

« Ils l'ont tué », titre *Le Populaire* du 19 novembre 1936, au surlendemain de sa mort, dénonçant « l'abjecte campagne de calomnie » de *Gringoire*, « feuille infâme », qui l'a poussé à bout. *Gringoire*, c'est l'hebdomadaire préféré de l'extrême droite, dirigé par Horace de Carbuccia, le gendre de l'ex-préfet de police Jean Chiappe, dont la révocation est à l'origine des émeutes du 6 février 1934. C'est d'ailleurs en dénonçant le scandale Stavisky que l'éditorialiste de *Gringoire*, Henri Béraud, a conquis ses lettres de noblesse, grâce à son fameux article du 12 janvier 1934 : « Assez de menées, assez de panamismes, assez de repêchages, assez de combines ! »

Toute sa haine, toute sa verve, tout son talent de polémiste, Henri Béraud les mobilise à partir du mois d'août 1936 contre Roger Salengro. Il prend le relais d'un autre journal d'extrême droite, *L'Action française*, qui a lancé le scandale, le 14 juillet, par un article intitulé « Les ministres et l'inconnu ». Indigné par la décision du président du Conseil Léon Blum de ne pas se rendre sur la tombe du Soldat inconnu, le jour de la fête nationale, le quotidien de Charles Maurras y voit la preuve que « le juif » Blum et ses ministres sont de mauvais Français. Il s'en prend notamment à Salengro, le numéro deux du gouvernement de Front populaire, qu'il accuse d'avoir déserté pendant la Grande Guerre.

L'accusation est gravissime, mais la France de l'été 36 a heureusement la tête ailleurs, aux congés payés et à la semaine de quarante heures. Alors *Gringoire* revient à la charge, le 21 août 1936, en titrant à la une : « M. Roger Salengro, ministre de l'Intérieur, a-t-il déserté le 7 octobre 1915 ? » Sous la forme d'un catalogue de vingt-cinq questions, l'hebdomadaire d'extrême droite insinue que Salengro est un lâche et même un traître. Sur le front de Champagne, où il combattait comme cycliste, c'est-à-dire agent de liaison, au 6e bataillon du 233e régiment d'infanterie, il aurait franchi les lignes ennemies au matin du 7 octobre 1915, sous prétexte d'aller rechercher le corps d'un camarade abattu la veille. Fait prisonnier par les Allemands, il leur aurait révélé l'emplacement des postes de contrôle français. « Est-il exact que Roger Salengro ne reparut plus ? Est-il exact que le lendemain tous les postes de contrôle furent bombardés par des canons ennemis ? Est-il exact que le conseil de guerre de la 51e division d'infanterie condamna le cycliste Salengro par contumace ?… Si M. Salengro se tait, son silence le jugera », conclut l'article de *Gringoire*.

Le ministre, accaparé par des tâches qui l'épuisent, ne répond aux attaques que par de brefs communiqués. Le 2 août, il affirme qu'il n'a « jamais été condamné à mort par un conseil de guerrre français », contrairement à ce que laisse entendre *Gringoire*. Mais l'hebdomadaire de Carbuccia ne désarme pas, publiant chaque semaine des témoignages qu'il juge « accablants » contre Salengro. Parmi ces documents, une lettre du colonel Arnould, alors supérieur hiérarchique de Salengro, l'accuse ouvertement d'avoir trahi. Quant à *L'Action française*, elle désigne régulièrement Salengro comme le « cycliste déserteur », comme elle traite Léon Blum de « pédéraste ».

La presse d'extrême droite a pris les deux hommes comme têtes de Turc, ainsi que le radical Pierre Cot, ministre de l'Air. Mais la grande presse populaire ne suit pas, même les journaux hostiles au Front populaire. Hormis les militants actifs de l'extrême droite, l'opinion semble écœurée par la bassesse des attaques qui visent Salengro. C'est pourquoi Léon Blum commet une erreur, le 18 octobre, en annonçant un projet de loi sur la presse, visant « les êtres abominables qui, en ce moment, poursuivent leur campagne contre notre ami Salengro ». Ce faisant, il semble vouloir dissimuler la vérité. D'où ce titre de *Gringoire*, le 23 octobre : « Une loi contre la presse pour protéger M. Salengro ? »

Le lendemain, afin de mettre un point final aux polémiques, Léon Blum demande à Daladier de confier le dossier Salengro à une commission d'enquête présidée par le général Gamelin, chef d'état-major de l'armée, assisté de deux représentants des anciens combattants. Le 30 octobre, la commission Gamelin remet un rapport sans ambiguïté : Roger Salengro, soupçonné de désertion, a bien été acquitté le 20 janvier 1916 par le conseil de guerre. « Les calomniateurs de M. Salengro sont confondus ! » se réjouit *Le Populaire*. Mais *Gringoire* conteste, insinuant que Daladier a filtré les documents remis à la commission : « On a blanchi Salengro, le voilà Propengro ! De cette aventure il sort purifié, savonné, décrotté, récuré, épongé et rincé – en un mot, aussi flambant qu'un vélo neuf ! » Pour *L'Action française*, « le dossier du cycliste Salengro a été truqué ».

C'est donc à la Chambre des députés que l'affaire va se régler. Le 13 novembre, Léon Blum monte à la tribune pour répondre à l'interpellation de Henri Becquart, député du Nord, ennemi intime de Salengro. Mais à peine le président du Conseil a-t-il ouvert la bouche qu'un concert de clameurs et de vociférations l'accueille à l'extrême droite de l'hémicycle. Pendant de longues minutes, il tente en vain de s'exprimer. N'y tenant plus, quelques députés socialistes décident d'en découdre et se ruent sur les provocateurs, au premier rang desquels le bouillant Jean-Louis Tixier-Vignancour, jamais à court d'une invective. S'ensuit un début de bataille rangée, qui oblige les huissiers et quelques ministres à s'interposer entre les belligérants. Bietrix, l'un des plus excités, tente d'atteindre Blum à la tribune mais un huissier l'arrête. L'extrême droite entonne alors *La Marseillaise* en faisant le salut fasciste, face aux députés de gauche, les poings levés. Lorsque la séance reprend, une demi-heure plus tard, « on entendrait une mouche voler », note Raymond Cartier dans *L'Écho de Paris*.

Posément, longuement, Léon Blum démontre l'innocence de Salengro, avant de conclure : « Pensez à l'homme, car il y a un homme dans cette affaire, un homme avec un cœur d'homme… Il y a un homme qui, depuis des semaines, est affreusement torturé… Peut-être, Roger Salengro, n'avez-vous pas suffisamment l'habitude. Vous vous y ferez sans doute, avec le temps. » Impassible, le ministre de l'Intérieur semble déjà dans un autre monde. Le soutien d'une très large majorité, qui vote par quatre cent vingt et une voix contre soixante-trois « l'inanité des accusations », condamnant « les campagnes d'outrages et de calomnie», ne semble même pas le réconforter. « Il y a en moi quelque chose de cassé », confie-t-il à Ludovic Frossard.

Il est pourtant applaudi chaleureusement le lendemain au congrès de la Fédération socialiste du Nord, puis au conseil général, le 16 novembre. Mais on le sent brisé, à bout de forces. Le 17 novembre, après une longue journée de travail à l'hôtel de ville de Lille, il rentre seul à son domicile, boulevard Carnot, où l'attend le repas froid que sa gouvernante lui a préparé. Il s'assied peut-être dans le fauteuil en rotin où sa femme Léonie a rendu son dernier soupir, dix-huit mois plus tôt. Puis il va dans son bureau, griffonne un mot pour son frère : « Le surmenage et la calomnie, c'est trop. Cette fois, le chagrin m'a vaincu. À Maman, à Jeannette, à toi et aux nôtres. Je rejoins Léonie. » Un autre message pour Léon Blum : « S'ils n'ont pu réussir à me déshonorer, du moins porteront-ils la responsabilité de ma mort, car je ne suis ni un déserteur ni un traître. » Il laisse sur la table deux numéros de *Gringoire*, pour désigner ses bourreaux. Puis il ouvre le robinet de la gazinière…

Dès l'annonce de sa mort, toute la gauche est en deuil, et en colère. « Justice ! » réclame *Le Populaire* du 20 novembre. « En prison, les assassins ! » titre *l'Humanité*. Le 21 novembre, plusieurs journaux publient l'appel de nombreux intellectuels, écrivains, politiques, artistes, dont Arthur Honneger, Emmanuel Mounier, Sacha Pitoëff et Charles Dullin, réclamant la fin de la violence politique. Le même jour, plus de cent mille personnes se pressent au Vél' d'Hiv pour offrir des obsèques grandioses à

Roger Salengro. La « Marche funèbre » de la *Symphonie « Héroïque »* de Beethoven, les discours des ténors du Front populaire, Blum, Thorez, Daladier, l'audition de l'un des derniers discours de Salengro, des poèmes, des chansons, et enfin la *Symphonie funèbre et triomphale* de Berlioz. « Guerre à la calomnie, paix à la liberté », écrit Emmanuel Berl dans l'hebdomadaire *Marianne*, le 25 novembre.

Chacun retiendra-t-il la leçon ? On peut en douter, à voir la réaction de la presse d'extrême droite, qui continue à plastronner, comme si rien ne s'était passé. Pour Henri de Kérillis, le député de Neuilly, Blum est le seul responsable du drame : « On ne va pas chercher les ministres sur les bancs du conseil de guerre », écrit-il dans *L'Écho de Paris*. Quant à *Gringoire*, qui ne renie rien de sa campagne abjecte, il accuse « ceux qui veulent faire de la dépouille de M. Salengro un drapeau d'émeute ». Le sacrifice du ministre n'aura donc servi à rien.

La haine est trop forte, abreuvée à la source intarissable du populisme, de l'antiparlementarisme et du « Tous pourris ». Ceux qui prennent le pouvoir en 1940 en sont imprégnés. Elle leur tient lieu de programme, elle justifie leur projet de régénération, au prix de la honte et de la collaboration. Dans son message radiodiffusé du 20 juin 1940, le maréchal Pétain incrimine « l'esprit de jouissance » de la république radicale, selon lui responsable de la défaite. Il a peut-être en mémoire les photographies de 1934 qui montraient Monsieur Alexandre, vêtu d'un smoking blanc, un œillet rouge à la boutonnière, au bras d'Arlette, dans une robe de chez Chanel, sortant, tout sourire, d'un palace ou d'une boîte de nuit à la mode. C'est ainsi que le scandale peut faire le lit de l'Ordre moral.

Troisième partie

LES RÈGLEMENTS DE COMPTES DE LA GUERRE FROIDE

La IIIe République est morte de ses scandales. Vichy les a étouffés. Les fondateurs de la IVe, les socialistes, les démocrates-chrétiens et les communistes, se sont jurés de ne pas retomber dans les erreurs du passé. « Le désastre et la trahison ont disqualifié la plupart des dirigeants et des privilégiés », s'est exclamé le général de Gaulle en 1942, dans un discours largement diffusé. Il faut couper le cordon ombilical qui reliait le monde des affaires et celui de la politique, il faut débarrasser la démocratie de la gangrène de l'argent.

Dans un nouveau discours du 17 mars 1944, le chef de la France libre estime que l'heure de la réforme a sonné : « La France nouvelle (...) ne tiendra plus pour licite la concentration d'entreprises susceptible de dévoyer la politique économique et sociale de l'État et de régenter la condition des hommes. » La gauche n'est plus seule à montrer du doigt les deux cents familles, l'oligarchie financière et les dynasties bourgeoises. Le général de Gaulle, qui incarne la légitimité nationale, est prêt à donner un coup de balai sur les privilèges d'avant-guerre.

Le programme du Conseil national de la Résistance proclamait la nécessité d'une totale « éviction des grandes féodalités économiques et financières ». Sans aller jusque-là, la vague de nationalisations qui modifie l'économie française entre 1944 et 1946 concrétise cette volonté politique de reprendre en main les entreprises, soit pour les punir, comme c'est le cas pour Renault, soit pour les mettre au service de l'intérêt national. Forts de leur enracinement populaire, les gaullistes ne sont pas en reste dans cette suspicion anticapitaliste, qui transcende les familles politiques. En témoigne cet éditorial de Jacques Soustelle dans l'organe du RPF, appelant en 1949 ses compagnons à lutter contre les « nouvelles féodalités » économiques. Mais ces bonnes intentions sont-elles suffisantes ? Le cordon ombilical est-il coupé entre les élites politiques de la IVe République et le monde des affaires ? Ce n'est pas l'opinion des communistes, et ils sont bien décidés à le prouver.

1

Le scandale du vin

Le 2 octobre 1946, le ministre du Ravitaillement Yves Farge demande les pleins pouvoirs à l'Assemblée constituante afin de lutter contre le marché noir. Avec la véhémence qui le caractérise, il réclame et obtient la peine de mort pour « certains crimes contre le ravitaillement et la santé de la nation ». À l'en croire, une véritable industrie de la fraude gangrène la France de la Libération : « Il ne s'agit plus de traquer les "porteurs de valises" mais d'en finir avec certaines coalitions comme celle qui est à la base du scandale du vin. » Le mot est lâché : il y aurait donc un scandale du vin, des détournements, une fraude massive dont Yves Farge affirme que « toute l'organisation aboutissait (avant lui) au ministère du Ravitaillement ». Avant même que le référendum ait ratifié le projet de Constitution de la IVe République, le régime naissant est plongé de plain-pied dans un scandale retentissant.

Yves Farge, le pourfendeur de la corruption

Que cache exactement le scandale du vin ? se demande *Le Monde*. Faut-il croire Yves Farge, qui a la réputation de ne pas mâcher ses mots, voire d'être exalté ? Le communiste Maurice Thorez, dont il est un compagnon de route, le trouve « courageux » mais « trop excité ». Il faut dire que Farge est un personnage hors du commun dans le milieu politique, un idéaliste, un rêveur. Ses prédécesseurs au ministère du Ravitaillement,

Christian Pineau et Longchambon, se sont tous deux cassé les dents sur les difficultés insurmontables qui s'accumulent, la désorganisation totale des services, la corruption, les détournements, le marché noir. Mais Yves Farge ne doute pas de la réussite. Journaliste de métier, entré au *Progrès de Lyon* en 1940, il s'est engagé très tôt dans la Résistance, avant de présider le Comité d'action contre la déportation. Sur l'atoll de Bikini, où il couvrait en tant que journaliste les essais nucléaires américains, il a appris sa nomination au ministère du Ravitaillement dans le cabinet formé par Georges Bidault, le 24 juin 1946. Aussitôt, il a improvisé une conférence de presse sur le pont d'un bateau, en plein océan Pacifique. « Le ministère du Ravitaillement a toujours été trop technique, a-t-il confié à ses ex-confrères. Il doit devenir politique pour participer au relèvement de la nation. » Depuis son atoll, il lançait la croisade contre le marché noir.

La première victime de cette grande opération de nettoyage est Pierre Malafosse, le directeur du service des boissons au ministère du Ravitaillement. Christian Pineau l'avait nommé à ce poste, quelques mois plus tôt, afin de prendre la place d'une certain Dubois, qui aurait fourni illégalement des licences d'exportation de vin algérien à la société de Vibraye. Comme la farine ou les textiles, le vin est une denrée précieuse en ces temps de pénurie, et ceux qui le détournent commettent un acte de la plus haute gravité. Il semble que Malafosse ne se soit pas montré plus honnête que son prédécesseur, du moins si l'on en croit Yves Farge, qui le révoque brutalement, le 28 juillet.

Mais Pierre Malafosse n'est pas homme à se laisser faire sans réagir. Lui aussi ex-résistant, ancien chef de cabinet du ministre socialiste André Le Troquer, membre de l'Assemblée consultative et maire de Béziers, il bénéficie d'appuis très importants à la SFIO. On le dit intime de Gaston Defferre, chef de la puissante Fédération socialiste des Bouches-du-Rhône, qu'il a aidé à fonder son journal *Le Provençal*. Or Defferre est parrainé en politique par Félix Gouin, le vice-président du Conseil. C'est à ce titre que ce dernier décroche son téléphone afin de persuader Yves Farge, ancien des Jeunesses socialistes de Marseille, d'être indulgent envers Malafosse :

— C'est un résistant, vous ne pouvez pas ne pas l'écouter, plaide Gouin.

— C'est bon ! Qu'il vienne lundi en huit, consent Farge.

Le 4 août 1946, le ministre du Ravitaillement accorde donc dix minutes d'audience à son ex-directeur du service des boissons, mais se contente de l'écouter sans rien changer à sa décision. De toute façon, il est trop tard : le jour même où il l'a révoqué, Yves Farge a demandé à l'intendant général Bailly, inspecteur général du Ravitaillement, d'enquêter sur le service incriminé.

Le rapport qui est remis au ministre en septembre est accablant pour Malafosse : son service est une véritable pétaudière, administrée en dépit du bon sens par une vingtaine d'anciens résistants, dont la moitié n'ont pas le certificat d'études, et sans aucune comptabilité. Bailly relève d'innombrables infractions aux usages administratifs, mettant en cause les responsables du service et les avantages consentis à plusieurs sociétés privées de transports. Elles auraient bénéficié de licences d'exportation de vins d'Algérie, malgré l'avis défavorable de la Marine marchande. Plusieurs millions d'hectolitres auraient été ainsi détournés pour être vendus à fort profit vers la Belgique ou la Suisse, privant ainsi les Français de leur boisson favorite.

Le 27 septembre 1946, Yves Farge décide que l'affaire du vin doit être portée sur le terrain judiciaire, et il dépose une plainte contre X... auprès du parquet de la Seine pour infraction à la législation du ravitaillement. Le même jour, dans son ancien journal, *Le Progrès de Lyon*, il se félicite d'avoir mis fin à « l'organisation administrative de la fraude ». Quelques jours plus tard, un de ses collaborateurs confie à l'agence France-Presse que le « responsable était Malafosse » et que « des quantités considérables de vin (plusieurs centaines de milliers d'hectolitres) destinées à l'exportation sont en réalité revendues au marché noir ». Le 2 octobre, devant les députés, Yves Farge reste beaucoup plus vague, mais les rumeurs et les commentaires s'emparent désormais du scandale du vin.

Félix Gouin sur la sellette

« En prison, les trafiquants qui nous privent de vin », titre *l'Humanité.* Dès le 3 octobre 1946, au lendemain des révélations d'Yves Farge, le député communiste Raoul Calas réclame une commission d'enquête parlementaire. « Pourquoi l'ignoble spéculation est-elle révélée si tard ? Pourquoi fait-on le silence sur un côté essentiel de l'affaire, le trafic de devises ? » se demande *l'Humanité* du 5 octobre. Le quotidien communiste reproche même à Yves Farge de se montrer trop discret, et exige des « détails supplémentaires ». Il ne fait pas de doute que « Malafosse est l'organisateur principal d'un trafic portant sur plusieurs centaines de milliers d'hectolitres ».

On rappelle que Malafosse a déjà été impliqué dans une sombre histoire d'immobilier dans sa bonne ville de Béziers : le journal communiste *Rouge-Midi* l'a accusé d'avoir ordonné la destruction d'un quartier insalubre pour confier la reconstruction à la société Mas, où sa mère détient de gros intérêts. Cette entreprise avait travaillé à la construction du mur de la Méditerranée pour les Allemands. Lorsque Malafosse a intenté un procès en diffamation à *Rouge-Midi*, il a été défendu par Le Troquer et Gaston Defferre. D'où cette équation rapide : Defferre = Malafosse = Mas = collaborateur. Dans le contexte de 1946, c'est une formule qui peut se révéler explosive !

C'est pourquoi la contre-attaque ne se fait pas attendre. *Combat*, journal issu de la Résistance, consacre à Malafosse une longue interview dans laquelle « il repousse en bloc les imputations contradictoires et absurdes » du ministre. Dans *Le Populaire*, on parle d'une « diversion » organisée par Yves Farge afin de couvrir « la carence de ses services ». André Le Troquer et Paul Ramadier sont aussitôt mandatés par la SFIO pour demander au président du Conseil, Georges Bidault, de faire toute la lumière.

Chacun comprend qu'au-delà de Malafosse les communistes ont une autre cible, plus importante : Félix Gouin. Dans les couloirs du Palais-Bourbon, le député communiste Jean Pronteau affirme détenir des documents accablants contre le vice-président du Conseil : « Nous le tenons », dit-il. « Je n'ai rien à me reprocher, répond Félix Gouin dans *Combat*. Je n'ai jamais favorisé l'obtention d'une licence. » Selon lui, toutes les licences d'exportation ont été accordées entre mai et octobre 1945, donc avant son arrivée à la tête du gouvernement. Quant à Malafosse, il le tient « pour un honnête homme ». À ses yeux, c'est une basse vengeance d'Yves Farge qui n'aurait pas supporté de ne pas avoir été choisi dans son gouvernement en janvier 1946, puis au poste de résident général au Maroc. « L'affaire du vin est une affaire gonflée », résume Félix Gouin. « Gonflée par qui ? » réplique Farge dans une dépêche de l'AFP, ajoutant que le vice-président du Conseil « doit laisser la justice se prononcer et en toute indépendance [car] il s'agit d'en finir avec cette corruption qui trouble la conscience française ». Belle ambiance au sein du gouvernement !

« Vous n'êtes qu'un menteur »

Le 9 octobre 1946, Gouin et Farge s'affrontent au Conseil des ministres.

— Pourquoi m'avez-vous accusé ? tempête Félix Gouin.

— Je ne vous ai jamais mis en cause, répond Yves Farge.

— Vous n'êtes qu'un menteur, monsieur Farge, s'écrie Félix Gouin.

De ce Conseil des ministres mouvementé, Yves Farge donne sa version : « M. Félix Gouin était dans ses plus mauvais jours. Il implorait : “Voyons, mes chers collègues, suis-je un malhonnête homme ?”… Le mot de la fin tomba des nues. Un rayon de soleil s'était faufilé dans la pièce et venait se plaquer insolemment sur les lunettes de M. Gouin, comme s'il était indispensable encore d'aggraver son trouble. Je ne sais plus qui, voulant être gentil, voire prévenant, lui conseilla : “Monsieur le président, il va falloir vous mettre à l'ombre !” L'effet fut prodigieux. »

Cette fois, la guerre est bel et bien déclarée entre socialistes et communistes. Mais ces derniers ne sont plus les seuls à exploiter le scandale. Dans son édition du 9 octobre, *France-Soir* propose une manchette au titre prometteur : « Nous ouvrons le dossier du scandale des vins. » Un armateur véreux avoue que ses bateaux ont servi au trafic du vin vers Monaco, pour le compte d'une société dirigée par un certain Guy Vattier, compromis dans la collaboration. Selon ce témoin anonyme, Vattier aurait bénéficié de « hautes protections ».

Le même journal, daté du 22 octobre, dénombre les sept scandales ayant trait au ravitaillement, et qui ont éclaté en l'espace d'un mois : ils concernent le vin, les légumes secs, les espadrilles, les bas nylon, les textiles, les farines et le lait condensé. Pendant ce temps, Marcel Paul, ministre communiste de la Production industrielle, enquête sur les dirigeants du Bon Marché, eux aussi soupçonnés de collaboration et impliqués dans le scandale des textiles détournés. Mais c'est l'affaire du vin qui fait couler le plus d'encre.

On signale que le lieutenant-colonel Savy, chef de la Sécurité militaire de Félix Gouin lorsque ce dernier était chef du gouvernement, est partie prenante dans la société Sapvin, une grande maison d'import-export. On aurait retrouvé dans la comptabilité de la Sapvin les traces de deux versements à Savy, pour la coquette somme de sept millions. On rappelle l'affaire du *Claudette-Lacydon*, révélée au mois de mai par *Le Canard enchaîné* : ce bateau aurait été détourné du ravitaillement officiel par une lettre adressée à Jules Moch, ministre de la Marine marchande, signée Félix Gouin et avec l'en-tête de la présidence du Conseil. On évoque la responsabilité de Georges Zerbini, directeur du cabinet de Gouin à l'époque, et de son adjoint Henri Loo, un proche de Gaston Defferre.

Enfin, Félix Gouin lui-même est directement attaqué. On dit qu'il aurait passé un coup de téléphone à l'une des sociétés incriminées, exigeant plusieurs millions de francs pour autoriser des exportations de vin. Immédiatement divulguée, sans aucune vérification, la nouvelle s'étale en première page de tous les journaux, le 25 octobre 1946. Le coup est rude pour les socialistes, en pleine campagne électorale, à trois semaines des premières élections législatives de la IVe République.

Le pain de la corruption

Pendant les trois mois qui suivent les élections, gagnées par les communistes, on n'entend plus parler de l'affaire du vin. C'est seulement en février 1947 qu'est créée une commission d'enquête « sur la production, la livraison et la répartition du vin ». Yves Farge et Félix Gouin déposent successivement, le second mettant le premier au défi de prouver ses interventions en faveur de telle ou telle société d'exportation.

Pierre Malafosse, de son côté, assigne Yves Farge à cinq cent mille francs de dommages et intérêts pour injures et diffamation. Mais le jugement du tribunal correctionnel, prononcé le 16 mai 1947, relaxe Farge et condamne Malafosse aux dépens, reconnaissant que le « désordre comptable » du service des boissons rendait « impossible le contrôle des fraudes possibles ». Incompétence ou malhonnêteté ? Toujours est-il que le directeur du service des boissons a failli à sa tâche, et que le ministre a eu raison de le sanctionner.

Pourtant, alors que Félix Gouin a retrouvé un poste de ministre d'État dans le nouveau gouvernement formé par Léon Blum en décembre 1946, Yves Farge se trouve écarté de la scène politique. C'est désormais un homme seul, et ses amis communistes sont placés en marge de la République.

Pour faire éclater sa vérité, il publie en octobre 1947 un pamphlet intitulé *Le Pain de la corruption*. Il y accuse notamment le colonel Savy d'avoir fait bénéficier la Sapvin d'avantages illégaux, avec la complicité de Georges Zerbini. « Des ordres transmis à M. le gouverneur général de l'Algérie par le cabinet de M. Félix Gouin étaient inspirés par la société mise en cause », écrit l'ex-ministre du Ravitaillement. Estimant que son honneur est gravement atteint par la publication de ce livre choc, Félix Gouin intente aussitôt un procès à Yves Farge et à son éditeur. Il s'ouvre le 22 janvier 1948 devant la 17e chambre correctionnelle du tribunal de Paris, assiégée par les journalistes.

Défilent à la barre les ténors socialistes, Jules Moch, Christian Pineau, André Le Troquer, qui serrent les rangs derrière Félix Gouin. Pour Pineau, Yves Farge a échoué comme tous les ministres du Ravitaillement : « Il en est un – c'est vous, monsieur Farge – qui a voulu dissimuler son échec parce qu'il avait trop d'orgueil. » L'accusé, de son côté, fait citer Deglane, le successeur de Malafosse au service des boissons, qui fait un constat accablant de ce qu'il a trouvé. Les débats sont tendus, parfois violents. Dès la première audience, Félix Gouin traite Yves Farge d'insolent, et celui-ci répond en promettant « la fin des cabrioles ». Au cours de sa longue déposition, l'ancien vice-président du Conseil laisse libre cours à sa fougue méridionale, dénonçant « l'industriel de la diffamation », qui a « de la bave dans les veines », et dont l'ouvrage est un « métafouillis ». Comme Yves Farge tente de l'interrompre, il lui lance : « Vous êtes un menteur et un lâche. »

Sur le fond, les magistrats sont bien obligés de reconnaître que la plupart des faits énoncés dans le livre d'Yves Farge sont proches de la vérité. « La bonne foi de l'auteur est évidente, disent les attendus du jugement, et il a agi par souci d'informer l'opinion publique et pour assainir les mœurs économiques. » On constate qu'à aucun moment l'ouvrage de Farge n'accuse Félix Gouin de malversation. Il n'a donc pas été diffamé. En conséquence, le 15 mars 1948, Félix Gouin est débouté et condamné aux dépens. Yves Farge aurait-il gagné la partie ?

« Le scrutin des mains sales »

Félix Gouin a perdu une bataille, mais il ne s'avoue pas vaincu. Le rapport de la commission d'enquête parlementaire, présenté le 29 mars 1950 par le socialiste Gérard Vée, le disculpe complètement, lui et son cabinet. Indignés, les députés communistes réclament le renvoi de Félix Gouin, Jules Moch et Christian Pineau devant la Haute Cour de justice. Emmanuel d'Astier de La Vigerie, député progressiste, « compagnon de route » du Parti communiste, soutient le combat d'Yves Farge, dont il rappelle le passé de résistant. Évoquant l'affaire du *Claudette-Lacydon*, il s'étonne de la disparition mystérieuse de la lettre signée par Félix Gouin. Jules Moch le coupe alors avec brutalité, en l'accusant d'avoir démissionné de la marine. D'Astier lui répond du tac au tac :

— Cette démission est tout à mon honneur. Ce que je pense de vous, c'est que vous êtes une fripouille.

À la tribune, Félix Gouin défend son honneur sali par « un ramassis de mensonges et un étalage de haines ». Selon lui, Yves Farge ne l'a accablé que pour mieux dissimuler son propre échec. Christian Pineau se demande quant à lui pourquoi, parmi tous les scandales du ravitaillement, les communistes ont monté en épingle celui du vin. Il suggère que soit créée une commission d'enquête sur la gestion du communiste Charles Tillon au ministère de l'Air puis à celui de l'Armement, entre septembre 1944 et décembre 1946. Enfin, suit le couplet traditionnel sur les dangers du scandale, qui fait perdre « la confiance du peuple » et « affaiblit la nation ». C'est ainsi que par une courte majorité de cent quatre-vingt-six voix contre cent soixante, et deux cent cinquante abstentions de la droite, l'Assemblée nationale s'oppose au renvoi des ministres socialistes en Haute Cour. « C'est le scrutin des mains sales », s'exclame le communiste Jacques Duclos. Enfin, le 9 mars 1953, Félix Gouin obtient gain de cause, la cour d'appel estimant que *Le Pain de la corruption* contient des passages diffamatoires et condamnant Yves Farge à un franc de dommages et intérêts. Le scandale du vin est définitivement enterré.

La mort d'un « compagnon de route »

Si l'on en croit l'historienne Georgette Elgey, c'était beaucoup de bruit pour pas grand-chose. Dans l'état de désorganisation où se trouvait le ravitaillement français à la Libération, il n'était pas étonnant que l'incompétence et l'improvisation fussent de mise. Malafosse et Zerbini, les plus compromis dans le scandale, sont plus coupables de légèreté que de malversations. Elle fait remarquer que les autorisations d'exporter vers la Suisse ont été accordées à la Sapvin avant l'arrivée au pouvoir de Félix Gouin et de son équipe, et que plusieurs autres sociétés ont bénéficié de ce privilège. D'autre part, la réquisition du *Claudette-Lacydon*, survenue le 30 juin 1946, n'est pas due à la lettre prétendument signée par Félix Gouin. Sur les douze bateaux dont la réquisition avait été accomplie dans des conditions irrégulières, un seul fut convaincu d'avoir exporté d'Algérie des vins livrés au marché noir. Enfin, pour ce qui concerne Félix Gouin, l'enquête a prouvé qu'il n'avait pas passé le coup de fil dont on l'a accusé. Son honnêteté ne peut être mise en cause. Le communiste Maurice Thorez lui-même l'a confié à Georgette Elgey : « Gouin est d'une parfaite intégrité. Il sait que je le pense de lui (...) Le Parti n'a été pour rien dans cette affaire au départ. Nous n'y avions aucun intérêt. Après, en 1948-1949, c'est autre chose, nous l'avons exploitée. »

Tout est là, dans l'exploitation politique d'une affaire qui met sous les feux des projecteurs les copinages socialistes. S'il n'y a pas eu corruption, il y a eu favoritisme, légèreté, insouciance, incompétence, désorganisation. Félix Gouin n'était pas coupable, mais on peut le juger responsable des dysfonctionnements ministériels. De toute façon, aux yeux de l'opinion publique, l'affaire du vin est une « casserole » que l'ex-président du Conseil devra traîner jusqu'à la fin de sa carrière. Après mai 1947, il conservera son siège de député des Bouches-du-Rhône mais ne reviendra plus au gouvernement. « On m'a coulé », confiera-t-il au *Nouveau Candide*, le 10 octobre 1962.

Peut-on réduire le rôle d'Yves Farge aux élucubrations d'un politique en quête de publicité ? Évidemment non. L'originalité du personnage, son goût de la mise en scène ne doivent pas nous faire oublier la pertinence de ses accusations. Mais il faut aussi reconnaître que sa croisade a été aussitôt instrumentée par les communistes, en guerre ouverte contre leurs alliés socialistes. Il y avait en perspective les élections du 10 novembre 1946, qui se sont d'ailleurs soldées par un recul de la SFIO et par une nette progression du Parti communiste, devenu la première force politique du pays. Écarté de la scène politique, Yves Farge est revenu à son métier de journaliste, à la tête de l'hedomadaire *L'Action*, contrôlé par les communistes. Le 28 mars 1953, il reçoit à Moscou le prix Staline international pour la consolidation de la paix entre les peuples. Mais, deux jours plus tard, sa voiture est heurtée par un camion sur une route de Géorgie, près de Tbilissi, et il succombe à ses blessures. Parmi les communistes français, c'est la désolation. Le 4 avril, on lui fait des obsèques grandioses au cimetière du Père-Lachaise, en présence des plus hauts dignitaires du Parti. Hasard de l'Histoire, il est mort en Géorgie quelques jours à peine après le plus célèbre des Géorgiens, Joseph Djougachvili, dit Staline.

2

Le député ripou et les bons du Trésor

Le 4 novembre 1949, une séance exceptionnelle se tient dans l'hémicycle du Palais-Bourbon. Un homme mince, élégant, raie impeccable et pochette blanche sur son costume croisé, est le point de mire de tous les regards. Il se nomme Antoine Bauny Chalvet de Récy, héros de la Résistance, député gaulliste d'Arras, secrétaire du groupe parlementaire de l'Union démocratique des indépendants. La justice l'accuse d'avoir commandité le vol de bons du Trésor, commis en février dernier par Eugène Dupuis, employé à la Trésorerie générale d'Arras, et c'est pour cette raison que les députés doivent voter la levée de son immunité parlementaire. « Je suis innocent de tous les crimes effroyables dont on m'accuse, se défend Récy, prêt à défendre l'honneur de mon nom et celui de mes enfants. » Un seul député l'applaudit : c'est le comte de Raulin, dit Raulin-Laboureur, membre lui aussi du groupe gaulliste. Mais c'est dans un silence de mort que la quasi-totalité des députés, sauf trois, votent la levée de l'immunité parlementaire de l'ancien résistant. Le soir même, il couchera à la prison de la Santé.

Mais qui est donc ce député « ripou », dont chacun se détourne ? Issu du meilleur monde, marié à Marie-Théobaldine de Mirabaud-Thorens, il était promis à une carrière politique brillante. Sorti de l'école d'officiers de cavalerie de Saumur, il s'est battu comme un lion en 1940, avant de rejoindre la Résistance en zone Sud, la 2e division blindée du général Leclerc, puis le général de Gaulle à Alger. Nommé aide de camp d'André Diethelm, ministre de la Guerre du gouvernement provisoire, il a été parachuté sur le territoire français afin de préparer le débarquement. Décoré de la Légion d'honneur, de la médaille de la Résistance et de nombreuses distinctions étrangères, il s'est lancé alors dans un autre combat, celui de la politique. Le 10 novembre 1946, il a été élu député d'Arras, avec l'étiquette Union gaulliste et union des républicains du Pas-de-Calais. Tout alors lui souriait.

Que s'est-il donc passé pendant les trois ans qui séparent l'élection triomphale de Récy et la sinistre séance parlementaire du 4 novembre 1949 ? Une rapide descente aux enfers, que le grand public découvre dans la presse.

Le vol des bons d'Arras

Récy avait de gros besoins, tant pour entretenir ses six enfants que son château d'Anzin-Saint-Aubin. Homme d'action mais inapte au travail régulier, il a choisi les chemins de traverse. Lors de sa campagne électorale de 1946, il s'acoquine avec un certain Jean Dordain, grand électeur du département, personnalité influente, et directeur du magasin Paris-Vêtements. Personnage louche et complexe que ce Dordain ! À première vue, c'est lui aussi un héros de la Résistance, ancien de l'Organisation civile et militaire (OCM). Il a siégé à l'Assemblée consultative d'Alger puis à la commission d'instruction du procès Pétain, avant d'adhérer au RPF du général de Gaulle. Mais on l'accuse d'avoir dénoncé ses compagnons de résistance lorsqu'il a été arrêté par la Gestapo en décembre 1943. Le jury d'honneur de l'OCM, réuni début 1946 pour examiner son cas, lui a interdit de porter ses décorations et de faire de la politique. Il devient l'éminence grise de Récy.

En quête d'une bonne affaire, les deux hommes passent en décembre 1948 un accord avec des garagistes, les frères Vaysse, pour la livraison de pneus importés des États-Unis. Ils se voient consentir une avance de six millions cinq cent mille francs, remboursable en mars 1949. Mais l'affaire tourne mal et le député se trouve dans l'impossibilité de rembourser à la date prévue. Les Vaysse le menaçant de demander une levée d'immunité parlementaire, Récy est aux abois. Dordain sollicite alors Eugène Dupuis, caissier à la Trésorerie générale, et, le 26 février 1949, celui-ci dérobe trois cents bons du Trésor de cent mille francs chacun. Le lendemain, il remet ces bons au député Récy :

« Eugène, vous avez sauvé l'honneur de six petits Français », le remercie le député d'Arras.

Se présentant sous son nom de résistant, Péri, Jean Dordain se charge de négocier deux cents bons à Paris, auprès du Comptoir parisien de réescompte, le 3 mars 1949. Ayant empoché vingt millions de francs sous forme de dollars-or, Récy et Dordain peuvent ainsi rembourser les frères Vaysse et même investir dans la société Arlux, un système de télévision inventé par un certain Deplanche. Le 14 mars, ce dernier se voit remettre quatorze lingots d'or, l'équivalent des cent autres bons échangés par Dordain. Deplanche les convertit en numéraire, une partie étant reversée sur le compte du député, devenu administrateur délégué de la société Arlux.

Mais Récy n'est décidément pas très heureux en affaires. À l'été 1949, le système Deplanche fait un bide lamentable, et il se retrouve de nouveau aux abois. Le député d'Arras demande alors à Eugène Dupuis de dérober sept cents autres bons du Trésor, pour une valeur de soixante-dix millions de francs. Il charge deux complices, Sciorato et Portié, de faire ensuite la tournée des banques parisiennes pour négocier par petits paquets les bons volés. Mais, le 27 juillet, le premier se fait appréhender en sortant de l'agence de la Banque de France de Levallois-Perret. Deux jours, plus tard, Eugène Dupuis se met à table.

Comprenant qu'il est perdu, Récy tente de se couvrir auprès de Devinat, secrétaire de la présidence du Conseil, mais on lui conseille de laisser la justice suivre son cours. Le 6 août, il télégraphie au juge d'instruction Roland Delattre pour être convoqué, mais ce dernier ne peut pas le recevoir car il est couvert par l'immunité parlementaire. À la veille de la séance de levée d'immunité, il tente encore de se disculper dans une interview exclusive accordée à *France-Soir*. Réfutant toute participation au vol des bons d'Arras, il prétend que ses accusateurs n'ont lancé son nom que pour mieux se couvrir eux-mêmes. Il connaît à peine Eugène Dupuis, un peu mieux Sciorato, qu'il a employé comme colleur d'affiches avant de l'embaucher comme homme à tout faire. Quant à Portié, il admet l'avoir aidé à négocier des bons du Trésor, mais il s'agissait pour lui « d'opérations normales et licites ». À l'entendre, il est blanc comme neige.

Pourtant, sa culpabilité ne fait aucun doute pour le député communiste André Pierrard, rapporteur de la commission des immunités parlementaires. Pour lui comme pour le procureur général d'Arras, Récy est coupable de vol, de faux, usage de faux et escroquerie : « Il s'agit de gangstérisme », affirme Pierrard. Son collègue communiste Jean Pronteau se fait ensuite un plaisir de souligner l'engagement gaulliste de Récy. À la une de *l'Humanité* s'étale la photo du député, « escroc et gangster », arrêté comme un fugitif à la sortie du Palais-Bourbon. Mais l'affaire ne fait que commencer.

Une affaire à rebondissements

À peine incarcéré, Récy lance un appel dans les journaux du soir : « Si je meurs en prison, j'aurai été assassiné. » Son ami Raulin-Laboureur se dit prêt à interpeller le ministre de l'Intérieur sur cette menace. Lui-même prétend avoir reçu des lettres anonymes, et il rappelle que sa secrétaire, Rose Némirowski, a été abattue dans des conditions mystérieuses et non élucidées en 1948, avenue de la Grande-Armée. Le groupe gaulliste de l'Action démocratique et sociale ayant désapprouvé son dépôt d'interpellation, Raulin-Laboureur en démissionne bruyamment. Mais quelle est donc cette mystérieuse menace qui plane sur les deux députés ? Qui sont les personnages qui veulent leur peau ?

Pendant des mois, ces questions vont rester sans réponse, jusqu'à ce que Jean Dordain, en cavale, décide de se constituer prisonnier, le 11 juillet 1950. C'est un rebondissement imprévu dans l'affaire des bons d'Arras. Dès lors, on s'intéresse de plus près au passé trouble de Dordain, notamment pendant la guerre. On rappelle qu'il a « donné » Pierre Baubelle, l'un de ses camarades de l'OCM, lors de son arrestation par la Gestapo, le 8 décembre 1943. Un témoin nouveau se fait connaître, l'accusant d'avoir abattu sa maîtresse, Fernande Amand, retrouvée morte, une balle dans la tête, dans une forêt de Seine-et-Marne, en septembre 1944. Dans l'atmosphère trouble de la Libération, on rappelle qu'il a organisé un mystérieux « groupe de défense de la vraie démocratie », qui servait la cause du gaullisme. Est-ce pour alimenter les caisses de cette organisation qu'il a participé au vol des bons d'Arras ? Est-il, comme cela se murmure, l'un des assassins de Rose Némirowski, éliminée parce qu'elle en savait trop sur les financements de la nébuleuse gaulliste ?

Trois semaines plus tard, le 30 juillet 1950, nouveau rebondissement : un nommé Vaast, percepteur de la région d'Arras, est retrouvé assassiné chez lui, alors que rien ne semble avoir été volé. À la suite d'une enquête mouvementée, la police découvre que les coupables sont Albert Delattre, patron de bar, et un certain Florent Demesse… qui n'est autre que l'ancien chauffeur de Dordain. On découvre en outre que Récy a fréquenté Demesse. Y aurait-il un lien entre le vol des bons d'Arras et le meurtre du percepteur ?

L'affaire est d'autant plus troublante que le juge d'instruction Roland Delattre, chargé du dossier de son homonyme, fait les grands titres de la presse locale : le 27 août 1950, dans un accès de dépression, il a sauté par la fenêtre du premier étage, affirmant qu'il avait reçu des menaces de mort, que l'on voulait l'empoisonner. Réfugié dans un café de la Grand-Place, il a demandé au patron de verrouiller la porte : « On veut m'abattre, j'en sais trop. » Juste avant cette crise, il avait passé quatre heures avec le procureur général. Au dire de son frère, il en était revenu complètement sonné, abattu, et aux abois. « Je ne suis pas fou », proclame Roland Delattre depuis sa chambre d'hôpital.

La presse communiste fait ses choux gras de ces rebondissements. À la une de *l'Humanité* du 29 août, le visage du juge Roland Delattre apparaît, terrorisé : « On cherche à me supprimer pour m'empêcher de parler », affirme le magistrat. Il accuse Paul Auriol, le propre fils du président de la République, d'avoir participé au trafic des bons du Trésor. On rappelle que le maire d'Arras d'alors n'est autre que Guy Mollet, le secrétaire de la SFIO, qui a été le compagnon de Dordain au sein de l'OCM. Paul Auriol s'indigne : « Les accusations rapportées par la presse communiste sont la suite logique d'un ensemble de diffamations tissées depuis quelques années. On cherche à atteindre le régime », affirme-t-il, avant d'intenter un procès au journal communiste *Carrefour.*

« Chantage RPF-socialiste pour l'étouffement des scandales », réplique *l'Humanité* du 4 septembre 1950. Deux jours plus tard, Auguste Lecœur, député communiste du Pas-de-Calais, envoie au garde des Sceaux une lettre publique « contre l'étouffement des scandales d'Arras » : il y souligne l'imbrication des deux affaires, celle des bons d'Arras et celle du percepteur assassiné, et exige que l'on en découvre les sources politiques plus lointaines. Dans son édition du 11 octobre 1950, *l'Humanité* affirme détenir le fin mot de toute l'histoire : derrière les scandales d'Arras se cacherait un homme, « M. Personne », qui est en réalité Jacques Piette, membre influent de la SFIO. Adjoint du ministre de Vichy Robert Bichelonne, Jacques Piette est ensuite entré dans la Résistance au sein de l'OCM, avant de devenir le chef de cabinet de Guy Mollet à l'Assemblée européenne de Strasbourg. Il serait le protecteur de Dordain, le deus ex machina de toute l'affaire. Vrai ou faux ? Il n'y a aucune preuve pour étayer ces accusations. En revanche, le procès va mettre les gaullistes sur la sellette.

De l'argent sale pour le RPF ?

Le procès des bons d'Arras s'ouvre le 12 mai 1952, devant la cour d'assises de Versailles. « Ambiance mondaine au procès du gang d'Arras », titre *l'Humanité*, qui décrit Récy « bombant le torse, souriant à l'objectif, pouffant de rire, paré d'une ridicule moustache qui le fait ressembler en plus falot à son ami de Gaulle ». Le ton est donné.

Récy, fidèle à sa défense, nie d'emblée toute participation au vol : « J'ai été contraint au silence. La police a cumulé contre moi les erreurs et les mensonges. » Il se présente comme officier de cavalerie, il raconte sa vie, l'école des frères, le collège Stanislas, ses six enfants, sa carrière militaire, ses exploits dans la Résistance. On évoque ses citations, les rapports élogieux sur cet « officier d'élite, possédant les plus hautes vertus militaires ». Et le président Meiss de conclure : « Que n'êtes-vous demeuré cet homme magnifique ! »

En revanche, Eugène Dupuis l'accable. Il lui a été présenté par Dordain, son ancien chef dans la Résistance, qui l'a d'ailleurs fait entrer au RPF. « J'ai agi pour sauver un homme au passé glorieux », affirme Dupuis, ajoutant que le projet initial de Dordain et Récy était d'attaquer un convoyeur de fonds puis de cambrioler la Trésorerie. En été 1948, une rencontre aurait été organisée dans ce but avec un gangster nommé Jo Renucci et l'un de ses sbires, Mathieu Costa, au château d'Anzin-Saint-Aubin.

En revanche, Jean Dordain présente Dupuis comme l'instigateur de l'affaire des bons d'Arras. C'est le caissier qui aurait proposé lui-même de dérober les fonds afin de les verser au trésor de guerre du RPF. Exclu peu de temps auparavant du mouvement gaulliste, il voulait ainsi rentrer en grâce, voire succéder à Récy à la députation. On a du mal à le croire, tant le pauvre Dupuis est apparu pataud, lourdaud, influençable. Dordain est d'un tout autre calibre, comme en témoignent ses activités pendant et après la guerre. Dordain, écrit *l'Humanité*, c'est « la fripouille de classe, au visage profondément marqué par une vie mouvementée, le quinquagénaire qui séduit de pauvres filles de seize ans et sème dans tout le Pas-de-Calais des bâtards en série ». On apprend au passage qu'il fait l'objet d'un mandat d'arrêt du tribunal militaire de Metz pour intelligences avec l'ennemi. On revient aussi sur l'assassinat de Fernande Amand, qu'il a froidement exécutée sous prétexte qu'elle l'avait donné, lui et son groupe, aux Allemands.

« C'est le procès de la Résistance que vous commencez ici », rugit ce trouble personnage, tandis que son avocat menace de faire citer Guy Mollet à la barre. Mais Dordain ne se cache pas d'avoir entretenu des liens personnels avec le gangster Jo Renucci, mis en cause par Dupuis. C'est d'ailleurs chez un certain Moracchini, membre du gang Renucci, qu'il s'est caché quand il était en cavale. Il affirme avoir rencontré Jo Renucci, officiellement importateur-exportateur de cigarettes et producteur de films, au cercle de la Résistance, rue Saint-Roch, où, dit-il, « venaient des ministres ». Si l'on en croit Dordain, Jo Renucci est un homme qui compte dans la vie politique marseillaise, un agent électoral très puissant « encore maintenant, puisqu'il a fait élire un des plus hauts personnages du régime actuel ». Il signale que Dominique Renucci, le frère de Jo Renucci, a servi de chauffeur au général de Gaulle pour la campagne du RPF dans le Midi. Son autre frère Noël est le secrétaire particulier de Gaston Palewski, un proche du général.

« Les truands ont vendu le Général », titre *l'Humanité*. Selon Dordain, Jo Renucci était à la recherche de fonds pour « un parti politique », que chacun reconnaît comme le RPF. Il lui aurait alors parlé d'Eugène Dupuis, « qui pourrait mettre à sa disposition des millions ». Selon lui, « ce n'est pas la première fois qu'un parti politique commet des vols pour financer une campagne ». C'est ainsi qu'a été organisée la rencontre au château de Récy. Dordain raconte aussi que Jo Renucci est un ami personnel du député Raulin-Laboureur. On apprend que les deux hommes étaient ensemble aux côtés de Rose Némirowski lorsqu'elle a été abattue par une rafale de pistolet-mitrailleur.

« Trafics d'influence, chantages, escroqueries, faux et usage de faux : activité d'un député gaulliste », s'indigne *l'Humanité*, rappelant que Récy a présenté le caissier Dupuis à Jacques Soustelle, et que ce dernier en a fait le secrétaire départemental du RPF. D'autre part, la justice a saisi chez Dordain un cahier intitulé « Souscriptions perçues depuis la naissance du RPF », qui en dit long sur les sources de revenus du mouvement gaulliste. Il semble que le député d'Arras ait tenté de négocier à plusieurs reprises son prestige de résistant auprès d'individus plus ou moins louches. Dordain jouait les rabatteurs, démarchant les individus en difficulté avec les comités de confiscation. Il leur suggérait alors de verser une « souscription pour le parti », son complice Sciorato prenait livraison de l'argent, et Récy écrivait une lettre de recommandation qui disculpait le suspect. Il aurait aussi multiplié les démarches en faveur de Jo Renucci, qui réclamait la croix de guerre.

« Je n'ai pas gardé cet argent pour moi, a affirmé Récy pendant son interrogatoire. C'était pour la caisse de l'Union gaulliste. Il s'agissait d'une action politique. » La section du RPF d'Arras proteste par voie de presse, affirmant que Récy et Dordain ont gardé pour eux l'argent extorqué à leurs « protégés ». Le député aurait même détourné cent mille francs des caisses du RPF, destinés à la « brigade des acclamations » réunie pour faire la claque lors de la venue à Lille du général de Gaulle.

« Demi-aveux, demi-mensonges »

Récy s'obstine à nier, pendant des jours et des jours. Ce n'est qu'à la douzième audience du procès, le 24 mai, qu'il finit par craquer. Oui, il est coupable ! Lui, le père de famille nombreuse, le héros de la Résistance, le parlementaire respectable, il s'est comporté comme un chef de bande, il a frayé avec des individus aussi dangereux que Dordain, Sciorato et les frères Renucci.

« Dordain, Dupuis et moi sommes responsables à titre égal », affirme Récy, sans grand panache. Son avocat tente de jouer sur la corde sensible, montrant son client « déjà condamné à la tuberculose à vie ». Mais le jury se montre inflexible : huit ans de prison pour le caissier Dupuis, cinq pour Sciorato et trois pour Portié, et dix ans pour les « politiques », Dordain et Récy, assortis de cinquante mille francs d'amende et dix ans d'interdiction de séjour. « Je ne sais où et quand la France pourra faire appel à moi pour combattre, mais je suis prêt à tomber pour me racheter », plastronne encore Récy. Et son avocat de conclure : « Triste époque qui envoie ses héros en cour d'assises ! »

Mais l'essentiel n'est peut-être pas là, dans la disgrâce du héros déchu. « Demi-aveux, demi-mensonges », fulmine *l'Humanité* au lendemain du procès. Aux yeux des communistes, Antoine de Récy a escamoté l'essentiel du scandale, c'est-à-dire son volet politique, la face cachée d'un réseau trouble qui réunit gangsters, résistants et collabos dans la mouvance du parti gaulliste.

Il reste en effet beaucoup de zones d'ombre dans cette affaire des bons d'Arras. Où sont les soixante millions en bons du Trésor qui n'ont pas été négociés ? Ont-ils été perdus ou brûlés comme l'affirment certains ? N'ont-ils pas été grossir le trésor de guerre de Jo Renucci ou les caisses occultes du RPF ? Qui a tué Rose Némirowski ? A-t-on contraint le juge Roland Delattre à se taire ? Jo Renucci, qui devait témoigner au procès, s'est dit immobilisé à Tanger par une maladie diplomatique. Il est finalement venu à Versailles, après l'aveu de Récy, mais le président a refusé de l'entendre : l'affaire est prétendue close. Les communistes, bien qu'ils dénoncent les graves lacunes du procès, préfèrent en rester là. Ils sont en pleine campagne pour faire libérer leur leader Jacques Duclos, incarcéré après la manifestation du 28 mai 1952 contre le général américain Ridgway, dit Ridgway la Peste. Quant à leurs adversaires, ils ne pensent qu'à enterrer cette vilaine affaire, qui porte un nouveau coup au prestige du Parlement. C'est ainsi que le député gaulliste Antoine Chaunet de Récy et ses acolytes emporteront avec eux, derrière les barreaux de leur geôle, le secret des bons d'Arras.

3

Un collabo au gouvernement ?

Au soir du 29 janvier 1953, l'Assemblée nationale vit l'une des séances les plus chaudes de son histoire. Vers 23 heures, au moment où commence l'examen de la loi de finances consacrée à la réforme de la Sécurité sociale, apparaît pour la première fois dans l'hémicycle le tout nouveau ministre de la Santé et de la Population, André Boutemy. Des rangs de la gauche monte aussitôt une bronca assourdissante, faite de protestations et d'invectives. Le député communiste Jean Pronteau demande une suspension de séance pour protester contre « la présence au banc du gouvernement d'un homme qui devrait être au banc des accusés ». Les acclamations fusent. « Assassin, assassin ! » s'écrient les communistes, tournés vers Boutemy. « Un préfet de Vichy ! Vous n'êtes pas dégoûtés, messieurs les ministres ! » s'exclame le socialiste Binot. « Regardez ses mains : elles sont rouges du sang des patriotes », rugit le communiste Tourtaud. Et son collègue Pronteau renchérit, brandissant une lettre écrite par Joseph Darnand, le sinistre créateur de la Milice, à Boutemy : « Il y a une mère qui pleure parce que l'assassin de son fils est ministre. » S'ensuivent un nouveau vacarme, une nouvelle vague de protestations, tandis que les efforts du président de séance pour réclamer le calme restent vains.

Lorsque Boutemy monte à la tribune, les huées redoublent, on claque les pupitres, et l'on crie de plus belle : « Assassin, assassin ! » Très calme, il dispose ses dossiers et fait mine d'attendre, les mains dans les poches, que cesse le vacarme. Une trentaine de députés communistes entonnent *Le Chant des partisans*, l'hymne de la Résistance. Comme les députés de droite tentent de répliquer en faisant à leur tour claquer leurs pupitres, les communistes se lèvent et chantent *La Marseillaise*. Et comme Boutemy se met lui aussi à entonner l'hymne national, le socialiste Maurellet s'indigne : « Ce bandit se croit tout permis ! » Les communistes, survoltés, lui crient : « À la porte, assassin ! » Le président de séance tente de les arrêter, mais on lui lance : « Démission, démission ! »

Boutemy commence à parler, mais on n'entend rien. De nouveaux cris, un nouveau tumulte lui répondent. « Votre haine, c'est ma fierté », lance Boutemy. Puis, descendant de la tribune, il toise les députés communistes : « Maintenant, vous pouvez vous reposer. » Il est minuit. Le silence retombe d'un coup dans l'hémicycle. Mais l'affaire Boutemy est sur toutes les lèvres, à la première page de tous les journaux. Le scandale est retentissant.

Le financier des élections

Trois semaines plus tôt, quand il est nommé ministre de la Santé dans le nouveau gouvernement formé par le socialiste René Mayer, le grand public ignore presque tout d'André Boutemy. En revanche, le monde politique le connaît bien, car il est le financier de nombreuses campagnes électorales, le grand bailleur des fonds patronaux.

« Un industriel peut être sollicité d'appuyer de ses deniers un mouvement, un candidat, une propagande. Ès qualités, je suis tenu de le conseiller sur l'opportunité du geste. C'est tout ! » Voilà comment André Boutemy décrit sa fonction en 1947, lors de la seule interview qu'il ait jamais accordée. En réalité, il joue un rôle déterminant dans le jeu politique des années 1950.

Pourquoi les patrons ont-ils choisi Boutemy pour distribuer leur manne ? Parce que c'est un homme efficace et qui dispose d'un carnet d'adresses exceptionnel. Fonctionnaire du ministère des Finances détaché auprès de la commission parlementaire, il s'est créé avant la guerre un solide réseau de relations politiques, de la droite aux socialistes. Nommé sous-préfet de Thonon-les-Bains en 1940, il s'y est lié à deux futurs ministres de la IVe République, le démocrate-chrétien Pierre Pflimlin, alors juge d'instruction, et le socialiste Robert Lacoste, percepteur de la localité. Sous Vichy, son ascension a été fulgurante : directeur des Renseignements généraux en avril 1942, préfet de la Loire en mai 1943, puis préfet régional de Lyon en juin 1944, il a fait les preuves de son dynamisme. À Lyon, il a sympathisé avec Georges Villiers, maire de la ville depuis la destitution d'Édouard Herriot. Lorsque Villiers a été arrêté par les Allemands pour faits de résistance, Boutemy s'est offert en otage afin que son ami ne soit pas condamné à mort mais seulement déporté. Ce geste chevaleresque a été déterminant pour la suite de sa carrière.

Villiers est en effet devenu en 1946 le premier président du CNPF, la grande confédération patronale. Il sait que Boutemy connaît par cœur les rouages du monde politique. Ces qualités sont précieuses, à l'heure où le patronat, discrédité par son rôle pendant la guerre, cherche à revenir en grâce auprès des élites républicaines. Le patron des patrons installe donc Boutemy à la tête d'un Centre d'études administratives et économiques, que l'on appelle familièrement le comité de Penthièvre, du nom de la rue où il est installé. Boutemy est chargé de faire le lien avec les patrons et le monde politique : c'est lui qui tient les cordons de la bourse. Peu importe que son équipe se compose de vieux chevaux de retour de Vichy, tels les anciens préfets Henry Cado et André-Paul Sadon. Tout ce qui compte, c'est que Boutemy distribue à bon escient les fonds patronaux. « Il est exact, dit-il, que j'ai distribué beaucoup d'argent. Je ne me souviens plus de qui je le tenais, mais je sais fort bien à qui je l'ai donné. »

Le 24 novembre 1948, le député communiste Jacques Duclos donne lecture à l'Assemblée nationale d'une lettre étonnante adressée en 1946 à un adjoint de Boutemy par le député des Deux-Sèvres Clovis Macouin. Ce dernier fait part de son amertume envers « les services de la rue de Penthièvre », qui lui ont promis « une somme de deux cents billets », dont il n'a pas vu la couleur. Macouin se dit « peiné de savoir que d'autres collègues, pourtant fortunés, ont été royalement servis et que, personnellement, je n'ai rien obtenu, si ce n'est des dettes que j'aurai beaucoup de mal à régler ». La révélation de ces usages met fin à la carrière parlementaire de Clovis Macouin, mais Boutemy continue de plus belle à octroyer l'argent des patrons.

On pense que le comité de Penthièvre aurait distribué entre cinq et six milliards de francs de 1946 à 1952. Un milliard aurait été dépensé par Boutemy pour la seule élection de 1951, à l'issue de laquelle on fait circuler à l'Assemblée une liste de cent soixante députés chéquards. Mais les activités de Boutemy ne se limitent pas à distribuer des billets de banque aux hommes politiques : il leur prodigue ses conseils.

L'éminence grise de la « Troisième Force »

Parvenu de la politique, Boutemy a toutes les audaces, si l'on en croit l'historienne Georgette Elgey. Elle cite le témoignage du radical Henri Queuille, notant que Boutemy se comporte avec le personnel politique « comme un grand seigneur de mauvais aloi n'aurait pas osé traiter ses valets ». Elle raconte ce déjeuner de mars 1946 au cours duquel Boutemy reproche au démocrate-chrétien Pierre-Henri Teitgen de gouverner en compagnie des communistes. Teitgen se justifiant par la nécessité d'éviter un affrontement direct, Boutemy l'admoneste avec véhémence : « J'ai déjà entendu, monsieur le ministre, un raisonnement analogue. Il était tenu par le président Laval à Vichy en 1943. Vous savez où cela a conduit le président Laval. » C'est ainsi que le financier du CNPF se permet de parler à un ministre de la République.

Lui-même est gagné par le virus de la politique. En mai 1952, il est élu au Conseil de la République, sous l'étiquette du Centre républicain d'action rurale et sociale, qui est le groupe des indépendants. Roger Duchet, le fondateur du Centre national des indépendants, est d'ailleurs un familier du Centre d'études administratives et économiques, à tel point que René Bousquet le surnomme le « petit Duchet de Penthièvre ». Quant à Antoine Pinay, qui a connu Boutemy comme préfet de Saint-Étienne en 1944, il écoute volontiers ses avis.

À la fin de l'année 1952, le sénateur Boutemy joue un grand rôle dans la coulisse pour obtenir que René Mayer succède à Pinay à la présidence du Conseil. Auprès de ses amis radicaux, indépendants, républicains populaires, Boutemy plaide la candidature de René Mayer. C'est pourquoi, lorsque ce dernier prend la tête du gouvernement en janvier 1953, il récompense Boutemy en lui confiant le portefeuille de la Santé et de la Population.

Au début, on voulait lui donner le portefeuille des Postes, mais, si l'on en croit Georgette Elgey, Roger Duchet s'y est opposé avec véhémence :

— C'est de la folie ! Tout le monde sait qu'il distribue les fonds du patronat. Vous allez avoir trois cent mille fonctionnaires en grève sur les bras.

— Zut, je n'y avais pas pensé, a admis René Mayer. Bon. Je vais l'envoyer à la Santé publique. Là, ça ne fera pas d'histoires.

Il se trompe lourdement.

Un passé qui ne passe pas

« Nous n'allions pas laisser passer une telle opportunité. C'était inespéré », confiera le communiste Jacques Duclos à Georgette Elgey. Boutemy est évidemment la cible idéale pour la gauche, car il est compromis à la fois avec Vichy et avec le patronat. « L'événement du ministère Mayer est sans conteste la présence de M. Boutemy qui a laissé pantois tous ceux qui connaissent l'homme », commente *L'Observateur*. Et l'hebdomadaire de Claude Bourdet ajoute que des listes circulent dans les couloirs de l'Assemblée, avec les noms des députés ayant bénéficié des largesses du comité de Penthièvre.

Le 22 janvier 1953, lorsque Mayer présente son gouvernement à l'Assemblée nationale, Boutemy a pris soin de se faire porter pâle, par prudence. Cela n'empêche pas le communiste Jean Pronteau d'interpeller le nouveau président du Conseil : « Jusqu'à présent, il y avait eu des vichystes au gouvernement, mais non pas encore des gens qui, de notoriété publique, ont directement sur la conscience la mort de nos camarades de la Résistance. » Et Pronteau de rappeler l'arrêt du Conseil d'État qui a refusé la réintégration de Boutemy dans l'administration préfectorale, au motif que le « sieur Boutemy s'est associé de manière intime et active à la collaboration ».

Il évoque par ailleurs le rôle qu'aurait joué Boutemy, alors préfet de la Loire, dans l'opération policière menée contre le maquis de Montchal, dans la Loire, le 19 mars 1944. Cette nuit-là, il affirme que Boutemy a personnellement refusé de faire transporter à l'hôpital deux maquisards blessés, en proférant ces mots terribles : « Ils ont bien le temps de crever. » Pour *l'Humanité*, c'est sûr, « il y a un assassin de patriotes au banc du gouvernement ». *L'Humanité-Dimanche* publie une photo de Boutemy en compagnie du maréchal Pétain. Le journal communiste livre à ses lecteurs le texte du Conseil d'État rejetant la demande de réintégration administrative formulée par Boutemy : il y est « associé à la politique du gouvernement de Vichy, notamment en matière de police » et accusé d'avoir « pris une part active aux opérations menées contre le maquis de la Loire ». Marius Patinaud, membre du Comité central du PCF, dévoile ce qu'il appelle les « aveux et les mensonges de l'assassin ministre. Selon le témoignage d'un survivant du maquis de Montchal, Maurice Mérigneux, ouvrier à Saint-Étienne, Boutemy aurait dit aux maquisards blessés : "Vous êtes des salauds ! Votre compte est bon, votre affaire sera bientôt réglée", et il les aurait envoyés en prison au lieu de les faire soigner ».

En première page de l'édition du 30 janvier 1953, *l'Humanité* annonce qu'elle possède une lettre adressée par Joseph Darnand, le chef de la Milice, à Boutemy, en date du 20 mars 1943. « Quand Darnand et Boutemy collaboraient pour assassiner les patriotes », titre le journal communiste. Si l'on regarde de plus près la lettre, reproduite en page cinq, on s'aperçoit en fait que Darnand se contente d'y recommander l'un de ses amis. Le journal communiste cite en outre le témoignage d'une employée de la préfecture de la Loire qui, le 19 mars 1944, aurait surpris une conversation téléphonique entre les deux hommes : Boutemy y aurait affirmé sa volonté de régler lui-même le sort des maquisards de Montchal.

Le jour où paraît cet article du quotidien communiste, le nouveau ministre revient dans l'hémicycle pour défendre le budget de la Santé publique. Il est pris à partie par Emmanuel d'Astier de La Vigerie, grand résistant et compagnon de route des communistes : « Devant le Parlement, devant le pays, l'affaire Boutemy est ouverte, affirme-t-il. Que M. Boutemy ait bénéficié d'un non-lieu n'efface pas qu'il a été l'associé, l'adjoint de Pucheu, le patron de Cussenac et Dagostini, tous condamnés à mort. » Le ministre de la Santé essaie alors de prendre la parole, mais le vacarme émanant des bancs communistes l'en empêche. Le gaulliste Raymond Dronne refuse quant à lui de voter le budget de la Santé en signe de méfiance envers Boutemy, car, dit-il, « certains hommes qui ont eu certaines fonctions ne sont pas à leur place à certains ministères ».

Au même moment, une délégation de résistants, proches du PCF, dépose à l'Élysée une lettre réclamant la révocation de Boutemy. Le 2 février, *l'Humanité* publie une interview de Lucien Monjauvis, préfet de la Loire à la Libération, et qui affirme : « De tous les préfets qui étaient passés à Saint-Étienne durant le régime de Vichy, c'est lui (Boutemy) qui avait laissé le souvenir le plus marquant de la collaboration totale avec l'occupant. » Monjauvis se demande pourquoi, et sur ordre de qui, Boutemy a été transféré de sa prison de Saint-Étienne à Paris, le 31 octobre 1944, échappant ainsi au comité départemental d'épuration.

Le 3 février 1953, la majorité des députés accepte de discuter les interpellations de Jean Pronteau et Emmanuel d'Astier de La Vigerie, la discussion étant fixée au 17 février. C'est ainsi que l'on pourra « mettre fin à l'outrage qui est fait à l'honneur national », se réjouit Pronteau. Pendant la semaine qui suit, *l'Humanité* verse chaque jour une nouvelle pièce dans le dossier Boutemy. On y évoque notamment des circulaires préfectorales prouvant qu'il a participé à la répression contre les résistants, ainsi que sa participation aux conférences de Philippe Henriot, grand propagandiste de la collaboration, et du professeur allemand Grimm, l'un des théoriciens du « nouvel ordre » européen.

« Boutemy doit s'en aller »

« M. Boutemy doit s'en aller », écrit dans *L'Observateur* Édouard Depreux, grand résistant et ancien ministre de l'Intérieur, en s'indignant que « le directeur des Renseignements généraux de Pucheu et de Laval soit aujourd'hui ministre de la IVe République ».

Personne n'est surpris, le 9 février 1953, lorsque René Mayer annonce qu'il vient d'accepter la démission de Boutemy, prétendument malade. « Ainsi prend fin un épisode peu glorieux de la vie politique française. La solidarité a ses limites », constate *Le Parisien libéré*. Les journaux de droite restent silencieux, car c'est une défaite pour leurs couleurs. « Une belle victoire », écrit en revanche André Stil à la une de *l'Humanité*, car « c'était plus encore que le scandale d'un assassin promu ministre ; c'est le scandale de toute une politique montrant son vrai visage ». Roger Stéphane se réjouit dans *L'Observateur* que Boutemy ait démissionné, mais réclame des investigations plus poussées sur les motivations du président du Conseil : « Pourquoi René Mayer, qui n'ignorait rien des fonctions occupées à Vichy par Boutemy, a-t-il délibérément risqué l'incident : en d'autres termes, pour quelles raisons M. Mayer n'avait-il rien à refuser à Boutemy ? » Il fait allusion au rôle déterminant joué par le patron du comité de Penthièvre dans les campagnes électorales.

Mais ses questions resteront sans réponse. Le 17 février 1953, la majorité des députés refuse de voter la constitution d'une commission d'enquête sur l'origine et l'emploi des fonds électoraux, qui aurait permis d'en savoir plus sur les activités réelles de Boutemy. *L'Observateur* s'indigne de cette opacité parlementaire, en rappelant que lors des élections de 1951 le comité de Penthièvre avait versé à toutes les listes radicales un minimum de cinq cent mille francs, celles conduites par un ancien ministre bénéficiant d'une allocation de un million de francs. Quelques jours plus tard, le même journal révèle que l'affaire Boutemy a créé certains remous au sein du CNPF, notamment dans les grosses fédérations du textile, de la métallurgie et des industries mécaniques. Il semble que Ricard, le vice-président du patronat français, ait exigé que son organisation prenne ses distances à l'égard du monde politique.

Dans un discours prononcé à Pau, le 29 juin suivant, le président de la République Vincent Auriol dénonce « l'assaut des féodalités économiques corporatives ou technocrates [qui] tendent à se substituer au gouvernement et font peser sur le Parlement des pressions aussi impudentes que scandaleuses ». À l'Assemblée, Paul Reynaud déplore que les « congrégations économiques » paralysent l'État et un député du MRP suggère même d'expulser « certains groupements d'intérêts (...) de nos couloirs et de nos bureaux ».

À l'issue du scandale, Boutemy abandonne ses fonctions au CNPF, mais sa carrière politique n'est pas terminée pour autant. Il sait trop de choses pour qu'on ne le ménage pas. En décembre 1953, lors de l'élection du président de la République par le Congrès réuni à Versailles, il fait partie, avec Antoine Pinay, Roger Duchet et Henri Queuille, d'une conjuration visant à empêcher la victoire de Joseph Laniel, jugé trop encombrant. En outre, il se distingue comme l'un des plus ardents adversaires de la Communauté européenne de défense, s'alliant même pour la circonstance avec ses ennemis d'hier, les communistes et les gaullistes. Lorsque le CNPF se rallie au Marché commun, Boutemy est élu en juin 1957 représentant de la France à l'Assemblée de la Communauté européenne du charbon et de l'acier. Réélu sénateur en juin 1958, il meurt un an plus tard, le 14 juillet… On n'en saura pas plus sur la réalité de ses activités sous l'Occupation. Comme beaucoup de hauts fonctionnaires, il s'est comporté comme un zélé serviteur du régime de Vichy, avant de se tourner vers la Résistance sur le tard. Il n'était sans doute pas plus le collaborateur sanguinaire décrit par les communistes que le patriote irréprochable dont il voulait donner l'image.

Les bureaux de la rue de Penthièvre sont fermés après sa démission, mais le Centre d'études administratives et économiques est transféré place de la Madeleine, sous la direction de Maurice Brulfer et de Henry Cado, qui étaient ses assistants. Après son départ, il semble que les dirigeants patronaux aient renoncé à centraliser le financement politique, redonnant plus d'autonomie aux grandes fédérations professionnelles ainsi qu'aux patrons eux-mêmes, interlocuteurs directs des candidats locaux. Mais les financements occultes n'ont pas cessé pour autant.

4

Les scandales de la guerre d'Indochine

Le début des années 1950 est profondément marqué par la guerre d'Indochine, ses péripéties militaires, ses enjeux internationaux, ses débats idéologiques… et ses scandales. Espionnage, trahison, corruption, spéculation : c'est le parfum nauséabond d'un conflit qui s'enlise et qui suscite de plus en plus d'oppositions. Opposant déclaré à cette guerre impérialiste, le Parti communiste est au cœur des polémiques et des règlements de comptes. Trois affaires, trois scandales rythment les débats et les affrontements politiques autour d'un conflit qui n'en finit pas de sombrer dans les rizières indochinoises. L'armée, les banques, les hauts fonctionnaires, le pouvoir politique sont touchés de plein fouet par cette épidémie de scandales.

L'affaire des généraux

La séance parlementaire du 17 janvier 1950 promet d'être difficile pour le président du Conseil Georges Bidault. Il lui faut en effet s'expliquer sur un scandale qui déchaîne les rumeurs et les passions depuis quelques semaines, et que la presse a baptisé « l'affaire des généraux ».

De quoi s'agit-il au juste ? À l'origine, d'un rapport confidentiel sur la situation des troupes françaises au Tonkin, remis le 29 juin 1949 par le général Revers, chef d'état-major général, au précédent gouvernement, dirigé par Henri Queuille. On aurait retrouvé un exemplaire de ce rapport dans la serviette d'un militant parisien du mouvement nationaliste Viêt-minh, un certain Do Daï, arrêté à la suite d'une bagarre, le 18 septembre 1949. Puis, grâce au carnet d'adresses de Do Daï, on a repéré d'autres exemplaires du rapport parmi la communauté vietnamienne de la capitale. Mais on a aussi découvert que la légation parisienne de l'État du Viêt-nam, hostile au Viêt-minh, en possède plusieurs. On fait parler Houang Van Co, le représentant de la légation à Paris : il dénonce un certain Roger Peyré, employé dans une maison d'import-export, qui lui a remis une copie du rapport.

Interrogé à son tour, Peyré déclare n'avoir été qu'un intermédiaire, chargé par le Viêt-minh de remettre de l'argent aux généraux Revers et Mast, afin de faciliter la nomination de ce dernier au poste de haut-commissaire en Indochine. On a d'ailleurs trouvé chez lui toute une correspondance avec les deux généraux, qui témoigne d'une véritable connivence, notamment sur les questions indochinoises. Il semble en effet que Peyré ait multiplié les contacts et les visites auprès des responsables vietnamiens afin de favoriser la candidature du général Mast, directeur de l'Institut des hautes études de la Défense nationale. En outre, ce même Peyré était en relation avec des membres du Viêt-minh. Il serait donc la plaque tournante de la fuite. Mais qui lui a remis l'original du rapport ? Est-ce Revers en personne ?

Les autorités politiques n'ont pas voulu répondre à cette question fort embarrassante. Le 23 septembre 1949, le gouvernement Queuille a décidé de classer l'enquête judiciaire, sous prétexte que les copies divulguées du rapport Revers ne contenaient que la partie politique du rapport, donc n'étaient pas soumises au secret militaire : Roger Peyré a donc bénéficié d'un non-lieu, et depuis il est introuvable. On pense qu'il s'est enfui en Argentine, et on parle des protections policières dont il aurait bénéficié.

Quelques feuilles confidentielles ont commencé à évoquer l'affaire à la fin du mois de novembre 1949. L'une d'elles,

L'Agence européenne de presse, a même accusé le socialiste Paul Ramadier, ministre de la Défense du gouvernement Queuille, d'être le véritable auteur de la fuite afin de discréditer Revers. Dès lors, les articles se sont multipliés, dénonçant la trahison des socialistes, le coup de poignard dans le dos infligé à la glorieuse armée française. Dans son édition française du 26 décembre 1949, l'hebdomadaire américain *Time* s'en est pris au général Revers, accusé d'avoir organisé les fuites vers le Viêt-minh, donc vers le bloc communiste. C'est ainsi que « l'affaire des généraux » est devenue un scandale de la guerre froide.

« Les fautes ne seront en aucun cas défendues ni couvertes », affirme Georges Bidault le 17 janvier 1950. Revenant sur l'enquête de la Direction de la surveillance du territoire (DST), il précise que Roger Peyré, l'intermédiaire, a obtenu plus de deux millions huit cent mille francs de Hoang Van Co pour ses services. Outre le rapport Revers, il s'agissait d'une mission effectuée par Peyré à Saigon, afin de favoriser la candidature du général Mast au poste de haut-commissaire en Indochine. Bidault reconnaît les liens privilégiés qui unissent l'aventurier Peyré à Mast et à Revers, jugeant « infiniment douloureux qu'un tel homme ait pu obtenir la confiance de deux généraux ». Le communiste Jacques Duclos l'interpelle alors : « Vous avez des généraux politiciens qui font circuler des documents confidentiels à des personnages plus qu'équivoques… Comment ce Peyré a-t-il pu jouer un tel rôle ? Quelles sont ses relations ? » Il accuse le socialiste André Le Troquer, vice-président de l'Assemblée nationale, d'avoir touché un « pourboire » de Peyré pour une consultation juridique. Il accuse Max Lejeune, le secrétaire d'État à la Défense, d'avoir « banqueté » avec Peyré, ce que réfute aussitôt l'intéressé. Lussy, le président du groupe parlementaire socialiste, lui répond en dénonçant les « diffamations camouflées » de « *l'Humanité* poubelle », et concluant : « Nous n'avons pas oublié que Roger Salengro fut victime de la diffamation venue d'abord de vos rangs. » S'ensuit une vague de protestations parmi les députés communistes : la guerre froide fait rage dans l'hémicycle. Finalement, l'Assemblée décide de constituer une commission d'enquête.

Les communistes contre les chéquards

Chacun voit le scandale à sa porte. Pour la droite, c'est la divulgation du rapport Revers auprès du Viêt-minh, ennemi de la France. Dans une conférence de presse organisée le 16 mars 1950, le général de Gaulle estime que « le vrai scandale de ce que l'on appelle "l'affaire des généraux" et qu'on ferait mieux d'appeler "l'affaire du régime", c'est bien cette carence des pouvoirs publics, cette paralysie du régime ». Pour les communistes, au contraire, c'est la guerre en Indochine qui est le vrai scandale. Lors de la séance parlementaire du 28 janvier 1950, Jeannette Vermeersch, la femme de Maurice Thorez, met une nouvelle fois le feu aux poudres en dénonçant « la politique d'oppression colonialiste et de guerre impériale » menée par la France. Le 8 février, nouvelle séance houleuse lorsque Jacques Duclos accuse le socialiste Paul Ramadier, qui était ministre de la Défense dans le gouvernement Queuille, d'avoir voulu couvrir le général Revers en suscitant un non-lieu judiciaire. Ramadier tente de lui répondre mais Duclos refuse de lui laisser la parole. Mécontents, les députés socialistes font alors claquer leurs pupitres, jusqu'à ce que Duclos s'arrête de parler.

Tout est matière à polémique entre les communistes et leurs adversaires, notamment leurs frères ennemis socialistes. C'est ainsi que Maurice Kriegel-Valrimont, le seul député communiste siégeant à la commission d'enquête, décide de donner un rapport quotidien des auditions à *l'Humanité*. On apprend ainsi que le général Revers, qui dépose le 16 février, accuse Paul Coste-Floret, ministre de la France d'outre-mer dans le gouvernement Queuille, d'avoir monté toute une machination pour le perdre. On prend ensuite connaissance de l'interrogatoire de Roger Peyré, transmis par la DST à la commission, et dans lequel il affirme avoir distribué l'argent remis par Houang Van

Co, soit un million de francs à Revers et un million à Mast, afin de mener à bien la candidature de ce dernier au haut-commissariat. Selon Peyré, André Le Troquer aurait reçu cinq cent mille francs pour appuyer cette candidature.

Le 3 mars 1950, la commission publie un document, baptisé la « liste Tripier », en précisant que ce document lui semble « particulièrement fantaisiste ». Il s'agit d'une liste de quatre-vingt-dix-sept parlementaires qui auraient été soudoyés par Hoang Van Co afin de soutenir les intérêts de Bao Dai. Cette liste a été transmise à la commission parlementaire par le Service de documentation extérieure et de contre-espionnage (SDECE), qui l'a trouvée chez Roger Peyré. Ce dernier affirme qu'elle lui a été remise par un certain Tripier, intermédiaire de Houang Van Co. La plupart des élus incriminés appartiennent aux partis de gouvernement, notamment dix-sept SFIO, seize radicaux, huit indépendants et dix-sept MRP. C'est pain bénit pour la presse communiste, qui a tôt fait de divulguer leurs noms, parfois même par voie d'affiches. À la commission d'enquête, Kriegel-Valrimont s'en prend même à Paul Auriol, fils et collaborateur privilégié du président de la République, car son prénom apparaît dans les télégrammes échangés entre Peyré et Van Co. Après le scandale du vin, c'est la deuxième fois que le fils du président est mis en accusation par les communistes. Sans doute à tort, car il semble que le mystérieux « Paul » soit en fait le pseudonyme de Peyré lui-même. Dans *Le Monde*, Jacques Fauvet met en garde ses lecteurs contre les insinuations et les « intoxications » dont ils sont victimes.

Le 28 mars 1950, le rapport de la commission d'enquête demande néanmoins des poursuites contre les généraux Mast et Revers, qui se voient l'un et l'autre reprocher des « relations impardonnables » et des « lettres avilissantes » avec Peyré. La chaîne des fuites, Revers, Mast, Peyré, semble établie. Le 14 mai, les deux généraux sont traduits devant le Conseil supérieur de la guerre, présidé par le général Kœnig. Le 21 juin, ils sont mis à la retraite d'office, sur décision du Conseil des ministres. Selon le rapport du ministère de la Défense, il n'y a pas de preuve des fuites, mais on reproche aux deux généraux d'avoir utilisé les services du « sieur Peyré » afin d'obtenir le poste de haut-commissaire. « C'est une mesure prise pour des motifs politiques et dont je n'admettrai jamais la valeur », proteste le général Mast, tandis que Revers tente un pourvoi devant le Conseil d'État. Il obtiendra d'ailleurs satisfaction… en mars 1962 !

Jules Moch en Haute Cour ?

Le volet militaire étant réglé, il reste à déterminer les responsabilités politiques de l'affaire. Les rumeurs vont bon train, et les débats de la commission d'enquête sont parfois hallucinants. C'est ainsi qu'elle fait témoigner un certain Ewald Zweig, dit Yves Rameau, qui affirme détenir des preuves irréfutables de la culpabilité des ministres socialistes. En réalité, il n'a aucune preuve, c'est un parfait mythomane, mais la commission lui a consacré plusieurs séances. Quant au rapport final de la commission d'enquête, rendu public le 2 novembre 1950, il fait état d'un « drame aux dessous mystérieux ». Il souligne la compromission des généraux Revers et Mast avec Peyré, malgré l'absence de preuves de versement de fonds. Il s'interroge aussi sur les conditions de la remise en liberté de Peyré, ce qui revient à incriminer Paul Ramadier. En outre, il dénonce la guerre entre les services, le SDECE, la DST et la Sécurité militaire, ce qui a permis à un aventurier comme Peyré de jouer sa carte personnelle à Paris comme à Saigon. « Que cette affaire soit pour nous l'occasion d'un retour sur nous-mêmes, aux règles de la morale », demande le député Delahoutre, en soumettant son rapport à l'approbation de l'Assemblée, le 23 novembre. Le communiste Maurice Kriegel-Valrimont s'empare ensuite de la tribune pendant plus de trois heures, refusant que « l'on enterre ce scandale des chéquards que M. Paul Ramadier et ses collègues prétendent étouffer sous prétexte qu'il n'y a pas de preuves formelles ». Il cite les noms d'Édouard Herriot et d'André Le Troquer, qui se récrient tous les deux.

— Vous ne m'empêcherez pas de vous dire que vous êtes un calomniateur, lui lance Le Troquer.

— Ce qui est honteux, c'est que je sois injurié parce que je recherche la vérité, réplique alors Kriegel-Valrimont sous les applaudissements de ses amis communistes. Tout cela a une toile de fond ; la sale guerre. Pendant que des hommes meurent par milliers, d'autres trafiquent par milliards.

Pour finir, il accuse un autre socialiste, Jules Moch, ministre de la Défense dans le nouveau gouvernement Pleven, d'avoir fait disparaître le dossier des fuites et d'avoir permis à Peyré de s'exiler. En conséquence, il demande que Jules Moch soit déféré en Haute Cour.

Le 29 novembre 1950, cette proposition est votée par une majorité de députés, communistes et autres. Le gouvernement quitte alors l'hémicycle pour marquer sa désapprobation, et Pleven va aussitôt porter sa démission au président Auriol, qui la refuse. Heureusement pour Moch, la majorité requise n'est pas suffisante pour que le renvoi en Haute Cour soit prononcé. À la reprise de séance, Pleven pose la question de confiance à l'Assemblée, tandis que Pierre Chevallier, président du groupe UDSR, se livre à un vibrant éloge de Jules Moch, « qui a été à la tête du combat contre le Parti communiste, le parti de l'étranger ». Le 2 décembre 1950, la question de confiance est adoptée par la majorité de l'Assemblée, ce qui clôt définitivement l'affaire.

Les communistes sont néanmoins les grands gagnants du scandale, qui leur a permis de discréditer aussi bien les ministres socialistes que l'état-major. Et ce n'est pas fini, car un scandale en cache souvent un autre. Dans son rapport de septembre 1949, le général Revers signale qu'un important trafic de piastres s'est mis en place entre Saigon et Paris, et il souhaite qu'une commission spéciale mène l'enquête sur ce trafic. Une information contre X est alors ouverte, et l'on parle d'un grand négociant parisien nommé Joseph Vincenti. Lors de son interpellation du 17 janvier 1950, Jacques Duclos accuse un certain Julien, tenancier de maison close, d'organiser un trafic de devises entre Paris et Saigon, sous la protection des autorités françaises en Indochine. Le 17 février 1950, une note remise à la commission d'enquête par le général Revers confirme que des bénéfices énormes ont été réalisés dans le trafic des piastres, notamment au profit de l'empereur Bao Dai, de la Banque d'Indochine et de « diverses personnalités politiques ». Revers ajoute qu'on a voulu l'empoisonner à l'arsenic « parce qu'il en savait trop » sur ces trafics. Le 3 mars, à l'Assemblée nationale, Kriegel-Valrimont accuse le ministre des Finances Maurice Petsche d'avoir refusé de communiquer à la commission d'enquête « des éléments qu'il possède sur les trafics qui permettent à quelques-uns de faire des milliards de bénéfices dans le sang de la sale guerre ». Finalement, en novembre 1950, les députés émettent le vœu qu'une nouvelle commission d'enquête se consacre désormais exclusivement au trafic des piastres. Mais nombreux et puissants sont les intérêts qui veulent étouffer l'affaire : le vœu de l'Assemblée va rester lettre morte pendant plus de deux ans. Jusqu'aux révélations de Jacques Despuech.

Le trafic des piastres

Le 20 novembre 1952, les lecteurs du journal *Le Monde* découvrent un article qui éclaire sous un jour inattendu la guerre d'Indochine. Il est signé par Jacques Despuech, un ancien résistant du réseau du Musée de l'homme puis du Mouvement de libération nationale, engagé en Indochine à la Libération, et devenu employé à l'office des changes de Saigon. Publié dans la page économique du journal, l'article de Despuech dénonce avec précision « un scandale qui se prolonge : le trafic des piastres ». L'auteur y révèle les opérations de change auxquelles se livrent en toute impunité les trafiquants de toutes sortes, depuis le petit fonctionnaire colonial jusqu'aux grandes banques internationales, en jouant sur la différence entre le taux officiel de la piastre, monnaie indochinoise, et son cours officieux.

Le cours officiel de la piastre indochinoise étant fixé à 17 francs en métropole, alors que sa valeur réelle sur le marché international est d'environ 8,50 francs, on peut réaliser d'énormes bénéfices en « transférant », comme on dit en Indochine, des piastres achetées au marché noir et négociées en France au taux officiel. Ces transferts de piastres sont en principe soumis au contrôle de l'Administration française ou de l'Office des changes indochinois, mais la réalité est tout autre : nombreux sont ceux qui obtiennent des autorisations exceptionnelles, ou qui passent des devises clandestinement.

Jacques Despuech a décidé de briser le mur du silence et des compromissions. Il révèle aux lecteurs du *Monde* que l'Office indochinois des changes fonctionne au petit bonheur la chance, sans qu'aucun décret, aucune loi ne fixe les modalités d'autorisation. C'est donc une coquille vide, impuissante à réprimer les trafics très variés qui se multiplient depuis l'Indochine : dollars-piastres-francs, francs-piastres-francs, Hong-Kong-dollars-piastres-francs, dollars-Hong-Kong-dollars-piastres-francs, autant de combinaisons très lucratives auxquelles se livrent les spéculateurs.

Les gagne-petit, employés de commerce, fonctionnaires coloniaux, militaires, passent autour de trente mille à quarante mille piastres par mois, soit cinq cent mille francs, pour peu qu'ils aient des complices en France et des convoyeurs de devises. Mais les plus gros trafics s'effectuent de façon apparemment légale par le système des compensations bancaires. Ce sont des grosses maisons de commerce de Saigon qui passent des commandes en France à de grandes sociétés d'import-export parisiennes, possédant des comptes en banque un peu partout en Europe, aux États-Unis et à Hong-Kong : c'est tout bénéfice, on gagne des sommes énormes en jouant sur les changes de la piastre, du franc et du dollar.

« Peut-on faire cesser le trafic des piastres ? » demande Jacques Despuech dans un nouvel article publié dans *Le Monde* du 27 novembre 1952. Si la dévaluation de la piastre lui apparaît à terme comme la solution inévitable, il n'en souligne pas moins la nécessité d'un coup de balai sur les institutions et sur les tricheurs. C'est ce que réclame à la tribune le député radical Vincent Badie, le 4 décembre, refusant de voter la confiance au gouvernement Pinay parce que ce dernier reste « muet sur le scandaleux trafic des piastres récemment dénoncé ». Il estime que celui-ci coûte à la France plus de cent milliards de francs par an, et signale qu'un groupe financier important a reçu de l'Office des changes indochinois l'autorisation de transférer en France huit cents millions de francs. Pis encore, il affirme que le Viêt-minh a utilisé le trafic des piastres pour se procurer des dollars à moindres frais afin d'acheter du matériel et de l'équipement « qui servent à tuer nos soldats ». Le 16 décembre, c'est au tour du communiste Robert Manceau de déposer une demande d'interpellation « sur le scandale persistant du trafic des piastres en Indochine ». Mais le président du Conseil Antoine Pinay obtient que l'Assemblée renvoie cette demande « à la suite »... c'est-à-dire à jamais !

Les politiques en question

Devant le Conseil de la République, le 29 janvier 1953, Jean Letourneau, haut-commissaire en Indochine, essaie de calmer les esprits en jouant sur la corde patriotique : « On exagère quand on parle du trafic sur les piastres et l'on appelle trop facilement fraudeurs des gens parfaitement honorables, comme les sous-officiers qui envoient en France les piastres gagnées là-bas. Les chiffres du scandale de la piastre sont considérablement gonflés. » Mais les milieux hostiles à la guerre d'Indochine ne sont pas prêts à laisser étouffer le scandale. Au mois d'avril, Jean-Jacques Servan-Schreiber signale dans *Le Monde* que « certains groupes politiques français » ont trouvé dans la guerre d'Indochine les sources essentielles de leurs revenus. Puis *L'Observateur* utilise les révélations de Despuech dans un numéro spécial, publié le 7 mai 1953 avec ce titre accrocheur : « Des documents sur l'affaire des piastres. » « Nous savons que la publication de tels documents peut susciter des "représailles" mais nous nous refusons à nous incliner devant des menaces dont nous connaissons d'ailleurs les auteurs, écrit Claude Bourdet. Il ne s'agit pas de simples fraudes ou de défaillances individuelles mais d'un système qui pèse sur toute la vie politique française et qui explique pour une large part la prolongation de la désastreuse guerre d'Indochine. » L'hebdomadaire publie les photocopies, fournies par Despuech, de lettres envoyées par deux sociétés impliquées dans le transfert des piastres, la maison Henri Olivier, import-export de produits agricoles, et le BEMIC, Bureau d'études minières, industrielles et commerciales, toutes deux installées à la même adresse, rue Lord-Byron à Paris. On y évoque la protection d'un certain « ami Paul » qui « touche de très près des milieux politiques importants », ainsi que Jacques-Louis Antériou, le chef de cabinet du ministre des Beaux-Arts. Mais la photocopie la plus embarrassante est celle d'une fiche de l'Office des changes indochinois au nom du sénateur André Diethelm, président du groupe parlementaire RPF et vice-président de l'Assemblée nationale : pour le seul mois d'octobre 1949, il aurait rapatrié une somme équivalente à plus de dix millions de francs.

Interrogé au téléphone par les journalistes du *Monde*, Diethelm dément toute participation au transfert des piastres, et refuse de répondre aux attaques de la presse. Tout juste admet-il un vague lien de parenté avec une grosse maison de commerce de Saigon. Mais ce démenti ne satisfait personne. La dévaluation de la piastre, décidée le 11 mai 1953, ne fait pas taire les critiques, bien au contraire. *L'Humanité* y voit avant tout la confirmation de l'ampleur des trafics passés, « les trafics dans le sang de la sale guerre ». Une fois n'est pas coutume, le quotidien communiste se réfère à un article du *New York Herald Tribune* qui accuse l'empereur Bao Dai d'avoir réalisé d'énormes transferts de piastres, pour une valeur estimée à cinq cent mille dollars, afin d'acquérir sa somptueuse villa de Cannes et une propriété au Congo belge. À propos de Diethelm, on rappelle qu'il siège au Crédit colonial et qu'il a été directeur des finances au gouvernement général de l'Indochine de 1929 à 1934.

« Les trafiquants seront-ils “amnistiés” par la dévaluation de la piastre ? » s’interroge Gilles Martinet dans *L’Observateur*, en réclamant la publication des noms de toutes les personnalités, que ce soient des hommes d’affaires ou des politiques, ayant profité des transferts. Le 13 mai 1953, les députés communistes Jacques Duclos, Benoît Frachon et François Billoux demandent la constitution immédiate d’une commission d’enquête, en vain. Quelques jours plus tard, *L’Express* publie les extraits du rapport d’une délégation parlementaire en Indochine confirmant l’importance des trafics. Cette publication provoque un scandale dans le scandale : le député radical Devinat, membre de la délégation, est accusé par ses collègues d’avoir livré à la presse des documents confidentiels. Le socialiste Christian Pineau, qui préside la sous-commission de Défense nationale, affirme que le rapport de la délégation ne peut être publié car il contient des secrets militaires. Mais lors du congrès du MRP, Pierre-Henri Teitgen affirme que « le pays veut toute la lumière ».

Les nouvelles révélations de Despuech

La lumière jaillit brutalement à la fin du mois de mai 1953 avec la publication par Jacques Despuech du livre que tout le monde attendait : *Le Trafic des piastres*. Cette fois, c’est le grand déballage, le couronnement de la campagne de révélations commencée six mois plus tôt. « Voici un volume qui va soulever des tempêtes », commente *Le Monde*, car Despuech divulgue des noms, beaucoup de noms, et à des titres divers : de hauts fonctionnaires de l’Office indochinois des changes, divers officiers, de nombreux hommes d’affaires et plusieurs responsables politiques sont incriminés. Une quarantaine de photocopies viennent étayer les accusations portées par l’auteur, notamment à l’encontre de la famille impériale, du député André Diethelm, de son épouse et de son beau-père, Jean Bourgoin, conseiller au plan à Saigon.

En outre, une partie de l’ouvrage explique comment Despuech s’est heurté à une véritable conspiration du silence de la part de la classe politique. Conseils, menaces contre lui et sa famille, tout a été bon pour le faire renoncer. Seul Édouard Daladier, vieux rescapé de la IIIe République, l'aurait encouragé à publier son livre : « C'est la seule chose à faire. Si vous vous adressez à des hommes politiques, vous risquez des déboires. Ce régime est pourri… Faites votre livre, mais n'en parlez à personne. »

Et de fait, du *Figaro* au *Populaire*, les grands journaux proches des partis de gouvernement ne donnent aucun écho aux révélations de Despuech. Seuls les communistes s'engouffrent dans cette nouvelle brèche creusée dans le mur du silence des notables. Pendant plusieurs jours, *l'Humanité* reprend les principales accusations du livre, d'ailleurs sans le citer. Sont soupçonnés de trafics illicites : des militaires comme le colonel Bellon, le capitaine Leclerc, chef du secrétariat particulier des troupes coloniales à Paris, des négociants, mais aussi des politiques, notamment Émile Bollaert, l'ancien haut-commissaire en Indochine. En outre, le quotidien communiste accuse aussi « ceux qui ont couvert », ceux qui ont voulu enterrer l'affaire. Despuech fait état d'une conversation téléphonique entendue dans le bureau de Reynal, chargé de mission à l'Information. Appelant le cabinet du président du Conseil Antoine Pinay, Reynal se serait exprimé en ces termes : « Il y a de la merde, beaucoup, ça pue très fort. Il y a danger de mort. Vous savez bien que cette affaire touche des tas de gens dans le régime. » En essayant de rencontrer Pinay, Despuech est tombé sur l'inévitable André Boutemy, qui lui a évidemment conseillé le secret : « À votre place, je confierais mes documents à une personnalité irréprochable, le président Pinay par exemple. Et je me retirerais de tout ceci. Je déjeune tous les matins avec le président Pinay qui est mon grand ami et je lui remettrai ce que vous me confierez. » Nul doute que Boutemy comptait enrichir sa collection de dossiers brûlants sur ses adversaires politiques.

Lors d'une rencontre à la Brasserie Alsacienne à Paris, Varet, directeur de cabinet du président de l'Union française, c'est-à-dire du président de la République Vincent Auriol, lui a aussi conseillé de lui donner ses dossiers afin d'aider « une équipe politique à enlever le haut-commissariat français aux gens qui y sont depuis des années ». En échange de quoi, on lui promettait la sous-direction de l'Office des changes.

De son côté, le démocrate-chrétien Pierre-Henri Teitgen s'est contenté de lui conseiller la prudence : « Si le gouvernement ne fait pas cesser le trafic, c'est parce qu'il en profite. Lorsque j'étais vice-président du Conseil, je me souviens d'un Conseil des ministres où mon collègue des Finances nous avait avoué que le gouvernement se servait de la piastre à 17 francs pour boucher les trous du budget. » À ses yeux, il ne fallait rien publier, car ce serait « donner aux communistes un canon de 420 prêt à tirer sur la République ». Selon Despuech, c'est au lendemain de son entrevue avec Teitgen qu'il a commencé à être filé. À l'entrée de la brasserie Wepler, place Clichy, il a même été abordé par trois hommes qui lui ont conseillé de brûler le livre ou de leur remettre les documents, en menaçant sa femme. Mais il n'a pas cédé.

Le mur du silence

Le livre de Despuech a-t-il fait bouger les choses ? Après le groupe communiste, c'est au tour des socialistes de réclamer une commission d'enquête, qui est finalement nommée.

Invité à témoigner, le 11 septembre 1953, Despuech fait état des menaces qui pèsent sur lui. « C'est dans un coup de fièvre que j'ai écrit ce livre, mais si c'était à refaire je ne recommencerais pas. » Il maintient néanmoins toutes ses accusations, notamment à l'encontre de l'ancien haut-commissaire Émile Bollaert. Selon lui, il existe un rapport des douanes sur les transferts réalisés par la fille de Bollaert, mais le fonctionnaire qui a réalisé ce rapport a été muté, comme par hasard. Diethelm et son beau-père Bourgoin sont aussi impliqués. Quant au mystérieux « Monsieur Paul », protecteur politique évoqué par plusieurs trafiquants, Despuech pense qu'il s'agit de Paul Auriol, dont on a déjà parlé dans l'affaire des généraux. Cette accusation est reprise quelques jours plus tard par Robert Dupuy, l'ancien avocat-conseil de Roger Peyré, lui-même impliqué dans le trafic des piastres. Une fois de plus, le fils du président est sur la sellette.

La riposte de l'Élysée ne traîne pas. Paul Auriol envoie au président de la commission d'enquête une lettre s'indignant que soient rendus publics des propos mettant en cause son honnêteté et son honneur. Deux mois plus tard, il gagnera son procès en diffamation contre Dupuy, condamné à six mois de prison. Quant au président de la République, il fait publier la lettre qu'il a adressée le 13 novembre 1951 au président du Conseil René Pleven pour lui demander l'ouverture d'une enquête judiciaire sur le trafic des piastres, à la suite des articles publiés par le journal maurrassien *Aspects de la France*. On apprend à cette occasion que Pleven s'est contenté de faire témoigner le directeur du journal, Pierre Boutang, qui ne disposait d'aucune preuve tangible, et que le dossier a été classé sans suite.

Au-delà du trafic des piastres, c'est la politique de la France en Indochine qui est en jeu. Lors d'un grand débat organisé à l'Assemblée nationale, le 20 octobre 1953, le gouvernement fait face à un feu roulant de critiques émanant aussi bien de la gauche que des gaullistes. « La paix ne s'attend pas, elle se cherche », déclare le socialiste Alain Savary. Au nom du RPF, Christian Fouchet compare la guerre d'Indochine à l'expédition désastreuse de Napoléon III au Mexique. Et Daladier de conclure : « Nous allons au-devant d'événements graves. »

Cet enjeu de la guerre explique les réticences du pouvoir à faire toute la lumière sur le scandale. Dans une lettre envoyée le 30 septembre 1953 au président du Conseil André Laniel, le président de la commission d'enquête, Franck Arnal, se plaint de ne pas recevoir du gouvernement toute l'aide qu'il est en droit d'attendre. Devant la commission, Jean Letourneau, qui vient de démissionner du haut-commissariat en Indochine, s'obstine à nier tout « trafic d'influence politique ». Pourtant, le général Revers le confirme, citant le nom du Premier ministre Tam, chef du gouvernement fantoche de Bao Dai. Le conseiller d'État

Janot signale même que le cabinet du ministre de la France d'outre-mer avait ordre d'autoriser des transferts « politiques ».

André Diethelm lui-même reconnaît avoir transféré des piastres pour le compte du RPF. Mais Bozel, l'ancien trésorier du mouvement gaulliste, déclare qu'il ne pourra pas dire toute la vérité, sous prétexte que l'affaire aurait des incidences politiques et que le général de Gaulle, qui vient de mettre en sommeil le RPF, est en voyage en Éthiopie. Deux jours plus tard, Louis Terrenoire, l'un des dirigeants gaullistes, affirme qu'il ne sait rien. Il refuse même de répondre aux questions de Kriegel-Valrimont, qu'il accuse d'être « un représentant du 2e bureau d'Hô Chi Minh ». À l'unanimité, la commission appuie la demande du député communiste et demande des poursuites contre Terrenoire. Mais cela n'empêche pas Jacques Soustelle, secrétaire général du RPF, de refuser de témoigner. Quant au général de Gaulle, il envoie une lettre par laquelle il refuse toute collaboration. La piste Diethelm est définitivement bloquée.

Reste l'ancien haut-commissaire Émile Bollaert, qui intente un procès en diffamation à Jacques Despuech. Ce dernier est accusé d'avoir fait du « porte-à-porte » avec ses documents, « tel un diffamateur itinérant ». Au bord des larmes, Despuech proteste de son honnêteté : « J'ai voulu faire cesser cela. Je suis allé trouver des hommes politiques. Je croyais qu'ils avaient le pouvoir de faire arrêter ces choses. Mais non, ils ne voulaient pas. Si j'avais désiré de l'argent, je ne serais pas ici. On m'en a assez proposé, des places ! On me disait partout que le meilleur moyen d'assurer mon avenir était de ne rien dire... Alors j'ai fait mon livre. » Au dire des journalistes, le témoignage de Despuech semble sincère. Mais Bollaert se défend en expliquant que les piastres transportées par son avion provenaient en réalité de prises faites au Viêt-minh. Les magistrats entérinent la version du haut-commissaire : le 30 novembre 1953, Despuech est condamné pour diffamation à cinquante mille francs d'amende.

D'autre part, les conclusions du rapport d'enquête, publiées le 28 janvier 1955, lui rendent hommage mais ne retiennent aucune de ses accusations contre Diethelm et Bollaert. S'étonnant qu'il ait fallu six mois entre l'adoption du rapport par la commission et sa publication officielle, *Le Monde* exprime son « sentiment d'insatisfaction ». La commission conclut en effet que la quasi-totalité des transferts, dont elle ne donne d'ailleurs pas le chiffre, s'est faite dans le respect de la légalité. Le rapport exclut toute complicité administrative et politique, ne retenant que « le manque d'autorité » et « la trop grande bienveillance » des responsables, et reconnaissant que l'Office des changes indochinois n'a pas été assez « contrôlé » par le ministère des Finances.

Il énumère aussi un nombre important de trafics d'ordre commercial, effectués par des entreprises d'import-export, mais là encore sans établir de responsabilité politique. Il demande des contrôles financiers très sérieux sur la Banque de l'Indochine et la Banque franco-indochinoise, mais sans formuler d'accusations précises. Pourtant, le 3 décembre 1953, à l'Assemblée nationale, le communiste Kriegel-Valrimont évoque longuement le témoignage devant la commission d'enquête d'un certain Arthur Laurent, ancien commerçant à Bordeaux, et qui accuse la Banque de l'Indochine d'avoir trempé dans le trafic des piastres. Et si la Banque de l'Indochine était « au centre du trafic » ? se demande Gilles Martinet dans *L'Observateur*. Si l'on en croit Arthur Laurent, la banque coloniale aurait investi d'énormes sommes dans certaines maisons de commerce de la région bordelaise, et ces sommes proviendraient d'une caisse noire alimentée par le trafic des piastres. « Va-t-on poursuivre la sale guerre pour la Banque de l'Indochine ? » titre *l'Humanité*. Mais la question reste sans réponse. Écœuré par tant d'hypocrisie, Despuech abandonne son combat contre le trafic des piastres. On va néanmoins reparler de lui en avril 1956 lors du procès d'un autre scandale lié à la guerre d'Indochine : l'affaire des fuites.

Des fuites au sommet de l'État ?

Le 22 septembre 1954, une nouvelle surprenante tombe sur les téléscripteurs : on apprend que François Mitterrand, ministre de l'Intérieur du gouvernement Mendès France, vient de suspendre de ses fonctions le commissaire principal du port de la Ville de Paris, Jean Dides. Il semble que ce dernier ait été arrêté par les inspecteurs de la DST, quatre jours plus tôt, alors qu'il sortait du bureau de Christian Fouchet, ministre des Affaires tunisiennes et marocaines. Selon le communiqué officiel, le commissaire Dides était porteur de documents intéressant la défense nationale. Il s'agirait des comptes rendus des réunions du Comité de défense nationale, organisées les 28 juin et 10 septembre. Dides les aurait obtenus grâce à un indicateur chargé d'infiltrer le Parti communiste. Double scandale : d'une part, parce que le commissaire semble avoir mené l'enquête sans que son ministre de tutelle soit mis au courant ; d'autre part, et c'est encore plus grave, parce que le Parti communiste, en pleine guerre froide, semble être en possession des documents les plus sensibles pour la sécurité nationale.

Pourquoi le commissaire Dides a-t-il dissimulé ses investigations à son ministre de tutelle ? Y a-t-il un traître au sein du Comité de défense nationale, où ne siègent que le président de la République, le chef du gouvernement, quelques ministres et le chef d'état-major général de l'armée ? Les communistes ont-ils eu connaissance de secrets militaires au moment même où la France négociait péniblement la fin de la guerre d'Indochine ? Autant de questions sans réponses, qui alimentent les discussions et les plus folles rumeurs. Pour les adversaires de Mendès France, nationalistes, colonialistes, anticommunistes de tout poil, l'occasion est trop belle de dénoncer pêle-mêle les bradeurs d'empire et le parti de l'étranger. Un homme, surtout, apparaît au centre de la polémique : c'est François Mitterrand, le trop brillant ministre de l'Intérieur, que certains accusent déjà d'être le traître, celui qui a renseigné les communistes.

À vrai dire, le nom de Mitterrand circule depuis un an. Depuis que *France-Observateur*, connu pour son opposition à la guerre d'Indochine, a publié dans son édition du 30 juillet 1953, sous la plume de Roger Stéphane, un article intitulé « En un combat douteux ». Cet article, sévère pour la stratégie française, était manifestement alimenté par des indiscrétions émanant du Comité de défense nationale qui se tenait à Rambouillet une semaine plus tôt. Or François Mitterrand, alors ministre délégué auprès du Conseil de l'Europe, avait participé à ce comité. Il n'en fallait pas plus pour que les nationalistes et colonialistes les plus virulents entonnent le grand air de la calomnie. Le radical Martinaud-Déplat, alors ministre de l'Intérieur et ardent défenseur des intérêts coloniaux, semble avoir prêté une oreille complaisante à ces accusations. Cette affaire de fuites lui est apparue comme une occasion rêvée de discréditer le jeune et brillant fondateur et président de l'UDSR, connu pour son hostilité à la guerre d'Indochine. Au point qu'il est venu un jour trouver le président du Conseil André Laniel pour lui dire que la voiture de Mitterrand avait été vue près du domicile de Roger Stéphane. La rumeur de cette révélation s'est répandue dans le Tout-Paris politique comme une traînée de poudre, et lorsque Mitterrand a quitté le gouvernement Laniel, le 22 septembre 1953, beaucoup y ont vu la sanction de sa faute. Il n'en était rien, le député de la Nièvre ayant démissionné pour de tout autres raisons. Mais lorsque Mitterrand a réclamé un jury d'honneur pour faire la lumière sur ces rumeurs fantaisistes, en décembre 1953, on le lui a refusé.

Les rumeurs de fuite ont repris en mai 1954, lorsqu'un autre hebdomadaire anticolonialiste, *L'Express* de Jean-Jacques Servan-Schreiber, a publié le compte rendu d'un rapport des généraux Ély et Salan sur la situation en Indochine. Or ce rapport, censé rester confidentiel, venait d'être discuté lors du Comité de défense nationale réuni quelques jours plus tôt sous la présidence de René Coty. Comment *L'Express* avait-il pu en prendre connaissance ? Qui donc, au sommet de l'État, avait pu divulguer ce document classé secret-défense ? Une fois de plus, les rumeurs sont allées bon train, soigneusement alimentées par les adversaires de Mitterrand et de son allié politique, Pierre Mendès France. On a fait remarquer que l'un et l'autre étaient très proches de la rédaction de *L'Express*. N'étant plus ministre, Mitterrand ne pouvait pas être l'auteur des fuites, mais il était le complice des mauvais Français. Si l'on avait poussé un peu plus loin l'enquête, on se serait aperçu que l'informateur de *L'Express* n'était autre que le général Raoul Salan lui-même, mécontent d'avoir été écarté quelques mois plus tôt du commandement en chef en Indochine.

Mais Martinaud-Déplat et ses amis ne voulaient pas de cette explication, pourtant la plus simple. Il leur fallait un complot à déjouer, une conjuration à dénoncer, impliquant si possible Mitterrand, Mendès France… et bien entendu le Parti communiste.

La chasse aux sorcières

C'est un complot bolchevique que le commissaire Jean Dides a été chargé « officieusement » de découvrir par le préfet de police de l'époque, Jean Baylot. Étrange duo que forment le radical franc-maçon Baylot et le nationaliste Dides, ancien de la police de Vichy : leur haine des communistes les soude !

Le 31 mai 1954, ils déposent sur le bureau de Martinaud-Déplat un rapport indiquant que le bureau politique du Parti communiste détient le compte rendu du Comité de défense nationale du 14 mai. Le ministre leur demande alors de continuer leur enquête, d'accumuler les preuves, mais sans en informer les autres services de police intéressés, notamment la DST. Pis : lorsque le gouvernement Laniel est renversé, et que François Mitterrand est nommé ministre de l'Intérieur par Pierre Mendès France, le 19 juin 1954, Martinaud-Déplat se garde bien de lui parler de l'enquête de Dides.

C'est donc dans le plus grand secret que le commissaire mène son investigation. Baylot ayant été limogé par Mitterrand, il se retrouve isolé. Le 2 juillet, ce n'est pas à son ministre de tutelle mais à Christian Fouchet qu'il va porter un nouveau rapport sur les fuites. Ministre des Affaires marocaines et tunisiennes, Fouchet n'a en principe rien à voir avec le dossier, mais il a côtoyé Jean Dides au RPF. Ce dernier lui remet un texte de vingt-six feuillets contenant le compte rendu intégral du Comité de défense nationale réuni le 28 juin, que son indicateur prétend avoir trouvé sur le bureau du dirigeant communiste Jacques Duclos. En outre, ce même indicateur aurait entendu ces propos dans la bouche des chefs communistes : « Mendès nous a trahis, mais nous avons toujours un ministre auprès de Mendès qui est notre ami. » Et Dides de citer Edgar Faure, ministre des Finances, puis Mitterrand, ministre de l'Intérieur.

Mitterrand le traître, Mitterrand le complice des bolcheviques : c'est la rumeur qui recommence à enfler dans les milieux nationalistes et coloniaux. Le 8 juillet, le député d'extrême droite Jean-Louis Vigier, un proche du mouvement anticommuniste Paix et Liberté, va même jusqu'à inviter des journalistes, dont Jacques Fauvet et Jean Ferniot, pour leur montrer le dossier prétendument confidentiel détenu par Dides. Il en profite pour accuser Mitterrand d'être à l'origine des fuites. La calomnie se répand, alimentée par des articles insidieux de *Rivarol* ou du *Journal du Parlement*. C'est ainsi que François Mitterrand se retrouve sans le savoir en posture d'accusé dans une enquête menée à son insu par des fonctionnaires de son propre ministère. On comprend sa colère lorsque, ayant réuni les chefs des divers services de police, il est enfin informé de ce que le commissaire Dides trame dans son dos. Cette réunion a lieu le 9 septembre 1954, plus d'un mois après que Fouchet a été mis au courant. Sans perdre une minute, il lance les plus fins limiers de la DST sur l'affaire, en exigeant des résultats immédiats.

Les coupables sont découverts

Au lendemain de l'arrestation du commissaire Dides, *L'Aurore* s'étonne que François Mitterrand s'acharne sur « un commissaire de police connu pour avoir été à la tête des recherches sur les activités du Parti communiste en France ». Dans son édition du 24 septembre, le journal de Marcel Boussac met à la une la photographie de Jean Dides, bel homme souriant à son bureau, une cigarette au bout des lèvres, l'image du fidèle serviteur de l'État. Et le quotidien populaire interpelle Mitterrand avec véhémence : « Le Parti communiste n'est rien d'autre que l'avant-garde d'une nation qui veut enchaîner la France. Vous avez accepté la charge de nous défendre contre cette entreprise… Autrement, monsieur Mitterrand, vous ne pourriez pas rester ministre de la République. »

La réponse du ministre est cinglante. Le 27 septembre, moins de trois semaines après avoir pris en main le dossier des fuites, il en démasque les auteurs. L'instruction militaire menée par le juge commandant de Rességuier révèle tout d'abord que le mystérieux indicateur du commissaire Dides est une sorte d'agent double, André Baranès, un journaliste proche des communistes, jusqu'alors attaché à la rédaction du quotidien progressiste *Libération*. Puis, deux jours plus tard, on apprend l'identité de ceux qui lui ont transmis les comptes rendus du Comité de défense nationale : il s'agit de deux hauts fonctionnaires, René Turpin et Roger Labrusse, travaillant sous les ordres de Jean Mons, le secrétaire général de la Défense nationale. Ce dernier ayant assisté à toutes les réunions du Comité de défense nationale, il semble que ses deux subordonnés aient eu accès à l'armoire de fer dans laquelle il rangeait (imprudemment) les notes qu'il y avait prises.

Confronté à son chef, Turpin semble découvrir la gravité de ses actes, et se roule à ses pieds, en lui demandant de le pardonner pour sa trahison. Mais le vrai coupable est Labrusse, qui a pris l'initiative de divulguer les notes de Jean Mons à ses amis « progressistes » par l'intermédiaire de Baranès. « Nous voulions alerter l'opinion de droite et de gauche sur certaines choses que nous ne pouvions accepter », se justifie-t-il. Le lendemain, c'est au tour de Jean Mons d'être inculpé par le juge d'instruction militaire, avant d'être démis de ses fonctions le 6 octobre 1954. Héros de la Résistance, ancien directeur de cabinet de Léon Blum puis résident général à Tunis, c'est une figure de la IVe République qui tombe. Mais ce n'est pas celle que l'extrême droite espérait.

En quelques jours, François Mitterrand peut se targuer d'avoir fait la lumière sur l'affaire des fuites. À ceux qui l'accusaient d'incompétence, d'injustice, voire de trahison, il inflige un démenti formel. On se demande au demeurant pourquoi le commissaire Dides, informé dès le début des fuites par celui-là même qui les pratiquait, a gardé le silence pendant plusieurs mois. Pourquoi n'en a-t-il rien dit à son ministre de tutelle, comme cela était son devoir ? *L'Express* y voit un coup monté contre Mitterrand et Mendès France. La presse s'intéresse aussi au bras droit du commissaire Dides, un certain Alfred Delarue, dit Monsieur Charles. Ancien collaborateur condamné aux travaux forcés en 1946 mais évadé en 1947, Delarue a installé son quartier général au siège du mouvement Paix et Liberté. Au nom de l'anticommunisme, l'étrange commissaire a donc employé les services d'un repris de justice, en toute impunité et en toute illégalité.

« C'est pour le compte des services secrets américains, avec lesquels il était en liaison, que s'effectuaient les "fuites" », affirme *l'Humanité*, qui nie catégoriquement en avoir bénéficié. Arrêté dans la nuit du 1er octobre 1954, André Baranès affirme au contraire qu'il a bien communiqué les informations données par Labrusse au Parti communiste. Mais l'enquête prouvera que les communistes sont hors de cause : les fuites se sont arrêtées sur le bureau du commissaire Dides. Comme le dit François Mitterrand, interrogé dans *L'Express* du 13 octobre 1954, le reste n'est qu'une sinistre « machination politique ». Et de fait, le coup a bien failli réussir.

Les doutes de Pierre Mendès France

On saura un peu plus tard que Pierre Mendès France lui-même a eu de sérieux soupçons à l'égard de son ministre de l'Intérieur. Informé le 2 juillet par Christian Fouchet, il a choisi de ne pas avertir François Mitterrand, préférant confier l'enquête à son chef de cabinet André Pélabon. Ce dernier a aussitôt reçu le préfet de police Baylot, ainsi que Jean Mons. Celui-ci a émis l'hypothèse d'une indiscrétion venant d'un ministre : à ses yeux, ce ne pouvait être qu'Edgar Faure, car ce dernier avait participé aux réunions du Comité sous les deux gouvernements Laniel et Mendès France. De son côté, Jean-Paul David, responsable de Paix et Liberté et ami du commissaire Dides, faisait part à Pélabon de ses soupçons concernant… François Mitterrand.

Il faut attendre le 29 septembre pour que Pierre Mendès France envoie une lettre publique de soutien à son ministre de l'Intérieur. Fort de cet appui, François Mitterrand contre-attaque dans un long discours prononcé au congrès de son parti, l'UDSR, à Aix-les-Bains, début novembre. Il y démonte la machination orchestrée par le commissaire Dides, affirmant qu'aucun renseignement n'a été transmis au Parti communiste, et réclamant à ses adversaires des preuves de leurs accusations : « Ils ne sont même pas habiles. Mais s'ils ne sont pas habiles, que leur reste-t-il ? Le courage ? Une doctrine ? Il leur reste leur lâcheté. Et s'ils ne sont pas des lâches, qu'ils viennent à l'Assemblée apporter leurs preuves. »

Lorsque le débat s'ouvre à l'Assemblée nationale le 3 décembre 1954, les preuves sont inexistantes, mais les attaques sont vives contre Mitterrand. Le plus virulent est le député indépendant Jean Legendre, porte-parole des betteraviers de l'Oise, très hostiles au gouvernement Mendès France. Réfutant la thèse de la machination, il déclare : « Pourquoi l'armée française, supérieure en nombre et en matériel, a-t-elle été vaincue en Indochine ? C'est parce qu'elle a été trahie à Paris. » Selon lui, Emmanuel d'Astier de La Vigerie, directeur du journal *Libération*, est la plaque tournante de l'espionnage soviétique en France. Quant à François Mitterrand, il l'accuse d'avoir désorganisé le réseau du commissaire Dides : « Je ne sais pas si vous avez mérité les éloges ou la confiance des communistes, mais ce que je crains, c'est que vous n'ayez fait leur jeu. » Puis vient le tour du gaulliste Raymond Dronne, qui s'en prend carrément à l'itinéraire politique du ministre de l'Intérieur, accusé

« d'avoir arboré successivement la fleur de lis et la francisque d'honneur ». À ses yeux, Labrusse et Turpin « constituent une preuve de la pénétration communiste dans les rouages les plus essentiels, les plus vitaux et les plus secrets de notre administration ». Au passage, il en profite pour dénoncer « la confrérie très à la mode des homosexuels », qui « gangrène » selon lui la haute fonction publique. On voit que le débat atteint des sommets !

François Mitterrand réplique sur un terrain bien différent, mais sans calmer le jeu, bien au contraire : il se dit persuadé que les documents remis par Dides en juillet 1954 ont été falsifiés, soit par Baranès, soit par les communistes eux-mêmes, afin de le discréditer, lui et tout le gouvernement Mendès France. Il affirme sa volonté d'en finir « une fois pour toutes avec ces polices parallèles greffées sur la police de l'État ». À ce moment, quelqu'un l'interpelle depuis les rangs du public : « Et les morts de Diên Biên Phû ? » S'ensuit une interruption de séance, qui remet un peu de calme dans les esprits, et le dernier mot revient au président du Conseil, Pierre Mendès France, qui rend à son ministre de l'Intérieur un hommage appuyé : « Pas un jour je n'ai regretté, pas une heure je n'ai regretté de lui avoir offert ce portefeuille et je suis fier aujourd'hui, dans un gouvernement comme le mien, malgré les attaques dont les uns et les autres nous avons été l'objet, d'avoir un collaborateur comme François Mitterrand. »

Mais si le gouvernement obtient la confiance, une bonne partie des voix radicales lui font défaut. L'affaire des fuites est terminée mais elle semble avoir donné le coup de grâce à un ministère ébranlé par les attaques des opposants de tous bords. On lui reproche tout et son contraire, d'avoir bradé l'Empire ou d'être sourd aux revendications algériennes, d'avoir rejeté la CED ou d'avoir fait entrer l'Allemagne dans l'Union de l'Europe occidentale, de faire le jeu de Moscou ou celui de Washington. Les « couteaux qui s'aiguisent », décrits par François Mauriac dans son « Bloc-notes » de *L'Express*, ont frappé au cœur le gouvernement Mendès France, qui ne s'en remettra pas. Le 5 février 1955, il sera renversé sur sa politique en Afrique du Nord, bien avant que l'affaire des fuites ne soit définitivement réglée.

« La main invisible »

Le procès des quatre inculpés, Mons, Labrusse, Turpin et Baranès, s'ouvre le 7 mars 1956 devant le Tribunal des forces armées de Paris siégeant exceptionnellement au Palais de justice. Pendant deux mois, les plus hauts responsables politiques et militaires se succèdent à la barre, devant les journalistes aux aguets.

Léon Martinaud-Déplat, l'ancien ministre de l'Intérieur du gouvernement Laniel, abonde dans le sens de la trahison communiste : « Vous n'avez là que quelques têtes d'une hydre. Vous pouvez les frapper, il en renaîtra d'autres. Ce qu'il fallait, c'était frapper haut, et je regrette qu'à l'Assemblée nationale il n'y ait pas eu une majorité assez courageuse pour accorder les levées d'immunité parlementaire qui avaient alors été demandées. » Pierre Mendès France au contraire dénonce les « campagnes menées à Paris contre le gouvernement » alors que « certains de nos alliés doutaient de nos intentions ». À ses yeux, les manipulations de Dides et de ses amis d'extrême droite ont servi à alimenter la suspicion des Américains. Une nouvelle fois, il renouvelle son soutien à François Mitterrand, et s'indigne des attaques « abominables » lancées contre son ancien ministre par Jean-Louis Tixier-Vignancour, figure de proue de l'extrême droite et avocat de Baranès.

Les attaques de Dides sont virulentes, lors de l'audience du 13 mai : « Mitterrand vous a menti en vous disant qu'il ne savait pas. » Selon lui, le ministre de l'Intérieur a protégé Labrusse d'une « main invisible ». Mitterrand lui répond, le 16 mai : « La main invisible, c'est lui », accuse-t-il. « Le mensonge a trop duré (...) Si j'ai menti, je mérite votre mépris ; mais si l'on a dit sans preuve que j'ai menti, je laisse ce mépris à ceux qui l'ont dit. » L'affrontement est si vif que Dides, se considérant comme insulté, envoie ses témoins, les avocats Tixier-Vignancour et de Perpressac, à François Mitterrand. Mais chacun sait que ce dernier, en tant que ministre, ne saurait se battre en duel.

Le verdict du 20 mai accable Labrusse et Turpin, respectivement condamnés à six et quatre ans de prison. Jean Mons est acquitté, alors que Ferrand Wybot, le directeur de la DST, est venu affirmer à la barre qu'il le croyait coupable. Pierre Mendès France lui-même a estimé que l'attitude du secrétaire général avait été « très décevante ». Mais le plus surprenant est l'acquittement d'André Baranès, qui est pourtant apparu comme la plaque tournante de l'affaire. Le tribunal militaire n'a retenu que son rôle d'indicateur, sans le considérer comme un traître. Indigné par ce verdict, Labrusse s'empare d'un verre et frappe Baranès à la tête. Son fils se précipite vers Jean-Louis Tixier-Vignancour en lui criant : « À Vichy ! » L'avocat réplique en lui lançant deux gros dossiers. Un peu plus tard, dans les couloirs du Palais de justice, il en vient aux mains avec l'écrivain Georges Arnaud, auteur du *Salaire de la peur*, qui l'avait insulté.

Cette violence est à la mesure de l'indignation de la gauche, au vu du jugement. « Avant de lui faire le cadeau du verdict, le tribunal militaire avait tenu à offrir à Tixier le festival dont il rêvait », peut-on lire dans *l'Humanité*. « Ce ne sont pas seulement deux fonctionnaires indélicats qui ont été condamnés mais leur opinions politiques », estime *Franc-Tireur*. Même *Le Figaro* le reconnaît : « Tixier ne plaidait pas tant pour son client que contre le régime. » Et le *Time* de conclure : « Si l'on jette suffisamment de boue, une partie peut souiller. »

« La boue peut souiller »

À l'issue de cette série de scandales, c'est la IVe République tout entière qui apparaît souillée, comme la IIIe l'avait été par les scandales de l'entre-deux-guerres. Les raisons de ce discrédit ne sont pas les mêmes que sous le régime précédent, gangrené par la corruption, la confusion des intérêts et l'affairisme. Ce sont des tares que l'on retrouve encore dans les années 1950, par exemple dans le scandale du vin, mais elles ne sont pas caractéristiques de l'époque. Il y a une volonté incontestable de purification et de transparence, portée par une élite politique différente, moins liée aux grands intérêts économiques, en tout cas plus soucieuse de s'en dissocier. D'autre part, il n'y a plus ce parti tout-puissant qu'était le Parti radical, avec ce sentiment d'impunité que confère une position hégémonique, appuyée sur tous les pouvoirs. En l'absence d'un parti majoritaire, les familles politiques de la IVe République se contrôlent, se neutralisent, se surveillent étroitement, ce qui rend plus difficile l'installation d'un véritable « système » politico-financier.

En revanche, le contexte spécifique des années 1950, marqué par la décolonisation et par la guerre froide, pèse de tout son poids sur les dérives du régime, donc sur leur exploitation. Ce n'est pas un hasard si le Parti communiste et ses compagnons de route sont au cœur de tous les scandales de cette époque dans le rôle du chevalier blanc en lutte contre un système corrompu. C'est le progressiste Yves Farge qui révèle le scandale du vin, c'est la presse communiste qui s'en empare, ce sont les députés communistes qui attaquent Récy le gangster ou Boutemy le collabo, ou qui dénoncent le trafic des piastres. C'est encore et toujours le Parti communiste qui est sur la sellette dans l'affaire des fuites, sans que l'on sache vraiment s'il en est l'instigateur ou la victime.

Les scandales de la IVe République reflètent les tensions et les contradictions d'un paysage politique totalement éclaté, où les règlements de comptes fusent de tous côtés, dans une joyeuse confusion où chacun peut gagner ou perdre à son tour. Les gaullistes par exemple, qui se sont fait un plaisir de dénoncer les tares du tripartisme au moment de l'affaire du vin, se retrouvent en position d'accusés dans l'affaire des bons d'Arras ou dans celle des piastres, qui mettent certains d'entre eux, Récy, Diethelm, sous les feux des projecteurs. Les mendésistes, et plus largement le camp des colonisateurs, bénéficient du scandale des piastres, mais apparaissent en revanche comme les victimes de l'affaire des fuites. Au sein même de la famille radicale, les couteaux ont été tirés pour abattre Mendès France, et le résultat est probant.

Le principal point commun entre la IVe et la IIIe, c'est que le scandale profite encore et toujours aux partis démagogues et protestataires. Les communistes d'un côté, prêts à exploiter les moindres failles de la Troisième Force, et de l'autre l'extrême droite pétainiste, nationaliste, colonialiste et antiparlementaire. L'anticommunisme leur tient lieu de credo pour combattre l'impuissance coupable des hommes de pouvoir, face aux grands conflits de décolonisation. Autour de journaux comme *Rivarol* et *Aspects de la France*, se reconstruit une nébuleuse populiste et réactionnaire qui trouve dans le poujadisme un allié puissant.

C'est le choc des extrémismes, lors de l'affaire des fuites, qui donne à ce scandale son caractère exemplaire, sur fond de guerre froide et de décolonisation. Exemplaires aussi, les tensions qui se révèlent au sein même des partis au pouvoir, les rancœurs suscitées par le mendésisme, la division des radicaux ou les ambiguïtés du centre gauche, dont François Mitterrand apparaît comme une figure de proue. C'est ainsi que les scandales nous renseignent sur les défauts, les excès, voire sur les vices de la IVe République : les ratés du ravitaillement, la désorganisation et la gabegie de l'Administration, la corruption des fonctionnaires ou des politiques, le monde trouble des collabos devenus résistants, les carences de l'épuration, la collusion des élites, la démission des juges… C'est le tableau d'une France encore traumatisée par l'Occupation et ses conséquences, sortant à peine d'une guerre franco-française pour entrer dans la guerre froide. C'est le tableau d'une classe politique en quête de modernité, mais qui a encore bien du mal à oublier les vieilles habitudes de la IIIe République. En projetant une lumière crue sur la face cachée du régime, les scandales de la IVe montrent à la société française que l'utopie rédemptrice de la Libération est loin de devenir réalité.

Pour en finir avec le désordre, le général de Gaulle va être appelé au pouvoir en mai 1958. Son image de rigueur et d'intégrité est une promesse de purification des mœurs politiques. Sa volonté de reprendre en main l'appareil d'État et le jeu parlementaire semble augurer d'une éradication des « affaires », donc d'un effacement des scandales. Mais ce sont justement les dérives de cet État gaulliste qui vont en engendrer de nouveaux.

Quatrième partie

DES BARBOUZES ET DES PROMOTEURS

Interrogé sur la chaîne de télévision Antenne 2, le 15 septembre 1972, François Mitterrand lance cette formule assassine : « La Ve République bat le record des scandales : un tous les quinze jours, c'est beaucoup. »

L'intervention du chef de l'opposition, qui a signé quelques semaines plus tôt le Programme commun de la gauche, n'est pas fortuite. Gabriel Aranda, ancien collaborateur du ministre gaulliste Albin Chalandon, vient de dévoiler au grand public la collusion très contestable de certains hauts responsables de l'UNR et des sociétés intéressées par les marchés publics. C'est un nouveau scandale qui se profile pour la famille politique gaulliste, succédant à d'autres affaires qui l'ont frappée de plein fouet depuis le début des années 1960.

Le retour au pouvoir du général de Gaulle, en 1958, s'est accompagné d'une reprise en main de la société française. Dans ses bagages, le gaullisme transporte des individus ou des organisations plus ou moins secrètes et plus ou moins louches. Au nom de la lutte contre l'Algérie française ou de la croissance économique, l'État gaulliste s'acoquine parfois avec des polices parallèles, des « barbouzes », des hommes d'affaires sans scrupule ou des promoteurs véreux. Les coulisses du régime grouillent de personnages peu respectables, qui vivent du système en prétendant le servir.

Grâce au scandale, les dessous du gaullisme apparaissent brutalement sous les feux des projecteurs : dans les années 1960, le Point du Jour et ses promoteurs véreux, le gouffre financier des abattoirs de la Villette, l'enlèvement tragique de Ben Barka, sont autant d'occasions de dévoiler les excès et les déviances d'un système tout-puissant ; au début des années 1970, les malversations des sociétés immobilières, les révélations de Gabriel Aranda et les déboires fiscaux de Jacques Chaban-Delmas donnent le coup de grâce au mythe d'infaillibilité de la Ve République. Pourtant, ce sont des hommes de gauche qui sont impliqués dans les deux premiers scandales du régime.

1

Des ballets roses à l'Observatoire

En 1959, les premiers scandales de la Ve République vont mettre sur la sellette deux opposants au général de Gaulle. L'un incarne le passé, l'autre l'avenir. Le premier est André Le Troquer, grande figure de la SFIO, héros de la Grande Guerre et résistant de la première heure, un de ceux qui défilèrent aux côtés du général de Gaulle sur les Champs-Élysées, le 26 août 1944. Le second est François Mitterrand, le plus brillant espoir de la gauche, l'un de ceux qui aspirent à prendre la tête de l'opposition. L'un et l'autre ont combattu l'installation de la Ve République. Mais l'un et l'autre vont être impliqués dans des affaires douteuses, dont ils ne sortiront pas grandis.

Le scandale des ballets roses

Le tout premier scandale politique de la Ve République n'aurait pu être qu'une banale affaire de mœurs. Elle est révélée le 23 janvier 1959 en page six du magazine *Aux écoutes du monde*, spécialisé dans les rumeurs sordides et les potains mondains. L'article s'intitule « La petite folie du Butard ». Il s'agit d'un pavillon de chasse, à Vaucresson, qui était mis à la disposition des présidents de l'Assemblée nationale sous la IVe République. Si l'on en croit le magazine, ce pavillon officiel a servi « à des usages libertins », notamment à des parties fines où étaient conviées de très jeunes filles. « L'agent recruteur, un ancien policier, aurait entraîné des mineures naïves dont le consentement aurait été ensuite forcé. Ce personnage se targuait de protections puissantes. Et il semble bien qu'il les avait, effectivement. »

Aucun nom cité, aucune accusation précise, mais le coup a porté. Trois jours plus tard, André Le Troquer, qui fut président de l'Assemblée nationale de 1956 à 1958, rend publique une lettre envoyée au directeur de *Aux écoutes* : « Pendant plusieurs années, j'ai été l'occupant régulier du Butard, et rien de ce que vous racontez ne s'y est jamais passé. Tout cela ne me concerne pas et j'oppose aux allégations publiées un démenti sans réserve, catégorique, absolu. » Mais c'est précisément la rapidité de ce démenti qui fait surgir les soupçons et qui lance le scandale.

La presse révèle en effet que Le Troquer a été nommément accusé par un certain Pierre Sorlut, trente-quatre ans, ancien inspecteur chauffeur de la DST, inculpé pour incitation de mineures à la débauche. Pendant trois ans, Sorlut aurait organisé des surprises-parties d'un genre un peu spécial, en compagnie de très jeunes filles et de vieux messieurs. Strip-tease, sadomasochisme, orgies, figuraient semble-t-il au programme de ces « ballets roses ». Arrêté le 3 décembre 1958 grâce au témoignage de la mère d'une jeune fille, Sorlut n'a pas tardé à se mettre à table. Beau gosse et beau parleur, il jouait les rabatteurs pour les amateurs de chair fraîche. Il affirmait aux parents des jeunes filles que ses relations pouvaient assurer la carrière de leurs chères petites. Pour les désinhiber sans doute, il leur offrait du champagne, du whisky, et des « drôles de cigarettes » à la marijuana. Une quarantaine de personnes auraient assisté à ses « ballets licencieux » dans diverses résidences de banlieue ou dans des appartements parisiens. Des personnalités de la mode, le directeur d'une maison de produits de beauté, deux coiffeurs en vogue, un grand restaurateur parisien, sont mis en cause aussi bien par Sorlut que par deux jeunes filles de dix-sept ans qui viennent de se constituer partie civile. Mais qui pouvait imaginer qu'André Le Troquer, figure historique de la SFIO, héros de la Grande Guerre et de la Résistance, compagnon du général de Gaulle, plusieurs fois ministre, serait impliqué dans une pareille affaire ?

Beaucoup sont abasourdis en apprenant qu'il vient d'être inculpé par le juge Sacotte, le 31 janvier 1959, pour attentat aux bonnes mœurs. Trois jours plus tard, c'est le tour de son amie Élisabeth Pinajeff, comtesse d'origine roumaine et peintre mondaine, à laquelle on doit notamment des portraits de la reine d'Angleterre et de Mme René Coty. C'est elle qui aurait mis en scène les ballets licencieux organisés par Sorlut. Le bâtonnier Marcel Héraud, avocat du ministre et de la comtesse, admet que ces derniers connaissaient Sorlut, mais dément formellement qu'ils aient participé aux séances de ballets roses. Élisabeth Pinajeff se serait contentée de faire le portrait de l'une des jeunes filles, que lui aurait présentée Sorlut à l'Opéra. Le 10 février, Le Troquer se fait mettre en congé de la SFIO, afin, dit-il, que son parti ne soit pas gêné par les coups que l'on veut lui porter. Il voit dans cette affaire une vengeance des gaullistes, qui lui en veulent de ne pas avoir soutenu le général en mai 1958 : « J'ai défendu la légalité républicaine. On ne me le pardonne pas. »

Est-ce convaincant ? Peut-on raisonnablement penser que cet homme de soixante-quatorze ans, nettement battu lors des élections législatives de novembre 1958, représente une quelconque menace pour le régime gaulliste ? Quel intérêt peut-on avoir à le discréditer ? Quel puissant ennemi se cache derrière Pierre Sorlut ? Toutes ces questions restent sans réponse, car le soufflet du scandale retombe aussi vite qu'il était monté. Au même moment, c'est un autre scandale, l'affaire Lacaze, une histoire de mœurs et d'espionnage, qui tient en haleine les lecteurs de la presse populaire. On s'inquiète pour la santé d'Édith Piaf, on s'intéresse à la tournée en province du général de Gaulle, et, au bout de quinze jours à peine, on oublie les ballets roses. Aucun éditorial marquant dans la presse de l'époque, aucune récupération politique, aucune polémique. Pourquoi ce scandale avorté ? Sans doute parce que personne n'a vraiment intérêt à attaquer

Le Troquer, qui ne compte plus dans la vie politique française. Le scandale des ballets roses ne fait pas recette.

C'est dans une relative indifférence des journaux, et surtout de l'opinion, que se déroule le procès en correctionnelle des vingt-trois prévenus, dont Le Troquer, du 28 avril au 2 mai 1960. L'ancien président de l'Assemblée nationale est reconnu coupable, et condamné à un an de prison avec sursis et trois mille francs d'amende. En mars 1961, la cour d'appel confirme ce verdict de culpabilité. Lorsqu'il publie ses Mémoires, en juin 1962, sous le titre *La parole est à André Le Troquer*, chacun s'attend à ce que l'ancien avocat, défenseur de Blum au procès de Riom, plaide l'innocence dans l'affaire des ballets roses. Mais rien, pas un mot pour se disculper. Silence pudique ou aveu de culpabilité ? André Le Troquer meurt le 11 novembre 1963, entre ombre et lumière, entre l'héroïsme du grand résistant et l'amertume d'un triste scandale de mœurs. Une nouvelle génération a pris la relève, elle aussi marquée par le clair-obscur.

L'étrange attentat de l'Observatoire

Le 16 octobre 1959 au matin, la nouvelle se répand comme une traînée de poudre : François Mitterrand, ancien ministre, sénateur de la Nièvre, chef de l'opposition au général de Gaulle, vient d'être victime d'une tentative de meurtre, vers une heure du matin, non loin des jardins de l'Observatoire, à Paris. Alors qu'il regagnait son domicile de la rue Guynemer, après avoir dîné comme souvent à la brasserie Lipp, un mystérieux commando a tiré au pistolet-mitrailleur sur sa voiture, une Peugeot 403 de couleur bleue. Abandonnant son véhicule rue Auguste-Comte, il a réussi à leur échapper en sautant les grilles du square de l'Observatoire. On a retrouvé sept points d'impact sur la voiture, dont un sur le siège du conducteur. « On a sans doute voulu m'intimider », confie-t-il à *France-Soir*.

Aussitôt, la gauche se solidarise comme un seul homme avec le sénateur de la Nièvre, victime à n'en pas douter du climat de haine et de violence entretenu par les groupes ultras de l'Algérie française. « Les fascistes veulent algérianiser la France », s'indigne le communiste Jacques Duclos, tandis que la Ligue des droits de l'homme dénonce « un climat préfasciste ». En se déclarant favorable à l'autodétermination des Algériens, le 6 septembre, le général de Gaulle a déclenché la colère des pieds-noirs. Neuf députés du groupe UNR, notamment Pascal Arrighi et Jean-Bapstiste Biaggi, ont quitté la majorité pour exprimer leur hostilité à cette politique, créant, avec l'ancien président du Conseil Georges Bidault, un Rassemblement pour l'Algérie française. La veille de l'attentat, le député gaulliste Lucien Neuwirth a prévenu : « Le drame est peut-être pour demain. Déjà, des commandos de tueurs ont franchi la frontière espagnole. Les personnalités à abattre sont désignées. » François Mitterrand, partisan déclaré de la négociation avec le FLN, était sans doute le premier sur la liste.

Le gouvernement de Michel Debré lance aussitôt une vague de perquisitions dans les milieux de l'extrême droite, parmi les militants du Front national des combattants, de l'ancien Parti nationaliste des frères Sidos ou du MP 13. C'est l'occasion pour Jean-Marie Le Pen, jeune et fougueux partisan de l'Algérie française, de protester contre la campagne d'intimidation policière déclenchée selon lui « sous la pression des organisations communistes ». Dans ce climat de tension ouverte et de passions exacerbées, nul ne s'étonne que François Mitterrand ait failli se faire assassiner.

Mais c'est alors que *Rivarol*, l'hebdomadaire d'extrême droite, fait éclater sa bombe : dans son édition du 22 octobre 1959, il affirme que Mitterrand a lui-même organisé l'attentat de l'Observatoire, en compagnie de Robert Pesquet, ancien député poujadiste de Loir-et-Cher, militant actif de l'Algérie française. François Mitterrand, qui exerce la profession d'avocat, aurait rencontré Pesquet au Palais de justice de Paris le 7 octobre et lui aurait proposé « quelque chose de dangereux ». Le 14 octobre, au café Marignan, les deux hommes auraient mis au point l'organisation du faux attentat, puis l'auraient peaufiné lors de deux autres rendez-vous dans la journée du 15 octobre, devant la fontaine Médicis puis dans la cour du Sénat. Dans une déclaration remise à la presse, Robert Pesquet confirme les révélations de *Rivarol*. Mitterrand lui aurait demandé de simuler un attentat afin de pousser le gouvernement à perquisitionner dans les milieux de l'Algérie française. Et l'ancien député poujadiste affirme qu'il détient les preuves formelles de cette provocation, soit deux lettres qu'il s'est envoyées à lui-même et à un comparse plusieurs heures avant l'attentat, et qui en décrivent point par point le déroulement.

Le comparse en question, c'est Abel Dahuron, l'homme qui a tiré sur la voiture de François Mitterrand. Gardien de la propriété de Pesquet, il remet aux enquêteurs l'une des lettres annonçant l'attentat. L'autre lettre est dévoilée le lendemain par Pesquet lui-même lors d'une conférence de presse organisée à La Coupole : « J'ai apporté la preuve que l'attentat a été simulé, organisé par M. Mitterrand. »

Stupeur dans le petit monde politico-médiatique. Tout cela ne serait qu'un coup monté, une supercherie ? François Mitterrand se serait moqué de la police, du juge, des journalistes, de ses collègues et de l'opinion publique tout entière, à seule fin de mener de basses manœuvres politiciennes ? Dans *L'Aurore*, Robert Lazurick estime que Mitterrand « demeurera définitivement disqualifié, aux yeux de ses amis politiques eux-mêmes ». *Le Populaire*, journal de la SFIO, renvoie dos à dos Pesquet et Mitterrand, « des hommes qui osèrent se présenter devant le peuple [alors] qu'ils ont une autre vie sombre et inavouable ». Enfin, dans le camp de l'Algérie française, c'est la colère et l'indignation. Jean-Marie Le Pen annonce qu'il va déposer une question orale visant à réclamer des mesures contre un parlementaire « qui ridiculise la police et la justice ». Journalistes, députés, sénateurs, tous sont éberlués.

Confronté à Pesquet dans le cabinet du juge Braunschweig, François Mitterrand ne conteste pas l'ordre chronologique des faits révélés par l'ancien député. Il a bien rencontré Pesquet, dans les lieux et aux heures indiqués par ce dernier. En revanche, il dément catégoriquement avoir organisé l'attentat. Selon lui, c'est Pesquet qui est venu le voir au Palais de justice afin de l'avertir qu'il était en danger. « J'ai quelque chose à vous annoncer. Je suis un ultra mais pas un assassin. J'arrive d'Alger, et je peux vous le dire : il va y avoir une vague d'attentats. Vous êtes très menacé, vous êtes en tête de liste. »

À l'issue de cette rencontre, Mitterrand confie à un ami : « Je viens de rencontrer un drôle de gars. Il promet mon assassinat pour bientôt. » La menace semble réelle, car, depuis plusieurs semaines, il reçoit à son domicile des lettres de menace et des coups de fil anonymes, du genre : « Tu vas crever ! » La semaine suivante, Pesquet a fait le siège téléphonique de son secrétariat afin d'obtenir un rendez-vous. Finalement, Mitterrand accepte de le rencontrer le 14 octobre au café Marignan, sur les Champs-Élysées. Là, Pesquet lui dévoile qu'il figure sur une liste de personnalités à abattre, de même que Pierre Mendès France, Guy Mollet et Pierre Pflimlin. Inquiet, Mitterrand dort ce soir-là chez son ami Georges Dayan. Il fait venir Pesquet dans la cour du Sénat, l'après-midi du 15 octobre, pour que leur entrevue se fasse devant témoins. « Méfiez-vous quand vous vous sentirez suivi en auto. Songez alors aux jardins de l'Observatoire », le prévient Pesquet, avant de lui donner rendez-vous devant la brasserie Lipp vers minuit. Ne le voyant pas venir à l'heure dite, Mitterrand rentre chez lui, et c'est là que sa voiture est mitraillée. S'il n'a pas prévenu la police, au péril de sa vie, c'est, dit-il, parce qu'il n'est pas « un donneur ». Bien entendu, il porte plainte en diffamation contre Pesquet, en déclarant : « Imaginez-vous sérieusement un homme politique qui se bat depuis quatorze ans sur la scène parlementaire et nationale et qui va remettre sa vie, son honneur à des hommes dont la carrière est faite de traverses ? »

La contre-attaque de François Mitterrand

Le 26 octobre 1959, François Mitterrand porte la contre-attaque sur le terrain politique, lors d'une conférence de presse organisée à l'hôtel Moderne, en compagnie des représentants de quinze organisations de gauche, dont le Parti communiste, la CGT et la Ligue des droits de l'homme. « Nous sommes devant un chef-d'œuvre de provocation, d'intoxication et de téléguidage », déclare le sénateur de la Nièvre. Pour lui, les instigateurs de cette provocation, ceux qui tirent les ficelles de Pesquet, ce sont les activistes de l'Algérie française, les mêmes qui l'avaient impliqué en 1954 dans l'affaire des fuites et qui sont en cause dans « l'affaire du bazooka ». Il fait ici référence à l'assassinat du commandant Rodier, tué d'une roquette de bazooka par les ultras de l'Algérie française, le 16 janvier 1957. Le responsable de cet attentat, d'autant plus tragique qu'il visait en réalité le général Salan, est un extrémiste d'origine hongroise, le docteur Kovacs. Arrêté quelques jours après le meurtre, il prétendait avoir agi pour le compte d'un mystérieux « comité des six », parmi lesquels le député Pascal Arrighi et le sénateur Michel Debré. Le procureur d'Alger avait pris ses aveux suffisamment au sérieux pour demander la levée de l'immunité parlementaire des deux hommes. François Mitterrand affirme qu'il y a un lien entre les deux attentats, dénonçant « MM. Biaggi, Arrighi et quelques autres », qui sont à ses yeux « des assassins ». En conséquence, il demande que Biaggi, Arrighi, Le Pen et Tixier-Vignancour répondent de leurs actes devant des tribunaux.

Mais le sénateur de la Nièvre ne s'arrête pas là. Il rappelle qu'à l'époque, alors qu'il était garde des Sceaux du gouvernement Guy Mollet, il avait reçu dans son cabinet de la place Vendôme « un parlementaire fort important », qui craignait d'être impliqué dans l'affaire du bazooka, venu « pleurer » dans son bureau en disant : « Je vous en conjure, ne brisez pas ma carrière. » Chacun a reconnu ce parlementaire : c'est Michel Debré. En ressortant des tiroirs l'affaire du bazooka, Mitterrand semble adresser un avertissement au chef du gouvernement. Pourquoi une telle riposte ? Parce que le parquet vient d'engager des poursuites contre lui pour outrage à magistrat, en même temps qu'une procédure de demande de sa levée d'immunité parlementaire. En menaçant Michel Debré de représailles, il tente de se soustraire à une procédure qu'il estime injustifiée.

« J'ai été leur dupe », déclare Mitterrand dans *L'Express* du 30 octobre, trois jours après que le parquet eut demandé la levée de son immunité parlementaire. « Voilà cinq ans qu'ils me guettaient, et, le 15 octobre, je suis tombé dans le guet-apens. J'ai cru d'un bout à l'autre à l'attentat réel. Tixier, Dides, Biaggi, Arrighi, Le Pen, ont sorti les poignards de la guerre civile. Il est temps, il est grand temps que les hommes de cœur et de raison comprennent que la loi du gang ne peut être celle de la France. » Entendu comme témoin par le juge, son collègue et ami Roland Dumas confirme que Pesquet l'a bien abordé au Palais de justice, afin de l'avertir qu'un complot se tramait contre lui. *Le Canard enchaîné* du 28 octobre signale en outre que Jean-Marie Le Pen aurait annoncé dès le 20 octobre la révélation d'un scandale aux journalistes du Palais-Bourbon... soit deux jours avant l'article de *Rivarol*. Cela sent le coup monté.

Si l'on en croit *Le Canard enchaîné*, Guy Mollet aurait refusé que le groupe SFIO dépose une question orale, se justifiant en ces termes : « Veto absolu, camarades. Pour tout autre, je serais d'accord. Mais méfiez-vous de Mitterrand. Mitterrand, voyez-vous, ce n'est pas un Français moyen. » En revanche, Pierre Mendès France lui accorde publiquement son soutien, le 1er novembre, estimant que les « imputations » qui le visent sont « invraisemblables et monstrueuses ». Le 18 novembre, lors de la discussion de sa levée d'immunité parlementaire, François Mitterrand accuse le gouvernement Debré de négligence, voire de manipulation. Il affirme que Pesquet, plus d'un mois avant l'attentat de l'Observatoire, a prévenu l'ancien président du Conseil Maurice Bourgès-Maunoury de ce qui se tramait contre Mitterrand et Mendès France. Bourgès-Maunoury aurait alors transmis l'information au gouvernement, mais rien n'a été fait pour protéger les personnes menacées. Le sénateur de la Nièvre revient ensuite sur « l'affaire du bazooka », rappelant qu'il avait alors, en tant que garde des Sceaux, accordé à Michel Debré le temps et les moyens de se défendre. « Aujourd'hui, s'exclame

François Mitterrand, la majorité politique livrera-t-elle un membre de la minorité ? Laissera-t-elle un gang d'assassins s'attaquer à un adversaire politique ? » Manifestement ébranlés par ce discours, les sénateurs ajournent la levée d'immunité parlementaire, mais c'est reculer pour mieux sauter.

« M. Mitterrand a menti, une fois de plus », déclare Michel Debré à la sortie du Conseil des ministres. Le 25 novembre, l'immunité du sénateur de la Nièvre est à nouveau en discussion devant les sénateurs. « Ils seront contents, ce soir, ceux qui attendent l'accomplissement de la vilaine besogne qu'ils ont commencée », déclare François Mitterrand, provoquant un torrent d'indignations dans les rangs de la droite. « Vous insultez le Sénat », lui répond le gaulliste Jean Bertaud. Une écrasante majorité de sénateurs, dont plusieurs socialistes, votent la levée d'immunité, par cent soixante-quinze voix contre vingt-sept.

Quelles seront les conséquences de ce vote de défiance du Sénat ? Sur le terrain judiciaire, elles seront nulles, car l'affaire va se perdre dans les sables mouvants des dossiers abandonnés. « Qui ment ? », titre *L'Express* du 4 décembre, Mitterrand et Debré se faisant face sur la couverture. Inculpé d'outrage à magistrat, le 8 décembre 1959, le sénateur de la Nièvre échappe néanmoins aux suites judiciaires. En juin 1960, il intentera un procès en diffamation au journal *Aux écoutes*, qui l'avait accusé de manipulation.

Le 1er décembre 1959, on apprend que Robert Pesquet vient d'être écroué à la Santé pour une autre affaire, qui en dit long sur le personnage : il serait en effet le responsable d'un attentat au plastic perpétré au Palais-Bourbon, dans la nuit du 4 au 5 février 1958, dans les vestaires des gardes républicains. On ne déplore heureusement pas de victimes. Pourquoi la police découvre-t-elle la culpabilité de l'ancien député presque deux ans après les faits, en pleine polémique sur l'attentat de l'Observatoire ? Les lenteurs de l'enquête, sans doute…

Libéré de prison mi-décembre, à la suite d'une grève de la faim, Pesquet n'est inculpé que pour des infractions mineures.

En exil, il est condamné par contumace, le 27 août 1963, à vingt ans de réclusion criminelle pour avoir été, sous le nom de Lenormand, l'un des chefs de l'OAS. Il ne reviendra publiquement sur l'affaire qu'en 1965, au moment de l'élection présidentielle, accusant Jean-Louis Tixier-Vignancour, candidat de l'extrême droite, d'avoir monté toute l'opération. Puis, dix ans plus tard, dans l'édition du 8 janvier 1975 de *Minute*, c'est Michel Debré qu'il accuse. Dans un ouvrage paru en 1995 sous le titre *Mon vrai-faux attentat contre Mitterrand*, il confirme cette version, racontant que les gaullistes l'ont menacé de mort s'il révélait la machination. Mais dans un documentaire diffusé en février 2003, il affirme avoir agi seul, dans le seul but de provoquer un grand débat sur la guerre d'Algérie. « Si j'avais dit que j'avais agi seul, personne ne m'aurait cru », se défend-il.

Qui saura jamais l'entière vérité ? Il semble que Pesquet, téléguidé ou non, ait monté l'opération afin de ruiner la carrière de François Mitterrand, opposant déclaré à la guerre. « Dans cette bataille ignoble, tuer n'est rien, salir est tout », a écrit François Mauriac dans son « Bloc-notes » de *L'Express*. Pendant plusieurs années, le sénateur de la Nièvre sera victime d'une méfiance, voire d'un ostracisme politique, au sein même de la gauche. Il devra attendre 1964 pour retrouver un rôle de premier plan dans la gauche française, en prenant la tête de la Convention des institutions républicaines. Heureusement pour lui, les scandales du régime gaullien vont faire oublier cette vilaine affaire de l'Observatoire.

2

Les mystères du Point du Jour

« Un chantier mort : des carcasses d'immeubles de vingt étages, où rien ne bouge. Des conduites en béton abandonnées, des matériaux battus par une pluie fine, tel est l'aspect qu'offre aujourd'hui "la ville du bonheur" promise par le Comptoir national du logement. » C'est ainsi que *France-Soir*, dans son édition du 25 février 1961, ouvre le dossier du Point du Jour, un ensemble de deux mille cinq cents logements à construire en proche banlieue parisienne, sur l'emplacement de l'ancienne usine de moteurs Salmson, à Boulogne-Billancourt. Depuis quelques semaines, le chantier est arrêté, et personne ne sait s'il va pouvoir reprendre. « Des rats en plein jour, des rats qui ont pris la place des maçons », déplore un locataire de l'immeuble C2. « L'angoisse est aujourd'hui le lot des dix-sept cents souscripteurs de l'opération Point du Jour », conclut le journaliste. Robert Buron, le ministre des Travaux publics, dénonce « les spéculateurs d'un capitalisme dégénéré ». Le juge d'instruction Dauvergne, surnommé Monsieur Sourire pour sa bonhomie, est chargé de ce dossier très sensible. Dans son édition du 15 février 1961, *Le Canard enchaîné* dénonce le « scandale du Point du Jour ». Ainsi commence la première grande « affaire » du régime gaullien.

La faillite d'un mégalomane

Les ennuis du Point du Jour ont en fait commencé dès octobre 1960. Alors que la première tranche d'un millier de logements venait d'être achevée, le Comptoir national du logement (CNL) s'est retrouvé incapable de faire face à ses échéances. À l'occasion de cette faillite retentissante, les langues se sont déliées et l'on a commencé à évoquer les malversations et les fraudes auxquelles se seraient livrés les dirigeants.

C'est l'occasion de découvrir Fernand Pouillon, l'architecte en chef du Point du Jour, accusé d'avoir perçu des honoraires exorbitants. Ce grand mégalomane, dont *France-Soir* publie la photo, tout sourire, cigare aux lèvres, smoking et nœud papillon blancs, se compare lui-même à un prince de la Renaissance. Il a commencé sa carrière à la Libération, organisant la reconstruction du Vieux-Port de Marseille, avant de trouver fortune à Alger, où il a réalisé plus de cinq mille logements dans les cités nouvelles substituées aux bidonvilles. Il y est devenu un intime de Jacques Chevallier, maire d'Alger depuis 1953 et ministre de la Défense en 1955. On le dit aussi très proche des députés pieds-noirs Biaggi et Arrighi.

Les Iraniens ont eu recours à ses services pour édifier un gigantesque ensemble administratif et militaire à Schéhabad, près de Téhéran. Il y est tombé amoureux de la cousine du chah, Lily Firouz Pharmaïan, pour laquelle il s'est converti à l'islam. Il a couvert sa princesse de cadeaux somptueux, dont un coran enluminé estimé à sept millions de francs, et lui a même construit un palais. Jusqu'au jour où l'on s'est aperçu qu'il avait déjà une femme en France et que la plupart des cadeaux offerts à la princesse n'avaient pas été payés. Le chah a préféré étouffer le scandale et renvoyer en France ce génie très encombrant.

« Il me faut vingt milliards de travaux par an », aime à répéter Fernand Pouillon, dont l'appétit de luxe est sans limites. Table ouverte au Maxim's, limousines, jolies femmes, tel est son ordinaire. Il possède un château dans l'Eure-et-Loir, un manoir en

Provence, ainsi qu'un hôtel particulier du XVe siècle dans l'île de la Cité. Sa bibliothèque de livres rares est évaluée à plusieurs millions. Dans son château, il donne des fêtes costumées fastueuses, où des flots de whisky et de champagne coulent de fontaines lumineuses. Un véritable nabab !

Tel est donc le génie de l'architecture, le mégalomane assoiffé de beauté qui a dirigé le chantier du Point du Jour. Il semble qu'il ait participé aux spéculations qui ont accompagné le rachat du terrain des usines Salmson, avec des bénéfices énormes… grâce à l'argent des souscripteurs. En outre, il aurait puisé des sommes considérables dans les fonds versés par ces mêmes souscripteurs, si l'on en croit le jugement du tribunal de commerce, prononcé le 26 janvier 1961. Les travaux d'aménagement du château et de l'hôtel particulier, certains appartements attribués gratuitement à des amies très intimes, les impôts personnels payés par certains dirigeants du CNL : tout cela a sans doute été financé par l'argent des gogos. Mais ce qui fait le scandale, c'est que Pouillon semble avoir été protégé par ses amis du parti gaulliste, l'UNR.

L'UNR mise en cause

La première personnalité politique mise en cause est l'ancien préfet de la Seine Paul Haag, grand-croix de la Légion d'honneur. On lui reproche d'avoir utilisé sa notoriété au service du CNL, dont il a exercé la présidence. « M. le préfet Haag n'était pas seulement une couverture honorable, s'exclame *Le Canard enchaîné* ; il avait ses grandes et ses petites entrées au ministère de la Construction, il était l'ami personnel du ministre. » De là à parler de trafic d'influence, il n'y a qu'un pas.

L'hebdomadaire satirique s'en prend par la même occasion au ministre de la Construction, Pierre Sudreau, accusé d'avoir couvert pendant plusieurs mois les affaires louches du Point du Jour. Le reste de la presse est plutôt indulgent avec le ministre, rappelant que le CNL étant société privée, il n'a pu intervenir que lorsque l'État a été sollicité. Mais le *Canard* estime que le silence de Sudreau était volontaire : « C'est M. Haag qui est à l'origine de sa carrière politique, M. Haag qui lui a fait obtenir en juin 1958 le portefeuille de la Construction : Que M. Sudreau le veuille ou non, il n'est pas concevable que les gens qui avaient placé à la tête de leur affaire M. Haag n'aient pas eu l'arrière-pensée de mettre ainsi M. Sudreau dans leur poche. »

La troisième personnalité gaulliste incriminée est le député du XVIIIe arrondissement, Joël Le Tac. Il est soupçonné d'avoir bénéficié d'une somme de trente-trois millions cinq cent mille anciens francs que les dirigeants du Comptoir national du logement auraient détournée au profit de la Société parisienne d'impression et de diffusion, la SPID. À la tête de cette éphémère entreprise, Joël Le Tac a édité lors des élections de 1958 un journal politique local intitulé *Paris 18e*. On se demande pourquoi les promoteurs du Point du Jour, situé à Boulogne-Billancourt, ont subventionné un journal du XVIIIe arrondissement : « Était-ce parce que M. Joël Le Tac était député, membre influent de l'UNR ? Je le crois », écrit Robert Bony dans *L'Aurore*.

Dès lors, la controverse fait rage. Pierre Sudreau contre-attaque, niant avoir couvert le scandale du Point du Jour. « Je ne ferai pas un geste pour empêcher les responsables du CNL d'assumer les conséquences de leurs actes », affirme le ministre de la Construction. Il rappelle qu'il a saisi le procureur de la République et qu'une information est ouverte contre X, pour abus de confiance, infraction à loi sur les sociétés et complicité. Paul Haag, de son côté, signale qu'il a quitté le conseil d'administration du CNL en mai 1960, dès qu'il s'est aperçu que la comptabilité laissait à désirer. C'est alors qu'est arrivée une nouvelle équipe, comprenant notamment Jacques Malleville, député du XIe arrondissement de Paris, et Pascal Arrighi, le député de Corse, ami personnel de Fernand Pouillon. Haag, Le Tac, Arrighi, Malleville : autant de personnalités de l'UNR impliquées dans le scandale, souligne *l'Humanité*.

Le Canard enchaîné rappelle que le CNL a obtenu, il y a quelques années, un permis de construire sur l'emplacement de l'historique stade Buffalo, à Montrouge, par dérogation spéciale de Paul Haag, alors préfet de la Seine… et qui est parti à la retraite quinze jours plus tard. Le journal satirique évoque aussi les péripéties d'une autre grande opération du CNL, celle de Meudon, financée grâce à Georges Blachette, grand industriel algérien, ami personnel de Fernand Pouillon. Ce dernier y aurait multiplié les irrégularités, si bien que Blachette a fini par l'écarter du projet. De plus, un rapport réalisé en mars 1958 pour le compte de la municipalité de Toulouse signale des « infractions en chaîne », cumuls d'honoraires, majorations de prix, publicités fallacieuses auxquels s'est livré le CNL. Enfin, le *Canard* ajoute que les Renseignements généraux n'ont cessé depuis 1957 d'envoyer note sur note au ministère de la Construction à propos du CNL. Pourquoi les a-t-on négligées ?

Une fois que le scandale a éclaté, les sanctions tombent très rapidement. Fernand Pouillon et trois administrateurs du CNL, Roland Ducher, Jean-Marie Larrue et Gilbert Mouret, sont arrêtés et écroués à la prison de la Santé, pour infraction à la loi sur les sociétés, complicité et recel. Interrogés par le juge, ils se divisent, s'opposent, Pouillon incriminant la mauvaise gestion de Larrue, et Larrue reprochant à Pouillon sa folie des grandeurs. Puis c'est au tour de Paul Haag d'être inculpé, après avoir abandonné son siège au Conseil d'État. Entendu à huis clos par le comité central de l'UNR, Joël Le Tac est prié de ne pas s'y représenter lors des assises du parti, organisées à Strasbourg le 18 mars. Mais le scandale politique n'ira pas plus loin. Au mois d'avril 1961, la France a déjà oublié le Point du Jour, éclipsé par Youri Gagarine, le premier homme dans l'espace, puis par le putsch des généraux.

L'architecte et les hommes d'argent

Lorsque s'ouvre le procès du Point du Jour devant la 11e chambre correctionnelle du tribunal de la Seine, le 2 mai 1963, Fernand Pouillon est le grand absent. Dans la nuit du 8 au 9 septembre 1962, il s'est enfui de la clinique de Ville-d'Avray, où il était gardé à vue, en jetant une corde par la fenêtre de sa chambre. Tous les autres administrateurs sont là, dans le box des accusés, notamment Larrue, le conseiller fiscal, l'âme du CNL, ainsi que Mouret, l'homme de paille de Pouillon, et l'ancien préfet Paul Haag. Tous sont inculpés d'abus de confiance et d'infraction à la loi sur les sociétés. Empilés dans le prétoire, les dossiers dépassent deux mètres de haut. Un vieux greffier, à la veille de la retraite, déclare qu'il n'a jamais vu ça : cinq mille pièces, un rapport de comptables en quinze volumes, un réquisitoire de trois cent cinquante pages, quatre-vingt-cinq avocats. Et tous ont quelque chose à dire.

On découvre ainsi une brochette d'administrateurs sans scrupule, qui ont pris l'habitude de concéder les marchés de sous-traitance les plus juteux aux entreprises dans lesquelles ils siégeaient, voire qu'ils dirigeaient. C'est ainsi que la société de Gilbert Mouret s'est vu attribuer le marché de toute la décoration du Point du Jour. Fernand Pouillon, de son côté, puisait dans les caisses pour faire aménager son château, tandis que Larrue se faisait construire un chalet à Val-d'Isère. Fortune faite, ce dernier a réalisé un dernier coup d'éclat en mai 1960, abandonnant ses parts au prix fort à une nouvelle équipe dans laquelle sont entrés Arrighi et Malleville. « J'ai été une des premières victimes, se défend le préfet Paul Haag, je n'ai jamais commis la moindre immoralité, je le jure sur la mémoire de mon fils (mort en déportation). » Le député Joël Le Tac, cité comme témoin, soutient que les trente-trois millions cinq cent mille anciens francs versés à sa société d'édition étaient une avance à fonds perdus, qui ne devait pas être remboursée, mais Larrue affirme le contraire.

Le 13 mai, le ministre Pierre Sudreau témoigne à son tour, et la confrontation avec Paul Haag, qui fut son supérieur à la préfecture de la Seine, met de l'électricité dans l'air. Sudreau, quarante-trois ans, mince, droit comme un i dans son strict complet bleu, évite le regard de son ancien patron, soixante-douze ans, chevelure de neige, aussi trapu que l'autre est élancé. Le ministre déclare que la présence de Haag lui est extrêmement douloureuse, car il a été pendant trois mois son collaborateur mais aussi le camarade de son fils en déportation. Il déplore cependant que l'ancien préfet n'ait pas suivi ses conseils et ses avertissements répétés concernant la gestion du CNL. À trois reprises, il a conseillé à Paul Haag de faire procéder à une enquête, mais en vain. C'est alors que Pouillon et Larrue ont orchestré une véritable campagne de dénigrement contre lui, avec la complicité de certains responsables politiques : « Je souhaite que l'on sache le nom des personnes qui ont participé à ces déjeuners », conclut-il, plein d'une colère sourde.

Le lendemain, 14 mai, coup de théâtre : Fernand Pouillon se constitue prisonnier. Hagard, immense, le cou décharné, l'œil noir, fixe, tel un fantôme, il lit au jury une longue déclaration préliminaire. Il s'y dépeint comme un martyr, « accablé, injurié de toutes les manières », et qui ne s'est décidé à témoigner que pour ne pas « mourir ou devenir fou ». Les vrais responsables, à ses yeux, ce sont les hommes d'argent, notamment Larrue, qui aurait organisé un « complot » pour le déposséder du CNL. « J'ai voulu lutter en homme d'affaires contre des hommes d'affaires sans avoir leurs armes », se lamente l'architecte déchu. Ils ont essayé « de tirer le maximum du CNL en le laissant tomber », de « ramasser le maximum » avant de « foutre le camp ». « Tout ça me dégoûtait », conclut Pouillon.

C'est sur une civière, yeux clos, bouche entrouverte, que l'architecte vient écouter le verdict, le 13 juillet 1963. Aux yeux du tribunal, lui et Larrue sont considérés comme les principaux coupables, « les deux grands maîtres du groupe » : ils écopent chacun de quatre ans de prison ferme et de trente mille francs d'amende. Les autres s'en tirent avec des peines allant de deux ans de prison ferme à de simples amendes pour les commissaires aux comptes. Malgré son âge et son passé, Paul Haag n'est pas épargné : accusé d'avoir « apporté à ces aventuriers de la construction la caution de son nom et de tout un passé d'honneur », il est condamné à deux ans ferme et à une amende de vingt mille francs.

Le 18 novembre 1963, les condamnés du Point du Jour comparaissent à nouveau devant la 9e chambre de la cour d'appel de Paris. Une fois de plus, c'est Pouillon qui tient la vedette, amené en ambulance, le visage buriné par des rides profondes : « Je n'ai plus rien à perdre. Tout est anéanti pour moi : la santé, la famille, l'honneur », gémit-il en dénonçant les « rapaces » qui se sont enrichis grâce à lui, ainsi que Sudreau, dont la « haine » aurait précipité sa chute. L'arrêt du 15 janvier 1964 ramène sa peine de quatre à trois ans, parce que « c'est un grand malade », atteint de tuberculose chronique. Paul Haag obtient le sursis, car il n'était qu'une « marionnette dans les mains de plus habiles que lui ».

Affaire classée ? Pas tout à fait, car Fernand Pouillon n'est pas homme à retourner dans l'anonymat. Dès le mois de septembre 1964, il fait paraître aux éditions du Seuil un roman qui fait parler de lui : *Les Pierres sauvages* raconte l'histoire d'un moine architecte du Moyen Âge qui fut le maître d'œuvre de la construction de l'abbaye cistercienne du Thoronet. Roman historique ? Pas tout à fait, car ce génie de l'architecture, fauché en pleine gloire par la maladie, ressemble étrangement à l'auteur du livre. Couronné par le prix littéraire des Deux Magots, ce roman permet à Pouillon de revenir sous les feux des projecteurs.

Il redevient un architecte très demandé, s'occupant d'une bonne quarantaine de chantiers en Algérie, employant plus de vingt mille ouvriers à la construction d'hôtels et de villages de vacances. En juillet 1969, c'est en grande pompe que le régime algérien inaugure son immense complexe touristique de Tipasa, à soixante-dix kilomètres d'Alger. Réintégré dans l'ordre des architectes en septembre 1977, il se confie de temps à autre aux journalistes, critiquant le manque de souffle de ses confrères, prônant une architecture humaniste, plus soucieuse des gens. On le sent un peu déçu, désabusé par son pays d'origine, mais en harmonie avec l'Algérie, son pays d'accueil.

Fernand Pouillon a-t-il péché par imprudence ou par malhonnêteté ? Sans doute un peu des deux, prisonnier qu'il était de ses appétits de luxe et des combines tarabiscotées du gestionnaire Larrue. Avec l'affaire du Point du Jour, la justice française a voulu faire un exemple, et dissuader les futurs aigrefins de la promotion immobilière. Les politiques y ont laissé quelques plumes, Joël Le Tac écarté du comité central de l'UNR et Pierre Sudreau en mauvaise posture. Mais a-t-on répondu aux vraies questions ? Qui a permis au CNL de racheter le terrain de l'usine Salmson dans des conditions aussi favorables ? Qui a autorisé les dérogations ? Où est passé l'argent prêté à la société d'édition de *Paris 18*e ? Comment a-t-on choisi le consortium bancaire qui a sauvé le Point du Jour ? En laissant ces questions sans réponse, on a préservé le système, c'est-à-dire l'écheveau des complicités, des passe-droits et des renvois d'ascenseur entre les élus, les hauts fonctionnaires, les financiers et les promoteurs.

3

Ben Barka et les barbouzes

« Il faut débarbouzer la République. » C'est ce que réclame Charles d'Aragon, ex-député MRP, dans les colonnes du *Monde* du 15 janvier 1966. Selon lui, la récente élection du général de Gaulle au suffrage universel, le 19 décembre 1965, a permis à la Ve République de se stabiliser définitivement. Le régime n'a donc plus besoin des barbouzes, ces agents des polices parallèles qui ont défendu l'autorité du général face aux terroristes de l'Algérie française.

Les « barbouzes » sont ceux qui portent une barbe pour se camoufler le visage. C'est l'un des leurs qui les a baptisés ainsi : Dominique Ponchardier, l'auteur à succès du *Gorille*, a lui-même dirigé l'un des réseaux contre l'OAS, avant d'être nommé ambassadeur en Bolivie. Dans le monde des barbouzes gravitent aussi bien d'anciens compagnons de la France libre que des malfrats reconvertis, des policiers aux activités multiples, des membres du Service d'action civique, service d'ordre du mouvement gaulliste, des agents secrets du Service de documentation extérieure et de contre-espionnage (SDECE), bref tout un monde interlope qui est apparu indispensable pour garantir la tranquillité du régime.

Ce monde parallèle constitue une sorte d'État dans l'État, qui étend ses ramifications jusque dans les ministères, dans les antichambres du pouvoir. François Mitterrand, chef de l'opposition au général de Gaulle, s'en indigne dans une conférence de presse tenue le 17 novembre 1965. Il s'en prend notamment au SDECE, « rattaché au président de la République », ainsi qu'aux « polices parallèles, soutenues dans de nombreux cas par le ministre de l'Intérieur, dirigées le cas échéant par des hommes politiques, y compris des parlementaires membres de la majorité ». Ils seraient intervenus dans l'enlèvement de Mehdi Ben Barka.

Un enlèvement en plein Paris

Tout commence avec un entrefilet paru en dernière page du *Monde*, le 31 octobre 1965 : on y apprend que Mehdi Ben Barka, chef de l'Union nationale des forces populaires (UNFP) au Maroc, opposant numéro un au régime du roi Hassan II, a été appréhendé le 29 octobre, en milieu de journée, par deux personnes munies de cartes de police, et qu'il a disparu.

On en sait un peu plus le lendemain grâce au témoignage de l'étudiant marocain Thami Azemouri, qui l'accompagnait. Ben Barka a été accosté à l'entrée de la brasserie Lipp, où il devait déjeuner avec le cinéaste Georges Franju et le journaliste Philippe Bernier afin de préparer *Basta*, un film sur la décolonisation. Les prétendus policiers, l'un grand et roux, l'autre petit et portant son chapeau abaissé sur les yeux, l'ont aussitôt poussé dans une Peugeot 403 noire qui stationnait à proximité. Il semble les avoir suivis de son plein gré. Mais quand Azemouri a voulu le rejoindre, les deux hommes l'en ont empêché.

Comment est-il admissible qu'un homme politique étranger puisse être enlevé au cœur de Paris, et en plein jour ? Est-il exact que le général Oufkir, ministre de l'Intérieur de Hassan II, ait fait un voyage éclair à Paris au lendemain même de la disparition de Ben Barka ? Ce sont les questions que posent de nombreux journalistes, ainsi que le député communiste Louis Odru, qui demande au ministre de l'Intérieur d'éclairer au plus vite l'opinion publique sur cette affaire. Mais les interrogations et les doutes se perdent rapidement dans le torrent de commentaires suscités par l'annonce de la candidature du général de Gaulle à l'élection présidentielle, le 4 novembre 1965. On ne parle plus que de ça, on commente, on argumente, et l'enlèvement de Ben Barka est relégué au second plan.

Pourtant, l'enquête policière avance assez vite. Dès le 6 novembre, un certain Antoine Lopez, inspecteur principal d'Air France à Orly, est placé en garde à vue. On apprend que celui que l'on surnomme le « bel Antoine » est un honorable correspondant du SDECE. Son autre surnom est « le gorille », car il est très ami avec Dominique Ponchardier. Pour le SDECE, il a le grade de commandant, avec le nom de code Pedro et un troisième surnom, celui de « Savonnette », tant il est habile pour glisser ses mains dans les valises diplomatiques. Chef d'escale à Tanger pendant trois ans, il y est devenu l'intime de hauts dignitaires, dont le général Oufkir. S'il y a eu coopération entre les Marocains et les barbouzes, il était l'intermédiaire idéal.

Soucieux de se couvrir, Lopez se montre très loquace auprès des enquêteurs. Il admet avoir participé à la préparation et à l'enlèvement lui-même, à la demande d'un certain Larbi Chtouki, mystérieux émissaire (jamais identifié) des services spéciaux marocains. Il aurait agi en croyant favoriser une rencontre pacifique entre Ben Barka et Oufkir. En échange, on lui promettait un poste important à la compagnie aérienne Royal Air Maroc. Il livre aussi le nom de ses complices, notamment celui de Georges Figon, un ancien voyou devenu acteur, et qui devait interpréter un rôle dans le film de Franju.

Personnage étrange que ce Figon, surnommé par le « milieu » Jojo le Dingue, et qui a passé quatorze ans derrière des barreaux avant de devenir la coqueluche de l'intelligentsia parisienne. « Je ne suis pas un anarchiste. Je suis pour l'ordre. L'ordre dans la mafia », répondait-il à la romancière Marguerite Duras dans une interview publiée par *France-Observateur*, le 26 avril 1962, sous le titre « Un voyou sans repentir ». Parmi les membres du complot, figuraient aussi un étudiant marocain, Ghali el-Mahi, parent du général Oufkir, ainsi que plusieurs voyous notoires, dont Dubail, ancien garde du corps du gangster Jo Attia, et Julien Le Ny. Ce dernier a conduit Ben Barka et ses ravisseurs à la villa d'un autre truand de haut vol, Roger Boucheseiche, à Fontenay-le-Vicomte. C'est chez lui que le général Oufkir en personne, accompagné de son adjoint Ahmed Dlimi, le chef de la Sécurité marocaine, est venu interroger Ben Barka... que l'on n'a plus jamais revu.

Plus grave encore : les deux hommes qui ont appréhendé le chef de l'opposition marocaine étaient bien des policiers français, deux inspecteurs de la brigade mondaine spécialisés dans les affaires de stupéfiants. Recrutés par Lopez, qui était leur indicateur à Orly pour le trafic de drogue, ils se nomment Louis Souchon et Roger Voitot. Il semble que Marcel Leroy, dit Finville, chef du service action du SDECE, était lui aussi au courant de l'enlèvement. Lopez jouait un double jeu, à la fois homme de main des Marocains et honorable correspondant de Leroy, qui en était d'ailleurs parfaitement informé.

Un responsable des services secrets et deux inspecteurs de police associés à des truands dans un enlèvement organisé par des Marocains sur le sol français : il y a de quoi s'indigner, il y a de quoi susciter un scandale retentissant. Et pourtant tout est calme, rien ne transpire à l'échelon du pouvoir. On sait que l'Élysée a promis à la femme de Ben Barka une enquête rapide et efficace : « Je puis vous assurer que la justice exercera son action avec la plus grande rigueur et la plus grande diligence », lui a écrit le général de Gaulle. On sait que le président de la République a reçu en audience l'ambassadeur du Maroc, le roi Hassan II ayant annulé une visite en France prévue le 11 novembre. Mais c'est à peu près tout ce que la presse peut se mettre sous la dent.

C'est en vain que le frère de Ben Barka demande à la justice l'audition de cinq personnalités marocaines, dont le général Oufkir. « Je vous donne ma parole d'honneur que je n'ai pas participé à cet enlèvement », déclare le ministre marocain à la presse française. C'est en vain qu'un comité France-Maghreb, créé par François Mauriac, Claude Bourdet et Alain Savary, demande des explications au roi Hassan II et au Premier ministre Georges Pompidou. C'est en vain que le député socialiste Jean Montalat, vice-président de l'Assemblée nationale, demande au ministre de l'intérieur Roger Frey des éclaircissements sur l'affaire.

« Un roman de cape et de parapluie »

Ce n'est qu'à la mi-janvier 1966, soit un mois et demi après l'enlèvement, que de nouvelles informations filtrent sur l'enquête. On apprend que Louis Souchon, l'un des deux policiers impliqués, aurait mis en cause le directeur de la police judiciaire, le directeur de cabinet du ministre de l'Intérieur et Jacques Foccart, conseiller à l'Élysée, réputé proche des barbouzes. Mais ces révélations sont éclipsées par une nouvelle tragique : le suicide de Georges Figon.

Suicide ou assassinat ? Figon s'est beaucoup exprimé sur l'affaire depuis qu'elle a éclaté. Dans *L'Express* du 11 janvier 1966, il donne sa version de l'enlèvement et de l'exécution de l'opposant marocain, sous le titre : « J'ai vu tuer Ben Barka. » Il y raconte comment Oufkir lui-même aurait pris un malin plaisir à entailler la gorge et la poitrine du prisonnier avec son poignard, avant de le faire mourir, asphyxié, dans la cave de Boucheseiche. « Pour moi, il ne s'agissait pas seulement de se débarrasser d'un ennemi politique. Ben Barka était aussi un ennemi de la France et de l'humanité », aurait déclaré Oufkir.

Figon savait-il trop de choses ? A-t-on voulu le faire taire ? *L'Aurore* juge sa disparition « trop trouble et trop troublante ». André Frossard, dans *Le Figaro*, évoque « un triste roman de cape et de parapluie ». *Le Canard enchaîné* rappelle le précédent de l'affaire Stavisky, « suicidé d'un coup de revolver qui lui a été tiré à bout portant ». À la une du *Monde*, Pierre Viansson-Ponté affirme qu'une « large fraction de l'opinion, même gaulliste, est intimement persuadée qu'il y a eu au moins freinage, peut-être sabotage, et au pire refus délibéré de la vérité » ; il dénonce « l'abus du renseignement, le goût du secret, le recours aux méthodes occultes, aux agents, aux réseaux, aux polices parallèles, inhérents au compagnonnage gaulliste ». Et *l'Humanité* de conclure : « Il y a quelque chose de pourri dans le royaume gaulliste. Il faut "débarbouzer" le régime. »

Des personnalités de tous bords, depuis le communiste Louis Aragon jusqu'au gaulliste François Mauriac, en passant par des savants comme Jean Rostand et Laurent Schwartz, demandent eux aussi des explications au gouvernement. À la télévision, Emmanuel d'Astier de La Vigerie exige toute la lumière sur ce qu'il appelle un « mystère puant ». Le président du groupe communiste réclame une session extraordinaire du Parlement sur l'affaire. Les sénateurs socialistes veulent un débat. Le 19 janvier 1966, le gouvernement annonce une reprise en main du SDECE, « pour lui redonner le sens de l'honneur et de la discipline ». Le même jour, plusieurs organisations de gauche se réunissent à la Mutualité « pour que la vérité se fasse et que la justice passe ». François Mitterrand, Guy Mollet, Waldeck-Rochet et Jean Lecanuet se succèdent à la tribune. On refuse du monde, plus de dix mille personnes sont venues protester contre les silences du pouvoir.

Mais les choses ne bougent pas pour autant. Ordre a été donné aux journalistes de la télévision de ne plus parler de l'affaire. « Il n'y a pas de polices parallèles. Il n'y en a jamais eu », affirme Roger Frey, le ministre de l'Intérieur, interrogé pour *Paris-Match* par François Mauriac. « Tout cela est du roman ! » déclare le général Oufkir dans le même hebdomadaire. Quant au général de Gaulle, lors de sa conférence de presse du 22 février 1966, il ne voit dans cette affaire que du « vulgaire », du « subalterne ». S'il reconnaît une opération montée par Oufkir pour régler ses comptes avec Ben Barka, il exclut que le contre-espionnage et la police y aient prêté la main. Lorsque Philippe Viannay, de *France-Observateur*, lui demande pourquoi il n'a pas jugé bon d'informer les Français sur l'affaire, il le foudroie du regard, lève les bras au ciel et répond d'un air ironique : « C'est sans doute à cause de mon inexpérience ! » À ses yeux, c'est la presse qui est la vraie responsable du scandale : « Trop de journaux ont au-dedans et au-dehors desservi "l'honneur du navire" », estime le président de la République.

Cette attitude hautaine provoque un tollé dans l'opposition. François Mitterrand se dit « choqué de voir le président de la République couvrir un scandale ». À la tribune de l'Assemblée nationale, le 14 avril 1966, il exige de « connaître exactement les raisons qui ont amené le gouvernement à se taire dans l'affaire Ben Barka ». Le communiste Waldeck-Rochet évoque des « complicités à un niveau élevé dans l'appareil d'État », et son groupe réclame une commission d'enquête. Quant à Jean Lecanuet, il estime que « l'affaire n'est ni vulgaire ni subalterne, mais au contraire exceptionnellement grave ». Mais le pouvoir continue à faire la sourde oreille.

Le procès des lampistes

L'affaire ne revient au premier plan que le 5 septembre 1966, lorsque s'ouvre le procès des ravisseurs de Ben Barka devant la cour d'assises de la Seine. Dans le box des accusés, Antoine Lopez, le journaliste Philippe Bernier, le Marocain el-Mahi, ainsi que Leroy-Finville et les policiers Souchon et Roger Voitot. Parmi les inculpés en fuite, les quatre truands Boucheseiche, Palisse, Dubail et Le Ny, mais aussi le mystérieux Chtouki et ses chefs, Ahmed Dlimi, directeur de la Sûreté nationale marocaine, et surtout le général Oufkir, l'âme damnée du roi Hassan II.

Pendant plusieurs jours défilent à la barre les plus grands chefs de la police française, ainsi que le préfet de police Maurice Papon. Plusieurs journalistes viennent eux aussi donner leur version de l'affaire, notamment Jacques Derogy, Jean-François Kahn et Claude Angeli, qui ont enquêté sur l'enlèvement. Mais le véritable tournant du procès a lieu au trente-septième jour : Ahmed Dlimi, bras droit du général Oufkir, décide, le 19 octobre 1966, de se présenter devant la cour. Promu aussitôt lieutenant-colonel par Hassan II, il est présenté comme un héros par la propagande officielle marocaine. Le ministre de l'Information Benjelloun se joint d'ailleurs aux avocats de Dlimi pour, dit-il, « assister un honorable citoyen ».

Aux yeux de la presse française, c'est un témoin essentiel de l'enlèvement, et l'on attend beaucoup de sa déposition. Hélas, on doit vite déchanter, car le président du tribunal décide d'ajourner le procès pour permettre le supplément d'information requis par l'avocat général. Incarcéré à la prison de la Santé, Dlimi dépose aussitôt un pourvoi en cassation, imité dès le lendemain par le général Oufkir, depuis le Maroc. De pourvoi en ajournement, de rejet en appel, le procès va s'éterniser, puis s'interrompre. Et il ne reprend que le 17 avril 1967.

Le verdict, prononcé le 5 juin suivant, est à l'image de toute l'affaire : opaque et décevant. Seuls Antoine Lopez et Louis Souchon sont condamnés, l'un à huit ans et l'autre à six de réclusion, mais ce sont des exécutants, des lampistes. L'autre policier Roger Voitot, ainsi que le journaliste Bernier, le Marocain Ghali el-Mahi et Leroy-Finville sont acquittés, faute de preuves, de même que Dlimi, dont chacun sait pourtant qu'il a trempé dans l'organisation de l'enlèvement. Les truands Boucheseiche, Le Ny et Palisse sont condamnés à la réclusion criminelle à perpétuité, de même que le général Oufkir, mais ils le sont par contumace, sans grand espoir de les récupérer un jour.

Dans *Le Monde*, Jean Lacouture s'étonne de l'incohérence de ce verdict, qui condamne Oufkir mais acquitte Dlimi, son fidèle lieutenant. L'explication est simple : Hassan II a accepté de livrer ce dernier à la justice française, car il savait que les preuves seraient impossibles à recueillir contre lui. Les présomptions qui pesaient sur la culpabilité d'Oufkir étant beaucoup plus fortes, il est resté prudemment à Rabat. « La France respire et Oufkir fait “ouf” », ironise Yvan Audouard dans *Le Canard enchaîné*, ajoutant quelques petites questions « sans importance » : qu'est devenu Ben Barka ? Est-il vivant ou mort ? Son corps a-t-il été jeté dans l'un des nombreux étangs de l'Essonne, enterré près du palais royal à Rabat, ou jeté en mer du haut d'un avion ? Est-ce bien Oufkir qui a donné l'ordre de l'enlever ? Était-ce le seul moyen pour lui d'empêcher la réconciliation annoncée entre Hassan II et Ben Barka ? Quel rôle les barbouzes français ont-ils joué exactement dans cette affaire ?

Personne n'y a répondu au procès, personne ne semble vouloir y répondre. La république gaullienne fait le dos rond, soucieuse avant tout de préserver des relations harmonieuses avec son allié marocain. Surtout pas de vagues avec le monde arabe, à l'heure où éclate au Proche-Orient la guerre des Six Jours. C'est ainsi que l'on étouffe un crime d'État. La disparition de Mehdi Ben Barka conservera à jamais son mystère, le plus tragique sans doute de la Ve République. En dépit d'une nouvelle plainte déposée par son frère, en 1975, et de l'information judiciaire qui a suivi, on ne sait toujours pas la vérité sur l'affaire.

4

Le gouffre de la Villette

Le 12 décembre 1969, le grand public prend connaissance d'un rapport remis au préfet de Paris par le président de la SEMVI, la société chargée de la reconstruction des abattoirs de la Villette. Ce rapport est catastrophique : il révèle que le coût des travaux, évalué au départ à deux cent cinquante millions de francs, dépasse désormais le milliard, et qu'il manque encore trois cent vingt-cinq millions pour terminer le projet ; d'autre part, le déficit annuel de fonctionnement des nouveaux abattoirs, inaugurés l'année précédente, se chiffre à trente-cinq millions de francs. Ce qui apparaissait comme l'un des grands travaux de la république gaullienne a tourné au fiasco total.

Aussitôt, on s'indigne et on cherche des responsables. À la réunion du Conseil de Paris, les groupes communiste, socialiste et PSU demandent une commission d'enquête. *L'Humanité* dénonce « une énorme dilapidation de fonds publics », « une réalisation trop ambitieuse qui ne correspondait pas aux réalités économiques ». *Le Canard enchaîné* rappelle qu'un rapport de la Cour des comptes, daté de 1965, dénonçait déjà les « incertitudes et les erreurs » de gestion, le « dépassement considérable des dépenses prévues », mais aussi les malversations, les « entreprises désignées à la suite de simples appels d'offres, sans jamais recourir à l'adjudication ». On évoque une mystérieuse « caisse de l'Opéra », située près du palais Garnier, qui serait constituée par les dons des entrepreneurs engagés à la Villette au profit du parti gaulliste.

Un homme est la cible de toutes les attaques : c'est Michel de Grailly, le président de la SEMVI, et l'une des figures du gaullisme parisien. Avocat au barreau de Paris, député UNR puis UDR du XIVe arrondissement depuis 1962, conseiller de Paris depuis 1965, vice-président de la commission des lois de l'Assemblée nationale, il anime l'amicale parlementaire Présence et action du gaullisme. L'affaire de la Villette n'est donc pas seulement un énorme gâchis financier, c'est un scandale politique, qui touche la république gaullienne.

La faillite d'un grand projet

La Villette, c'était pourtant l'un des grands projets du « règne », au même titre que la Caravelle ou le paquebot *France*. La société mixte d'aménagement et de gestion du Marché d'intérêt national de Paris-La Villette, ou SEMVI, a été fondée en janvier 1959, dans l'euphorie de la Ve République naissante. Il s'agissait de reconstruire sur place les vieux abattoirs de la Villette, et faire de ce lieu marqué par la tradition la vitrine des nouvelles technologies agroalimentaires. Pour les gaullistes parisiens, c'était un défi exaltant.

Très vite, hélas, les coûts de construction se sont envolés et les critiques ont commencé à poindre. Le rapport de la Cour des comptes, publié en 1965, a pointé le doigt sur les fautes commises par les dirigeants de la SEMVI. Michel de Grailly, qui venait d'être nommé à la tête de la société en remplacement de Marcel Ribera, était déjà sur la sellette. Pourtant, fin octobre 1968, le préfet de Paris Maurice Doublet est venu inaugurer en grande pompe les nouveaux abattoirs, salués comme « une opération exemplaire ». À cette occasion, Michel de Grailly a souligné les prouesses techniques réalisées par les architectes, la salle des ventes aussi grande que la place de la Concorde, la masse d'acier utilisée qui représentait trois fois le poids de la tour Eiffel, et les cent trente-cinq kilomètres de rails installés. L'heure était à l'exaltation des grands travaux gaulliens.

Un an plus tard, le président de la République n'est plus le même, Pompidou a succédé à de Gaulle, et le réalisme comptable s'est substitué à l'emphase volontariste : la Villette n'est plus une vitrine, plutôt un cagibi obscur dans les combles de la République. En pointe dans les protestations, les communistes s'indignent que la majorité gaulliste du Conseil de Paris refuse la constitution d'une commission d'enquête, lui préférant une simple commission d'information, soupçonnée de vouloir noyer le poisson.

Plus subtilement, *Le Canard enchaîné* observe que les journaux de droite, proches du pouvoir, sont partie prenante dans la campagne de presse contre le président de la SEMVI. L'hebdomadaire croit savoir que Grailly, gaulliste pur, s'apprêterait à publier un manifeste assez hostile à Georges Pompidou. C'est peut-être la clé du scandale : un règlement de comptes entre la nouvelle génération au pouvoir et la vieille garde gaullienne.

Le « fantôme » de la Villette

Le scandale rebondit en juillet 1970 à la suite d'un nouveau rapport, dont la substance est livrée à la presse par son propre auteur, Libert Bou. Celui-ci préconise purement et simplement de démolir la Villette et de transférer l'abattage du bétail à Rungis, en banlieue parisienne. Aussitôt, les communistes montent au créneau, en exigeant un débat au Conseil de Paris sur ce projet de démolition, qui risque d'avoir de graves conséquences sociales sur les travailleurs de la Villette. Ils y voient une basse opération de spéculation immobilière menée avec la complicité de l'État, devenu au mois de mars propriétaire du terrain des abattoirs. La Ville de Paris, qui a investi depuis 1959 des fonds considérables dans la rénovation de la Villette, apparaît comme le dindon de la farce. À leurs yeux, la faute en incombe à Michel de Grailly, qui a laissé pourrir la situation jusqu'à la catastrophe. Dans le *Journal du dimanche*, Jean

Ferniot renchérit en dénonçant « les dix années d'incompétence qui ont coûté un milliard de francs » aux contribuables parisiens et à l'État. *Le Figaro* y voit une nouvelle preuve du « vice de nos administrations et de nos assemblées », mais se garde bien d'évoquer l'irresponsabilité des ministres qui ont lancé puis accompagné l'opération depuis 1959. « Un fantôme régnait-il à la Villette ? » se demande *l'Humanité.*

Sur Europe 1, le ministre des Finances Valéry Giscard d'Estaing est le premier à décliner toute responsabilité dans le fiasco de la Villette, affirmant que dès son entrée en fonctions, en mai 1969, il a nommé une mission d'inspection sur la gestion de la SEMVI. Les autres gardent prudemment le silence, de même que le Premier ministre, Jacques Chaban-Delmas, qui prétend n'avoir rien décidé. Mais les députés communistes sont déterminés à crever l'abcès : ils réclament un débat à l'Assemblée nationale afin que toutes les responsabilités soient établies et que la démolition soit suspendue. Dans une conférence de presse donnée le 9 juillet 1970, Libert Bou tente de calmer les passions en niant avoir demandé la démolition de la Villette. Pourtant, *Rungis-Actualités*, le journal du marché de Rungis, affirme qu'il a déjeuné avec le président Pompidou en personne, et que tout est joué.

« Je me refuse à croire que le gouvernement puisse envoyer à la casse un ensemble inachevé », proteste Grailly. Mais ses incantations sont de peu de poids, car il n'est plus président de la SEMVI, le Conseil de Paris ayant décidé d'en remettre la gestion à l'État. D'autre part, le député de Paris est en butte aux attaques de la presse, notamment de *Minute*, qui l'accuse « d'incompétence, de gabegie et de tripatouillages ». L'hebdomadaire d'extrême droite commence une série intitulée « Les comptes fantastiques de la Villette », inspirée par les articles fameux de Jules Ferry dénonçant les « comptes fantastiques du baron Haussmann » à la fin du Second Empire. On y apprend par exemple que Grailly aurait confié l'installation énergétique des abattoirs aux Forges et Chantiers de la Méditerranée, dont le projet était pourtant le plus coûteux et le moins efficace. Ce choix, refusé par son prédécesseur Ribera, lui aurait été imposé par ses amis gaullistes. Résultat catastrophique : les Forges ont déposé leur bilan au bout de quelques mois, et les travaux ont été bloqués pendant un an.

Finalement, décision est prise au début du mois d'août 1970 de maintenir les abattoirs pendant deux ans à la Villette, puis de les transférer définitivement à Rungis, où sera créé un marché national de la viande. Si l'on en croit *Le Canard enchaîné*, il semble que le Conseil des ministres consacré à cette question ait été l'occasion d'une « bataille au couteau à découper les responsabilités » entre les ministres de l'Intérieur, de l'Agriculture et des Finances, qui se sont tous renvoyé la balle. « Hésitations, imprévoyances, abus », conclut *Le Figaro*, pourtant réputé proche de la famille gaulliste. Le sort de la Villette est scellé ce jour-là.

« Rien sur les coupables »

À l'automne 1970, Michel de Grailly revient sur la sellette. Dans la soirée du 24 novembre, alors qu'il regagne son domicile, rue Eugène-Labiche, dans le XVIe arrondissement, il est attaqué par quatre individus armés qui lui envoient un jet de gaz et le jettent dans une camionnette. Pendant une demi-heure, il est roué de coups avant d'être abandonné dans un parking souterrain, à quelques centaines de mètres de là. Le nez fracturé, le visage en sang, il se rend à pied au commissariat du XVIe pour porter plainte.

Aux yeux de Léo Hamon, porte-parole du gouvernement, c'est « l'une des manifestations de la violence à laquelle le gouvernement est décidé fermement à s'opposer, quel que soit l'endroit, à l'Université ou ailleurs ». Un communiqué émanant de la Nouvelle Résistance populaire, émanation de la Gauche prolétarienne d'Alain Geismar, dissoute en mai par le pouvoir, revendique la responsabilité de l'attentat dans un communiqué à la presse : « La justice populaire s'est assurée de sa personne, l'a jugé de ses crimes. Cette arrestation a valeur d'avertissement pour tous ses semblables : patrons, juges serviles, policiers fascistes. » Une lettre similaire dactylographiée ayant été retrouvée dans l'Estafette, tout laisse à penser que le groupuscule gauchiste est bien l'auteur de l'agression.

Pourtant, Michel de Grailly veut y voir un coup de l'extrême droite. Le 17 décembre 1970, il gagne son procès contre le directeur de *Minute*, Jean-François Devay, condamné par le tribunal correctionnel à deux mille francs d'amende et dix mille francs de dommages et intérêts pour diffamation. Satisfait du jugement, l'ex-président de la SEMVI annonce qu'il va publier un livre blanc sur toute l'opération... qui ne verra jamais le jour. La consigne parmi les gaullistes, c'est d'étouffer l'affaire. En mai 1970, ils ont refusé la constitution d'une commission d'enquête de l'Assemblée nationale. En janvier 1971, trois fonctionnaires de la SEMVI, dont Jean Rondepierre, le directeur, sont déférés devant la cour de discipline budgétaire : on veut leur faire jouer le rôle de bouc émissaire. Quant à Michel de Grailly, il est prudemment écarté de la scène politique, déclinant en février 1971 une nouvelle candidature au Conseil de Paris. En haut lieu, il a été jugé que sa candidature causerait du tort à l'UNR.

Le rapport de la commission d'enquête sénatoriale, rendu public le 22 avril 1971, est pourtant très sévère pour l'État comme pour les gestionnaires de la SEMVI. Il souligne les erreurs commises, notamment en matière de comptabilité et de marchés de travaux : en clair, c'est la Ville puis l'État qui payaient, et c'étaient les entrepreneurs qui dictaient leur loi. Cela leur était d'autant plus facile que les divers ministères se partageaient la tutelle sans qu'aucun d'eux ait la responsabilité de l'ensemble. Le rapport évoque aussi les nombreuses « irrégularités » de gestion, les travaux attribués sans marchés et les abus d'ordres de service. Mais aucun responsable politique n'est désigné.

« Rien sur les coupables », s'indigne Michel Cardoze dans *l'Humanité*. « Nous ne pouvions jeter des têtes au public », explique le sénateur Pierre Marcilhacy, qui a présidé la commission d'enquête. Mais il ajoute : « J'espère n'avoir pas à recommencer une telle aventure et à pénétrer à nouveau dans un domaine d'incohérence et d'irresponsabilité qui nous a stupéfaits. » Dans une question orale adressée fin avril au Premier ministre Chaban-Delmas, Marcilhacy demande quelles suites le gouvernement compte donner au rapport de la commission. À l'Assemblée nationale, le député socialiste Maurice Brugnon fait de même. Le représentant du gouvernement lui répond qu'il est « impensable que le gouvernement ne tire pas d'enseignements du rapport »… mais il est urgent d'attendre. En fait, il s'agit de noyer le poisson, tandis que Libert Bou est nommé le 19 mai 1971 à la présidence de la SEMVI. Dans la conférence de presse annonçant sa nomination, il annonce que des opérations immobilières vont commencer sur les terrains disponibles, puis que sera créé un grand marché de la viande à Rungis. En clair : il sera bien le fossoyeur de la Villette.

La mort de la Villette

Pierre Marcilhacy tente de relancer le débat politique, le 9 juin 1971 : « Nous aurions aimé trouver des coupables au lieu des responsabilités très diluées… Une fois la machine mise en route, personne n'a eu le courage de l'arrêter. » Le 25 novembre 1971, profitant du débat sur le vote des crédits de l'Agriculture, il intervient à nouveau : « Il y avait une chose qui ne dépendait pas de nous et que l'opinion réclame : les sanctions. Nous les attendons toujours. Justice n'est pas faite. Il y a des responsables politiques. » Finalement, n'y tenant plus, il lâche des noms à la tribune du Sénat, le 30 juin 1972. Il cite non seulement les « administrateurs qui ont mal fait leur métier », mais aussi Ribera puis Grailly, et surtout les responsables politiques, « les ministres de l'Agriculture de l'époque, successivement MM. Pisani, Edgar Faure, Boulin et Duhamel ». La presse d'opposition se fait un plaisir de reprendre les accusations du sénateur non inscrit, mais sans succès : les politiques gardent le silence.

Michel de Grailly obtient une nouvelle victoire en appel contre *Minute* au mois d'octobre 1972. À cette occasion, les ténors de l'UDR, les députés Pierre Mazeaud, Charles Pasqua et Pierre Billotte, lui expriment leur « confiance » et leur « estime ». Mais lorsqu'il se représente devant les électeurs du XIVe arrondissement, à l'occasion des législatives de mars 1973, il est nettement battu par Eugène Claudius-Petit. Ce dernier ayant mené sa campagne sur le thème de « l'honnêteté », Grailly est laminé, victime du scandale.

En revanche, les autres responsabilités politiques ne seront jamais été établies. On laisse peu à peu pourrir l'affaire, en attendant que les passions s'atténuent. Le 13 octobre 1973, un communiqué discret de Matignon annonce en catimini la fermeture des abattoirs de la Villette. Le sénateur Marcilhacy s'étonne une nouvelle fois que les responsables, « dont cinq ou six ministres et un Premier ministre ne soient pas sanctionnés ». Jacques Dominati, le nouveau président giscardien du Conseil de Paris, n'épargne pas ses prédécesseurs gaullistes, dénonçant « l'absence de responsabilité » dont ont fait preuve les conseillers municipaux de l'ancienne majorité et les « erreurs de prospective » dont se sont rendus coupables les gouvernements Debré, Pompidou et Chaban-Delmas.

En dépit des efforts désespérés du comité de défense de la Villette, *Le Monde* du 12 mars 1974 peut titrer : « La Villette, c'est fini ! » On décide d'y installer des espaces verts, des logements sociaux et des bureaux. Plus tard, beaucoup plus tard, en 1978, naîtra l'idée d'une Cité des Sciences et de l'Industrie. Le grand projet gaullien, devenu un cauchemar des années Pompidou, renaîtra de ses cendres, mais à la gloire de Valéry Giscard d'Estaing.

5

L'été noir des promoteurs

« Ah, la Garantie foncière/Ça c'était la bonne affaire/Je m'voyais propriétaire/Rien n'est plus sûr que la pierre. » En cette rentrée 1971, le refrain d'Henri Salvador est sur toutes les lèvres. On s'amuse avec lui du scandale qui vient d'éclater quelques semaines plus tôt, révélant au grand public les liens étroits qui unissent certains élus gaullistes et le monde des promoteurs véreux. Coup sur coup, deux sociétés civiles immobilières, la Garantie foncière et le Patrimoine foncier, sont accusées d'escroquerie et de malversations diverses. À la tête de ces deux sociétés, deux parlementaires UDR : André Rives-Henrÿs, député du XIXe arrondissement, et André Roulland, ancien député du XVIIe. Après Michel de Grailly, deux nouveaux représentants du gaullisme parisien sont sur la sellette. Le scandale est inévitable.

Les escrocs de l'immobilier

Les problèmes de la Garantie foncière sont révélés au grand public à la fin de 1971, lorsque la COB, Commission des opérations de Bourse, exige la suspension immédiate de ses deux filiales, la Capitale et l'Internationale, accusées d'avoir trompé les souscripteurs. *Le Canard enchaîné* rappelle à cette occasion que le député Rives-Henrÿs, qui a présidé la Garantie foncière jusqu'au mois de janvier précédent, vient d'être écarté par l'UDR de la candidature aux élections municipales… comme Michel de Grailly. Il doit y avoir anguille sous roche.

Le Monde du 4 juillet décrit à ses lecteurs l'extraordinaire succès des sociétés civiles immobilières, ou SCI, liées à l'essor de la construction des années 1960. Depuis six ans, elles ont attiré plus de quatre-vingt mille souscripteurs et drainé plus de un milliard de francs, investis surtout dans les immeubles de bureaux. Les intérêts exceptionnels atteints par ces placements immobiliers, soit plus de 10 % en moyenne, expliquent l'engouement du public. Mais il semble que plusieurs de ces sociétés, notamment la Garantie foncière, aient utilisé les fonds des épargnants pour se livrer à des opérations illégales. Elles ont profité d'un grand vide juridique qui leur laissait les mains libres pour toutes sortes de malversations. Le Parlement n'a voté une loi de réglementation que le 30 décembre 1970, soit deux ans après le dépôt du projet de loi gouvernemental. *Le Monde* s'étonne de ce retard, ajoutant que le décret d'application de la loi n'a toujours pas été publié.

L'autre retard surprenant est d'ordre judiciaire. En janvier 1970, le ministre de l'Économie et des Finances Valéry Giscard d'Estaing a écrit au garde des Sceaux René Pleven pour que soient lancées des enquêtes sur la Garantie foncière et sur une autre société du même type, le Patrimoine foncier. Or, c'est seulement un an plus tard, en janvier 1971, qu'une information contre X a été ouverte, ne concernant d'ailleurs que la Garantie foncière. Comme par hasard, c'est à ce moment précis que le député Rives-Henrÿs a abandonné la présidence de la société à Robert Frenkel, jusqu'alors directeur financier. Au mois de juin, l'ex-député André Roulland, ancien conseiller du Premier ministre Georges Pompidou, a quitté à son tour la présidence du Patrimoine foncier.

Tous ces éléments accumulés, ces retards politiques et judiciaires, ces démissions opportunes, suscitent des questions. Il est manifeste que l'on a cherché à protéger les activités des sociétés civiles immobilières. Il est non moins évident que la famille gaulliste n'est pas étrangère à ces activités. D'ailleurs, si l'on en croit la rumeur, les révélations sur la Garantie foncière viennent d'une société concurrente, la Civile foncière, dont le P-DG Raymond Roi, époux de l'actrice Ludmilla Tchérina, est lui-même un proche du pouvoir. Comme l'écrit le journal *Combat*, « le régime ne peut pas ne pas sortir atteint par ce scandale ».

Frenkel, le P-DG de la Garantie foncière, se positionne d'emblée sur ce terrain. Le 5 juillet 1971, il organise une conférence de presse au siège cossu de sa société, rue Jasmin, afin de dénoncer une « campagne de presse déclenchée pour des motifs politiques ». À ses yeux, l'enquête de la COB n'est que l'un des « trois coups » qui lui sont portés. Il vient en effet d'être condamné par le tribunal correctionnel de Paris pour avoir perçu des commissions trop élevées dans une autre affaire, et l'on vient de dérober dans son appartement plusieurs tableaux de maîtres. Il y voit une opération des barbouzes, se prétend « victime d'une machination ». De qui ? Pourquoi ? On n'en saura rien.

On apprend peu après que Frenkel et sa femme ont été placés sous mandat de dépôt, et inculpés d'abus de confiance. C'est l'occasion de découvrir un personnage haut en couleur, véritable aventurier des affaires, qui a commencé sa carrière avec son père dans le négoce de la friperie, puis s'est établi marchand de biens, importateur de matériels électroniques japonais, avant de multiplier les sociétés immobilières. Si l'on en croit certains journaux, Frenkel aurait personnellement détourné plus de quinze millions de francs de la Garantie foncière. *L'Humanité* avance quant à elle le chiffre de huit milliards de francs, empochés grâce à la surfacturation des immeubles revendus à la Garantie foncière, donc dérobés aux souscripteurs. « Ces méthodes sont monnaie courante dans le monde de la finance », ajoute cependant le quotidien communiste. Mais, beaucoup plus que le financier Frenkel, c'est le député Rives-Henrÿs qui intéresse les journaux.

Deux gaullistes d'affaires

Né en 1917 au château de Jeufosse, dans l'Eure, fils du comte Jean-Angély Rives de Lavaysse, élève du collège Pittmanns de Londres, le député du XIXe arrondissement de Paris, élégant et racé, est un véritable aristocrate du gaullisme. Engagé volontaire en 1939, croix de guerre, médaille de la Résistance et des évadés, membre du comité directeur du RPF et délégué du général de Gaulle dans le Sud-Ouest, il a traversé tous les cabinets gaullistes de la IVe et de la Ve République, aux côtés de Chaban-Delmas, de Corniglion-Molinier, de Cornut-Gentille et de Jacques Soustelle. Élu en 1962 député du XIXe arrondissement de Paris, il est devenu en 1963 secrétaire général adjoint de l'UNR. C'est un gaulliste historique, ami personnel du Premier ministre.

Est-ce vraiment un avantage d'apparaître comme un proche de Jacques Chaban-Delmas, lorsque tant de barons gaullistes aiguisent leurs couteaux pour avoir sa peau ? Les dirigeants de l'UDR sont-ils prêts à défendre bec et ongles l'imprudent Rives-Henrÿs ? Directeur des relations publiques de la société d'import-export Baudouin, conseiller technique de la société Sarlino, administrateur de la Société des grands hôtels d'Hossegor, il apparaît comme très impliqué dans le monde des affaires. S'il a opportunément démissionné de la présidence de la Garantie foncière, la presse ne se prive pas de rappeler qu'il en a été la figure de proue entre juillet 1969 et janvier 1971. On exhibe notamment des photographies le représentant tout sourire aux côtés de Frenkel, accueillant les actionnaires et les journalistes invités en septembre 1970 pour une fastueuse croisière sur le paquebot *Mermoz*. Si l'on en croit *l'Humanité*, cette croisière promotionnelle, intitulée « Biens au soleil », s'est déroulée dans une atmosphère de fête décadente, le champagne et le whisky coulant à flots toute la nuit, une pléiade de jolies filles escortant les heureux invités qui se voyaient offrir chaque soir des cadeaux, cigares, parfums, bouteilles, aux frais de la Garantie foncière… donc aux frais des épargnants.

« Pourquoi le député Rives de Lavaysse n'est-il pas encore inculpé ? » se demande le quotidien communiste, en soulignant que l'UDR tout entière est « dans le bain des scandales ». Et d'ajouter que l'avocat choisi par Frenkel n'est autre que Victor Rochenoir, candidat malheureux de l'UNR puis de l'UDR lors des élections de 1962 et de 1968. Lui aussi a droit à sa photo en première page : on le voit aux côtés du président de la République Georges Pompidou, alors Premier ministre, lors d'une réunion politique gaulliste. Né de parents juifs polonais, ancien militant des Jeunesses socialistes, Rochenoir appartient à l'aile gauche du gaullisme, incarnée par le mouvement Démocratie et Travail, dont il est le secrétaire général. Présidé par Léo Hamon, ce groupe est en voie de fusion avec l'Union de la gauche – Ve République, de Philippe Dechartre, lui-même éclaboussé par le scandale immobilier de l'île de Ré. Y aurait-il un règlement de comptes politique ?

L'Humanité signale aussi que Rochenoir est également un ami intime de Roland Nungesser, l'ancien secrétaire d'État au logement, dont il a été le conseiller de 1966 à 1968. Or Nungesser siège au conseil d'administration du Bon Marché, propriété des frères Willot, eux-mêmes compromis dans le scandale de la Garantie foncière. Rochenoir, qui a exercé les fonctions de conseiller juridique et fiscal de la Garantie foncière, est d'ailleurs l'avocat des Willot, inculpés depuis avril pour infraction aux lois sur les sociétés. Il y a là une nébuleuse politico-financière qui apparaît pour le moins suspecte.

L'UDR en question

Quelques jours après la Garantie foncière, le Patrimoine foncier fait à son tour les gros titres de la presse. Après Rives-Henrÿs et Rochenoir, c'est un autre gaulliste, André Roulland, qui se retrouve sous les feux des projecteurs. Ancien professeur d'histoire, député UNR des Hauts-de-Seine de 1958 à 1962, secrétaire général adjoint du parti gaulliste de 1959 à 1960, conseiller du Premier ministre Georges Pompidou de 1962 à

1967, et enfin député suppléant de François Missoffe dans le XVIIe arrondissement, Roulland est un homme du sérail. Même s'il n'a pas obtenu l'investiture de l'UDR pour les élections de 1968, on ne peut le dissocier de la famille gaulliste. À la différence de Rives-Henrÿs, qui se cache, André Roulland choisit la transparence. Le 19 juillet 1971, il fait savoir à la presse qu'il reprend la présidence du Patrimoine foncier « pour couper court à toute équivoque ». Il demande en outre au garde des Sceaux d'ouvrir une enquête sur l'origine de ses ressources et sur son train de vie. Enfin, il affirme ne plus avoir aucun contact avec le monde politique. Mais qui peut être dupe ?

Les communistes voient dans ces deux affaires le discrédit du régime tout entier : « Entre ces scandales, un lien est évident : ce sont les hommes du pouvoir, des élus UDR de la capitale qui portent les responsabilités les plus lourdes. » Dans une conférence de presse, ils réclament une session extraordinaire du Conseil de Paris sur Rochenoir. Le député communiste Léon Feix écrit au Premier ministre pour lui demander dans quelles conditions Rives-Henrÿs a quitté ses fonctions à la Garantie foncière en janvier 1971, quelques jours à peine avant que soit ouverte une information sur sa société. Son collègue François Billoux demande quant à lui au président de l'Assemblée nationale, Achille Peretti, de faire appliquer au député gaulliste les dispositions de la loi sur les incompatibilités parlementaires.

De son côté, le groupe parlementaire socialiste réclame d'urgence une commission d'enquête, afin de « faire la lumière sur les liens éventuels entre certains responsables politiques proches du pouvoir et ces sociétés ». Pour *Le Nouvel Observateur*, « l'UDR est un parti trop riche, où l'on s'est trop longtemps habitué à tenir pour les meilleurs citoyens les gens les plus habiles à canaliser vers sa cagnotte les dons les plus volumineux ». Quant à Valéry Giscard d'Estaing, il prend bien soin de marquer ses distances, affirmant que ses amis, les républicains indépendants, sont « innocents » dans toutes ces affaires. Mais *l'Humanité* souligne le rôle du notaire Jean-Pierre Delarue, suppléant du député giscardien Michel Junot, et qui a participé avec

Rochenoir et Frenkel, son copain de régiment, à la création de la Garantie foncière. Delarue est d'ailleurs inculpé depuis le mois de mai pour exercice illégal de la profession de banquier. Pour les communistes, la « famille aux scandales » rassemble les gaullistes et les giscardiens.

Le Premier ministre tente de faire le dos rond. Dans un communiqué publié le 16 juillet 1971, il se contente de souhaiter que « toute la lumière soit faite ». Mais *l'Humanité* rappelle que Rives-Henrÿs, inculpé pour escroquerie, abus de confiance et complicité d'abus de biens sociaux, est un protégé de Chaban-Delmas. Il a même failli être nommé ministre de l'Information après le départ d'Alain Peyrefitte. Le 20 juillet, la fédération communiste de Paris exige sa démission, et appelle ses militants à manifester une semaine plus tard devant la mairie du XIXe arrondissement. On y brandit des pancartes : « U comme usurier, D comme Dassault, R comme Rives-Henrÿs : à bas le régime des scandales ! »

Le pouvoir comprend alors qu'il est temps de réagir. Georges Pompidou intervient au Conseil des ministres pour exiger que le gouvernement étudie au plus vite la réglementation sur les incompatibilités parlementaires. De leur côté, l'UDR et son groupe parlementaire mettent Rives-Henrÿs en congé le 21 juillet, « considérant la confusion abusive faite entre ses activités privées et l'appartenance au mouvement et au groupe ». Le député gaulliste s'obstine pourtant à clamer son innocence. Dans une interview accordée à *Paris-Jour*, le 23 juillet 1971, il affirme : « S'il s'est passé quelque chose, c'était à mon insu. » Il rejette la responsabilité sur Victor Rochenoir, qui lui a demandé de siéger à la Garantie foncière. Le 3 août, ce dernier est d'ailleurs à son tour inculpé d'escroquerie et de complicité d'abus de confiance. Fait rarissime, il est aussitôt écroué à la prison de Fleury-Mérogis.

Lâché par ses amis gaullistes, Rives-Henrÿs annonce que sa défense sera assurée par Jean-Louis Tixier-Vignancour, ancien candidat de l'extrême droite à l'élection présidentielle de 1965. Le choix de ce vieil adversaire du gaullisme, qui s'est désisté en faveur de Mitterrand au second tour de l'élection, est loin d'être anodin. Il signifie que Rives-Henrÿs a choisi de se battre contre sa propre famille, l'UDR.

« Une vilaine affaire »

Le pouvoir joue la montre. « Ce n'est pas un scandale politique », affirme le Premier ministre, le 2 septembre 1971, devant le groupe UDR de l'Assemblée nationale. René Pleven, de son côté, refuse de saisir le Conseil constitutionnel à propos de l'incompatibilité parlementaire. Le 23 septembre, Georges Pompidou évoque les scandales lors d'une conférence de presse : sur la « vilaine affaire » de la Garantie foncière, il « n'a pas grand-chose à dire », si ce n'est pour réfuter un article paru dans *Le Canard enchaîné* du 4 août, affirmant que Frenkel aurait versé un million huit cent mille francs à son comité de soutien lors de l'élection présidentielle ; quant à André Roulland, il le décrit comme un « naïf » plutôt qu'un escroc, et qui n'a plus aucun rapport avec la famille gaulliste. En somme, il n'est au courant de rien.

Inculpé quelques jours plus tard, André Roulland s'offusque de ce lâchage présidentiel : « Je n'aime pas une armée qui, par souci d'efficacité, achève ses blessés », déclare-t-il. À l'en croire, il n'a aucune responsabilité dans les malversations du Patrimoine foncier : « Je suis sûr d'avoir été trompé, et j'en administrerai la preuve devant la justice », affirme-t-il dans une interview à l'AFP. Les vrais coupables, à ses yeux, sont Victor Rochenoir, qui a mis au point le système des sociétés civiles immobilières, et Claude Lipsky, qui a dirigé la société. Ce dernier, inculpé lui aussi, est supposé « en voyage », en réalité réfugié en Israël. Deux jours plus tôt, il a donné une conférence de presse dans un grand hôtel parisien, dénonçant « une machination politique et financière », qui lui semble surtout imprégnée d'antisémitisme. « Frenkel, Rochenoir, moi-même, vous connaissez nos origines », observe Lipsky pour appuyer sa thèse. En outre, il souligne l'hostilité du ministère des Finances, où « des gens bien placés veulent la mort » des sociétés civiles immobilières. La presse rappelle néanmoins que Lipsky n'est pas un enfant de chœur : son père Maurice a été le grand ami du fameux trafiquant de ferraille Joanovici, compromis dans la collaboration avec l'occupant. Lui-même a fait fortune dans le commerce des vieux métaux, à la tête de la Compagnie française du matériel industriel, avant de se lancer dans l'immobilier. Un personnage qui fait couler beaucoup d'encre !

Sur le terrain politique, c'est Rives-Henrÿs qui tient la vedette. Le 28 septembre 1971, communistes et cégétistes parisiens manifestent une nouvelle fois de la place de la République à la mairie du XIXe arrondissement, réclamant sa démission. Le 2 octobre 1971, à l'Assemblée nationale, le communiste Louis Odru réclame sa mise à l'écart : « Il est moralement inacceptable qu'un tel député puisse participer au vote du budget », s'exclame-t-il. Trois jours plus tard, le giscardien Aimé Paquet demande au Premier ministre quelles mesures il compte prendre. « Ne me considérant pas comme coupable, il n'y a aucune raison pour que je démissionne de mes fonctions parlementaires », se défend Rives-Henrÿs sur Europe 1, le 6 octobre. Il affirme que la Garantie foncière a été victime d'une société concurrente, un groupe bancaire important, soutenu par le ministère des Finances, et qui aurait essayé au cours de l'été de racheter les parts des souscripteurs à moitié de leur valeur. C'est aussi ce que prétend Victor Rochenoir, dénonçant la machination du ministre des Finances Valéry Giscard d'Estaing. Ce dernier, qui était selon lui parfaitement au courant des difficultés de la Garantie foncière depuis le mois de décembre 1969, l'aurait volontairement laissé sombrer afin d'exploiter le scandale.

À la fin du mois d'octobre, Rives-Henrÿs est renvoyé en correctionnelle pour utilisation publicitaire de son titre de député. Le 18 novembre, il envoie une lettre au président de l'Assemblée nationale, réclamant de son propre chef la levée de son immunité parlementaire, « pour tout dire sur les aspects inconnus de cette affaire et de bien d'autres qui s'y rattachent ».

Trois jours plus tard, lors des assises nationales de l'UDR, réunies à Strasbourg, de nombreuses voix s'élèvent pour réclamer son exclusion du mouvement. Au premier rang des mécontents, Maurice Couve de Murville : « Je regrette d'avoir à le dire, s'exclame l'ancien Premier ministre du général de Gaulle, mais il faut que quelqu'un le fasse. Nous devons être moralement intacts, donc inattaquables. C'est un fait que sont grandes les tentations du pouvoir, surtout lorsqu'il se prolonge. Si certains y succombent, la complaisance est exclue. Il faut savoir être impitoyable. » Au-delà de Rives-Henrÿs, chacun le sent bien, c'est une attaque ouverte contre le Premier ministre Jacques Chaban-Delmas. À l'approche des législatives de 1973, les « grandes manœuvres » commencent au sein de la majorité, constate Pierre Viansson-Ponté à la une du *Monde*. Une alliance objective se fait entre les barons du gaullisme et les giscardiens, afin d'abattre Chaban-Delmas.

Les « copains et les coquins »

La tension est à son comble lorsque Rives-Henrÿs monte à la tribune de la Chambre, le 26 novembre 1971. Pour sa défense, le député gaulliste invoque un complot : se référant à des confidences faites par Michel Jobert, secrétaire général de l'Élysée, il prétend que l'ouverture d'une enquête sur la Garantie foncière s'est faite sur les sollicitations d'une société concurrente, la Civile foncière. Sa conclusion est une menace : « Tout est mis en œuvre pour me détruire, mais ceux qui me jettent les premières pierres feraient bien de prendre garde. »

Trois jours plus tard, il annonce qu'il démissionne de l'UDR, prenant de vitesse le comité central qui devait décider de son sort. La semaine suivante, sur proposition de François Mitterrand, l'Assemblée nationale décide de créer une commission d'enquête sur les sociétés civiles immobilières. En janvier 1972, les députés adoptent une loi instaurant l'incompatibilité du mandat parlementaire et d'une responsabilité dans une société faisant appel à l'épargne publique, telle que la

Garantie foncière. Enfin, le 12 février 1972, Rives-Henrÿs est condamné par la 11e chambre correctionnelle de Paris pour usage irrégulier de son titre de député dans les brochures de la Garantie foncière : quatre mois de prison avec sursis et six mille francs d'amende.

Le 15 mai 1972, il fait un nouveau coup d'éclat, en démissionnant de son poste de député, la tête haute. Mais sa démission est un peu éclipsée par celle d'un autre gaulliste, et non des moindres : Philippe Dechartre, secrétaire d'État auprès du ministre du Travail, de l'Emploi et de la Population, abandonne lui aussi sa fonction, le même jour, et lui aussi à cause d'un scandale immobilier. En tant que président de la CADIR, le Comité pour le développement et l'aménagement de l'île de Ré, il aurait tenté de monnayer l'autorisation de construction d'un grand complexe touristique sur la commune de Bois-Plage-en-Ré, au lieu dit Les Évières.

Son bras droit, Gilbert Beaujolin, aurait réclamé au promoteur du projet, Jacques Souchère, 7 % du montant prévu de la commercialisation du lotissement, ainsi qu'une compensation financière de cinq millions de francs. Par un arrêt du 13 avril 1972, la cour d'appel de Poitiers donne raison au promoteur qui leur a intenté un procès : les juges estiment que Philippe Dechartre et ses collaborateurs ont « commis des fautes qui engagent leur responsabilité ». Ainsi désavoué par la justice, et malgré le soutien du Premier ministre, Philippe Dechartre quitte le gouvernement.

« Les copains bradent les coquins », ironise *l'Humanité* en apprenant le départ du secrétaire d'État à l'Équipement. Le journal communiste fait allusion à une formule lancée quelques jours plus tôt par Michel Poniatowski, le bras droit de Valéry Giscard d'Estaing, dans son magazine *L'Économie*. Le numéro deux des giscardiens y reproche à ses alliés gaullistes d'avoir temporisé dans les affaires Dechartre et Rives-Henrÿs, comme si l'on voulait dissimuler la vérité aux Français. Estimant que « la liste des affaires devient vraiment trop longue », il demande au gouvernement de purger « certaines allées politiques » de ce lien entre « les copains et les coquins ».

Cette formule fameuse va passer à la postérité, créant une brèche à jamais ouverte entre les gaullistes et les libéraux.

« Trop confiant et léger »

Au mois de juillet 1972, *Le Canard enchaîné* publie des documents édifiants. Ils prouvent que Raymond Roi, le concurrent de la Garantie foncière, a été reçu le 3 décembre 1969 par un membre du cabinet de Giscard d'Estaing, et qu'il a envoyé au ministre des Finances une lettre dénonçant les opérations de la société de Frenkel. L'hypothèse d'une opération téléguidée par Giscard semble confirmée. C'est ce que laisse clairement entendre Rives-Henrÿs lui-même dans une interview publiée par *Le Monde* du 23 mars 1972 : selon lui, il s'agit d'un « règlement de comptes entre gens qui ambitionnent des postes pour l'avenir et même pour le présent et qui ont cherché à faire tort à l'UDR. Il y a une histoire politique derrière, car j'ai été le collaborateur du Premier ministre », affirme-t-il, déplorant au passage que ce dernier l'ait « lâché le premier jour ». Selon Tixier-Vignancour, Chaban aurait voulu soutenir Rives-Henrÿs « mais il était faible ». Il ajoute : « Vous ne pouvez imaginer un match entre Giscard et Chaban. La fortune acquise met toujours en déroute la fortune conquise. »

Le rapport de la commission d'enquête parlementaire, publié le 28 avril 1972, reste néanmoins muet sur les aspects politiques du dossier. Si l'on en croit le rapporteur Le Douarec, député gaulliste, il n'y a « aucune compromission entre le pouvoir politique et les dirigeants des sociétés civiles immobilières ». On espère en savoir plus lors du procès de la Garantie foncière, qui débute le 18 octobre 1973 devant la 11e chambre correctionnelle de Paris. Dix-sept prévenus, dont Rives-Henrÿs, Frenkel et Rochenoir, trente avocats, quarante journalistes : la salle est trois fois trop petite pour contenir tout ce beau monde. En revanche, la plupart des responsables politiques ou administratifs cités comme témoins se sont défilés, à commencer par le Premier ministre Jacques Chaban-Delmas.

« Je n'ai jamais fait une démarche quelconque en faveur de la Garantie foncière », se défend Rives-Henrÿs. Mais ce n'est pas ce qu'on lui reproche. Dans son réquisitoire, le procureur général l'accuse surtout d'avoir couvert les opérations frauduleuses auxquelles se livrait Frenkel. Me Hug, l'un de ses avocats, le présente comme « un homme estimable », qui a simplement commis l'erreur de se montrer « imprudent, trop confiant et léger ». Il déplore aussi que ce « gaulliste fervent, qui a tant donné à sa famille politique mais a si peu reçu d'elle », ait été « abandonné de ses vieux amis », à commencer par Chaban-Delmas. Quant à Victor Rochenoir, il dépose sa robe d'avocat aux pieds du tribunal : « Je ne plaiderai plus jusqu'à ce que vous me rendiez mon honneur. »

Le jugement du 19 mars 1974 ne les épargne pas : si le plus lourdement frappé est évidemment Frenkel, « l'élément moteur », condamné à sept ans de prison dont trente mois avec sursis, Rochenoir écope de trois ans dont dix-huit mois avec sursis, pour son « rôle primordial dans la conception et la réalisation » de l'escroquerie, et Rives-Henrÿs de trente mois de prison dont vingt avec sursis, parce qu'il a mis en jeu « son prestige et son autorité pour défendre la Garantie foncière » et parce que « sa mauvaise foi ne fait aucun doute ». Le 11 mai 1974, il est à nouveau condamné dans une autre affaire de société frauduleuse, la Cavac.

Le 5 juin 1975, c'est au tour du Patrimoine foncier d'avoir son procès en correctionnelle, où comparaissent notamment Claude Lipsky, extradé en mars 1972 par Israël, Victor Rochenoir et l'ancien député André Roulland. Ce dernier plaide la naïveté : « Comment voulez-vous que, profane en la matière, je joue les Gros-Jean qui en remontrent à leur curé ? » Rochenoir, quant à lui, refuse de collaborer aux audiences avant d'être libéré de prison, le 30 juin. Quant à Lipsky, s'il reconnaît une responsabilité, c'est celle de l'incompétence et non de la malhonnêteté : « Je suis certainement un très mauvais homme d'affaires mais en plus je n'ai guère eu de chance », se lamente l'ancien directeur du Patrimoine foncier. Le jugement du 26 juillet 1975 le condamne néanmoins à cinq ans de prison ferme, et il est même arrêté dès la fin de l'audience. Rochenoir s'en tire avec huit mois ferme, mais sa peine est confondue avec celle de la Garantie foncière. Quant à Roulland, dont la bonne foi est plus ou moins reconnue, il récolte trois ans de prison, mais avec sursis.

C'est ainsi que les promoteurs véreux et leurs complices du monde politique sont, pour une fois, réunis dans la sanction. Frenkel et Lipsky sont ruinés. Rives-Henrÿs et Rochenoir ont perdu tout avenir politique et quelques grandes banques voient leur réputation ternie. Mais le grand perdant est le Premier ministre Jacques Chaban-Delmas, qui incarne aux yeux de l'opinion le système gaulliste et ses malversations. Les révélations de Gabriel Aranda, à l'automne 1972, ne vont pas améliorer son image.

6

Les révélations de Gabriel Aranda

« L'Archange. » C'est le surnom que les hauts fonctionnaires du ministère de l'Équipement ont donné à leur collègue Gabriel Aranda, à cause de son prénom bien sûr, et surtout pour se moquer de sa manie obsessionnelle de la rigueur et de la transparence. Le 13 septembre 1972, à la une du *Canard enchaîné*, cette manie promet de faire des ravages : au nom « de la sauvegarde de l'État », Gabriel Aranda décide en effet de « rendre publics un certain nombre de documents » glanés au cabinet de son ministre, Albin Chalandon, de mars 1971 à juillet 1972. « Des margoulins de haut vol confondent l'action politique avec "s'en mettre plein les poches", écrit l'Archange Aranda : puisqu'il faut bien que quelqu'un le fasse, j'ai décidé, avec deux de mes amis, de nettoyer les écuries du royaume. S'il le faut, énorme sera le scandale. » Effectivement, énorme, il le sera.

Les dossiers d'un haut fonctionnaire

Gabriel Aranda n'est pas un inconnu pour le microcosme, loin de là. Cet autodidacte trentenaire, qui vit avec sa mère dans un modeste appartement du XVe arrondissement, s'est fait un nom dans le journalisme, collaborant à l'hebdomadaire *L'Actualité* avant de prendre la direction du service économique de la deuxième chaîne de télévision. Fidèle d'Albin Chalandon, qui a été son patron à la Banque commerciale de

Paris, il l'a suivi au ministère de l'Équipement, devenant son conseiller technique, chargé des relations avec la presse. C'est dire qu'il s'y connaît en matière de communication.

De fait, les documents révélés dans *Le Canard enchaîné* sont explosifs. Il y a d'abord le rapport I. G 70-22, concernant la catastrophe survenue à Val-d'Isère, le 10 février 1970, et qui a vu un chalet de l'UCPA enseveli sous une avalanche, faisant trente-neuf morts. Ce rapport, tenu secret, prouve que la construction du chalet a été autorisée dans une zone de couloirs d'avalanche répertoriée, donc au mépris de toutes les règles de sécurité. « Cela pour de l'argent. Pour permettre à certaines personnes de faire des profits supplémentaires », s'indigne Aranda.

L'autre document est une lettre envoyée par René Tomasini, le secrétaire général de l'UDR, au ministre Albin Chalandon, en date du 9 juillet 1971 : « Mon cher Albin, je crois devoir appeler ton attention sur le groupe d'entreprises piloté par l'Entreprise industrielle, 29, rue de Rome, à Paris. Je te serais vivement reconnaissant de donner au groupe de l'Entreprise industrielle le contrat pour l'autoroute Narbonne-Bordeaux. » Enfin, Aranda évoque une note confidentielle du 26 juin 1972 concernant « l'affaire de l'UDR et des cinq cents millions de Chanteloup-les-Vignes ». Il y est fait état d'une conversation entre un promoteur (on apprendra qu'il s'agit de Francis Bouygues) et un collaborateur de Chalandon : « Il y a un scandale, une bombe qui risque d'exploser. C'est Chanteloup-les-Vignes, aurait affirmé le promoteur. Moi, dans cette affaire, j'ai perdu trois mille cinq cents logements sociaux. Cinq cents millions, ils ont touché, les amis de l'UDR. Chalandon en 1970 m'a dit : "Je vais regarder ça. Je vais arranger ça." Seulement, il y a eu une intervention énorme d'une personnalité. Et un an après Chalandon m'a dit : "Je ne peux rien faire." »

Des constructions autorisées sur des couloirs d'avalanche ; des pressions exercées par le numéro un du parti gaulliste en faveur d'intérêts privés ; un « racket » exercé par ce même parti sur les promoteurs de Chanteloup : tel est le tableau accablant dépeint par les révélations d'Aranda. Pourtant, la première question que tout le monde se pose est la suivante : pourquoi ce fonctionnaire modèle a-t-il décidé de trahir ainsi sa famille politique, la famille gaulliste ? À l'en croire, il veut exercer une sorte de chantage pour infléchir la politique française au Proche-Orient, une politique qu'il juge défavorable à l'État d'Israël. Son but, c'est de faire arrêter les livraisons d'avions Mirage à la Libye, afin que « des armes françaises » n'écrasent plus « sous des bombes françaises un petit pays, encerclé et passionnément attaché à la France ». Il estime que ces livraisons d'armes sont symptomatiques de « la soif des affaires » qui anime le petit monde politico-financier. « Là encore, un seul mobile : le fric. Une seule issue : l'embargo immédiat, la restitution immédiate des avions déjà livrés. Nul n'a le droit de vendre le peuple d'Israël. Shalom », conclut Aranda.

Judas ou Saint-Just ?

« Les bras m'en tombent, répond Albin Chalandon aux journalistes du *Monde*. Je suis stupéfait de l'initiative prise par M. Aranda, qui fut à mon cabinet un collaborateur dévoué et actif. » Il affirme que son « ministère n'a cessé de mener le combat contre la compromission et la corruption », rejetant toutes les interventions intempestives. À ses yeux, c'est sans doute « l'état mental dépressif » de son ancien conseiller qui est la cause de ce coup de folie. Ce que confirment quelques-uns des anciens collaborateurs du ministère, qui décrivent Aranda comme trop émotif, un peu paranoïaque.

Il serait allé en Israël pour se reposer, et c'est de là que tout serait parti. Un fonctionnaire déçu, dépressif, manipulé par les services secrets israéliens ? C'est une thèse qui satisfait beaucoup de monde, car elle permet d'éluder le fond du problème, c'est-à-dire les dossiers d'Aranda. Dans une lettre envoyée à *L'Aurore*, l'ancien conseiller ministériel tord le cou à toutes ces rumeurs : « Je n'ai nullement un caractère émotif, je suis même très calme, assure-t-il. Ma seule motivation, c'est la transparence, la volonté de dire la vérité sur les ventes d'armes et la corruption. Si j'avais voulu vendre ces documents, j'aurais pu m'acheter dix beaux châteaux », dit-il pour prévenir toute accusation de vénalité. Et il ajoute qu'il possède cent trente-six documents, lettres signées et rapports officiels, concernant les petites et grandes combines financières de quarante-huit personnalités publiques. De quoi faire exploser le régime.

Qui est visé ? Pas Chalandon, dont Aranda garantit la probité, rappelant qu'il a rejeté la requête de Tomasini concernant l'autoroute Narbonne-Bordeaux. De même disculpe-t-il Valéry Giscard d'Estaing, le citant en exemple car, selon lui, il n'a « jamais été mêlé à une seule combine ». En revanche, c'est tout l'appareil du parti et de l'État gaullistes qui est en cause. « Je n'accepte pas la consigne qui court dans les ministères : "Surtout, ne remuez pas la merde" », s'exclame Aranda dans les colonnes du *Monde* du 17 septembre.

Le garde des Sceaux René Pleven prescrit aussitôt au parquet l'ouverture d'une information contre X pour vol, recel et complicité de documents officiels. Le contenu de ces documents ne l'intéresse pas ; c'est leur révélation qui l'intéresse. C'est aussi l'opinion de *La Nation*, le journal des gaullistes, qui traite Aranda de « Judas, d'Œdipe et de Tartuffe », et du *Figaro*, qui dénonce le chantage exercé par un haut fonctionnaire : « On ne joue pas aux moralistes avec des procédés immoraux », s'indigne Michel Bassi. *France-Soir* quant à lui dénonce l'opération politicienne de « certains groupes de l'opposition » qui « souhaitent que les électeurs jugent la majorité sur les scandales plutôt que sur les réalisations concrètes du gouvernement ». « Les députés ont le droit, et souvent le devoir, d'intervenir auprès des ministres », affirme sur RTL Pierre Messmer, le chef du gouvernement, estimant que Gabriel Aranda s'est placé « contre la morale et contre la loi ».

L'ancien conseiller de Chalandon réplique le lendemain, en se laissant enfin photographier en compagnie de son avocat Me René Floriot. Pour expliquer sa démarche, il évoque tout simplement une prise de conscience après le remplacement de Jacques Chaban-Delmas par Pierre Messmer : « J'ai eu la certitude que jamais ces scandales ne sortiraient plus. » Interviewé le lendemain sur RTL, il se déclare toujours attaché à la majorité, mais affirme que le parti gaulliste est gangrené par l'affairisme. Et de citer Pompidou lui-même, qui aurait dit à Chalandon : « Ce qu'il faudrait dans ce pays, c'est un Saint-Just. »

« La marée noire déferle sur le régime »

Saint-Just dispose d'une tribune, *Le Canard enchaîné*, qui publie dans son édition du 20 septembre une nouvelle série de documents, des fac-similés accablant plusieurs hauts personnages du régime. René Tomasini est à nouveau sur la sellette, avec trois nouvelles lettres signées de sa main en faveur de l'Entreprise industrielle, dont les intérêts semblent lui tenir à cœur. Claude Labbé, député des Hauts-de-Seine et vice-président du groupe UDR à l'Assemblée nationale, est cité lui aussi pour plusieurs interventions. Il est également fait mention des sollicitations exercées par l'ancien ministre Michel Habib-Deloncle, député UDR de Paris et directeur du journal gaulliste *La Nation*, en faveur d'une société Ballot, candidate pour effectuer le raccordement de l'autoroute de l'Ouest au boulevard périphérique. De même pour une intervention assez banale, mais émanant d'une étoile montante de la famille gaulliste, Jacques Chirac, alors ministre chargé des relations avec le Parlement, en faveur de la Société des grands travaux de l'Est.

En outre, les lecteurs du *Canard* découvrent une lettre envoyée par le docteur Guy Fric, ancien député du Puy-de-Dôme et surtout trésorier de l'UDR, en faveur des bureaux d'études Marc-Merlin et Lepetit, intéressés par le projet des autoroutes alpines. Cette lettre, datée du 24 février 1971, en dit long sur les pratiques occultes de financement des partis politiques : Fric, au nom prédestiné, y parle explicitement de « nos bureaux », sous-entendu les bailleurs de fonds de la famille gaulliste.

Enfin, le cas du député de la Drôme Gérard Sibeud jette une lumière crue sur les pratiques de racket financier auxquelles se livrent certains élus gaullistes. En 1969, il a réclamé trente mille francs afin d'autoriser la construction d'un hypermarché Édouard Leclerc sur la commune de Saint-Paul-les-Romans. Pour attribuer cette autorisation, il n'a pas hésité à confectionner un faux document ministériel. Après que ses services eurent découvert la supercherie, Chalandon a demandé des sanctions contre Sibeud. Mais son collègue chargé des relations avec le Parlement, Jacques Chirac, serait intervenu pour étouffer l'affaire.

Au même moment, d'autres affaires pointent leur nez dans l'actualité. On parle de l'ancien député de Lyon Charret, un gaulliste lui aussi, qui est convoqué chez le juge pour une affaire de proxénétisme. À Marseille, c'est un autre député UDR, Arnaud, qui est accusé d'avoir touché de l'argent sale pour sa campagne électorale. Dans *L'Express*, le journaliste Jacques Derogy enquête sur l'avocat d'affaires Michard-Pélissier, ancien député gaulliste, proche de Jacques Chaban-Delmas, et qui serait intervenu auprès du ministère de l'Équipement en faveur d'un promoteur d'Antibes, en échange de deux millions cinq cent mille francs. Henri Modiano, député gaulliste du XIIIe arrondissement, est quant à lui sommé de s'expliquer devant la commission des conflits de l'UDR pour son rôle dans la société France-Élevage, où d'importantes malversations ont été signalées. Il sera inculpé le 20 octobre.

« La marée noire déferle sur le régime », titre *l'Humanité*, tandis que *Le Nouvel Observateur* lance une grande enquête sur « les écuries du régime ». Le communiste Jacques Duclos, en campagne à Tarbes, évoque « une impression de pourriture extraordinaire ». « Le gaullisme d'aujourd'hui continue de se recruter dans un milieu d'anciens demi-solde qui ont appris beaucoup de choses en roulant leur bosse, sauf à distinguer l'argent de poche de l'argent public. La faune des margoulins qui grouille autour fait le reste », écrit François Mitterrand dans *L'Unité*. Son ami Pierre Bérégovoy, candidat socialiste en Corrèze, se dit indigné par « une société qui étale ses vices, où la corruption gangrène la police et l'État ».

Mais la gauche n'est pas seule à condamner le système gaulliste. Le centriste Jean Lecanuet, interviewé sur RTL, réclame des élections anticipées « parce que plus tôt on sera débarrassé de la majorité actuelle, plus vite on redressera le pays ». Michel Poniatowski, le lieutenant de Giscard, est encore plus virulent dans l'éditorial de son magazine *L'Économie* : « Il faut, écrit-il, éliminer les candidats douteux de la campagne électorale. »

C'est peut-être ici qu'il faut chercher l'explication des révélations d'Aranda. À quelques mois des élections législatives de mars 1973, certains, au sein même de la majorité, n'ont-ils pas intérêt à affaiblir l'UDR ? Beaucoup le pensent, certains l'écrivent, qui voient en Valéry Giscard d'Estaing l'inspirateur d'une campagne visant à rééquilibrer la droite au profit de ses amis républicains indépendants. De fait, les giscardiens réclament une révision générale de toutes les investitures déjà accordées, afin d'écarter une quarantaine de candidats gaullistes jugés indésirables. Les Jeunes giscardiens envisagent même de faire campagne sur ce slogan très antigaulliste : « Votez pour la majorité honnête. »

« La règle de l'étouffement »

Le 22 septembre 1972, Gabriel Aranda apporte ses cent trente-six documents, soit trois cent soixante-seize feuillets, au juge d'instruction Galniche. La veille, le président de la République a organisé une conférence de presse, modèle d'habileté et de langue de bois. Interrogé sur l'affaire Aranda par Jean Ferniot, il a éludé toutes les accusations portées contre les gaullistes. Il a fait apparaître le conseiller de Chalandon comme un exalté, rappelant ses thèses de jeunesse sur le complot soviétique. En 1962, Aranda a en effet publié un essai fumeux intitulé *La Stratégie soviétique dévoilée* qui prétendait débusquer la main de Moscou dans le déclenchement de la Seconde Guerre mondiale. Pompidou s'en amuse, estimant par ailleurs que les interventions de parlementaires sont inévitables. Il demande surtout à la presse de se montrer plus prudente, afin de ne pas créer en France « ce climat pestilentiel que nous avons connu en France à plusieurs reprises, dans les années 1930 et sous la IVe République ». C'est l'argument traditionnel du pouvoir, qui veut étouffer le scandale.

« Si vous recevez un soufflet sur la joue droite, ne tendez pas la joue gauche, répondez par un bon coup de poing », s'exclame Pierre Messmer devant les militants gaullistes. Selon *Le Canard enchaîné*, une vingtaine d'inspecteurs des Renseignements généraux auraient constitué un groupe de crise chargé de dénicher des scandales impliquant la gauche. Ils fouillent par ailleurs le passé d'Aranda, afin de le compromettre. De son côté, le parquet de Paris fait savoir le 7 octobre que les documents remis par le conseiller de Chalandon ne peuvent motiver l'exercice de poursuites pénales. Tout juste feront-ils l'objet d'une enquête complémentaire.

« Les scandales : on ferme ! », titre *l'Humanité* du 9 octobre 1972, s'étonnant que le juge ait tout bouclé en quinze jours. Aranda condamne « la règle de l'étouffement ». Entendu dans le cadre de l'enquête complémentaire, il critique ses collègues du ministère qui ont choisi de se taire. « Affabulations diffamatoires », s'exclame Albin Chalandon. Alors Aranda réplique par un communiqué de presse : « Je suis obligé de dire qu'à plusieurs reprises M. Chalandon a jugé préférable de fermer les yeux sur certains actes de malhonnêteté condamnables par la loi ou la morale. » Et il affirme que le faux commis par Gérard Sibeud était connu depuis plus d'un an par le ministre.

Quelques jours plus tard, il publie chez Stock *L'État piégé*, un brûlot de trois cent quinze pages dont la couverture montre saint Michel terrassant le dragon. Il y raconte sa rencontre avec Albin Chalandon, devenu son mentor. Sur les interventions multiples enregistrées au ministère de l'Équipement, il multiplie les anecdotes. « Pas de lettre de Toto aujourd'hui ? Tiens, c'est curieux. Il a la grippe ? » se demande l'un de ses collègues. Toto, c'est bien sûr René Tomasini, alors secrétaire général de l'UDR. Quant à Chalandon, il s'exclame : « Ici, si l'on veut, en un mois, on fait fortune. C'est effrayant. »

Outre les dossiers déjà divulgués dans la presse, Aranda évoque d'autres interventions litigieuses, telles celles de Max Brusset, député des Yvelines, qui aurait sollicité à plusieurs reprises le ministère pour obtenir l'autorisation d'un grand programme immobilier dans son fief électoral d'Épône. Il cite aussi le cas du complexe immobilier Cannes-Marina, à Mandelieu, sur la Côte d'Azur, autorisé par le ministère en violation du permis de construire grâce à l'intervention d'un ancien député qui, selon Aranda, « tutoie » Chalandon. Toujours sur la Côte d'Azur, le promoteur Chalvet aurait offert à Olivier Giscard d'Estaing, frère du ministre des Finances et député républicain indépendant, une permanence électorale dans un immeuble lui appartenant. Gabriel Aranda laisse entendre que les affaires du promoteur ont dès lors bénéficié de toute la bienveillance du député.

Enfin, en annexe de l'ouvrage, il livre le dossier de la société Ossude, une entreprise de travaux publics chargée de construire l'autoroute Lyon-Vienne, et qui a réclamé douze millions supplémentaires pour achever le travail. Il semble que Jacques Baumel, député gaulliste des Hauts-de-Seine, se soit manifesté à plusieurs reprises pour favoriser les intérêts d'Ossude, dont le patron réside à Saint-Cloud, c'est-à-dire dans sa circonscription électorale.

À l'issue de cette publication, Aranda reçoit un soutien inattendu en la personne de Jean-Paul Sartre, qui l'interviewe dans son journal *La Cause du peuple* : « Les dossiers sont remontés au niveau politique. J'ai réussi à les sortir de l'eau, je les donne et, plouf ! ça retombe dans l'eau », se lamente Aranda. « J'attache une grande importance à votre action, lui dit le philosophe, car vous changez la nature de l'État. Je soutiens votre acte dans la mesure où il vous dépasse. » Mais la justice, elle, n'est pas du côté d'Aranda. Le 1er décembre 1972, il est inculpé pour vol de documents. Le 10 janvier 1973, il est à nouveau inculpé, mais cette fois pour complicité de diffamation. En revanche, ceux qu'il accuse sont indemnes, et pour la plupart candidats aux élections législatives du mois de mars.

Les seuls à payer le prix du scandale sont Gérard Sibeud, contraint à démissionner de l'UDR, et surtout René Tomasini, qui a quitté le secrétariat général du parti gaulliste à la fin du mois d'août, officiellement pour raisons de santé. À la fin du mois de mai 1973, le sénateur centriste Jean Cauchon demande au Premier ministre Pierre Messmer où en sont les procédures engagées à la suite des révélations d'Aranda. Pas de réponse tangible. « L'affaire a fait long feu », commente *Le Monde* du 13 septembre 1973, un an jour pour jour après le début du scandale. Aranda s'est exilé à l'étranger. On ne reparle de lui que le 19 janvier 1974, lorsque s'ouvre devant la 17e chambre correctionnelle de Paris le procès en diffamation sur le dossier Val-d'Isère. Il est jugé coupable, le 15 février, et condamné à deux mille francs d'amende. En janvier 1976, son pourvoi en cassation est rejeté. *Exit* Gabriel Aranda, l'homme qui prétendait nettoyer les écuries de la République.

7

Le poison du scandale

Faut-il, à l'instar du syndicaliste Georges Séguy, décerner la « médaille d'or » des scandales à l'époque pompidolienne ? Ce serait oublier le passé et l'avenir. Au moment des révélations d'Aranda, Jean Dutourd rappelle dans *France-Soir* que « l'anecdote des interventions » apparaît comme « une assez jolie blague » si on la compare à Panama, Stavisky ou même au scandale des piastres. C'est là encore un jugement trop rapide, mais il est vrai que les fautes imputées aux responsables gaullistes ne semblent pas aussi graves que les grands scandales de la IIIe République. La vraie nouveauté, c'est « le devoir d'intransigeance », proclamé par le journaliste Raymond Barrillon à la une du *Monde* du 5 août 1971.

Le « devoir d'intransigeance »

Lorsqu'une famille politique accapare la quasi-totalité du pouvoir, la tentation est évidemment très forte pour elle d'abuser de ses prérogatives. L'Eldorado immobilier qui accompagne le miracle économique français des années 1960 suscite bien des convoitises. Pour profiter de l'énorme gâteau des travaux publics et de la promotion immobilière, il faut des blancs-seings, des autorisations, que seuls les gaullistes détiennent. D'où cet écheveau complexe de bienveillance, de collaboration, de complicité, voire de corruption, qui réunit des patrons, des entrepreneurs, des banquiers, des aventuriers, des avocats d'affaires, des hauts fonctionnaires, des parlementaires et même des ministres, avec la bénédiction de l'État UDR.

Mais l'hégémonie gaulliste se fissure au début des années 1970 : les vieux barons du gaullisme s'attaquent au modernisateur Jacques Chaban-Delmas, les giscardiens s'émancipent, la gauche unie se reconstruit autour du Programme commun. Dès lors, les langues se délient, les témoins apparaissent, et sonne l'heure du scandale. Révélateur est ce sondage réalisé pour *France-Soir* au mois d'août 1971 : la majorité des Français interrogés pensent que les parlementaires sont corrompus et ne font pas confiance au gouvernement pour résoudre les « affaires ». L'État gaulliste n'apparaît plus aussi incorruptible qu'il l'était du temps de son fondateur. On revient au doute, on revient aux soupçons qui pesaient sur la classe politique dans les régimes précédents.

En septembre 1972 paraît le premier numéro de l'hebdomadaire *Le Point* qui publie à son tour un sondage sur « Les Français et les scandales » : c'est à leurs yeux le sujet politique le plus important, devant les salaires et les prix, devant les élections qui s'annoncent. Pour 40 % des sondés, la Ve République est plus scandaleuse que la IVe, qui n'a pourtant pas une excellente réputation.

De l'affaire Markovic aux impôts de Chaban-Delmas

Il faut passer très vite sur l'un des scandales les plus minables de notre histoire, une manipulation montée de toutes pièces au printemps 1969 pour discréditer Georges Pompidou, ex-Premier ministre le dauphin naturel du général de Gaulle. Ce qui choque profondément dans l'affaire Markovic, c'est non seulement son caractère artificiel et dégradant, mais aussi l'exploitation qui en est faite, discrètement, dans certains milieux politiques. Pourquoi les journaux télévisés du 4 mars 1969, d'ordinaire si discrets sur les scandales, diffusent-ils une dépêche annonçant que l'avocat du truand François Marcantoni, soupçonné du meurtre de

Markovic, a demandé l'audition par le juge du couple Pompidou ? Sachant que le ministre de l'Information Joël Le Theule exerce à cette époque une surveillance rigoureuse sur l'information télévisée, pourquoi a-t-il laissé passer cette information ? Certains laissent entendre que le Premier ministre de l'époque, Maurice Couve de Murville, n'est pas mécontent de voir Pompidou touché par le scandale. C'est en tout cas ce que suggère François Mitterrand : « Je réprouve sans réserve le terrain choisi par certains, notamment par quelques officines gaullistes, pour atteindre, directement ou indirectement, et pour abattre l'ancien Premier ministre. Ce ne sont pas en tout cas les méthodes de la gauche. »

Depuis la découverte du corps de Markovic, le 1er octobre 1968, circulent dans les salles de rédaction des photographies et même des bouts de film visant à impliquer le couple Pompidou dans la nébuleuse du show-biz et du gangstérisme gravitant autour d'Alain Delon. On va même jusqu'à payer un sosie de Mme Pompidou. Qui fabrique le scandale ? Qui l'exploite ? Pourquoi Georges Pompidou laisse-t-il entendre, à en croire *Le Nouvel Observateur* du 10 mars 1969, qu'il a été trop « compréhensif » avec ceux qui secrètement l'accablent. Quels règlements de comptes se trament au sein de la famille gaulliste ? On ne le saura jamais précisément.

Mêmes doutes, mêmes incertitudes, deux ans plus tard, sur l'origine d'un nouveau scandale, frappant cette fois Jacques Chaban-Delmas, Premier ministre de Georges Pompidou. Qui donc a révélé sa déclaration d'impôts à la presse ? Au mois de novembre 1971, *Minute* et *Le Canard enchaîné* en font leurs choux gras, la trouvant anormalement modeste. Quelques jours plus tard, on apprend que l'inspecteur central des impôts Édouard Dega, responsable du quartier de Chaillot où est domicilié Chaban-Delmas, est inculpé de fraude fiscale et de complicité. Il semble que Dega aidait les gros contribuables de son quartier à dissimuler une partie de leurs revenus grâce aux indications de son frère Georges, conseiller fiscal. Or ce dernier a été pendant des années le collaborateur de Jacques Chaban-Delmas. Il ne s'en est débarrassé qu'en 1964, Georges Dega étant soupçonné d'avoir commis plusieurs « indélicatesses ».

L'affaire se corse lorsque le *Canard* du 19 janvier 1972 publie de nouvelles déclarations de revenus du Premier ministre, concernant cette fois les années 1967 et 1968, lorsqu'il était au perchoir de l'Assemblée. Selon ces déclarations, et compte tenu des déductions légales opérées, il n'a rien eu à payer ! Indignation de *l'Humanité* : « Légalement, il n'a rien à se reprocher mais quel symbole ! Le chef du gouvernement exonéré d'impôt lorsque des millions de travailleurs doivent céder au fisc environ un mois de salaire. » *L'Express* se demande où sont passés les revenus des actions et des obligations que Chaban possédait dans plusieurs sociétés de presse, notamment *Samedi-Soir* et *La Vie financière*. Chacun dénonce le système de l'avoir fiscal, qui a permis au Premier ministre, et à bien d'autres, de payer si peu d'impôts. « C'est un système fiscal de tricheurs », vitupère Georges Marchais, secrétaire général du Parti communiste. Même Pierre Carous, président du groupe UDR au Sénat, estime que ce système est une « monstruosité ».

Il n'empêche que les gaullistes resserrent les rangs autour du Premier ministre. Le bureau exécutif de l'UDR l'assure de sa solidarité totale et de son soutien absolu. *La Nation* dénonce « la campagne de subversion larvée » menée par de mystérieux adversaires, comparés à l'OAS ou aux gauchistes de 1968. À la télévision, le 15 février 1972, Chaban-Delmas reconnaît que la loi fiscale est trop compliquée, mais proteste de son innocence. Grande première dans notre histoire politique, il se livre à l'inventaire de ses biens, une maison de famille dans le Sud-Ouest, un appartement à Paris, une maison dans le Pays basque, et un appartement à Bordeaux acheté à crédit. « J'ai plaint ce soir Jacques Chaban-Delmas », écrit François Mitterrand dans l'hebdomadaire socialiste *L'Unité*. Bel accès de compassion pour le chef de l'opposition de gauche… qui est aussi un ami personnel du Premier ministre. Mais, dans les couloirs du Palais-Bourbon, tous ne sont pas aussi indulgents avec Chaban-Delmas, y compris dans son propre camp. L'ancien ministre François Missoffe, qui l'a trouvé « trop sur la défensive », pense qu'il aurait dû « y aller plus franchement » contre ses adversaires. Un député anonyme se laisse même aller à tracer le portrait-robot de son successeur à Matignon.

Deux jours après l'intervention télévisée, des milliers de Parisiens défilent derrière le communiste Georges Marchais, le socialiste Georges Sarre et le cégétiste Georges Séguy aux cris de « Chaban démission, à bas le régime des scandales ». Le 20 février 1972, lors des journées nationales de l'Union des jeunes pour le progrès, le Premier ministre est ovationné par les jeunes gaullistes, ses plus fervents soutiens, mais l'un d'eux lui reproche toutefois de se montrer « trop beau joueur vis-à-vis de certains adversaires impliqués dans des histoires douteuses ». Et d'accuser ouvertement le ministre des Finances d'être à l'origine du scandale : « Canard d'Estaing serait-il devenu le rédacteur en chef du *Giscard enchaîné* ? »

« C'est Giscard qui a voulu le scandale »

Dans son billet du *Monde* du 22 mars 1972, Robert Escarpit note malicieusement que lorsque Chaban baisse dans les sondages, Giscard monte du même nombre de points. « C'est Giscard qui a voulu le scandale », affirme *Le Canard enchaîné*. Dans Le *Nouvel Observateur*, Franz-Olivier Giesbert estime « qu'il y a trop de coïncidences » entre « les fuites qui se multiplient chaque semaine » et la campagne électorale qui se profile à l'horizon. « Curieusement, souligne Giesbert, les fuites semblent toujours émaner de la rue de Rivoli, où règne Giscard, nouveau parangon de la vertu fiscale. »

Cela dit, les difficultés de Chaban-Delmas ne réjouissent pas que les giscardiens. Il semble que certains gaullistes ne soient pas fâchés de voir écorner l'image de ce populaire Premier ministre. C'est aussi une aubaine pour la presse, et notamment pour *Le Canard enchaîné*, qui veut apparaître à cette époque comme un vrai journal d'investigation. La presse quotidienne semble beaucoup plus en retrait, hormis *l'Humanité*, tant est pesante la chape de plomb du système, sous de Gaulle comme sous Pompidou. En revanche, les magazines jouent un rôle d'enquête et de réflexion, qui permet d'arracher le scandale à sa dimension immédiate et polémique.

Notons aussi que le discours politique semble lui aussi s'assagir, se policer. On est loin des diatribes enflammées d'un Déroulède pendant le scandale de Panama, voire des outrances communistes des années 1950. Le verdict est sévère sur le système, mais les attaques personnelles sont plus rares et la violence est désormais contenue. Incontestablement, et au-delà de tout jugement de valeur, on peut dire que le scandale atteint à cette époque une sorte de maturité.

Le régime est-il pour autant purgé de ses vices ? Il est certain que le monde des affaires immobilières est assaini, que la législation est un peu améliorée, et que la surveillance administrative se renforce. D'autre part, les brebis galeuses, les indésirables comme Rives-Henrÿs, Sibeud ou Tomasini sont écartés de la vie politique. Les élections législatives de mars 1973 enregistrent le discrédit encouru par l'UDR, qui recule de quatre-vingt-neuf sièges, tandis que ses partenaires giscardiens n'en perdent que sept. Un an plus tard, lors de l'élection présidentielle de mai 1974, le candidat gaulliste Jacques Chaban-Delmas, personnellement atteint par le scandale, dépasse à peine 15 % des suffrages. Au-delà d'un échec personnel pour l'ancien Premier ministre, c'est un désaveu pour l'État UDR, qui apparaît usé et vieillot. Giscard d'Estaing, le candidat du renouveau, l'emporte de justesse sur Mitterrand au second tour. Objectivement, les affres du régime gaulliste lui ont été profitables. Mais saura-t-il échapper à la malédiction des scandales ?

Cinquième partie

LES LIAISONS DANGEREUSES

Jamais sans doute dans l'histoire de la Ve République la proximité entre le monde économique et les milieux gouvernementaux n'a été aussi grande que sous la présidence de Valéry Giscard d'Estaing. Dans le gouvernement Chirac de 1974, les représentants des grandes affaires sont en nombre, parmi lesquels Michel d'Ornano, l'ami personnel du président Giscard d'Estaing, président des parfums Orlane. Entre les ministres issus des grands conseils d'administration, ceux qui vont les découvrir et ceux qui vont y retourner, c'est une bonne partie du personnel gouvernemental qui est à cheval entre les deux mondes.

Le président Giscard d'Estaing lui-même est profondément ancré dans le monde économique. Son père Edmond est une grande figure de la banque et des échanges avec l'outremer. Son frère Olivier administre et préside plusieurs sociétés, de même que ses trois cousins germains, François à la Banque française du commerce extérieur, Philippe chez Thomson CSF et Jacques, qui siège dans plusieurs sociétés liées au nucléaire. Ce concubinage ne signifie pas vassalité, loin de là. Giscard le polytechnicien, Giscard le grand commis de l'État entretient des relations souvent difficiles avec les patrons français, qui lui reprochent sa morgue technocratique. Néanmoins, en dépit des frictions entre le monde économique et le président, son septennat est marqué par plusieurs « affaires » qui soulignent les liens établis entre le monde politique et celui de l'argent. À tort ou à raison, certains de ces scandales atteignent l'intégrité des gouvernants au sommet de l'État. C'est le temps des liaisons dangereuses.

1

Les privilèges de Marcel Dassault

Une fois n'est pas coutume. Le 6 novembre 1974, pour la première fois depuis l'affaire Caillaux, *Le Figaro* est à l'origine d'un scandale. Il révèle à ses lecteurs une note confidentielle envoyée le 17 septembre à Valéry Giscard d'Estaing par le général Paul Stehlin, ancien chef d'état-major de l'armée de l'air, député centriste de Paris et vice-président de l'Assemblée nationale. Cette note concerne le renouvellement par quatre pays européens, la Belgique, les Pays-Bas, le Danemark et la Norvège, de la quasi-totalité de leurs armées de l'air, soit un total de trois cent cinquante avions : c'est « le marché du siècle ».

Que dit cette note ? Chiffres et tableaux comparatifs à l'appui, elle démontre que les avions américains YF-16 de General Dynamics et YF-17 Cobra de Northrop sont « indiscutablement supérieurs » au Mirage F1 M53 fabriqué par la société Dassault-Breguet, fleuron de l'industrie aéronautique française. La note est accompagnée d'une lettre par laquelle Stehlin explique ses motivations au président de la République : il y accuse le Premier ministre Jacques Chirac d'avoir politisé cette compétition industrielle « de la manière la plus abusive » en invoquant la « déontologie européenne » en faveur du Mirage ; il y observe que les avions américains sont mieux préparés, plus puissants et moins coûteux que l'avion français ; enfin, il y rappelle son expérience à la tête de l'armée de l'air française, et la façon dont il a souffert des décisions « que M. Dassault réussissait à nous faire imposer par le gouvernement contre mon avis et contre celui de mon état-major ». Conclusion de la note : « Le choix de l'avion français sera un grand succès commercial pour la firme Dassault mais encore une fois coûtera cher à l'argent public français. »

On apprend que le texte circule depuis plusieurs semaines dans les ministères et dans toutes les capitales européennes. Étant donné le prestige de Stehlin et son rôle politique, c'est un véritable coup de poignard dans le dos qu'il assène à la société Dassault. Mais attaquer Dassault, c'est attaquer la France : le général va l'apprendre à ses dépens.

La « trahison » du général Stehlin

Depuis le début de sa carrière, dans les années 1930, l'avionneur Marcel Bloch, futur Marcel Dassault à la libération, a su se concilier la protection des hautes autorités militaires et politiques. Député des Alpes-Maritimes en 1951, sénateur de l'Oise en 1957, puis député de l'Oise à partir de 1958, il est devenu l'une des figures emblématiques du gaullisme, et l'un des principaux bailleurs de fonds de l'UDR. Pour le défendre, son parti tout entier se mobilise.

Alexandre Sanguinetti, secrétaire général du parti gaulliste, estime que Stehlin a porté « une grave atteinte aux intérêts supérieurs du pays ». Dans les couloirs de l'Assemblée, l'ancien Premier ministre Pierre Messmer estime que le général a manqué à la fois à l'honneur militaire et à l'honneur parlementaire. À la tribune, le vice-président du groupe UDR somme Stehlin de choisir « entre la fonction de propagandiste d'une industrie étrangère et son mandat de député de la nation ». Les députés gaullistes scandent avec ferveur : « Dassault ! Dassault ! »

Le groupe communiste se joint à ce lynchage parlementaire, inscrivant l'attitude de Stehlin « dans la logique de la politique gouvernementale d'abandon de l'indépendance nationale » au profit des intérêts américains. Jacques Soufflet, le ministre de la Défense, annonce qu'il va saisir le Conseil supérieur de l'air pour la mise à la retraite d'office du général, qui a « porté un coup sévère aux intérêts de la nation ». Gaullistes et communistes s'écrient d'une même voix : « Démission ! Démission ! »

Le seul à défendre ouvertement Stehlin est le député centriste Jean-Jacques Servan-Schreiber. À l'occasion de la réunion de son groupe parlementaire, au soir du 6 novembre, il menace de rejoindre les rangs de l'opposition si le général est désavoué par le pouvoir. Devant les journalistes, il lui exprime son soutien : « Tout ce qu'il peut apporter à un tel débat est profitable à la nation et sa conduite est normale. » Mais « JJSS » est très isolé. Le communiste Jean Kanapa voit en Stehlin un représentant du « parti américain », et Michel Rocard, leader du PSU, un porte-parole du « groupe de pression atlantiste ». Les syndicalistes sont sur la même ligne. Quant à Georges Sarre, un proche de Jean-Pierre Chevènement, il dénonce dans cette affaire « toute l'ambiguïté de la démarche giscardienne à l'égard des États-Unis ».

Ce propos nous renvoie à la dimension intérieure de cette affaire, qui apparaît comme un règlement de comptes entre les gaullistes et le président Giscard d'Estaing. Plusieurs journaux s'étonnent en effet que le chef de l'État et ses amis politiques soient les seuls à ne pas s'être exprimés, au soir du 6 novembre. Valéry Giscard d'Estaing ne sort de son silence que deux jours plus tard, non sans ambiguïté : s'il reconnaît que « la diffusion de la lettre est condamnable et nuisible aux intérêts du pays », il précise néanmoins que « le tort du général Stehlin n'est pas d'avoir une opinion mais de l'avoir fait connaître ».

Devançant les éventuelles sanctions qui le menacent, le général démissionne du groupe parlementaire des réformateurs et de la vice-présidence de l'Assemblée nationale. Le 13 novembre, il est mis à la retraite d'office sur décision du Conseil des ministres. Même Jean-Jacques Servan-Schreiber lui retire son soutien, affirmant sur Europe 1 qu'il n'a jamais pris son parti. Stehlin est désormais un homme seul, politiquement mort.

« Une opération Chirac » ?

L'affaire est loin d'être terminée. Dans *Le Monde* du 16 novembre 1974, Albert Fabre-Luce relance la polémique par une lettre incendiaire sur ce qu'il appelle « l'affaire Dassault, et qu'on appellera demain l'affaire Chirac ou même l'affaire Giscard ». Il dénonce le clan de l'avionneur « à la tête d'un État dans l'État, qui a ses députés et ses porte-parole, ceux qui font de bonnes affaires au nom de la patrie ».

Début décembre, Stehlin publie chez Calmann-Lévy *La France désarmée*. Il y décrit la « semaine interminable » au cours de laquelle il a vécu « au milieu des injures, des mensonges et de la lâcheté », abandonné de tous, y compris du président et de ses propres amis politiques. Il justifie son engagement par sa conviction, maintes fois réaffirmée, que la politique de défense menée par les gaullistes est dangereuse, inefficace et ruineuse. À son avis, la France ne doit pas faire seule ce que les Américains font mieux et moins cher. « Ma conviction est que nous allons vers une troisième guerre mondiale », écrit le général, d'où la nécessité de s'abriter sous le parapluie américain. À ses yeux, c'est une démission gouvernementale que de laisser Marcel Dassault définir la politique aéronautique de la France.

Stehlin reconnaît néanmoins qu'il a commis une erreur, et de taille : il a envoyé sa note au président de la République ainsi qu'à différents ministres, dont Michel Poniatowski et Michel d'Ornano, mais pas au Premier ministre Jacques Chirac. C'est peut-être la goutte d'eau qui a fait déborder le vase, et qui explique la manipulation dont il se prétend la victime. Il se demande en effet pourquoi la note et la lettre, connues dès la fin septembre dans la classe politique, n'ont été dévoilées que le 6 novembre par *Le Figaro*. C'est aussi une interrogation du communiste Paul Laurent, qui a écrit au Premier ministre Jacques Chirac pour dénoncer « l'inertie et le silence du gouvernement » pendant deux mois.

Selon les proches de Jean Lecanuet, atlantiste comme Stehlin, « l'orchestration du scandale » est « une opération Chirac, une opération contre nous ». Quant au général, il affirme dans son livre que l'auteur de l'article du *Figaro*, Jean-Pierre Mithois, a été vu la veille à Matignon dans le bureau du chef du service de presse : ce serait donc une fuite organisée par le Premier ministre, qui attendait le bon moment pour une exploitation politique de l'affaire. Pour Jacques Chirac, l'occasion était trop belle de dénoncer les atlantistes du parti réformateur, de resserrer les rangs gaullistes autour de la défense nationale... et d'affaiblir le président Giscard d'Estaing.

La victoire posthume de Stehlin

On n'entend plus parler du général Stehlin jusqu'au 6 juin 1975, journée doublement tragique. D'abord, parce que c'est le jour où est rendu public à Washington le rapport d'une sous-commission du Sénat chargée d'enquêter sur les sociétés multinationales. Dans ce rapport figure l'audition de Thomas Jones, le président de la société Northrop, révélant que sa société a distribué des pots-de-vin et des honoraires à plusieurs parlementaires et anciens officiers supérieurs européens. Parmi ces « consultants » de la société Northrop, concurrente de Dassault pour le marché du siècle, le général Stehlin apparaît en bonne position. Son rôle était d'analyser la situation politico-militaire en Europe et les possibilités de marchés qu'elle offrait à Northrop. En témoigne cette lettre, adressée par Stehlin à Thomas Jones, le 23 janvier 1973 : « Il semble que Dassault menace de fermer une partie de ses usines si le gouvernement n'augmente pas ses commandes... Vous pourriez et vous devriez profiter de la situation pour lancer une campagne de presse en faveur du Cobra P-530 (futur YF-17) qui permettrait à l'OTAN de produire avec des budgets nationaux identiques une bien plus grande quantité d'avions. » Cette lettre accable le général, car elle confirme les accusations de ses détracteurs : il a joué le jeu de l'industrie américaine.

Mais Paul Stehlin n'aura pas à subir l'opprobre général. Le jour même où le rapport de la commission américaine est publié, il est renversé par un autobus en sortant de son bureau, avenue de l'Opéra, et mortellement blessé. Depuis l'hôpital Cochin, où il a été admis d'urgence, sa femme dément les rumeurs qui commencent à courir : « Il était très croyant, il ne peut donc s'agir d'une tentative de suicide. » On s'interroge en effet sur cette coïncidence bizarre entre l'accident et la révélation du dossier Northrop. On rappelle aussi l'accident d'automobile dont ont été victimes son fils et sa femme, le 28 septembre, dans des « conditions très mystérieuses ». Alors qu'ils roulaient tranquillement sur l'autoroute de l'Ouest, un projectile a fait éclater le pare-brise et a blessé son fils. La police n'a jamais élucidé l'affaire.

Stehlin s'est-il donné la mort ? A-t-il été victime d'une manipulation internationale ? *A priori*, les choses sont plus simples que cela. D'après l'enquête, il s'est baissé pour ramasser des papiers tombés de sa serviette sur la chaussée, et le chauffeur de l'autobus n'a pas pu l'éviter. Le général décède des suites de ses blessures, le 22 juin, dans l'indifférence générale. Néanmoins, il remporte une victoire posthume, car les gouvernements des quatre pays concernés par le marché du siècle décident de choisir l'avion américain YF-16, de General Dynamics. « Les milliards du marché du siècle iront au trust américain », s'indigne *l'Humanité*, devenue pour la circonstance porte-parole de Dassault. Seuls une trentaine de députés assistent à l'éloge funèbre de Stehlin, prononcé à l'Assemblée nationale par Edgar Faure, le 27 juin 1975. Le gaulliste Robert Buron s'étonne même qu'on lui ait accordé les honneurs militaires.

Quid des propositions de la gauche, visant à renforcer la loi sur les incompatibilités parlementaires ou à constituer une commission d'enquête sur les parlementaires administrateurs de multinationales ? Elles restent lettre morte. L'honneur de la France est sauf... ainsi que les intérêts Dassault. Pourtant, un an plus tard, le plus célèbre et le plus influent des avionneurs français revient à nouveau au premier plan de l'actualité.

Le coup de folie d'un expert-comptable

Le 3 septembre 1976, c'est *France-Soir* qui décroche le scoop de l'année : Hervé de Vathaire, quarante-neuf ans, directeur des services comptables de la société Marcel Dassault, a disparu depuis plusieurs semaines en dérobant huit millions de francs à son employeur. Il s'est présenté au matin du 6 juillet à l'agence BNP de l'avenue de la Grande-Armée, et le directeur lui a remis sans difficulté la somme demandée. Marcel Dassault aurait déposé plainte mais l'aurait retirée le 10 août.

Qu'est-ce qui a pu pousser un employé modèle à trahir son patron ? Pourquoi ce dernier a-t-il retiré sa plainte ? Pourquoi n'apprend-on cette affaire que deux mois après le vol ? Ce sont les questions que se pose toute la presse au lendemain de ces révélations. On apprend aussi qu'Hervé de Vathaire était très lié depuis quelques mois à un personnage au passé trouble, un certain Jean Kay, ancien de l'OAS, mercenaire, ex-instructeur des milices phalangistes libanaises. La trentaine, visage de baroudeur aux lèvres épaisses, une vague ressemblance avec Jacques Brel, ce personnage semble pourtant aux antipodes du très sérieux de Vathaire. Il a déjà fait la une de l'actualité le 3 décembre 1971 en essayant de détourner à Orly un Boeing pakistanais en partance pour Karachi : il voulait, dit-il, faire livrer vingt tonnes de médicaments à la population bengali. Arrêté une nouvelle fois en novembre 1974 au Congo, où il entraînait les rebelles du Front de libération du Cabinda, il a fait quelques mois de prison avant d'être expulsé vers la France. Comment l'homme de confiance de Dassault a-t-il pu sympathiser avec cet aventurier au parfum de soufre ?

Par amour. Pour plaire à sa maîtresse, une jolie blonde décolorée de trente-six ans, Bernadette Roels, dont la meilleure amie est Danièle Marquet, la petite amie de Jean Kay. Interviewé sur Europe 1, Marcel Dassault tente d'expliquer le coup de folie de son employé modèle, depuis vingt-quatre ans à son service : « Après la mort de sa femme, qui est morte d'une façon un peu étrange, eh bien ça lui a donné un coup et il a été un peu déréglé dans sa vie privée. » Sa femme Chantal, atteinte d'un cancer, s'est en effet suicidée au mois d'avril : il l'a retrouvée morte dans sa baignoire. C'est pourquoi, à la demande de la famille de Vathaire, Marcel Dassault a préféré retirer sa plainte et ne pas ébruiter l'affaire. D'autant que, selon la police, l'ancien chef comptable ne serait plus en possession de la somme dérobée. Selon Dassault, il n'y a pas lieu de s'exciter sur cette affaire. Mais la presse ne l'entend pas de cette oreille.

Un dossier qui vaut des millions

Voilà une affaire bien mystérieuse, si l'on en croit *Le Canard enchaîné*. « Faites très attention, il y a des tueurs derrière ce coup », se serait exclamé Me Peroni, avocat de Marcel Dassault. Selon *France-Soir*, Hervé de Vathaire aurait remis à Bernadette Roels un message, le jour même de sa disparition. Il y évoque un mystérieux dossier remis à son ami « inestimable » Jean Kay, concernant des opérations financières et immobilières frauduleuses menées par Dassault. Jean Kay aurait refusé de lui rendre le dossier, mais le chef comptable en a confié un résumé à Bernadette, en seize feuillets, avec les noms des personnes impliquées. La jeune femme l'a transmis aux enquêteurs. Quant à l'argent, il semble que Vathaire l'ait entièrement donné à Jean Kay : c'est en tout cas ce qu'il aurait affirmé dans un coup de téléphone à sa fille.

Le 8 septembre 1976, cinq jours après l'article de *France-Soir*, se produit un coup de théâtre : Hervé de Vathaire réapparaît à l'aéroport d'Orly, de retour de l'île de Corfou où il se cachait depuis plusieurs semaines. De son propre chef, il est entendu par le juge d'instruction parisien Guy Joly, auquel il confirme avoir remis les huit millions et le dossier à Jean Kay. Inculpé d'abus de confiance, il est aussitôt écroué à la prison de la Santé. Presque au même moment, Marcel Dassault est l'invité du journal de 13 heures sur TF1. Se réjouissant du retour du « fils prodigue », il le décrit comme « un chef de service de grande qualité, très intelligent, connaissant admirablement son métier », et qui avait toute sa confiance. Quant au dossier réuni par l'ancien chef comptable, il est sans valeur aux yeux de Dassault, car rédigé « dans une période d'égarement et de dépression ». C'est donc à ses yeux une affaire classée.

Pourtant, *Le Point* du 13 septembre 1976 publie des révélations explosives sur « l'étrange affaire de Vathaire ». Selon Jean-Marie Pontaut, qui a mené l'enquête, c'est un véritable roman où se mêlent le sexe, le pouvoir et le mystère. Il semble que l'expert-comptable ait été victime d'un chantage de Jean Kay. En échange du dossier sur Dassault, qu'il avait eu l'imprudence de lui remettre, le mercenaire aurait exigé les huit millions de francs, et organisé le coup du 6 juillet. Paniqué, de Vathaire a alors rédigé à la hâte les feuillets qu'il a remis à Bernadette Roels. Après s'être caché quelques jours dans des hôtels borgnes à Paris, il a pris le train pour Venise, puis le bateau pour Corfou, où il a débarqué le 5 août. Il y est resté un mois, terré dans une chambre de location, ne parlant à personne et se faisant appeler Spyros. Pendant ce temps, Bernadette Roels a remis le résumé du dossier à la famille de Vathaire, qui a contacté Dassault. Mais ce dernier a demandé à la police de prendre livraison des feuillets accusateurs.

Le Point est entré en possession de ce texte, dont il livre les bonnes feuilles à ses lecteurs. Il y est question des fraudes fiscales des sociétés Dassault, avec la complicité de deux hauts fonctionnaires des finances. On y parle aussi de transferts illégaux entre les comptes des sociétés du groupe et les comptes privés de Marcel Dassault : sa propriété dans l'Oise, le petit Trianon, serait ainsi entretenue aux frais de la Société des avions Marcel Dassault. Enfin, le dossier évoque le financement par l'avionneur du journal électoral de Jacques Chirac, *L'Essor du Limousin*.

Sur France-Inter, Dassault dément toutes ces accusations, même s'il reconnaît avoir subventionné une agence de presse qui soutenait les députés UDR, selon lui « une chose tout à fait innocente que font tous les partis politiques ». Dans une lettre ouverte au directeur du *Point*, il se déclare serein, résumant l'affaire à une « présumée fraude fiscale », selon lui tout à fait fantaisiste.

Mais *Le Monde* du 14 septembre titre en une « Le temps du soupçon », en demandant que toute la lumière soit faite sur le complexe politico-industriel. Francis Cornu observe que l'affaire de Vathaire a éclaté le 3 septembre 1976, soit une semaine après que Chirac a démissionné de son poste de Premier ministre. Curieuse coïncidence, qui autorise bien des questions : n'est-ce pas Chirac qui a étouffé l'affaire entre le 6 juillet et le 3 septembre ? Pourquoi l'a-t-on finalement dévoilée ? Comment *Le Point* s'est-il procuré le résumé du dossier réuni par de Vathaire ? Et surtout, n'est-ce pas Chirac, à travers Dassault, qui est visé par la publication de ce dossier ?

Un coup dur pour Jacques Chirac ?

C'est l'occasion pour la presse de rappeler les liens personnels qui unissent l'avionneur et le Premier ministre démissionnaire, et ce depuis de très longues années. Dans les années 1930, le père de Jacques Chirac, directeur d'une agence bancaire de l'avenue Victor-Hugo à Paris, est le banquier et l'ami de Marcel Bloch, devenu à la Libération, rentré de déportation, Marcel Dassault. Pendant la débâcle de 1940, le petit Jacques Chirac et sa mère ont été hébergés dans la propriété des Bloch au Rayol, dans le Var. Depuis cette époque, l'avionneur l'appelle « mon petit Jacques ». C'est dire si les deux hommes sont proches. Chacun a pu s'en apercevoir en 1974, lors de l'affaire du marché du siècle, quand Chirac s'est engagé en faveur des avions Dassault.

Alors, cette affaire de Vathaire, n'est-ce pas avant tout « un coup dur pour Chirac », se demande *Le Canard enchaîné*. Lors de la réunion du groupe parlementaire UDR, le 19 octobre 1976, on ne parle que de cela. Plusieurs députés accusent ouvertement Michel Poniatowski, ministre de l'Intérieur et bras droit du président Giscard d'Estaing, de vouloir refaire le coup de la Garantie foncière, c'est-à-dire d'avoir monté le scandale afin de discréditer les gaullistes. Claude Labbé, le président du groupe, déplore que Marcel Dassault ne soit pas venu s'expliquer. Branle-bas de combat parmi les chiraquiens.

« D'où vient cet argent ? » s'exclame sur Europe 1 Gaston Defferre, président du groupe parlementaire socialiste : « De vous, de nous, des contribuables. La fortune de Dassault provient de la construction d'avions militaires qui sont payés par la nation. Il a donné de l'argent à M. Chirac, sans doute en a-t-il donné à l'UDR. M. Dassault, député UDR, vote des crédits pour que des ministres UDR fassent construire des avions qui rapportent de l'argent qui revient à l'UDR. La boucle est bouclée », conclut le député-maire de Marseille.

Le Point revient à la charge dans son édition du 18 octobre 1976, dévoilant cette fois l'intégralité du texte confié à Bernadette Roels. Signée à chaque page de la main de Vathaire, la confession commence ainsi : « Des sommes considérables ont été dissimulées dans la comptabilité de la Société des avions Marcel Dassault, au détriment des contributions directes, du personnel au titre de la participation, des actionnaires et du ministère de l'Air. » C'est ainsi que Dassault aurait détourné ou soustrait au fisc plus de un milliard cinq cents millions de francs en diminuant l'actif de ses sociétés qui utilisent des fonds d'État au profit de ses autres sociétés privées. La Société des avions Marcel-Dassault aurait payé à la Générale immobilière Marcel Dassault des droits de licence sur des prototypes vieux de vingt ans, ainsi que des loyers exorbitants pour des sites industriels. Des sommes estimées par Hervé de Vathaire à quarante millions de francs par an auraient été transférées du compte de la Société des avions Marcel Dassault vers des comptes personnels en Suisse. Vathaire donne des dates, des chiffres, des numéros de compte. Il précise qu'une partie de ces sommes, soit trente millions de francs, ont été consacrées aux campagnes électorales de Marcel Dassault dans l'Oise. Le tableau est accablant.

Deuxième round de l'affaire Dassault ?

« Deuxième round de l'affaire Dassault », titre *Le Canard enchaîné*, qui affirme posséder comme *Le Point* une photocopie du manuscrit de Vathaire. Pour preuve, le journal satirique publie les fac-similés de plusieurs feuillets du document : l'un d'eux cite nommément deux fonctionnaires des finances accusés d'être soudoyés par Dassault ; mais le plus édifiant est un extrait du premier feuillet, racontant que Jacques Chirac « se rend assez souvent au bureau de M. Dassault, 9, rond-point des Champs-Élysées, même depuis qu'il est Premier ministre ».

Dès lors, les choses se précipitent sur le terrain politique. Pour la première fois depuis le début de l'affaire, le ministère des Finances sort de son silence en précisant que les sociétés du groupe Dassault font l'objet de vérifications fiscales régulières. Le ministre Jean-Pierre Fourcade, ainsi que son collègue Olivier Guichard, garde des Sceaux, se prononcent en faveur d'enquêtes financières et judiciaires. Quant au groupe UDR, il décide de s'associer aux demandes de commissions d'enquête parlementaire formulées par la gauche depuis des semaines. L'heure de vérité a-t-elle enfin sonné pour Marcel Dassault ?

Rien n'est moins sûr. Hervé de Vathaire lui-même a tenté de faire interdire la parution du *Point*, estimant que le manuscrit était une affaire privée entre lui et son patron, et se disant « le jouet d'une machination ». Sur France Inter, Dassault ironise « sur les âneries de ce pauvre de Vathaire », et déplore sur Antenne 2 que son ancien chef comptable ait été victime d'un « petit infarctus au cerveau ». Et l'avionneur de conclure : « Je ne suis coupable de rien du tout. » Les communistes fulminent, indignés par tant de morgue, et Robert Ballanger, le président du groupe parlementaire, organise une conférence de presse pour réclamer la nationalisation de l'industrie aéronautique. Il saisit le président de l'Assemblée nationale, Edgar Faure, afin de statuer sur l'incompatibilité entre les activités industrielles de Dassault et son mandat parlementaire, en fonction de la loi de 1971. Mais l'industriel trouve la parade : il saisit le Conseil constitutionnel avant que le bureau de l'Assemblée ne soit réuni. *Le Canard enchaîné* affirme qu'il pourra bénéficier de toute la bienveillance de Roger Frey, le président du Conseil constitutionnel, dont il a financé toutes les campagnes électorales.

Les communistes réclament en outre la création d'une commission d'enquête sur l'évasion et la fraude fiscale des grandes sociétés, notamment Dassault. À leur grande surprise, les gaullistes s'associent à cette demande, mais à leurs conditions. Le rapporteur gaulliste de la commission des lois, Jacques Limouzy, exige en effet que la commission d'enquête soit étendue à toutes les sociétés aéronautiques, y compris aux sociétés publiques. C'est une façon de « noyer le poisson », s'indigne le député socialiste Raymond Forni. Pour le groupe communiste, il s'agit de « détourner l'opinion du scandale Dassault ». Un amendement réclame la priorité des enquêtes sur le groupe Dassault, mais la majorité le repousse évidemment. La commission, présidée par Limouzy, va donc enquêter sur tout le système aéronautique français.

L'intouchable Marcel Dassault

Le 17 mars 1977, *Le Monde* informe ses lecteurs que le rapport de la commission Limouzy est bouclé, mais que la décision de le rendre public n'a pas encore été prise. Il semble que le pouvoir politique n'ait pas été très coopératif avec les députés, refusant notamment que soient entendus les hauts fonctionnaires de la vérification des finances et du contrôle général des armées. Des membres de la commission, vraisemblablement de gauche, ont néanmoins laissé filtrer quelques informations. À l'issue des auditions, ils ont acquis la conviction que les accusations de Vathaire étaient fondées sur bien des points, notamment en ce qui concerne les transferts des fonds publics de la Société des avions Marcel-Dassault vers la Générale immobilière, dont il est le principal actionnaire. « Je n'ai jamais dit que M. de Vathaire avait tort sur toute la ligne », aurait reconnu Marcel Dassault.

Inculpé d'escroquerie, le chef comptable comparaît le 30 mars 1977 devant la 13e chambre correctionnelle de Paris, en compagnie de Bernadette Roels, mais en l'absence de Jean Kay, introuvable. Ce dernier vient pourtant d'envoyer une lettre au *Point* afin de disculper son « ami », affirmant que les huit millions sont un « don » de Dassault « au profit des causes pour lesquelles j'ai engagé ma vie et mon combat ». Aux yeux de Francis Cornu, le correspondant du *Monde*, ce procès est « un chinois », cet ustensile de cuisine asiatique qui sert à la fois d'entonnoir et de filtre. Il s'étonne que les vérifications ordonnées par le ministère des Finances sur les sociétés Dassault ne soient pas encore connues à l'heure du procès, pas plus que les conclusions de la commission Limouzy. Il faut dire que l'instruction judiciaire de l'affaire de Vathaire a été menée avec une rapidité exceptionnelle : on a ainsi évité que le procès de Vathaire ne se transforme en procès Dassault.

Le 5 avril 1977, Hervé de Vathaire est condamné à quatre ans de prison et dix mille francs d'amende pour escroquerie, Bernadette Roels à seize mois dont dix avec sursis pour complicité, et Jean Kay par défaut à sept ans et vingt mille francs d'amende. Dans son jugement, le tribunal estime que l'existence du dossier sur Dassault n'est nullement établie et que la thèse du chantage de Jean Kay ne tient pas. Le 21 avril, est rendu public le rapport de la commission Limouzy, soit six cent quarante-six pages en deux tomes et plusieurs annexes, dont les auditions croquignolesques de Marcel Dassault. Comme on pouvait s'y attendre, les conclusions du rapport l'innocentent entièrement. Pas de ressources financières anormales, pas de pratiques scandaleuses ou de procédés inavouables : l'avionneur est lavé de tout soupçon. En revanche, le rapport s'en donne à cœur joie pour dénoncer les mauvais choix aéronautiques des gouvernements qui se sont succédé, l'irrésolution de l'état-major de l'armée de l'air, les fréquents changements d'hommes et de programmes, les gouffres financiers engendrés par le Mercure, le Concorde ou le Mirage à décollage vertical. En somme, Dassault n'a fait que son métier d'avionneur : c'est l'État qui a eu tort de financer ses danseuses.

Hervé de Vathaire paiera donc seul les pots cassés du scandale. Il n'obtiendra sa remise en liberté conditionnelle qu'en août 1979, après que Dassault lui-même a intercédé en sa faveur. « Il m'a donné toute satisfaction jusqu'au jour où, probablement troublé par la mort de sa femme, il a commis l'indélicatesse que vous connaissez », a écrit l'avionneur au garde des Sceaux, le 9 mai 1979. Au fond, tout est bien qui finit bien pour la firme Dassault, sortie indemne des soubresauts politiques engendrés par le scandale. Certes, il a fallu concéder à l'État une participation à hauteur de 46 % dans le capital de la société, mais Marcel, le patriarche, garde le contrôle et le pouvoir de décision. Dassault et, avec lui, toute la famille gaulliste ont su parer les attaques de leurs adversaires et de leurs rivaux. Bientôt sonne l'heure de la contre-attaque, et, cette fois, ce sont leurs adversaires giscardiens qui vont être propulsés dans l'œil du cyclone.

2

Le prince et les affaires

Au matin du 24 décembre 1976, peu après 9 h 30, une dépêche stupéfiante tombe sur les téléscripteurs des grands journaux parisiens : le prince Jean de Broglie, ancien ministre, ancien président de la commission des Affaires étrangères de l'Assemblée nationale, vient d'être assassiné à Paris, rue des Dardanelles. Quelques minutes plus tard, tout l'état-major de la police judiciaire est déjà sur les lieux du crime, son directeur en tête. Le prince a reçu trois balles dont l'une dans la tête, et il est mort sur le coup. Étant donné la personnalité de la victime, ami personnel du président Giscard d'Estaing et cofondateur avec lui des républicains indépendants, ce n'est évidemment pas un meurtre comme les autres. C'est peut-être même une affaire d'État.

Un giscardien encombrant

Quelques jours après le meurtre, *Le Canard enchaîné* consacre un long article à ce « prince qui se tuait à faire des affaires ». On y apprend que Jean de Broglie, député de l'Eure, travaillait avec plusieurs sociétés d'import-export, notamment la Brincom, une « étonnante affaire » qui serait « spécialisée dans les transactions en direction des pays arabes, faisant parfois dans le trafic d'armes ». Le journal satirique précise que la direction des affaires fiscales s'est intéressée récemment à cette firme, et que ses enquêtes ont mis en lumière les activités pour le moins contestables du prince. C'est pour cette raison que Valéry Giscard d'Estaing aurait refusé de lui donner la présidence de la commission des finances de l'Assemblée. « Ce pauvre prince était décidément cerné par les dossiers. Mélangez le tout avec quelques combines montées naguère pour financer le parti giscardien, et vous obtiendrez une belle affaire d'État », ironise le *Canard*, en concluant : « De quoi donner quelques insomnies à l'autre prince, ministre de l'Intérieur, celui-là », c'est-à-dire à Michel Poniatowski, fidèle lieutenant du président de la République.

Si la surprise est grande pour l'opinion publique, les giscardiens savent depuis plusieurs années à quoi s'en tenir sur Jean de Broglie. Fils du prince Amédée de Broglie et de la princesse Béatrix de Focigny-Lucinge, donc apparenté à Anne-Aymone de Brantès, femme du président, le prince est devenu un intime de ce dernier dans les années 1960. Ancien FFI, conseiller d'État depuis la Libération, député d'Évreux à partir de 1958 puis président de la Haute Cour de justice en 1959, il est entré au mois d'août 1961 au gouvernement Debré en tant que secrétaire d'État chargé du Sahara et des territoires et départements d'outre-mer. Négociateur des accords d'Évian, il a ensuite occupé le secrétariat d'État aux Affaires algériennes, tandis que Giscard, qui l'appelle familièrement « cousin », détenait le ministère des Finances. Ensemble, ils ont fondé en juin 1966 la Fédération des républicains indépendants. Au siège du parti giscardien, il occupait le bureau voisin de celui du futur président.

Pourtant, il semble que cette belle amitié n'ait pas résisté aux déboires affairistes de Jean de Broglie. Héritier richissime de son oncle Louis, à la tête d'une fortune évaluée à vingt-trois millions de francs, le prince semble avoir eu le démon des affaires comme d'autres ont le démon du jeu. Non pas par goût du luxe ou de l'ostentation, au contraire. Edgard Pisani le décrit ainsi : « Il était dans sa tenue comme pour le reste, tellement antisnob qu'il en devenait snob. » Mais son château de Broglie, aux trois cent soixante-cinq fenêtres, est sa danseuse, une danseuse aux appétits inextinguibles, qui lui réclame toujours plus d'argent. En 1969, il a fait un nouvel héritage, tout à fait inattendu celui-là, d'une vieille aristocrate écossaise qui s'était prise d'amitié pour lui. Mais il y a cinq millions de droits de succession à payer, et c'est ce qui pousse le prince à se jeter dans les affaires.

Entre 1967 et 1972, il préside la Sofradec, une société qui se propose de rechercher des « marchés d'expansion économique dans le monde », et qui aurait joué un rôle majeur dans la vente d'un aéroport à la Libye. Il est associé dans cette entreprise avec l'ancien barbouze François Arendt, qui sera retrouvé mort avec une balle dans la tête en forêt de Compiègne, le 19 février 1972, quelques jours après la liquidation de la société. En 1968, le prince entre dans le capital d'une société d'assurances appelée Viager Foncier, dont le conseiller financier est Raoul de Léon, de son vrai nom Raoul Austin Wolf Léon, une sorte d'aventurier des affaires dont le comportement aurait été fort trouble sous l'Occupation. Il devient aussi président du conseil d'administration de la Sodotex, filiale de la firme espagnole Matesa, qui sera impliquée un an plus tard dans un grand scandale de détournement de subventions publiques au profit de l'Opus Dei. Par le biais d'exportations fictives, la Matesa aurait détourné un milliard de francs sous forme de crédits de l'État espagnol : dix-huit personnes dont trois ministres franquistes sont poursuivis dans cette affaire.

Pourtant, au même moment, à l'été 1969, l'infatigable Jean de Broglie fonde encore une autre société, Brincom, Bureau de réalisations industrielles et commerciales, en compagnie d'Akli Rahal, ancien chef des services spéciaux algériens. Enfin, il entre en relations avec deux autres personnages aux antécédents douteux : Pierre de Varga, homme d'affaires d'origine hongroise, condamné pour escroqueries à plusieurs reprises, et le voisin d'immeuble de ce dernier, Patrick Allenet de Ribemont, ancien militaire reconverti dans le conseil financier international. C'est en sortant de chez Varga que le prince de Broglie a été assassiné.

Un enterrement de première classe

Jamais affaire n'aura été si vite enterrée, à tous les sens du terme. Le 28 décembre 1976, aucun ministre n'est présent aux obsèques du prince, dans son fief de Broglie. Jacques Dominati, le secrétaire général des républicains indépendants, s'est fait excuser. Seuls le préfet de l'Eure et cinq députés sont venus lui rendre un dernier hommage. Parmi eux, son voisin de circonscription, le gaulliste René Tomasini, ancien secrétaire général de l'UNR. C'est l'occasion de rappeler que le prince, devenu indésirable chez les giscardiens, venait de participer, trois semaines plus tôt, à un meeting de Jacques Chirac, porte de Versailles. L'une des couronnes déposées au cimetière portait d'ailleurs un calicot en forme de croix de Lorraine, avec la mention « À notre compagnon ». Sur ordre du préfet, un employé l'a fait enlever au dernier moment.

Le lendemain, 29 décembre, soit cinq jours après le meurtre du prince, Michel Poniatowski donne une conférence de presse au ministère de l'Intérieur, encadré par Jean Ducret, le directeur de la police judiciaire, et par le commissaire René Ottavioli, qui a mené l'enquête : il annonce triomphalement que l'énigme est résolue. L'assassin est Gérard Frèche, un petit malfrat sans envergure. Son complice est Guy Simoné, un flic véreux qui l'a embauché pour commettre le crime. Les commanditaires sont Pierre de Varga et Patrick de Ribemont, associés du prince de Broglie dans une société gérant la Rôtisserie de la reine Pédauque.

Haut lieu gastronomique des Années folles, ce restaurant au nom inspiré d'un roman d'Anatole France a beaucoup perdu de son lustre d'antan. En octobre 1975, Varga et Ribemont ont eu l'idée de le relancer, Broglie s'occupant de leur procurer les quatre millions nécessaires, empruntés à une agence BNP de sa circonscription. En échange d'une commission de six cent mille francs ainsi que d'un important portefeuille d'actions, le prince laissait la propriété de la Rôtisserie à Ribemont. On apprendra plus tard qu'à la suite d'un accord secret conclu en décembre 1975 ce dernier a remis la moitié des actions du restaurant à Pascale de Varga, la fille de son associé. L'emprunt contracté par le prince était gagé sur ses assurances-vie, car il n'avait plus rien à hypothéquer sur son immense patrimoine. Ayant donc mobilisé ses multiples polices d'assurances, Broglie a pu garantir son emprunt : en cas de décès, la dette était donc close. Si l'on en croit le ministre de l'Intérieur, c'est pour cette raison que Varga et Ribemont ont fait assassiner Jean de Broglie. « Avec l'arrestation de Varga-Hirsch, le coup de filet est complet », se réjouit-il.

Pourtant, des voix discordantes s'élèvent. La veuve du prince, interrogée sur RTL, se dit indignée : « On ne peut penser qu'on assassine quelqu'un simplement pour cela. C'est une affaire idiote qui ne tient pas debout. » L'Union syndicale des magistrats proteste contre la violation par le ministre du secret de l'instruction. Quant à la presse, le moins que l'on puisse dire, c'est qu'elle n'est pas convaincue par les explications officielles. « Qui croit encore à la version policière ? » titre le quotidien *Libération* du 31 décembre 1976. Le mobile était-il suffisant ? Peut-on admettre que Varga et Ribemont aient fait exécuter le prince à la porte même de leur immeuble, sachant qu'ils seraient les premiers soupçonnés ? Pourquoi Simoné, l'organisateur du crime, s'est-il aussi vite « mis à table » ? N'y a-t-il pas d'autres pistes à explorer, tant étaient nombreuses les affaires du prince ?

Sur Europe 1, François Mitterrand juge la conférence de presse de Michel Poniatowski « pour le moins malheureuse, pour ne pas dire offensante » envers la mémoire du député assassiné. Dans *Le Monde*, Pierre Marcilhacy dénonce quant à lui les « ombres sales » qui salissent surtout ceux qui s'obstinent à les laisser subsister, c'est-à-dire ceux qui veulent étouffer l'affaire. Dans *l'Humanité*, Roger Pourteau se dit persuadé que le ministre de l'Intérieur veut « étouffer la vérité et jeter un voile pudique sur les activités de Broglie ».

C'est aussi ce qu'écrit Pierre de Varga depuis sa cellule de la prison de la Santé : « La raison d'État exige un coupable, fût-il un bouc émissaire. Il faut donc me condamner ailleurs et beaucoup. » Sa fille Pascale veut organiser une conférence de presse afin de donner les preuves de l'innocence de son père… mais elle annule au dernier moment. La femme de Ribemont se confie à la télévision : « Pour mon mari, affirme-t-elle, la dette contractée vis-à-vis de Jean de Broglie était bien sûr reportée sur sa succession. » D'après l'avocat de Ribemont, la reconnaissance de dette rédigée par son client stipule bien que les sommes restent dues à sa famille en cas de décès du prince. Il n'avait donc aucune raison de le faire assassiner. Selon lui, Simoné a organisé le coup tout seul, car il devait personnellement cent mille francs au prince, sans pouvoir le rembourser. Quant à Simoné, il prétend que les véritables commanditaires du crime se situent au-dessus de Varga et Ribemont. Qui croire ?

Le « Raspoutine de l'arnaque »

Le scandale rebondit avec les révélations du *Canard enchaîné* du 5 janvier 1977, qui prétend savoir « pourquoi Ponia étouffe le cadavre ». Selon le journal satirique, plusieurs hauts responsables des Renseignements généraux et le directeur de cabinet de Poniatowski savaient depuis fin novembre 1976 qu'un mauvais coup se préparait contre le prince, et, pourtant, rien n'a été fait pour le protéger. *Le Journal du dimanche* cite le témoignage d'un ancien ministre gaulliste, confirmant cette rumeur. *L'Express* évoque deux rapports des 23 et 30 novembre 1974 qui auraient été remis aux RG grâce à un informateur proche de Simoné, un certain Simon Kolkowicz, dit Attila. Alors pourquoi a-t-on laissé assassiner le prince de Broglie ?

Pour *l'Humanité*, il faut regarder du côté du trafic d'armes international, dont le prince aurait été l'une des éminences grises : « Le bruit court qu'une bonne partie de tout cet argent manipulé par Broglie servait à alimenter certaines caisses noires. » De son côté, le *Canard* pointe du doigt les rapports qui existeraient entre les républicains indépendants de Valéry Giscard d'Estaing et la Banco Popular Español, principale banque de l'Opus Dei, qui les aurait financés par l'intermédiaire de Broglie.

Nouveau mystère, le 12 janvier 1977 : on apprend que le château du prince, à Broglie, vient d'être cambriolé... mais sans que rien ait été volé. Plusieurs journaux se demandent si les services spéciaux ne sont pas venus faire le ménage pour éviter les investigations de la justice. On signale d'ailleurs que le commissaire Brosseau, chef de la section des affaires politiques particulières au ministère de l'Intérieur, un des meilleurs spécialistes des Renseignements généraux, aurait été interrogé dix-sept heures durant par l'Inspection générale des services. On dit aussi que le commissaire Boucher, ancien chef adjoint de la 2ᵉ section des Renseignements généraux, serait un intime de Varga. Tout cela sent le trafic d'armes et l'espionnage international.

Pourtant, l'enquête officielle se focalise sur le crime crapuleux lié à l'emprunt de la Rôtisserie de la reine Pédauque. On découvre peu à peu les personnalités des principaux accusés, qui constituent une galerie de portraits peu reluisante. Le tueur, Gérard Frèche, dit la Tige, familier des prisons et des asiles psychiatriques, un faible qui s'est laissé manipuler de bout en bout. Son âme damnée, l'organisateur du crime, l'inspecteur Guy Simoné, chanteur d'occasion sous le pseudo de Serge, un vrai « ripou » plusieurs fois soupçonné dans des affaires de hold-up, de chantage et de trafic de faux bons du Trésor.

Quant au commanditaire, Pierre de Varga, les journalistes Jacques Derogy et Jean-Marie Pontaut le décrivent comme le « Raspoutine de l'arnaque », rien de moins. D'origine hongroise, venu en France en 1938, il aurait officié, sous le pseudonyme de Fischer ou de Hirsch, comme chef de la *Propagandastaffel* de Bourges. Sa déportation par les Allemands en juillet 1944, selon lui pour faits de résistance, lui a valu d'échapper aux tribunaux d'épuration auxquels il semblait promis. La suite de sa carrière n'est qu'une succession d'affaires louches et d'escroqueries, qui lui ont permis de vivre la grande vie dans sa villa somptueuse des Yvelines... et sans jamais payer le moindre impôt. Il s'est fait une spécialité de la banqueroute organisée : d'abord, il attirait de gros investisseurs vers des affaires alléchantes, souvent des restaurants, tel le célèbre Lapérouse, qu'il gérait à travers ses sociétés écrans, la Ficodip, la Soficop ; puis il les laissait couler au bout de quelques mois, en récupérant au passage une bonne partie des investissements.

Son dernier gogo en date, le « fleuron de son cabinet » comme il dit, a été le prince de Broglie, dont il a su gagner les faveurs. Il l'a convaincu de miser ce qui lui restait de fortune sur la Rôtisserie de la reine Pédauque, en empruntant quatre millions de francs. Lorsque le prince a contracté une énième police d'assurance-vie pour gager l'emprunt auprès de sa banque, c'est une amie intime de Varga, la cardiologue Nelly Azerad, qui a fait passer au prince l'indispensable examen médical. Au mois d'avril 1977, alors que l'affaire semble déjà oubliée, elle la relance en révélant à un journaliste de *Minute* que Varga avait organisé une première tentative de meurtre sur le prince de Broglie, le 10 décembre 1976. Inculpée et écrouée, elle confirme ses accusations devant le juge. Est-ce la fin du Raspoutine de l'arnaque ? L'affaire de Broglie est-elle close ?

Ce n'est pas l'opinion du juge d'instruction Guy Floch : le 19 février 1978, nouveau coup de théâtre, il accorde la liberté provisoire à Pierre de Varga, pour manque de preuves et absence de mobile. Le parquet ayant alors fait appel et obtenu la remise en détention du prévenu, le juge Floch récidive le 26 juin, et Varga est de nouveau libéré. S'ensuit un véritable bras de fer entre le pouvoir d'État et le petit juge, qui demande à entendre Michel Poniatowski comme témoin. L'agenda du prince de Broglie porte en effet mention d'un rendez-vous avec le ministre de l'Intérieur en date du 6 décembre 1976, soit trois semaines avant le meurtre. Mais le ministre refuse de témoigner, affirmant qu'il n'a pas vu Jean de Broglie depuis la fin 1975. Finalement, le 23 septembre 1978, le juge Floch est promu conseiller à la cour, donc dessaisi du dossier Broglie. Sa remplaçante, Martine Anziani, est donc obligée de reprendre l'affaire de zéro, ce qui évidemment diffère de plusieurs mois l'ouverture d'un procès, le temps que les passions se calment et que chacun ait oublié le scandale.

Il faut attendre le 21 mars 1980, soit plus de trois ans après le meurtre, pour que l'instruction soit définitivement bouclée. Les réquisitions de la juge Anziani sont d'ailleurs sans surprise : Varga et ses comparses, Frèche, Simoné et Serge Tessedre sont inculpés de meurtre ou de complicité de meurtre, tandis que Ribemont, Kolkowicz et Leyris bénéficient du non-lieu. La version officielle a prévalu, la raison d'État semble avoir pris le pas sur le pouvoir judiciaire. Mais le quatrième pouvoir, celui de la presse, n'a pas dit son dernier mot.

Le scandale Poniatowski

Le 2 avril 1980, *Le Canard enchaîné* lance une nouvelle bombe, qui relance le scandale : « Deux rapports que les chefs de la police ont cachés au juge – Un prince flingué à découvert. » Le journal satirique donne copie à ses lecteurs des rapports prouvant que, dès le 24 septembre 1976, soit trois mois avant le meurtre, le directeur de la police judiciaire a été informé par un certain inspecteur Roux, enquêtant sur une affaire de trafic de faux bons du Trésor, que Broglie devait être assassiné par Simoné et Frèche : « À la suite d'une indélicatesse commise par l'homme politique lors d'une affaire précédente portant sur plusieurs millions, ce dernier devrait être abattu par des hommes de main dans les jours prochains », disait le rapport. En outre, des policiers de la brigade antigang auraient assisté à des rencontres entre l'inspecteur Simoné et Bernard André, le premier tueur pressenti pour assassiner le prince : ils auraient prévenu l'Inspection générale des services, mais sans suite. « On imagine mal que ces documents n'aient pas été transmis au ministre de l'Intérieur », ajoute *Le Matin de Paris*. Quant à la famille de Broglie, elle demande un supplément d'information. L'enquête judiciaire devient une affaire d'État.

« C'est un coup monté », rugit Roger Chinaud, porte-parole de l'UDF, le parti du président. Jean Ducret, directeur de la police judiciaire, affirme que les rapports ne lui ont pas été transmis, car les informations qu'ils contenaient paraissaient fantaisistes. Selon lui, le ministre n'a jamais reçu la moindre information sur le sujet. Mais la gauche n'est pas disposée à lâcher prise. Le 4 avril 1980, jour de la rentrée parlementaire, le socialiste Gaston Defferre dénonce « un très grave manquement à l'application des règles essentielles de nos institutions ». Le communiste Robert Ballanger dépose une question écrite au Premier ministre, estimant inconcevable que Poniatowski n'ait rien su des menaces de meurtre et demandant la réouverture de l'instruction. Ce que confirment certains députés gaullistes, interrogés dans les couloirs de l'Assemblée nationale, notamment Jean Foyer, l'ancien garde des Sceaux, qui trouve « curieux que "Ponia" n'ait pas été au courant ».

À un an de l'élection présidentielle, l'occasion est trop belle pour la gauche et pour les gaullistes d'ébranler l'un des principaux piliers du giscardisme. Des propositions sont aussitôt déposées par les socialistes et les communistes, visant à traduire « Ponia », le meilleur ami du président, devant une Haute Cour de justice. La procédure est rarissime, jamais utilisée depuis les procès d'épuration de la Libération : ce serait pour le régime giscardien une gifle retentissante. « On atteint des sommets ineffables de bêtise et de mauvaise foi », ironise Michel Poniatowski. « S'il y a faute du pouvoir exécutif, il faut que cette faute soit sanctionnée », lui répond François Mitterrand sur TF1. « Le rideau a été baissé de façon trop hâtive », estime Claude Labbé, président du groupe RPR, en demandant de la lumière.

Le 17 avril 1980, le bureau de l'Assemblée nationale se réunit autour de son président, le gaulliste Jacques Chaban-Delmas, afin d'examiner les propositions de la gauche : il est décidé de constituer une commission d'enquête chargée de faire un rapport sur les fautes « éventuelles » de Poniatowski. La presse souligne que trois membres gaullistes du bureau de l'Assemblée ont voté avec la gauche pour que soit nommée cette commission. « Ceux qui se plaignent aujourd'hui de voir surgir des affaires devraient se souvenir que, à l'approche d'autres campagnes présidentielles, on a essayé de faire sortir d'autres affaires », rappelle Charles Pasqua sur France Inter.

« Il y a parfois des retours de boomerang », ironise Claude Labbé : Poniatowski risque de payer cher sa formule assassine de 1972 sur « les copains et les coquins ».

L'affaire de Broglie est-elle relancée ? Michel Poniatowski ira-t-il en Haute Cour ? Ce sont des questions que tout le monde se pose… mais qui sont aussitôt reléguées au placard des scandales. Si l'on en croit Gérard Longuet, rapporteur de la commission d'enquête, interrogé dans *L'Est républicain* du 25 juin 1980, les chefs de la police judiciaire sont les seuls coupables de négligence dans l'affaire. Certains journalistes doutent alors de l'objectivité de Longuet, qui est un proche de Poniatowski. Sur RTL, le 21 octobre 1980, l'ancien ministre Michel Jobert, connu pour son franc-parler, ne s'embarrasse pas de précautions oratoires : « Tous ces gens me surprennent qui ne savaient pas que M. de Broglie allait se faire assassiner. Toute la classe politique le savait. Bien avant les faits, il y avait une boutade favorite qui disait : "Celui-là, à force de fréquenter les trucs et les machins, il finira par se faire descendre." Si j'avais été ministre de l'Intérieur, cela m'aurait quand même mis la puce à l'oreille. » Mais, le 20 janvier 1981, la commission d'enquête adopte les conclusions du rapport de Gérard Longuet qui innocente totalement Michel Poniatowski. L'ancien ministre de l'Intérieur échappe à la Haute Cour.

« Nous ne sommes pas à l'Assemblée »

Cinq ans après les faits, le procès qui s'ouvre le 4 novembre 1981 devant la cour d'assises de Paris, sous la présidence d'André Giresse, ne concerne que le volet criminel de l'affaire. Aucun politique n'est en cause. Néanmoins, les flashes crépitent, la foule se bouscule pour apercevoir les quatre inculpés rasés de frais, cravatés, endimanchés, escortés par une pléiade d'avocats, sous le regard des fils de Broglie, assis au premier rang. Dans le box, Pierre de Varga s'isole, face aux trois autres, Simoné, Frèche et Tessedre, les exécutants. Roland Dumas, le défenseur de Simoné, tente de faire basculer le procès dans le champ politique, en demandant que l'ancien président de la République Valéry Giscard d'Estaing soit cité à la barre. « Nous ne sommes pas à l'Assemblée nationale », réplique Me Robaglia, l'avocat de Gérard Frèche.

Pendant les premiers jours du procès, les quatre inculpés défilent à la barre. Gérard Frèche, le tueur, apparaît comme un pauvre type manipulé, tandis que Simoné et Varga se renvoient mutuellement la responsabilité du meurtre. Mais la véritable sensation du procès, c'est au président Giresse qu'on la doit, le 20 novembre : à la surprise générale, il accuse nommément Jean Ducret, l'ancien directeur de la police judiciaire, d'avoir « menti par omission » après le meurtre du prince de Broglie. « La justice a été tenue pour quantité négligeable », s'indigne Giresse, en évoquant « un Watergate français ». Derrière Ducret, chacun l'a compris, c'est son ministre, Michel Poniatowski, qui est ainsi dénoncé.

Aussitôt, la presse de droite s'offusque, rappelant que Giresse est réputé proche du nouveau pouvoir socialiste. « C'est un règlement de comptes politique », lit-on dans *L'Aurore*. « On veut faire le procès de Giscard », titre *Le Figaro*. Quant à Michel Poniatowski, il réagit vivement dans *Les Dernières Nouvelles d'Alsace* : « J'ai été tellement stupéfait et scandalisé que j'ai pensé que le président était tombé sur la tête. » Puis il contre-attaque en envoyant une Lettre ouverte au président de la République, dénonçant « une dérive inquiétante et grave de la justice ». Lorsqu'il vient déposer à la barre, le 26 novembre, la presse s'attend à un duel sanglant avec Giresse, mais elle reste sur sa faim. L'ancien ministre de l'Intérieur maintient qu'il n'était pas au courant du projet de meurtre, contrairement à Ducret, qui, selon lui, a commis « une erreur de jugement ». Sa responsabilité de ministre n'est donc pas engagée, c'est Ducret, le lampiste, un point c'est tout. Contrairement aux espérances des journalistes, le président Giresse se contente de cette version, sans affronter l'ancien ministre. Sans doute a-t-il reçu des consignes de la chancellerie en ce sens.

Se succèdent ensuite à la barre le giscardien Roger Chinaud, qui attaque la partialité politique de Me Roland Dumas, le gaulliste Olivier Guichard, garde des Sceaux à l'époque du meurtre, Christian Bonnet, successeur de Poniatowski à l'Intérieur, et même Raymond Barre, ex-Premier ministre, qui ne sait rien. Seul le socialiste Pierre Joxe, ministre de l'Intérieur en exercice, s'étonne que son prédécesseur n'en ait jamais rien su.

Finalement, le 23 décembre 1981, le jury livre son verdict : dix ans pour Frèche, Varga et Simoné, et cinq ans pour Tessedre, qui n'était qu'un comparse. « C'est merveilleux ! » s'exclame Gérard Frèche, qui redoutait une peine plus lourde, de même que Simoné, qui saute au cou de son avocat. Pierre de Varga, serein, envoie des baisers à sa fille… puis console son avocat Francis Szpiner, en larmes. « Cette affaire aura démontré qu'il existe en France des intouchables, des hommes qui peuvent en toute impunité commettre des erreurs au plus haut niveau », commente *Le Monde*, en déplorant que les responsabilités judiciaires et politiques aient été ignorées. D'autres journalistes observent qu'aucune des pistes suggérées par les témoignages de Varga et Simoné n'a été suivie. On ne s'est jamais vraiment interrogé sur ces mystérieux commanditaires qui seraient « au-dessus » des deux hommes.

Pierre de Varga, dont le pourvoi en cassation sera rejeté en juin 1982, poursuivra en mai 1983 le gouvernement français devant la commission européenne des Droits de l'homme, pour durée abusive de sa détention provisoire. Sa requête ayant été jugée irrecevable, il ne sera remis en liberté qu'en mai 1984, un an après Simoné. Quant à Michel Poniatowski, il n'est pas revenu au gouvernement depuis la fin du premier gouvernement Barre, en mars 1977. Élu au Parlement européen en 1979, il ne reparaîtra plus au premier plan de la vie politique française. L'affaire de Broglie lui a-t-elle été fatale ? C'est une question que l'on peut se poser. Et l'on peut aussi se demander si l'affaire des diamants, apparue presque au même moment, n'a pas emporté celui dont il fut le lieutenant fidèle.

3

Les cadeaux empoisonnés de l'« empereur » Bokassa

« Bonsoir *Médiams*, bonsoir Messieurs ! » C'est ainsi que le prince des imitateurs, Thierry Le Luron, se présente sous les traits du président Giscard d'Estaing devant le public du théâtre Marigny, peu avant Noël 1979. Tout le monde comprend l'allusion, car l'affaire des diamants alimente les conversations et les commentaires depuis quelques semaines. Chacun pense à l'article qui a déclenché toute l'affaire, en manchette du *Canard enchaîné* du 10 octobre 1979 : « Quand Giscard empochait les diamants de Bokassa. » À l'appui de ce titre racoleur, l'hebdomadaire publie le fac-similé d'un bon de commande adressé en avril 1973 au Comptoir national du diamant, à Bangui : « Veuillez remettre à Mme Dimitri, secrétaire à la présidence de la République, une plaquette de trente carats environ destinée à M. Giscard d'Estaing, ministre des Finances de la République française. »

Le document, apparemment authentique, est signé Jean-Bedel Bokassa, alors président de la République centrafricaine, devenu en 1976 l'« empereur » Bokassa Ier. Ainsi, le futur président de la République française aurait accepté des cadeaux princiers d'un dictateur sanguinaire. C'est lors d'une chasse organisée en 1967 qu'il aurait reçu ses premiers cadeaux, des défenses d'éléphant et des objets en ivoire sculpté. Puis, à partir de 1970, une plaquette de diamants à chaque visite, pour chaque safari. Et le *Canard* ajoute qu'il tient en réserve d'autres documents prouvant que le frère du président, Olivier Giscard d'Estaing, ses cousins Jacques et Francis, ainsi que les ministres Robert Galley et Yvon Bourges, auraient eux aussi reçu des diamants de Bokassa. L'affaire est très grave : comme l'écrit Claude Angeli, c'est peut-être le début d'un « Watergate à la française ».

Un Watergate à la française ?

Quelques exemplaires du *Canard* ont été distribués dans les ministères et les rédactions dès le mardi après-midi précédant la parution : silence total de l'Élysée, rien aux journaux télévisés, le pouvoir giscardien se donne le temps de réfléchir. Dans la presse favorable au gouvernement, la consigne est suivie à la lettre. *France-Soir* salue « l'attitude digne de la présidence de la République », tandis que *Le Figaro* souligne le « désintéressement du président ». Mais la presse de gauche emboîte le pas de l'hebdomadaire satirique. *Le Matin* du 11 octobre signale qu'à l'occasion d'un safari le président Giscard d'Estaing aurait reçu un bijou en forme de carte du monde, avec un diamant pour chaque capitale, le plus gros pour Paris. Jacques Fauvet, le directeur du *Monde*, consacre à l'affaire des diamants son éditorial, sur deux colonnes en première page, sous le titre « La vérité et l'honneur ». Reprenant à son compte les accusations du *Canard*, il estime que pour l'Élysée « la seule mise au point possible consisterait à annoncer que ce royal cadeau a été retourné à l'envoyeur ». On saura plus tard que le président Giscard d'Estaing, ulcéré par cet article irrévérencieux, a téléphoné en personne à Jacques Fauvet pour lui exprimer son mécontentement. La réponse de ce dernier sera cinglante dans les colonnes du *Monde* : « Si un chef d'État perd son sang-froid comme vous l'avez fait, c'est l'État lui-même qui est menacé. » Pour la première fois dans l'histoire de la Ve République, un journaliste, et pas n'importe lequel d'entre eux, ose s'en prendre directement au locataire de l'Élysée. Le quatrième pouvoir défie le premier.

À l'Assemblée, les députés murmurent, journaux ouverts sur les bancs de l'hémicycle. « Il y a une justice immanente, confie le gaulliste Jean Foyer dans les couloirs du Palais-Bourbon : Giscard s'était réjoui du coup porté à Chaban avec l'histoire des impôts ; maintenant c'est à lui de trinquer. » Devant quelques barons gaullistes, Jacques Chaban-Delmas s'exclame : « Après tout, Nixon a démissionné pour moins que ça. » Néanmoins, la consigne est au silence : aucune question sur le sujet lors de la séance d'actualité, et les ministres concernés par les affaires africaines, Yvon Bourges et Robert Galley, sont absents. Le journaliste Dominique Jamet voit son article censuré par la direction de *L'Aurore*, qu'il quitte aussitôt. À la suite d'une conférence de rédaction houleuse à TF1, Roger Gicquel obtient d'aborder le sujet dans son journal télévisé. Mais Claude Sérillon, qui voulait en parler dans sa revue de presse, voit sa chronique suspendue par les dirigeants d'Antenne 2. Il semble que Jacques Wahl, le secrétaire général de l'Élysée, ait téléphoné aux trois présidents de chaîne pour leur demander de ne pas bouger. On ne badine pas avec la tranquillité des gouvernants !

Pourtant, toute la presse européenne, et même mondiale, s'est emparée du sujet. L'allemand *Die Welt* titre sur « Les diamants brûlants de l'empereur ». Le *Washington Post*, le *New York Times*, et même le japonais *Asahi Shimbum* y consacrent plusieurs articles. Quant au *Canard enchaîné*, il poursuit ses révélations, apparemment alimentées à une très bonne source. Dans l'édition du 17 octobre 1979, l'hebdomadaire se fait un plaisir d'énumérer d'autres cadeaux offerts par Bokassa à son « cher parent » : en 1970, un solitaire, à l'occasion d'un safari ; en 1972, une première plaquette de diamants ; en mars 1975, une autre plaquette d'une vingtaine de carats, lors de la première visite de Giscard en tant que chef d'État. Il semble que l'ex-empereur se soit montré très généreux.

« Nous offrions les mêmes cadeaux à tous les chefs d'État et hautes personnalités. M. Giscard d'Estaing n'en a pas reçu plus que quiconque. C'étaient toujours de petits diamants », rétorque Mme Dimitri, l'ancienne secrétaire de Bokassa, interviewée par

Le Point. Mais ses explications ne sont pas jugées convaincantes par la presse d'investigation, qui la soupçonne d'être manipulée. « C'est plus qu'un crime, c'est une faute. Il y a là de quoi faire sauter le régime », s'exclame *Minute*, évoquant l'affaire du Collier de la reine. Mais un événement inattendu survient, qui peut tout remettre en cause.

Le mystérieux suicide de Robert Boulin

C'est à la une de tous les journaux du matin, le 31 octobre 1979 : la police vient de trouver le corps de Robert Boulin, ministre du Travail, noyé dans un étang de la forêt de Rambouillet. Sur le pare-brise de sa voiture, rangée à quelques mètres de l'étang Rompu, quelques mots d'adieu sur un bristol : « Les clés de la voiture sont dans la poche droite de mon pantalon. Embrassez éperdument ma femme, le seul grand amour de ma vie ; courage pour les enfants. » Pour la police judiciaire, il ne fait aucun doute qu'il s'agit d'un suicide, « par noyade précédée d'une forte absorption de Valium ». Cet état d'hébétude expliquerait sa chute, donc les plaies au visage relevées par les enquêteurs. Dans un état second, il se serait noyé… dans soixante centimètres d'eau.

Personne ne remet en cause la version officielle du suicide. On peut même dire, avec cynisme, qu'elle tombe très bien pour les représentants du pouvoir. En effet, la disparition tragique de Robert Boulin fait suite à une campagne de presse, menée notamment par *Minute* et par *Le Canard enchaîné*. Dans son édition du 24 octobre 1979, l'hebdomadaire satirique a consacré une longue enquête aux « permis très édifiants de M. le ministre Boulin ». Ce dernier est accusé d'avoir acheté en 1974, pour la somme modique de quarante mille francs, deux hectares dans les collines boisées de Ramatuelle, à quelques kilomètres de Saint-Tropez. Or ce terrain, appartenant à un projet immobilier intitulé Domaine du Val-Bois, était depuis plusieurs années au centre d'une instruction judiciaire. Son propriétaire et promoteur, Henri Tournet, ami de Boulin depuis des années, avait déjà vendu une première fois le domaine à des hommes d'affaires normands, en 1973... avant d'en céder une parcelle au ministre. Selon le *Canard*, Robert Boulin se serait donc rendu complice d'une escroquerie.

Interviewé sur Europe 1, le 21 octobre 1979, le ministre s'est défendu de toute malversation : « J'ai l'âme et la conscience tranquilles, et j'ai été exemplaire, peut-être plus encore que vous ne le pensez, parce qu'il y a des choses que je ne peux pas dire ici. » Dans un communiqué adressé à l'AFP, le 24 octobre, il affirme avoir ignoré que Tournet avait déjà vendu son terrain. Il ne l'aurait appris qu'en 1976, deux ans après son achat, et aurait fait le nécessaire pour régulariser sa situation. Robert Boulin est un homme droit, intègre, et rares sont ceux qui doutent de sa parole. Mais les journalistes s'étonnent de ses complaisances envers Tournet, l'ancien héros de la Résistance qui s'est perdu dans l'affairisme. On rappelle que Boulin a demandé à son ami de devenir son conseiller technique au ministère des Relations avec le Parlement, alors même qu'il avait été mis au courant de la double vente. En février 1978, il l'a même proposé pour le grade de commandeur de la Légion d'honneur. Cela ne cachait-il pas une véritable complicité entre les deux hommes ?

Ces accusations, ces soupçons, ces doutes ont-ils conduit Robert Boulin au suicide ? Dans une lettre envoyée à l'AFP la veille de sa mort, il dénonce « la collusion évidente » de Tournet, « escroc paranoïaque, mythomane, pervers, maître chanteur » et d'un juge « ambitieux, haineux de la société, considérant, *a priori*, un ministre comme un prévaricateur ». Le juge, c'est Renaud Van Ruymbeke, chargé d'instruire l'affaire, et qui a prêté, selon Boulin, une oreille complaisante aux accusations fantaisistes de Tournet. Ce dernier aurait « chargé » le ministre, afin de se disculper lui-même, permettant au jeune juge, « qui joue au vedettariat et au Saint-Just, de faire un carton sur un ministre ». Mais le ministre déplore aussi l'attitude de ses « propres amis » politiques, qui l'ont abandonné au scandale. Il s'en prend surtout au garde des Sceaux Alain Peyrefitte, « plus préoccupé de sa carrière que du bon fonctionnement de la justice ». Victime d'un escroc, d'un juge ambitieux, et même de ses prétendus compagnons : « Je préfère la mort à la suspicion, encore que la vérité soit claire », conclut Robert Boulin dans sa lettre testament, qui bouleverse la France.

Son ami Jacques Chaban-Delmas, président de l'Assemblée nationale, réagit le premier en attaquant la presse en général, et *Le Canard enchaîné* en particulier. Sur Europe 1, il rappelle ce que les journalistes lui ont fait subir quelques années plus tôt, à propos de sa feuille d'impôts : « Je me disais, pour me remonter le moral : ils sont tout de même moins dangereux que la Gestapo. » S'il « faut chercher les assassins » de Robert Boulin, ce sont à ses yeux les journalistes.

« Je vous demande de méditer sur ce que peuvent être les conséquences de certaines ignominies et d'une grande bassesse », déclare le Premier ministre Raymond Barre en sortant du Conseil des ministres, au lendemain de la mort de Robert Boulin. Lors du Conseil, le président Giscard d'Estaing a prononcé l'éloge funèbre de son ministre, dont la chaise est restée vide symboliquement. Le chef de l'État a dénoncé la « campagne harcelante » qui a conduit Boulin au suicide. On ne peut pas s'empêcher de penser à l'autre campagne, celle qui concerne l'affaire des diamants.

« Quels que soient les griefs que l'on peut éventuellement faire à un homme public, rien ne saurait justifier la campagne de discrédit personnel », renchérit Georges Marchais, qui lui aussi a subi les attaques de la presse à propos de son attitude controversée sous l'Occupation. Pour le secrétaire général du Parti communiste, de telles campagnes se nourrissent « d'affirmations sans preuves, d'allusions perfides, quand ce n'est pas de la falsification, du mensonge et de la haine ». Et l'ancien ministre gaulliste Jean Foyer constate « que la plume est aussi efficace que les armes ou le poison pour tuer les gens ».

Haro sur la presse d'investigation : telle est la consigne gouvernementale, étrangement relayée par de nombreux journaux. *Les Échos,* par exemple, n'hésite pas à traiter ses confrères de

« fouille-merde », et *l'Humanité* évoque des « champignons vénéneux ». Pour *Le Dauphiné libéré*, Boulin a été tué par des « plumes empoisonnées ». Pour *L'Est républicain*, qui s'en prend directement au *Canard*, « les cancans et les coin-coin ne font plus rire personne ». Mais le plus virulent est *Le Figaro-Magazine*, qui titre sans vergogne « Les nouveaux fascistes » à propos de « ceux qui rêvent d'imposer dans ce pays les mœurs de la presse américaine ». Rares sont les journalistes qui osent prendre la défense de l'hebdomadaire satirique, à l'instar de Jean-François Revel, dénonçant dans *L'Express* « une véritable ratonnade déclenchée contre les journalistes » par une « classe politique qui cherche à profiter de l'affaire Boulin pour interdire à la presse de même poser les questions ».

De fait, bien des questions restent sans réponse dans cette affaire, à commencer par le prétendu suicide de l'ancien ministre. Comment peut-on se noyer dans soixante centimètres d'eau ? Comment se fait-il que le visage et le corps de Robert Boulin portent les traces de coups très appuyés ? Pourquoi les bocaux contenant les viscères et le sang du mort ont-ils disparu, de même que les dossiers sensibles que Boulin venait de ramener du ministère à son domicile, juste avant sa mort ? Et comment expliquer les derniers mots prononcés par le ministre, en quittant sa femme ? « J'ai un rendez-vous, ne te fais pas de souci. J'espère que je n'arriverai pas trop tard. Si c'est le cas, j'essaierai de communiquer avec toi. Fais très attention à ce que je dirai et à ce que tu diras. Je vais régler mes affaires. » Qu'a-t-il voulu dire par là ?

Toutes ces interrogations pousseront la famille Boulin à porter plainte contre X pour homicide volontaire, en 1983. La contre-autopsie mettra en évidence « les fractures du massif facial résultant de coups appuyés d'un objet contondant, du vivant de la victime ». En dépit de l'ordonnance de non-lieu rendue en 1991, la fille de Robert Boulin demandera au procureur général de la cour d'appel de Paris la réouverture de l'enquête, en 2002. C'est donc qu'il y a encore des doutes, plus que des doutes, une suspicion.

« Il n'y a pas d'affaire Boulin », déclare pourtant Raymond Barre à l'Assemblée nationale, le 7 novembre 1979. Et le même jour, le président Giscard d'Estaing referme ainsi la parenthèse, au Conseil des ministres : « Qu'on laisse désormais les morts enterrer les morts, et que chacun des acteurs de la vie publique donne sans tarder son indispensable dignité au débat démocratique. » Il faut donc oublier ce qui dérange, l'étrange suicide de Boulin et les diamants de Bokassa.

Giscard face au *Canard*

Les Français demandent au contraire des explications, si l'on en croit un sondage publié par *L'Express* du 19 novembre 1979 : plus des trois quarts des personnes interrogées jugent indispensable que le président s'explique rapidement et complètement à la télévision. Le Parti socialiste lui pose officiellement dix questions dont deux concernent Bokassa, l'une sur ses rapports amicaux et personnels avec le tyran déchu, l'autre sur les diamants.

Le chef de l'État est donc contraint de s'expliquer lors de l'émission « Une heure avec le président de la République », le 27 novembre. Bien que rompu aux exercices cathodiques, Giscard d'Estaing apparaît moins à l'aise que d'habitude. On sent que cette affaire, dans un contexte économique difficile, et à un peu plus d'un an de l'élection présidentielle, l'irrite au plus haut point. Alain Duhamel, que le sort a désigné pour poser la question qui fâche, reçoit une réponse hautaine : « Sur la valeur de ce que j'aurais reçu comme ministre des Finances, j'oppose un démenti catégorique et, j'ajoute, méprisant ! » s'exclame le chef de l'État. Il précise qu'il a remis tous les cadeaux reçus en tant que président à des œuvres de bienfaisance, des musées, ou au secrétariat général de l'Élysée. Et il lance, à l'intention de ses accusateurs : « Il faut laisser les choses basses mourir de leur propre poison. »

Mais *Le Canard enchaîné* publie aussitôt de nouvelles listes de cadeaux reçus par Giscard, notamment plusieurs plaquettes qui lui auraient été offertes en septembre 1974 par Bokassa en son château de La Cottencière, en Sologne, afin de célébrer la victoire à l'élection présidentielle. De plus, l'hebdomadaire croit savoir qu'une camionnette de la garde républicaine est allée chercher tout récemment au domicile privé de Giscard, rue de Bénouville, des caisses de cadeaux qui ont été transportées dans les caves de l'Élysée, tandis qu'un hélicoptère opérait un transfert similaire depuis Authon, le château familial des Giscard d'Estaing. Et c'est seulement onze jours avant l'émission télévisée que le président a fait envoyer ses cadeaux aux pères des Missions africaines de Lyon. L'année précédente, il ne leur avait offert qu'un tam-tam !

Le président passe alors à la contre-attaque. Le 10 décembre 1979, il convie à un thé à l'Élysée neuf journalistes de la presse écrite, afin de leur donner sa version des choses : « Tous les cadeaux que j'ai reçus sont répertoriés et seront remis à des œuvres ou à des musées à la fin du septennat. Ceux de Bokassa n'ont pas la valeur qu'on leur attribue. Ils ne sont pas différents de ceux qu'il remettait à d'autres chefs d'État. Quant aux documents du *Canard*, ce sont des faux ! » Le 20 décembre, le directeur et le rédacteur en chef adjoint de l'hebdomadaire satirique sont inculpés de recel pour avoir révélé la feuille d'impôts du président en juin 1979. « Le parquet présente la facture des diamants » ironise *Libération.* En dépit des dénégations officielles de la présidence, chacun a compris que la guerre est déclarée entre Giscard et le *Canard.*

Il ne se passe pas une semaine sans que le journal apporte une révélation sur l'affaire des diamants. Dans son édition du 20 février 1980, il mène l'enquête auprès d'une petite société nommée Soubrenie et Bois, chargée en 1977 d'incruster de diamants le nom de Valéry Giscard d'Estaing sur la crosse du fusil du président, grand chasseur devant l'Éternel. Le 5 mars 1980, à quelques heures du procès en diffamation qu'ils ont intenté au *Canard*, les cousins du président renoncent à lui réclamer les deux cent mille francs de dommages et intérêts initialement prévus, se contentant d'un franc symbolique. Selon l'hebdomadaire, ce revirement de dernière minute serait dû aux documents originaux que Roland Dumas, l'avocat du *Canard*, a montré aux avocats des cousins Giscard, quatre jours plus tôt. Ces documents, que publie le journal, sont des lettres signées de Bokassa lui-même, en date du 31 août 1979, et certifiant que François et Jacques Giscard d'Estaing ont chacun reçu de sa main des plaquettes de diamants. Le jugement du procès, prononcé le 16 avril 1980, accorde le franc symbolique à François, mais Jacques est débouté. Les attendus du jugement ne contestent pas l'existence des cadeaux.

Le pouvoir abat alors sa dernière carte en faisant arrêter l'homme par qui le scandale est arrivé, celui qui alimente depuis quelques mois *Le Canard enchaîné* et les autres journaux avec des informations et des documents : il s'agit de Roger Delpey, un journaliste proche de l'extrême droite, devenu depuis quelques mois le confident de Bokassa. Appréhendé le 10 mai 1980 par les services du contre-espionnage, alors qu'il sortait de l'ambassade libyenne à Paris, il est incarcéré à la prison de la Santé sous l'inculpation d'intelligences avec une puissance étrangère. On aurait trouvé dans sa mallette un plan de retour de Bokassa en Centrafrique, avec l'aide des Libyens. Dans son pavillon de banlieue, les policiers ont aussi déniché une centaine de feuillets en blanc, paraphés par Bokassa. Il les aurait utilisés pour fabriquer les « faux » publiés par le *Canard*. C'est ce que suggère Michel Poniatowski, l'ami fidèle du président, en affirmant que les lettres attribuées à l'ex-empereur ont été rédigées sur la machine à écrire de Delpey. Il s'agirait donc d'une manipulation des Libyens pour discréditer le président de la République, avec la complicité de Bokassa. Giscard d'Estaing serait-il la victime d'un complot ?

« Giscard a tout pris »

À la une du *Canard enchaîné*, le 17 septembre 1980, Bokassa confirme pourtant toutes les accusations portées contre Giscard. Il certifie que les documents publiés par le journal sont authentiques, et que Delpey « sait tout de A à Z ». Il aurait d'ailleurs remis au journaliste cent quatre-vingt-sept documents qui prouvent la véracité de ses révélations. Dans l'émission « La parole est aux partis politiques », diffusée le 2 octobre 1980 sur TF1, le Parti socialiste diffuse un extrait d'une interview de l'ex-empereur. Si la presse de droite et *l'Humanité* se refusent à exploiter ce que le quotidien communiste appelle des « ingrédients recueillis dans les bas-fonds », la plupart des autres journaux relancent la campagne d'investigation. Dans une question écrite au gouvernement, le sénateur radical Henri Caillavet dénonce le silence et l'inaction du garde des Sceaux Alain Peyrefitte. *La Lettre de la Nation*, organe des gaullistes, estime que les documents publiés par le *Canard* sont « accablants » et que « les méthodes employées pour étouffer cette affaire sont inquiétantes ». Michel Jobert, ancien ministre de Georges Pompidou, demande à Giscard de s'expliquer clairement et complètement sur ses liens avec Bokassa. Quant à Jacques Chirac lui-même, il se dit très étonné du silence observé par certains directeurs de journaux sur cette affaire.

Dans son édition du 15 octobre 1980, *Le Canard enchaîné* publie une nouvelle interview de Bokassa, encore plus accablante pour le président français : « Giscard a tout pris. Tout, tout, tout ! Chez moi, j'avais trois coffres-forts, j'avais tous les habits de la cour, tous les bijoux de la cour, tout. Ce sont sept avions Transall qui ont transporté mes biens en France (...) Je lui ai donné trois fois les diamants à Giscard. Mais une fois à sa femme, et beaucoup. Il faut lui poser la question : "Est-ce que Sa Majesté Bokassa vous a remis des diamants, oui ou non ?" Il faut qu'elle réponde. Faites-la parler. »

C'est ce que réclame le député socialiste Claude Wilquin à la tribune de l'Assemblée nationale, le 5 novembre 1980 : « À combien de tripatouillages le président de la République, le Premier ministre, le garde des Sceaux se livreront-ils encore pour étouffer le scandale des compromissions du président de la République avec le sinistre fantoche Bokassa ? » Le Premier ministre Raymond Barre lui répond que le gouvernement accueille ces propos « avec le plus parfait mépris », ce qui provoque une « protestation indignée » du groupe socialiste. Mais le lendemain, nouveau camouflet pour le pouvoir : le parquet de Paris classe l'affaire Delpey sans suite, l'enquête préliminaire n'ayant établi aucun délit à l'encontre du journaliste. En quittant la prison de la Santé, le 28 novembre, il menace : « Je ne sors pas pour me taire. Bokassa a dit que je savais tout ! Et l'affaire des diamants n'est rien à côté de ce que je révélerai des rapports entre la famille Giscard et l'ex-Empire centrafricain. »

Quelques jours plus tard, *Le Canard enchaîné* révèle que Jacques Wahl, secrétaire général de l'Élysée, a rencontré Jacques Attali, proche collaborateur de François Mitterrand, pour lui demander de ne pas utiliser l'affaire des diamants dans la campagne électorale. Une démarche similaire aurait également été faite auprès de Charles Pasqua, conseiller de campagne de Chirac. La présidence dément, mais le *Canard* fournit des détails qui semblent convaincants. On apprend aussi que les cent quatre-vingt-sept documents confiés par Bokassa à Delpey sont déposés chez un avocat suisse, mais que ce dernier, soumis aux pressions des services secrets français, n'ose pas les rendre publics. Selon le *Canard*, une équipe de la DST, baptisée « groupe Delpey », chercherait à mettre la main sur les documents. Les avocats du journaliste reçoivent en février 1981 une lettre anonyme lourde de menaces : « Si les cent quatre-vingt-sept documents sortent de Suisse et sont publiés, le dépositaire de Genève disparaîtra et il arrivera des choses désagréables à Mme Delpey. »

La Manipulation, que publie Delpey au début mars 1981, ne contient aucun document exclusif mais relate l'essentiel de ses entretiens avec Bokassa, de juillet 1979 à février 1980. L'ex-empereur y dénonce « la trahison » de son « cousin » Giscard : « J'ai offert plus de deux cents diamants au président français et à son épouse », déclare Bokassa, en y ajoutant les trophées de chasse dont le président français semble friand : « En huit ans, je pense qu'il a personnellement inscrit au moins cinquante éléphants à son tableau de chasse. C'était pour lui une sorte de gadget, un jouet magnifique, un bien pour lequel il était prêt à sacrifier n'importe qui », ajoute l'ex-empereur, impitoyable. À deux mois de l'élection présidentielle, c'est un pavé supplémentaire dans la mare du pouvoir.

La vengeance de Bokassa

Pour la seconde fois, Valéry Giscard d'Estaing est donc obligé de s'expliquer sur les diamants, en participant le 10 mars 1981 à l'émission de TF1 Le Grand Débat. Excédé par « les campagnes » qu'il prétend alimentées par « les rumeurs et les balivernes », il se montre agacé par les journalistes : « Ils s'attendaient à ce que je leur réponde dans les colonnes de leurs journaux. Est-ce que j'allais m'abaisser à cela ? » Sur le fond de l'affaire, sa position reste la même que trois mois plus tôt : « Il n'y a aucun mystère dans tout ça », affirme-t-il, précisant cette fois que les fameuses plaquettes ne sont pas vraiment des diamants mais des produits de la taillerie de Bangui, plutôt utilisables en décoration qu'en bijouterie. « Ils sont restés à l'Élysée, je ne m'en suis jamais occupé, ajoute le président, et le produit de leur vente a été versé pour l'essentiel à la Croix-Rouge centrafricaine. »

Dans une conférence de presse organisée le lendemain, François Mitterrand se refuse à mettre en cause « l'honorabilité de tel ou tel ». Mais Lionel Jospin, premier secrétaire du Parti socialiste, demande pourquoi Valéry Giscard d'Estaing a eu « des relations amicales avec le dictateur sanguinaire ». Plus précises sont les attaques du Comité d'information et de vérité sur le septennat, fondé par quelques intellectuels à quelques jours de l'élection présidentielle. On y trouve Roger Delpey et la mouvance d'extrême droite dont il est proche, représentée par Pierre Boutang et Pierre Bourgeade, mais aussi des hommes de gauche comme Érik Orsenna, Jean-Paul Aron et Jean-Edern Hallier, grand pourfendeur des scandales. Le 16 avril 1981, soit dix jours avant le premier tour, ils déposent à l'Élysée un texte posant trois questions au candidat Giscard d'Estaing : pourquoi a-t-il attendu plus de sept ans entre le premier diamant reçu et le premier chèque envoyé ? une concession de chasse lui a-t-elle été octroyée par Bokassa en Centrafrique ? que sont devenues les archives du palais de Berengo ?

Le 8 mai 1981, soit l'avant-veille du second tour de l'élection, c'est au tour du *Washington Post* de publier une interview de Bokassa qui accable Giscard d'Estaing : il y souligne notamment la valeur importante des plaquettes de diamants et de la réserve de chasse, plus de sept mille cinq cents kilomètres carrés. « Je règle mes comptes avec ceux qui ont provoqué ma chute », déclare l'ex-empereur, qui se juge trahi par son « cousin ». Deux jours plus tard, il peut savourer sa vengeance : Giscard est battu.

« Giscard d'Estaing m'a poignardé dans le dos mais je me suis vengé en aidant à mettre un terme à sa carrière politique », répétera Bokassa à l'Associated Press le 18 août 1981, en évaluant à onze millions de francs la valeur des cadeaux offerts à Giscard. Pourtant, si l'on en croit un sondage Ifop daté du 20 février 1981, les affaires n'auraient pas eu d'influence sur le vote. Comment savoir ? Comment évaluer ce qui a pesé ou non dans l'esprit des électeurs au moment de pénétrer dans l'isoloir ?

Il est certain que l'affaire de Broglie et celle des diamants ont porté un coup très dur à l'image de Valéry Giscard d'Estaing. Non pas à cause de ce qu'elles révèlent : il est indifférent à la grande majorité des Français que le prince de Broglie ait trempé dans des affaires louches ou que Giscard d'Estaing se soit laissé offrir quelques cadeaux par Bokassa. En revanche, ce qui choque l'opinion publique, c'est le secret entretenu par le président et par ses proches. Ce jeune président qui prétendait regarder la France au fond des yeux, abolir le fossé qui sépare traditionnellement l'homme de pouvoir de son peuple, voilà qu'il apparaît distant, opaque, hautain, voire méprisant envers ceux qui réclament la vérité. On ne lui reproche pas d'avoir fréquenté Bokassa, mais on lui reproche de ne pas l'admettre, de ne pas jouer franc jeu. À tort ou à raison, on le perçoit désormais comme un monarque républicain, muré dans le silence de son palais présidentiel. Ce n'est certainement pas la principale raison de sa défaite, mais les affaires ont fait perdre à ce grand communicateur la bataille de l'image.

Les gaullistes en profitent, animés pour certains par un esprit de vengeance. Ils se souviennent en effet que les giscardiens ont largement exploité les scandales du régime pompidolien. Ils se souviennent de la formule assassine de Michel Poniatowski sur les « copains et les coquins ». Ils y voient surtout le moyen d'affaiblir le concurrent de Jacques Chirac dans la perspective du premier tour de l'élection présidentielle. Sur les affiches du candidat Giscard, des « commandos » chiraquiens collent des diamants à l'emplacement des yeux du président sortant. La gauche en profite aussi, dans le contexte de crise économique qui entretient le mécontentement social à l'égard du pouvoir. En cette fin de règne giscardien, les enquêteurs du *Canard enchaîné* ou du *Monde* apparaissent comme des alliés de choc pour les socialistes. C'est désormais François Mitterrand qui apparaît comme le porte-drapeau du changement, de la transparence et de la vraie démocratie.

Sixième partie

SCANDALEUSE FIN DE SIÈCLE

« La justice sera appelée à faire toute la lumière sur les affaires dans lesquelles ont été mises en cause des personnes publiques. » Telle est la cinquantième des cent dix propositions de François Mitterrand, son programme électoral pour la campagne présidentielle de 1981. Jamais, jusqu'alors, la volonté d'éradiquer les affaires n'avait été exprimée de façon aussi nette dans un programme politique. Avec l'arrivée au pouvoir des socialistes, pourfendeurs de l'argent sale et de la corruption, chacun s'attend à ce qu'un grand ménage soit fait dans les écuries de la Ve République.

On en a d'ailleurs confirmation au soir du 31 décembre 1983, à l'occasion de son message traditionnel des vœux aux Français. Le président de la République y consacre un long passage aux relations entre le pouvoir et la justice : « Le gouvernement comme l'administration n'ont pas à échapper à la loi et au contrôle des juges », affirme solennellement le chef de l'État.

À quoi se réfère-t-il ? À qui fait-il allusion ? Comme on pouvait s'y attendre, il ne vise pas le gouvernement en place, dirigé par le socialiste Pierre Mauroy. C'est au précédent régime, c'est à son prédécesseur Valéry Giscard d'Estaing que le président fait référence. Il reprend les accusations portées dix jours plus tôt à la tribune de l'Assemblée nationale par le secrétaire d'État au budget Henri Emmanuelli, et qui ont suscité un petit scandale : celui des avions renifleurs. Il s'agit d'une énorme supercherie scientifique orchestrée en 1974 par un Belge, le comte Alain de Villegas, et par l'ingénieur italien Aldo Bonassoli, aux dépens de la société nationale Elf-Erap. Soutenus par la très respectable Union de banques suisses, les deux compères prétendaient avoir trouvé un moyen de détecter et d'évaluer les gisements pétrolifères à partir d'un avion. Enthousiasmé par cette perspective, le président de la République Valéry Giscard d'Estaing a permis à Pierre Guillaumat, P-DG de Elf, d'engager des fonds considérables dans ce projet… totalement fantaisiste. En 1979, quand un rapport de la Cour des comptes a révélé l'étendue du désastre financier, le chef de l'État a tenté d'étouffer l'affaire.

Arrivés au pouvoir, les socialistes se font un plaisir de dénoncer les responsables du trou financier de la société nationale. Valéry Giscard d'Estaing essaie de désamorcer le scandale en dévoilant le rapport en question lors du journal télévisé de Christine Ockrent, le 22 décembre 1983. Mais la polémique fait rage pendant plusieurs semaines entre le pouvoir socialiste, qui a soulevé l'affaire, et l'opposition, qui l'accuse de mener une campagne politicienne et mensongère.

« Il y aura des retours de bâton », prévient le giscardien François Léotard dans *Le Nouvel Observateur* du 6 janvier 1984. La droite, qui redresse la tête, est en effet bien décidée à exploiter toutes les failles, toutes les faiblesses que révèle le pouvoir socialiste. Stimulée par l'exemple américain, et notamment par l'affaire du Watergate, la presse française se tourne de plus en plus vers le journalisme d'investigation. Les juges, de leur côté, tentent de conquérir une marge de manœuvre que le pouvoir politique leur a toujours refusée. Les années suivantes vont leur offrir de quoi abreuver largement leur soif de reconnaissance et leur exigence de vérité. Bavures, abus de pouvoir, détournements de fonds, financements occultes, corruption : il n'y aura que l'embarras du choix. La fin de siècle sera scandaleuse.

1

Les « bavures » du secret-défense

Le 17 novembre 1965, en pleine affaire Ben Barka, François Mitterrand, chef de l'opposition de gauche, exprimait son indignation face aux polices parallèles du régime gaullien : « Le nettoyage de ces bas-fonds, promet-il, sera l'un des premiers actes d'un gouvernement de gauche. »

Seize ans plus tard, le voilà au sommet de la République, plébiscité par les Français sur un programme où le changement constitue le maître mot. Va-t-il tenir ses promesses ? Va-t-il rompre avec les pratiques de monarchie républicaine de ses prédécesseurs ? Va-t-il mettre un point final aux abus répétés et de la raison d'État ? Ceux qui croyaient en une nouvelle gouvernance vont rapidement déchanter. Comme les autres, François Mitterrand entend se comporter comme le maître absolu de l'appareil d'État, séparé de tous les autres par la majesté de sa fonction. Les pratiques qu'il condamnait naguère, il les adopte à son tour. À l'instar des régimes précédents, le pouvoir élyséen utilise à satiété les polices parallèles, les écoutes téléphoniques, les opérations aux franges de l'illégalité.

Au côté du président, le grand ordonnateur de cette politique du coup de main et du secret est le ministre de la Défense Charles Hernu, un fidèle de Mitterrand depuis les années 1960. Fils de gendarme, Hernu se montre habile et efficace pour dissiper les préventions de l'armée envers le pouvoir socialiste. Mais le sens de l'État et le goût du service s'accommodent parfois assez mal des exigences de transparence et de vérité dont François Mitterrand s'est fait le héraut depuis des décennies. Au nom de la raison d'État, le pouvoir socialiste va perdre son âme et sa réputation dans les eaux troubles de la police parallèle, de l'espionnage et du trafic d'armes.

Les Irlandais de Vincennes

Au soir du 28 août 1982, un communiqué triomphant de l'Élysée tombe sur les téléscripteurs des agences de presse : une équipe du GIGN, Groupement d'intervention de la gendarmerie nationale, commandée par le capitaine Paul Barril, vient d'arrêter à Vincennes trois militants nationalistes irlandais, Stephen King, Michael Plunkett et Mary Reid ; selon la présidence, ce sont des figures de proue du terrorisme international. En pleine vague d'attentats, alors que les poseurs de bombes ensanglantent Paris depuis plusieurs semaines, cette arrestation est providentielle. Au journal télévisé de TF1, Jean-Claude Bourret révèle que les enquêteurs ont mis la main sur quatre cents kilos d'explosifs et cent quatre-vingts armes de fabrication tchèque. C'est donc une grande victoire pour le GIGN, et la presse chante les louanges des « supergendarmes » !

Malheureusement, tout cela n'était qu'un leurre, et peu à peu, la vérité va se faire jour. On découvre que les trois Irlandais arrêtés ne sont pas des terroristes mais simplement des réfugiés clandestins, militants républicains connus de longue date et depuis longtemps filés par les Renseignements généraux. Ils ne représentaient aucun danger pour la sécurité intérieure, ils ne préparaient aucun attentat. En outre, l'information judiciaire menée par le juge Verleene fait apparaître de nombreuses irrégularités dans la procédure d'arrestation. Ni le capitaine Barril ni le commandant Beau, qui ont coordonné l'opération, n'étaient habilités comme officiers de police judiciaire dans le ressort de la cour d'appel de Paris.

Mais le scandale éclate vraiment avec un article paru dans *Le Monde* du 21 mai 1983, sous la plume d'Edwy Plenel. Il y révèle les confessions de Pierre Caudan, un gendarme qui a participé à l'arrestation des Irlandais. Inculpé depuis quelques semaines dans une affaire d'escroquerie et démis de la gendarmerie, Caudan espère sans doute obtenir la clémence de la justice en dévoilant ce qu'il sait sur l'opération de Vincennes. Il vient d'avouer au juge d'instruction qu'il a menti lors de son audition préliminaire, au mois de novembre 1982, et qu'il l'a fait sur instructions de ses supérieurs. Il affirme que les inculpés n'assistaient pas à la perquisition, émettant « l'hypothèse qu'un certain nombre d'objets aient pu être amenés à l'appartement ». En clair, on a fabriqué des preuves pour justifier une arrestation qui ne s'imposait pas.

« Piège pour l'Élysée », écrit Edwy Plenel. Ce qui était apparu comme un triomphe, fin août 1982, peut désormais apparaître comme un scandale d'État. Si les révélations de l'ex-gendarme sont confirmées, cela veut dire que le GIGN a monté une opération spectacle de toutes pièces, à seule fin de se mettre en valeur. Or, et c'est là que l'affaire devient très sérieuse, le GIGN dépend directement du commandant Christian Prouteau, conseiller technique du président de la République. C'est Prouteau qui a créé le GIGN en juillet 1982, avant d'en confier les rênes à son adjoint Paul Barril. Sa responsabilité personnelle est donc engagée, et, au-delà, celle du président de la République en personne.

C'est ce explique la réaction très rapide de l'Élysée, où l'on se dit prêt à faire toute la lumière sur les irrégularités du GIGN. Lors de la traditionnelle ascension de la roche de Solutré, le 22 mai 1983, François Mitterrand se prononce sans équivoque pour des sanctions sévères si le juge d'instruction conclut à un déni de justice. « Il faut que les gendarmes disent la vérité », affirme le ministre de la Défense Charles Hernu, qui accompagne le président dans son ascension. Interpellé à l'Assemblée nationale, le 25 mai, il déclare : « Le responsable du GIGN, c'est moi et nul autre. Ce soir-là, c'est le ministre de la Défense qui a demandé au GIGN d'intervenir. » Cette fois, plus de doute : il s'agit bien d'une affaire d'État.

Un « coup tordu » du GIGN

Désormais, les révélations se succèdent. *Le Canard enchaîné* affirme que les supergendarmes n'en sont pas à leur premier « coup tordu » et que le capitaine Barril fait déjà l'objet d'une inculpation du tribunal de Bobigny pour avoir détourné des armes du GIGN. Il serait en outre mouillé dans une sombre affaire de trafics d'ordinateurs américains vers les pays de l'Est. On apprend début juin qu'il est remplacé à la tête du GIGN par le capitaine Philippe Masselin. Il sera ensuite suspendu pour quatre mois à titre conservatoire puis affecté au commandement de l'école de gendarmerie de Maisons-Alfort. On le met au placard afin qu'il se taise.

Mais, au même moment, le juge Verleene recueille les aveux de son acolyte, le commandant Jean-Michel Beau, qui reconnaît avoir incité ses subordonnés à mentir. Il est aussitôt inculpé, de même que le major José Windels. Ce dernier avoue qu'il n'a pas assisté à la perquisition de Vincennes, alors qu'il en a signé plusieurs actes de procédure. Il affirme avoir obéi au commandant Beau, qui a ensuite organisé la « concertation » entre les gendarmes avant l'audition préalable de novembre 1982. Windels plaide la « raison d'État ». En fait, il s'est prêté aux manipulations de Barril.

Ce dernier revient d'ailleurs sur la sellette le 5 octobre 1983 lorsque la chambre d'accusation de Paris prononce l'annulation de toute la procédure engagée contre les trois Irlandais de Vincennes. Le même jour, *Le Canard enchaîné* publie une lettre que Barril aurait adressée, avec en-tête de l'Élysée, au terroriste Jean-Marc Rouillan, chef du groupe Action directe, lui demandant une rencontre afin de « régulariser » sa situation. « Je suis habilité par la présidence pour traiter directement avec vous », écrit le capitaine Barril. En outre, la presse enquête sur son rôle dans les problèmes corses, évoquant les opérations d'infiltration qu'il aurait menées dans les milieux nationalistes. Son avocat Francis Szpiner affirme que le capitaine a agi, dans l'affaire Rouillan comme dans les contacts avec les nationalistes corses, à la demande du commandant Prouteau et de François de Grossouvre, conseiller et ami de François Mitterrand.

C'est un nouveau camouflet pour la présidence. Max Gallo, porte-parole du gouvernement, monte aussitôt au créneau en assurant que Barril « n'appartient pas et n'a jamais appartenu aux services de l'Élysée » et que l'enquête révélera « dans quelles conditions il a utilisé du papier à en-tête de la présidence de la République ». Charles Hernu, de son côté, organise une conférence de presse dans laquelle il annonce une enquête administrative de l'inspection générale de la gendarmerie sur « les initiatives personnelles » du capitaine Barril. Un bras de fer est engagé entre le supergendarme et la présidence. La présence à ses côtés de Me Szpiner, réputé proche de la droite, semble indiquer une opération politique. Ce que confirme d'ailleurs une déclaration de Bernard Pons, secrétaire général du RPR : « Tout laisse à penser que l'État s'est compromis dans des tractations indignes. Le pouvoir socialo-communiste est en train de s'enliser et c'est l'autorité de l'État qui est compromise, car, en fait, elle ne s'exerce plus. » Pourtant, ici s'arrête la campagne de la droite contre l'Élysée. Lorsque Charles Pasqua propose au Sénat la création d'une commission d'enquête parlementaire sur le GIGN, la chambre haute se contente d'une commission de contrôle sur les services de police et de sécurité engagés dans la lutte contre le terrorisme. Il semble que l'opposition ait décidé de ne pas exploiter l'affaire : on ne touche pas aux représentants de l'ordre public.

Le 10 avril 1984, c'est Edwy Plenel qui fait rebondir l'affaire à la une du *Monde* : « Le commandant Prouteau mis en cause dans l'affaire des Irlandais de Vincennes », titre le quotidien du soir. Selon les aveux du commandant Beau, Prouteau aurait eu plusieurs échanges téléphoniques avec Barril, au soir de l'opération du 28 août 1982 : il était parfaitement au courant. Prouteau dément aussitôt, mais le commandant Beau persiste et signe, furieux d'avoir été lâché par son supérieur : « La vengeance est un plat qui se mange froid », déclare-t-il dans *Le Quotidien de Paris* pour justifier ses révélations tardives.

Pourtant, une fois de plus, l'affaire des Irlandais retombe dans le silence, couverte par le vacarme de la querelle de l'école libre, qui pousse Pierre Mauroy à la démission en juillet 1984. La sortie en novembre des confessions de Paul Barril, *Missions très spéciales*, ne suscite pas grand intérêt de la part des journalistes et de l'opinion. L'ancien chef du GIGN y reconnaît les irrégularités commises dans l'opération de Vincennes, mais accuse surtout ses rivaux de la police d'avoir utilisé l'affaire pour briser sa carrière.

Le Monde donne un dernier éclairage sur l'affaire dans son édition du 31 octobre 1985, en publiant les révélations d'un certain Bernard Jegat. Ce dernier affirme que Barril a placé lui-même les pièces à conviction, armes et explosifs, dans l'appartement des Irlandais. Le coup d'éclat des supergendarmes n'était donc qu'une farce, une sinistre mise en scène. La cellule élyséenne a couvert la bavure et gardé le silence pendant plusieurs années.

Charles Hernu s'est chargé d'étouffer l'affaire, avec succès : le scandale des Irlandais s'est consumé comme un feu de paille et les tentatives faites pour le ranimer se sont soldées par des échecs. Pourtant, ce même Charles Hernu vient de démissionner, le 22 septembre 1985. Il n'a pas résisté à un autre scandale, qui l'a placé une fois de plus sous les feux de l'actualité : l'affaire du *Rainbow Warrior*.

Un sabotage qui tourne mal

À la dernière page du *Monde*, le 13 juillet 1985, une nouvelle passe relativement inaperçue. Trois jours plus tôt, le *Rainbow Warrior*, navire amiral de l'organisation écologiste Greenpeace, a été coulé par l'explosion d'une bombe dans le port d'Auckland, en Nouvelle-Zélande. Le Premier ministre néo-zélandais David Lange affirme qu'il s'agit d'un « acte criminel majeur à caractère politique ou terroriste », mais personne en France ne le prend vraiment au sérieux. Timidement, certaines journalistes avancent des hypothèses : est-ce un coup de main organisé par un armateur-pollueur harcelé par Greenpeace ? Y a-t-il un rapport avec la campagne menée par Greenpeace depuis trois mois en faveur des habitants de l'île de Rongelap, contaminés par les essais nucléaires américains ? Ou bien avec la prochaine campagne que l'organisation écologiste doit mener contre les essais nucléaires français à Mururoa ? « La France est totalement étrangère à l'incident », répond notre ambassade à Wellington.

Les Français sont encore sous le choc de l'inculpation de Christine Villemin, accusée d'avoir tué son propre fils, le petit Grégory. La Nouvelle-Zélande, c'est au bout du monde, et l'on ne connaît de Greenpeace que de vagues images d'écolos chevelus juchés sur leurs Zodiac face aux navires pollueurs. Ce n'est qu'une dizaine de jours plus tard que la presse commence à donner des détails sur l'affaire : on apprend que l'explosion du *Rainbow Warrior* a causé la mort d'un homme, Fernando Pereira, le photographe de Greenpeace, et qu'un homme et une femme ont été arrêtés. Puis il faut encore attendre quelques semaines pour que ce fait divers du bout du monde commence à apparaître comme une affaire d'État.

La police néo-zélandaise serait en effet convaincue qu'il s'agit d'un attentat français, ce qui explique l'arrivée à Paris d'un groupe d'enquêteurs d'Auckland, le 6 août 1985. Le lendemain, le président de la République François Mitterrand envoie une lettre publique au Premier ministre Laurent Fabius, lui demandant « sans délai une enquête rigoureuse », tandis qu'une autre lettre assure David Lange de la détermination de la France « à faire toute la lumière ». Le surlendemain, Laurent Fabius désigne Bernard Tricot, conseiller d'État, pour mener l'enquête administrative. Il est temps, car le scandale vient d'éclater.

À la une de tous les journaux, un seul nom : Turenge, le nom du couple arrêté par la police d'Auckland. Ce sont en réalité le commandant Alain Mafart et le capitaine Dominique Prieur, deux agents de la DGSE, la Direction générale de la sécurité extérieure, munis de faux passeports suisses. Ils auraient été épaulés par une autre équipe de la DGSE, naviguant à bord du bateau *Ouvéa*, disparu depuis le 17 juillet 1985. La France s'est-elle comportée comme un État terroriste ?

Des responsabilités politiques ?

L'Humanité s'empresse d'évoquer les responsabilités politiques de l'opération, soupçonnant le président de la République et le ministre de la Défense de l'avoir supervisée. « Les services français, très liés à la CIA, ne rechignent pas aux ingérences dans des pays tiers », commente *l'Humanité-Dimanche. Le Figaro* croit savoir que le commando en avait référé en « haut lieu ». *VSD* affirme que l'affaire a été directement organisée depuis l'Élysée par le général Saulnier, chef d'état-major particulier du président, assisté du général Lacaze, chef d'état-major des armées, et du général Émin, adjoint de l'amiral Lacoste, qui dirige la DGSE. Jean-Louis Bianco, secrétaire général de l'Élysée, et Robert Pandraud, directeur de cabinet de Jacques Chirac, auraient été au courant. L'Élysée dépose aussitôt une plainte en diffamation et Robert Pandraud proteste contre ces « élucubrations dénuées de tout fondement ». Il ajoute : « Ce n'est pas nous qui casserons les services de l'État. » La droite n'est donc pas disposée à exploiter l'affaire, car ce serait porter atteinte à la défense nationale.

En revanche, *Le Monde* monte une fois de plus à l'assaut des « bavures » socialistes. Dans son éditorial du 18 août 1985, Jean-Marie Colombani estime que la responsabilité de Charles Hernu est engagée, et que François Mitterrand devrait prendre des sanctions. « Hernu doit démissionner », déclare l'écologiste Brice Lalonde au *Matin de Paris*. « Dans la plupart des pays civilisés, le ministre de la Défense aurait déjà donné sa démission », observe *Libération*. Mais *l'Humanité* va plus loin encore : « Qui portera le chapeau ? Qui pourrait croire qu'un mitterrandiste de si vieille obédience que l'est le ministre de la Défense aurait pris de si lourdes responsabilités sans avoir obtenu un assentiment ? » Au-delà de Charles Hernu, c'est donc le chef de l'État qui est ouvertement mis en cause.

Ce dernier réagit, mais dans un sens que n'attendaient pas ses détracteurs. Dans une directive adressée aux armées, François Mitterrand demande à la Marine nationale de s'opposer par la force à toute intrusion étrangère sur le site de Mururoa, et affirme que la France continuera ses essais nucléaires en Polynésie. Loin de présenter ses excuses à Greenpeace, il se pose en défenseur de l'armée française et de la politique de dissuasion. C'est la voix de la fermeté, qui satisfait à la fois les socialistes et l'opposition, et qui rassure l'opinion publique.

Mais est-ce suffisant pour désarmer les critiques ? Dans *l'Humanité*, Roland Leroy pose de nouveau le problème de la responsabilité présidentielle : « L'Élysée ne pouvait pas ignorer » titre le quotidien communiste. Même réaction de la part de Jean Lecanuet, président de l'UDF, ou des Verts, qui estiment que Mitterrand a quelque chose à cacher. À l'Assemblée nationale, Jean-Claude Gaudin, président du groupe UDF, estime que « Mitterrand et Fabius doivent assumer les conséquences de leur échec ». Claude Labbé, son homologue du RPR, affirme que « les vrais responsables sont ceux qui sont au sommet ». Quant à Charles Pasqua, président du groupe gaulliste du Sénat, il s'insurge : « À qui essaiera-t-on de faire croire que les militaires agissent sans ordre ? Il y a longtemps que M. Fabius a atteint son niveau d'incompétence. Qu'il démissionne, c'est le seul service qu'il puisse rendre encore à la République ! »

André Labarrère, ministre chargé des Relations avec le Parlement, dénonce alors les « interventions galéjades » de Pasqua, et rappelle les scandales de l'ère gaullienne, « le temps des copains et des coquins ». Charles Hernu affirme aux journalistes qu'il ne songe absolument pas à démissionner. D'ailleurs, au Conseil des ministres du 21 août 1985, l'affaire n'est même pas évoquée. « J'en suis sortie vivante, Hernu m'a épargnée », confie à la sortie Huguette Bouchardeau, qui avait émis des doutes sur la politique française dans le Pacifique. Tout se passe comme si l'affaire du *Rainbow Warrior* était totalement étrangère au pouvoir.

C'est d'ailleurs ce que confirme le rapport de Bernard Tricot, remis le 25 août 1985 au président de la République. Les agents de la DGSE détenus ou repérés en Nouvelle-Zélande, que ce soient les faux époux Turenge ou l'équipage de l'*Ouvéa*, sont tous innocentés. Les ordres de Charles Hernu étaient seulement « d'intensifier le renseignement » et « d'anticiper » les actions de Greenpace. Conclusion du rapport : aucune décision n'a été prise au niveau gouvernemental pour le sabotage du *Rainbow Warrior*, il n'y a aucune raison de penser que la DGSE en ait donné l'ordre et que les faux époux Turenge l'aient réalisé. Selon Bernard Tricot, ce serait l'œuvre d'hommes isolés, « mus notamment par la passion politique », ou bien d'« autres services secrets ». Affaire classée ? Loin de là, car le rapport du conseiller d'État suscite aussitôt une tempête d'incrédulité et de colère, en France comme à l'étranger.

« C'est mon pays »

Au journal télévisé d'Antenne 2, Bernard Tricot lui-même admet « avoir pu être berné » par les renseignements que lui ont fournis les militaires. Greenpeace ne relève pas moins de sept contradictions dans le rapport, s'interrogeant notamment sur la présence des nageurs de combat de l'*Ouvéa* pour une prétendue mission de renseignement. Quant à David Lange, le Premier ministre néo-zélandais, il se dit carrément indigné : « Je ne peux pas croire qu'un enquêteur efficace arrive à de telles conclusions… La DGSE administrait donc ici une sorte de club de vacances pour ses agents », ironise-t-il, en demandant « des excuses immédiates et officielles à la France ».

« Après avoir côtoyé le roman policier, l'affaire du *Rainbow Warrior* a rejoint le rayon de la Bibliothèque rose », écrit Daniel Vernet à la une du *Monde*. Pour Alain Madelin, secrétaire général du Parti républicain, « le rapport Tricot prend les Français pour des imbéciles ». Le communiste André Lajoinie dénonce « la complicité de Tricot, dignitaire de la droite, pour étouffer le scandale », voyant dans cette collusion supposée un « avant-goût de la cohabitation ». En revanche, Michel Poniatowski juge les conclusions de Tricot « tout à fait concevables », se refusant à exploiter politiquement une affaire mettant en cause « l'intérêt national ». C'est d'ailleurs avec prudence que les ténors de la droite accueillent la déclaration du Premier ministre, le 27 août 1985 : Laurent Fabius y demande des « poursuites judiciaires immédiates si des faits criminels ont été commis par des Français », et charge Charles Hernu de remédier au plus vite aux « carences importantes de la DGSE ». Valéry Giscard d'Estaing prend acte : « Qu'il ait tort ou raison, c'est mon pays. » De même, le RPR affirme qu'il « n'a pas l'intention de se livrer à une polémique de politique intérieure dans un domaine où sont en jeu l'intérêt national et la position de la France dans le monde ».

Laurent Fabius intervient à nouveau à la télévision, le 4 septembre 1985 : on relève surtout sa ferme tirade contre Greenpeace, qui prétend « dicter à la France ce que doit être sa politique de défense ». À la une de *France-Soir*, le même jour, on peut lire un appel des avocats des faux époux Turenge, emprisonnés à Auckland, « deux soldats français enfermés dans les geôles d'un pays où le sentiment antifrançais confine à l'hystérie ». L'ancien président du Conseil Edgar Faure leur accorde son appui inconditionnel : « Dominique Prieur est ma payse », originaire du Doubs, confie-t-il aux journalistes de *France-Soir*. Quant à l'ancien ministre Philippe Malaud, président du Centre national des indépendants et paysans, il annonce qu'il va créer un comité de soutien. « Écrivez-leur », conclut le journal.

L'atmosphère est au patriotisme, à la défense des intérêts français. Certains accusent Greenpeace d'être un sous-marin du KGB, d'autres, tel Michel Debré, d'être un instrument du complot anglo-saxon contre la politique de dissuasion française. Le 6 septembre 1985, l'ambassadeur de Nouvelle-Zélande est convoqué au Quai d'Orsay pour se voir remettre une note du gouvernement français exigeant « toutes les garanties du droit international » pour Mafart et Prieur. Le 13 septembre, François Mitterrand effectue un voyage éclair sur l'atoll de Mururoa, sous prétexte de mettre en place le comité de coordination du Pacifique Sud. Un concert de louanges accueille ce voyage, y compris à droite. « La souveraineté de la France ne peut pas être mise en cause, affirme le porte-parole du chef de l'État. Personne ne peut se substituer à sa volonté lorsqu'il s'agit de ses intérêts dans le Pacifique, sauf à apparaître comme un adversaire. » Ce qu'approuve sur RTL l'ancien président Giscard d'Estaing, satisfait de voir François Mitterrand continuer la politique de dissuasion nucléaire lancée par le général de Gaulle. Pourtant, dans la coulisse, les choses ne sont pas aussi claires qu'il y paraît.

La démission de Charles Hernu

Lors de sa conférence de presse du 15 septembre 1985, le chef de l'État laisse transparaître sa mauvaise humeur à l'égard des services secrets, qui semblent avoir confondu le renseignement et la « mauvaise action ». Lors du Conseil des ministres du 18 septembre, il passe un savon à Charles Hernu : « On nous a assez menti, je veux savoir, ça suffit », tempête le chef de l'État, en exigeant des déclarations écrites des militaires impliqués. Sa colère était « impressionnante », Hernu et Fabius étaient « tout blancs », raconte un témoin de la scène. À l'issue du Conseil, Hernu s'en prend à son collègue de l'Intérieur Pierre Joxe, qu'il accuse d'avoir envenimé l'affaire. « C'était la curée », confiera le ministre de la Défense à l'un de ses collaborateurs.

C'est un nouvel article paru la veille dans *Le Monde*, sous la plume d'Edwy Plenel et de Bertrand Legendre, qui a provoqué la colère du chef de l'État. On y apprend que le sabotage du *Rainbow Warrior* a en fait été réalisé par une troisième équipe, composée de deux nageurs de combat de l'armée française. Ils ont quitté Auckland par avion sans être inquiétés, tandis que les faux époux Turenge servaient de leurre. Ils auraient agi pour le compte de la DGSE, en liaison directe avec son chef, l'amiral Lacoste, et avec Charles Hernu. Dans un communiqué publié le soir même de ces révélations, le ministre de la Défense s'élève avec force contre ce qu'il appelle « une campagne de rumeurs et d'insinuations », affirmant qu'aucun service dépendant de son autorité n'a pu commettre de tels actes.

De façon surprenante, Jean Bothorel le défend dans *Le Figaro*, dénonçant une manipulation de Pierre Joxe, « le Saint-Just du socialisme », contre Charles Hernu, « homme d'un certain consensus politique ». Mais Serge July constate dans *Libération* que le ministre de la Défense est bel et bien tombé dans « le piège du mensonge d'État ». Quant à Roger Chinaud, il vise encore plus haut lors des Journées parlementaires de l'UDF : « François Mitterrand a menti aux Français plus que Richard Nixon dans le temps aux Américains. Il doit partir. »

La réaction du chef de l'État ne se fait pas attendre. « Cette situation ne peut plus durer », écrit-il au Premier ministre dans une lettre publique, le 19 septembre 1985. Le lendemain matin, on apprend le limogeage de l'amiral Lacoste, directeur de la DGSE, et surtout la démission de Charles Hernu, aussitôt remplacé par Paul Quilès. Les têtes sont tombées, c'est ce qu'attendait sans doute l'opinion publique. Mais François Mitterrand tient à ce que son ministre sorte la tête haute. Au soir du 20 septembre, il fait connaître la lettre qu'il lui a envoyée : « À l'heure de l'épreuve, je suis, comme toujours, votre ami. » L'opposition paraît satisfaite. « La meilleure façon d'exploiter cette affaire, c'est de ne pas l'exploiter », déclare Michel Poniatowski dans *Le Monde*. « Il ne faut pas en faire un sujet de politique politicienne », estime Jacques Chirac, en voyage à Tahiti. Ce qui rejoint l'opinion de Lionel Jospin, premier secrétaire du Parti socialiste, invité sur TF1 : « Il est temps de clore cette affaire. »

Le 4 novembre 1985, l'audience préliminaire des faux époux Turenge tourne court car ils plaident coupables, la justice néo-zélandaise ne les accusant que d'homicide involontaire. Lors de sa conférence de presse du 21 novembre, François Mitterrand demande l'indulgence, car ils n'ont agi que par discipline. Il rend également hommage à Charles Hernu, son ami. Ce dernier, interrogé sur France Inter le 25 novembre, répète qu'il n'était pas au courant du sabotage. La parenthèse du scandale se referme définitivement. Elle ne se rouvrira qu'en 1997, avec la publication d'*Un amiral au secret*, le livre témoignage de l'amiral Lacoste. L'ancien directeur de la DGSE y confirme que la décision du sabotage a bien été prise en plein accord avec Charles Hernu. Mais qui se soucie encore du *Rainbow Warrior* à cette époque ? Et qui se souvient de l'affaire Luchaire, un autre pavé dans la mare du ministre de la Défense ?

L'affaire Luchaire : un scandale avorté

Le 2 novembre 1987, alors que se prépare la campagne pour l'élection présidentielle de 1988, *Le Point* lance ce que l'on va appeler l'affaire Luchaire. L'hebdomadaire révèle les conclusions d'un rapport mettant gravement en cause Jean-François Dubos, qui fut pendant des années le conseiller de Charles Hernu. Selon ce rapport, rédigé par le contrôleur général des armées Barba, Jean-François Dubos aurait couvert des exportations illégales d'armement effectuées par la société Luchaire à destination de l'Iran, pays mis au ban de la communauté internationale. Plus de cinq cent mille obus auraient ainsi transité vers la République islamique de l'ayatollah Khomeiny entre 1983 et 1986. Afin de faciliter ce trafic, des commissions auraient été versées à deux proches d'Hernu, Paul-André Falcoz et François Diaz, qui en auraient reversé une partie dans les caisses du Parti socialiste. Un conseiller de Charles Hernu impliqué dans une affaire de trafic d'armes vers l'un des foyers du terrorisme international ! Des commissions occultes versées aux amis du ministre ! De l'argent sale pour financer le parti du président ! L'affaire Luchaire a tout pour faire un bon scandale.

Certains s'étonnent que *Le Point*, plutôt hostile aux socialistes, ait attendu l'automne 1987 pour s'emparer d'un dossier que *La Presse de la Manche* a ouvert plus d'un an auparavant.

En effet, dès le mois de mars 1986, le quotidien régional signalait que deux cargos, le *Nicole*, battant pavillon des Bahamas, et le *Trautenbels*, battant pavillon chypriote, avaient embarqué à Cherbourg les obus fabriqués par Luchaire. Leurs destinations officielles étaient le Pakistan et la Thaïlande, des pays autorisés à commercer avec la France. Mais, en réalité, les cargaisons des deux bateaux ont été déchargées en secret lors d'une escale à Bandar Abbas, grand port iranien. Paul Quilès, successeur d'Hernu au ministère de la Défense, a aussitôt annoncé des poursuites contre la société Luchaire, dont le P-DG Daniel Dewavrin venait de reconnaître les faits. La droite l'ayant emporté aux élections de mars 1986, le nouveau ministre de la Défense André Giraud a décidé de reprendre le dossier, confiant au contrôleur général Barba le soin de lui remettre un rapport, trois mois plus tard, en juin.

Pourquoi ce rapport est-il resté confidentiel ? Pourquoi André Giraud maintient-il le secret-défense sur le rapport Barba, empêchant la justice de l'utiliser ? « Il ne faut pas se rouler dans les affaires, ce n'est ni bon pour le milieu politique ni pour la réputation de la France », déclare Valéry Giscard d'Estaing, qui sait de quoi il parle. Le giscardien André Giraud partage ce jugement, se refusant à toute polémique. Pris à partie par Bruno Mégret, qui dénonce à l'Assemblée nationale ce qu'il appelle « le ping-pong des affaires », Giraud se dit indigné par cette tentative de récupération politicienne. Mais est-ce l'opinion du Premier ministre Jacques Chirac, qui possède un exemplaire du rapport Barba ? Pourquoi, deux jours après les révélations du *Point*, *Le Figaro* publie-t-il l'intégralité de ce rapport, impliquant Jean-François Dubos, Paul-André Falcoz et François Diaz ? Et pourquoi, sortant du Conseil des ministres, Alain Juppé parle-t-il de l'affaire Luchaire comme d'une « affaire d'État » ? À six mois de l'élection présidentielle, n'est-ce pas une occasion rêvée de discréditer les socialistes, et surtout Charles Hernu, ami personnel de François Mitterrand ?

C'est ce qu'affirme Lionel Jospin dans un article publié par *Le Monde* du 8 novembre 1987 : « Chacun sait bien dans la presse que la campagne est orchestrée dans ses moindres détails par Matignon. C'est de là que viennent les informations livrées à certains journaux. C'est de là qu'a pu être donné au *Figaro* le rapport confidentiel-défense. La méthode consiste pour les chiraquiens à lancer une campagne et, pour leur chef, à jouer les pères nobles : MM. Chaban-Delmas et Giscard d'Estaing l'ont subie en 1974 et 1981, à la veille d'autres élections présidentielles. » Alain Juppé réplique sur RTL en affirmant qu'il ne change pas une virgule de ce qu'il a dit à la sortie du Conseil des ministres. Charles Pasqua sur TF1 met en cause les deux anciens Premiers ministres socialistes, Pierre Mauroy et Laurent Fabius, qui selon lui étaient au courant. Le giscardien François Léotard souhaite que Mitterrand s'explique, et Michel Poniatowski déclare qu'il s'agit de la part des socialistes d'un cas de « haute trahison ». Ce qui pousse sans doute Laurent Fabius à prendre ses distances à l'égard de Charles Hernu : « C'est vrai que quand on ajoute l'affaire du *Rainbow Warrior* et celle-ci, ça fait beaucoup pour un seul département ministériel. » Le lendemain, sur la Cinq, l'ancien ministre de la Défense réplique par la menace : « Je ne serai le fusible de personne. » Manifestement, il y a le feu dans la famille socialiste, et il est temps pour François Mitterrand d'intervenir.

Le 16 novembre 1987, le chef de l'État consacre plus du tiers de son interview sur RTL à l'affaire Luchaire… mais pour ne rien dire. S'il admet en avoir été informé par l'amiral Lacoste en mai 1984, il affirme que le dossier a ensuite été confié à Charles Hernu, qui ne lui en a pas reparlé. Persuadé que le Parti socialiste n'a pas touché un sou de commission, il considère que la véritable « affaire d'État » est la divulgation du rapport Barba. Le cœur de son intervention, c'est l'annonce d'un projet de loi sur le financement des campagnes électorales, qui selon lui dissipera tout malentendu sur les caisses noires des partis politiques. Pour l'ancien ministre Alain Peyrefitte, il s'agit d'une « diversion », le chef de l'État exerçant une fois de plus son « talent de prestidigitateur ».

L'ombre et le secret

Pourquoi le président de la République a-t-il choisi de se taire ? Parce qu'il sait que la droite n'est pas en position de force dans le dossier Luchaire. Le 23 décembre 1987, au lendemain de l'inculpation de Jean-François Dubos par le juge d'instruction Legrand, *Le Monde* fait en effet sa une sur cette nouvelle révélation : les exportations illégales d'armes vers l'Iran ont continué après mars 1986, soit après le départ des socialistes. C'est l'hebdomadaire portugais *Expresso* qui a mené l'enquête, les cargaisons incriminées ayant transité par le Portugal. Serait aussi impliquée dans ces trafics la SNPE, la Société nationale des poudres et explosifs, dont le P-DG Guy-Jean Bernardy, pourtant réputé proche du RPR, vient d'être démis de ses fonctions par André Giraud. *Le Matin* publie d'ailleurs deux documents qui semblent prouver que la SNPE a bien exporté des munitions vers l'Iran en août 1986, soit cinq mois après l'installation du gouvernement Chirac. C'est au tour de la droite d'être éclaboussée par le scandale.

Interrogé par la presse sur le porte-avions *Clemenceau*, François Mitterrand se félicite évidemment de ces investigations : « Le rôle de la presse, bien entendu, c'est toujours d'aller plus loin. C'est ce qui fait la grandeur des démocraties. » Sur la Cinq, le 4 janvier 1988, Lionel Jospin n'hésite pas à accorder son soutien à Jean-François Dubos, présenté comme son ami et comme un homme intègre. La veille, sur TF1, c'est Charles Hernu lui-même qui reprend l'initiative, en dépit de toutes ses « casseroles » médiatiques : « Je suis un honnête homme, je suis un homme d'honneur », déclare l'ancien ministre de la Défense, en demandant au gouvernement Chirac de créer une commission d'enquête sur toutes les exportations d'armes vers l'Iran. La gauche passe désormais à l'offensive.

Le 12 janvier, on apprend que le général Armand Wautrin, ancien directeur de la protection et de la sûreté au ministère de la Défense, dément les propos qui lui sont attribués par le rapport Barba concernant le financement du Parti socialiste. Le

15 janvier, Daniel Dewavrin, le P-DG de Luchaire, déclare au juge Legrand qu'aucune somme n'a été versée au Parti socialiste directement ou indirectement. Quant à l'amiral Lacoste, il confirme avoir parlé à Barba de commissions ristournées au Parti socialiste, mais ajoute que l'information n'a pas été démontrée. Une à une, les charges accumulées dans le rapport du contrôleur général semblent se désagréger. Du côté socialiste, on émet plus que des doutes sur l'objectivité de ce rapport. Quant à la droite, on ne l'entend plus.

Tout le monde est donc soulagé lorsque le juge Legrand prononce le non-lieu dans l'affaire Luchaire, le 16 juin 1989. Aucune charge n'est retenue contre Jean-François Dubos, le conseiller de Charles Hernu, pas même contre les responsables de la société, Daniel Devawrin, Guy Motais et Mario Appiano. En dépit de leurs aveux, portant sur l'exportation de plus de cinq cent mille obus vers l'Iran, ils bénéficient du flou juridique qui a entouré ces trafics. L'ordonnance de non-lieu se contente de déplorer « le manque de fiabilité de la procédure administrative de contrôle », mais sans désigner de responsable. Quant au circuit de financement du Parti socialiste, il n'y en a aucune preuve. Le rapport du contrôleur général Barba, bâclé en urgence, est vivement critiqué pour sa partialité. « C'est l'issue scandaleuse d'une affaire d'État », s'indigne le directeur de *La Presse de la Manche*, qui avait le premier dévoilé les trafics de la société Luchaire. Pour l'Association professionnelle des magistrats, c'est « une nouvelle et sérieuse atteinte à l'indépendance de la justice ». Faute de collaboration du ministère de la Défense, le juge Legrand n'a pas pu prouver la collusion entre les responsables politiques et Luchaire. Quant au Premier ministre socialiste Michel Rocard, il répond de façon laconique aux questions du député gaulliste Franck Borotra, le 30 juin 1989 : « Si le juge n'a rien trouvé, c'est qu'il n'y avait rien à trouver. »

Une fois de plus, la raison d'État et les calculs politiques ont prévalu sur l'exigence de vérité. Charles Hernu emporte ses secrets dans la tombe, en janvier 1990. Il suscite pourtant un nouveau scandale, *post-mortem*, *L'Express* du 31 octobre 1996 l'accusant d'avoir été « un agent de l'Est », c'est-à-dire d'avoir travaillé pour les services secrets bulgares, roumains et soviétiques entre 1953 et 1963. L'article se fonde notamment sur des documents qui auraient été présentés par le contre-espionnage français, la DST, au président François Mitterrand en 1992. En outre, les journalistes de *L'Express* ont recueilli les confidences d'anciens agents traitants des services secrets communistes, qui confirment avoir travaillé avec Hernu.

Pendant une semaine ou deux, la presse en fait ses choux gras. Charles Hernu aurait été recruté en 1953 par les services secrets bulgares, sous le nom de code André, puis Moscou aurait pris le relais en 1956. Député radical-socialiste, il fournissait des renseignements sur le personnel politique et sur les dossiers sensibles de la Défense nationale. On ne sait pas si sa collaboration a duré après 1963, car les archives sont muettes à partir de cette date. En revanche, Jacques Fournet, l'ancien directeur de la DST, confirme sur RTL qu'il a bien présenté à François Mitterrand, en 1992, des documents impliquant Hernu. Mais il ne peut pas certifier leur authenticité. Quelques jours plus tard, Ion Pacepa, un ancien numéro deux des services secrets roumains, affirme que ce sont des faux, et qu'il n'a jamais été informé des activités de Charles Hernu.

Qui croire ? Bien malin qui peut se retrouver dans ce roman d'espionnage. Ce qui est certain, en revanche, c'est que le chef de l'État a dissimulé l'affaire, comme son ministre a peut-être dissimulé son passé. Une fois de plus, le nom de Charles Hernu, un fidèle du président, est associé à l'ombre, au secret. Une fois de plus, le président lui-même est coupable d'avoir gardé le silence pour protéger son entourage. Il va d'ailleurs agir de même à l'égard d'un autre ministre socialiste, Christian Nucci, compromis dans le scandale du Carrefour du développement.

2

Le Carrefour des scandales

Le 28 avril 1986, alors que le gouvernement Chirac vient tout juste de s'installer au pouvoir, un communiqué du ministre de la Coopération Michel Aurillac s'en prend déjà à son prédécesseur socialiste Christian Nucci. Une enquête de la Cour des comptes aurait en effet révélé des anomalies comptables dans la gestion du Carrefour du développement, une association financée par le ministère : plus de dix millions de francs seraient introuvables.

Perdue dans le vacarme de l'actualité, entre les attentats parisiens et le nuage de Tchernobyl, la nouvelle passe relativement inaperçue. On apprend néanmoins que le Carrefour du développement a été créé en 1983 afin de « sensibiliser l'opinion publique sur le développement », qu'il a employé une vingtaine de personnes dont une dizaine de collaborateurs ministériels, et surtout que le trésorier en était Yves Chalier, le directeur de cabinet de Christian Nucci. S'il y a eu détournement de fonds, c'est donc Chalier qui doit en être responsable, et son ministre était peut-être au courant. La rumeur circule sur une double comptabilité de l'association, qui aurait notamment permis à Chalier d'acheter un château en Sologne, à Ortie, et de financer l'organisation fastueuse du sommet franco-africain de Bujumbura en 1984. On apprend aussi que le siège social du Carrefour du développement a été cambriolé sans effraction dans la nuit du 22 au 23 avril, des pièces comptables ayant été dérobées. Mais Yves Chalier est introuvable et Christian Nucci s'étonne de la publicité qui est faite à de banales « anomalies de gestion » : elles « n'auraient pu s'accomplir qu'à son insu », déclare-t-il à l'AFP.

Personne ne semble vouloir aller plus loin, s'étonne *Le Monde*, en évoquant ce que le quotidien appelle un « scandale à voix basse ». En privé, les responsables de la droite affirment que cette affaire est « un sac de nœuds » et qu'ils n'ont pas intérêt à la faire grossir. Ce n'est que deux mois plus tard, à la fin juin 1986, qu'éclate le scandale. Yves Chalier sort enfin de son silence… pour accuser son ancien patron, Christian Nucci.

Les accusations d'Yves Chalier

Une note manuscrite envoyée par Yves Chalier au ministre Michel Aurillac met le feu aux poudres. Selon *Libération*, l'ancien directeur dc cabinet explique dans cette note d'une dizaine de pages qu'il a agi sur ordre de Nucci pour financer les services secrets français, notamment lors du sommet de Bujumbura. D'autres journaux rapportent que Chalier a engagé des frais considérables pour l'organisation du sommet, mais aussi pour financer les campagnes électorales du ministre dans son fief de Beaurepaire, dans l'Isère. On raconte que ce dernier s'est comporté avec une grande désinvolture dans l'exercice de ses fonctions, notamment en Afrique. Une anecdote circule sur une visite officielle au Cap-Vert : à peine descendu de l'avion, Christian Nucci aurait demandé au chef du protocole de lui procurer « de la compagnie » pour le soir. Plus sérieusement, *Le Monde* publie des extraits de la note de Chalier, évoquant la fabrication d'affiches électorales pour Nucci, ainsi qu'un stage d'entraînement aux techniques vidéo pour le ministre, des invitations à Beaurepaire pour des ambassadeurs africains, ou encore l'organisation d'un concert de Manu Dibango.

Aussitôt, les politiques y vont de leurs commentaires. Interrogé sur Europe 1, André Santini dénonce « l'Isère *connection* ». Des élus socialistes, et non des moindres, sont accusés d'avoir détourné des fonds publics. « Je ne vois pas en quoi le Parti socialiste est le moins du monde en cause », proteste Lionel Jospin, le 29 juin. Le lendemain, c'est Nucci lui-même qui contre-attaque en portant plainte contre X pour faux et usage de faux : il prétend que Chalier a imité sa signature sur les documents incriminés. Interviewé à la télévision, il affirme qu'aucune somme n'a été versée au Parti socialiste. Son successeur Michel Aurillac intervient à son tour dans une interview publiée par *Le Monde* du lendemain, dénonçant « une affaire malpropre de brigandage » et accusant Yves Chalier d'être « mouillé dedans jusqu'au cou ». Aurillac étant resté jusque-là silencieux, le journal en conclut que « le scandale devient affaire d'État ».

Sur le terrain judiciaire, le filet se resserre autour d'Yves Chalier. On apprend le 28 juin l'inculpation pour complicité de recel d'abus de biens sociaux de Marie-Danielle Bahisson, qui a codirigé avec lui une autre association, La Promotion française, fondée en 1985. Une voyante nommée Lucette Norbert a fait office de trésorière de cette association. C'est elle qui a poussé Chalier à acquérir le château d'Ortie, alors totalement délabré, avant de le retaper aux frais des contribuables pour le Carrefour du développement. Bon vivant, amateur de belles voitures et de jolies femmes, Chalier a mené un train de vie fastueux au ministère, multipliant les voyages et les cadeaux à ses maîtresses. Il a donc puisé dans les caisses. Avec l'accord du ministre ?

Le 26 juillet, *Le Figaro-Magazine* publie la première interview exclusive d'Yves Chalier, réfugié au Paraguay. L'ancien directeur de cabinet y affirme que Nucci était parfaitement au courant du système de fausses factures mis en place par le Carrefour du développement : « Nucci signait, il signait n'importe quoi. » En outre, Yves Chalier met en cause Guy Penne, conseiller de François Mitterrand pour les Affaires africaines, et également administrateur de l'association. Il affirme enfin avoir rencontré le chef de l'État en personne, le 15 avril dernier, soit quelques jours avant que le scandale éclate.

« Ma confiance a été abusée », réplique Christian Nucci, interrogé dans *Le Monde* du 1er août 1986. Il porte plainte pour abus de confiance contre Chalier, révélant que ce dernier a imité à maintes reprises sa signature et ainsi détourné six cent cinquante mille francs de juin 1984 à mars 1986. En revanche, il ne s'explique pas les vingt-trois chèques émis depuis ce même compte, à l'ordre d'André Laignel, le trésorier du Parti socialiste, pour un total de cent sept mille francs. Cela ne représente pas une grosse somme, mais ce serait un détournement de fonds publics. Pierre Sotura, le trésorier du Parti communiste, se dit indigné par de telles pratiques. Elles sont la preuve à ses yeux que « les partis de droite et le Parti socialiste financent leurs fabuleuses dépenses électorales avec les fonds secrets et les fonds du patronat ». Jacques Toubon, secrétaire national du RPR, accuse lui aussi les socialistes de « détournement de fonds publics ». Cette fois, Nucci n'est plus seul en cause : c'est le parti du président qui est en danger. Mais il y a encore d'autres secrets à dévoiler dans ce scandale à tiroirs.

Le « vrai-faux passeport »

Jusqu'au 10 novembre 1986, le scandale du Carrefour du développement n'a éclaboussé que les socialistes. À partir de cette date, la droite est à son tour impliquée. Dans une nouvelle interview publiée dans *Le Point*, Yves Chalier confirme la responsabilité de Nucci dans le système des fausses factures, mais il s'en prend aussi au gouvernement Chirac : « J'ai accepté de ménager la droite jusqu'à présent, parce que j'avais des protecteurs de ce côté-là. Mais j'ai le sentiment d'avoir été manipulé. Il faut que je m'explique, que je fasse exploser l'affaire. »

Choqué par l'incarcération de son amie Maguy Baquian, « otage de la justice française », Chalier a en effet décidé de faire des révélations sur les conditions de sa fuite hors de France : c'est l'un de ses amis « responsable de la police au ministère de l'Intérieur » qui a tout organisé, en échange d'un rapport sur l'affaire. Quelques jours plus tard, la presse livre le nom de « l'ami » du ministère, l'homme qui a permis à Yves Chalier de s'enfuir au Brésil : il s'agit du commissaire divisionnaire Jacques

Delebois, promu depuis le 20 octobre au rang de contrôleur général de la police. Delebois a fourni à Chalier un faux passeport au nom de Navarro et des contacts à Rio.

Le 16 novembre, nouveau coup de théâtre : Yves Chalier rentre en France pour se livrer à la justice française. Au cours d'une scène presque surréaliste, il attend les policiers chargés de l'arrêter au bar de l'Hôtel Intercontinental, trinque avec eux et ressort, menottes aux poignets, direction la prison de la Santé. Selon son avocat, il est rentré parce qu'il craignait pour sa vie, parce que ceux qui l'avaient manipulé menacent désormais de l'éliminer. Avant d'être écroué, il donne aux journalistes un nouveau scoop : si Delebois l'a aidé, c'est sur ordre de son « chef », lui promettant l'impunité lorsque la droite aurait gagné la prochaine élection présidentielle.

Le « chef » ? Qui est le chef, sinon le ministre de l'Intérieur Charles Pasqua ? Interviewé le même jour sur RTL, ce dernier déclare qu'il n'est « absolument pas informé des contacts entre Chalier et son ministère ». Mais les socialistes ne sont pas convaincus, loin de là. À l'Assemblée nationale, le 26 novembre, Roland Dumas pose la question que tout le monde attend : « À quel niveau du cabinet politique du ou des ministres concernés l'ordre a-t-il été donné ? » Les députés de droite s'indignent, aux cris de « Nucci, Nucci ! », puis André Rossinot, ministre chargé des relations avec le Parlement, se charge de répondre au tribun socialiste : « Ce dossier concerne exclusivement l'opposition », affirme-t-il, soutenu par les députés majoritaires : « Remboursez, remboursez », crient-ils à Roland Dumas.

Le 2 décembre, Jacques Delebois est inculpé pour avoir fourni un faux passeport à Yves Chalier. Mais le juge Michau n'arrive pas à savoir qui est le « chef ». Charles Pasqua se défend, avec sa faconde et sa pugnacité légendaires, n'hésitant pas à comparer *Le Monde* aux journaux d'extrême droite de l'entre-deux-guerres. Sur Europe 1, le 15 décembre, il se retranche derrière le secret-défense et annonce qu'il porte plainte en diffamation contre les journalistes Edwy Plenel et Georges Marion, qu'il prétend engagés dans une campagne de déstabilisation des services secrets français. *Le Monde* contre-attaque deux jours plus tard en révélant le contenu de l'audition d'Yves Chalier par le juge : en échange des informations sur Nucci, la police a couvert pendant six mois sa cavale. *L'Événement du jeudi* précise que Chalier a été confié par Delebois à un Corse nommé Jules Filipeddu, dit Philippe Julien, caïd des vidéo-pokers, chargé de le protéger au Brésil. Pendant plusieurs mois, il l'a hébergé dans son luxueux appartement de six cent cinquante mètres carrés, au dixième étage de la résidence Chopin, avec vue imprenable sur Copacabana. Un autre Corse, Pierre Chiarelli, proche du RPR, aurait remporté en France la « note » de Chalier remise à Delebois puis à Michel Aurillac. Enfin, dans son édition du 8 janvier 1987, *Libération* affirme publiquement ce que tout le monde pensait tout bas : c'est Charles Pasqua en personne qui a monté l'opération.

Le Point du 25 janvier 1987 révèle qu'une rencontre a eu lieu entre Chalier et Pasqua en avril 1986. Elle serait consécutive au mauvais accueil reçu par Yves Chalier chez François Mitterrand. Le chef de l'État se serait montré particulièrement agacé par le culot de l'ancien directeur de cabinet, qui exigeait d'être couvert par la présidence. « Il n'est pas question que je vous couvre, ni vous ni aucun des ministres, aurait dit le président. J'ignore tout de cette affaire ainsi que les membres de mon cabinet. » Dès le lendemain, Yves Chalier aurait pris contact avec Christian Sabbe, directeur de cabinet de Michel Aurillac, en faisant déposer à son bureau deux cartons d'archives sur le sommet de Bujumbura. Mais alors qu'il pensait rencontrer le ministre de la Coopération, c'est le ministre de l'Intérieur Charles Pasqua qui est venu au rendez-vous, organisé avenue Montaigne, à Paris.

Au cours de l'entretien, Pasqua lui aurait promis l'amnistie lors de la prochaine élection présidentielle s'il donnait des renseignements sur les magouilles de Nucci et du Parti socialiste. Il semble que Robert Pandraud, le ministre délégué à la sécurité, n'était pas au courant, pas plus que le chef de la police. En revanche, Pasqua aurait informé discrètement l'Élysée. Le 19 juillet 1986, Chalier aurait reçu la visite d'un certain Jean Garnier, se présentant comme mandaté par la présidence. La conversation aurait porté sur des transferts de fonds du Carrefour du développement vers l'association de Danielle Mitterrand, « La France avec vous ». Rassuré par Chalier, il lui aurait dit : « Très bien, alors l'Élysée n'a pas d'opposition à ce que vous restiez à Rio. À condition toutefois que vous vous teniez tranquille. » L'Élysée se tait et Charles Pasqua oppose au juge le secret-défense. Mais l'opinion publique ne peut plus douter : c'est le ministre de l'Intérieur qui a monté l'affaire, qui a fait rajouter la photographie de Chalier sur un passeport de ses services, le « vrai-faux passeport ».

Nucci face à Pasqua

D'un côté Christian Nucci, ministre socialiste de la Coopération, pour lequel le juge Michau fait état de « présomptions graves et concordantes ». De l'autre, Charles Pasqua, ministre gaulliste de l'Intérieur, soupçonné d'entrave à la justice. Il se murmure dans le monde politique que tous deux sont passibles de la Haute Cour.

« Je n'ai rien à me reprocher, Chalier espère s'en sortir en transformant une affaire médiocre en affaire d'État », déclare Christian Nucci dans *Le Monde* du 28 janvier 1987. Deux jours plus tard, dans *Le Figaro-Magazine*, Pasqua dénonce la campagne des « pseudojournalistes, professionnels de la manipulation, qui utilisent la réputation du *Monde* pour mener des opérations de déstabilisation ». Le Premier ministre Jacques Chirac lui garde publiquement « toute confiance », alors que le socialiste Pierre Joxe oppose le « crime » de Charles Pasqua aux « erreurs » de Christian Nucci. Mais ce dernier n'étant plus au pouvoir, sa situation est plus fragile, d'autant que la plupart de ses amis socialistes sont en train de le lâcher. François Mitterrand lui-même, interrogé le 29 mars 1987 sur TF1, reconnaît qu'il appartient à la justice ou aux « pairs » de Christian Nucci de se prononcer s'il est coupable d'erreurs ou de négligences. En clair, le chef de l'État admet que son ancien ministre peut être passible de la Haute Cour.

Le 30 avril, cette hypothèse devient une probabilité. À l'issue d'un réquisitoire accablant à l'encontre de Nucci, accusé d'avoir mis en place un système de détournement des fonds publics, le parquet déclare l'incompétence du juge, donc l'ouverture d'une procédure de saisine de la Haute Cour. Le 10 mai, le Parlement est saisi du dossier, et, quatre jours plus tard, Pierre Messmer, au nom du groupe RPR, présente un projet de résolution. Néanmoins, cet empressement gaulliste se heurte à des réticences du côté des giscardiens. Michel Poniatowski, qui a lui-même frôlé la Haute Cour quelques années plus tôt, estime « intolérable que Christian Nucci puisse déjà apparaître comme condamné une fois pour toutes ». Jean-Claude Gaudin se déclare « un peu surpris que, pour une histoire de vol à l'étalage, il y ait besoin de réunir la Haute Cour ». Plus généralement, tous les représentants de l'UDF trouvent que les gaullistes vont trop vite dans cette affaire, comme pour dissimuler leurs propres turpitudes.

C'est ce que dénoncent les socialistes, en réclamant aussi la mise en accusation de Charles Pasqua. Mais le bureau de l'Assemblée nationale juge cette demande irrecevable, le 24 juin. En revanche, une nouvelle résolution présentée par Pierre Messmer à l'encontre de Christian Nucci est finalement votée en décembre. À cette occasion, les communistes unissent leurs voix à celles de la droite et de l'extrême droite contre leur ancien allié socialiste. Le 19 février 1988, la commission d'instruction de la Haute Cour inculpe Christian Nucci de faux en écritures publiques et privées, ainsi que d'usage et de soustraction de fonds par dépositaire public. « C'est une formidable bombe contre les socialistes et moi-même », proteste l'ancien ministre de la Coopération. Sera-t-il le premier ministre de la Ve République traduit en Haute Cour ?

Un élément de taille permet d'en douter. Le 6 février 1988, quelques jours avant son inculpation, le rapport de la police judiciaire sur le Carrefour du développement est rendu public. Au terme d'un an et demi d'investigations, les enquêteurs atténuent considérablement la responsabilité du ministre, qui apparaît surtout comme la victime de son directeur de cabinet.

Ce dernier serait le seul et unique responsable de la quasi-totalité des détournements de fonds. Les seules dépenses imputables à Christian Nucci concernent quelques frais de représentation à Beaurepaire et des frais d'imprimeur pour sa campagne électorale de mars 1986. Cela mérite-t-il la Haute Cour ?

Pour Lionel Jospin, premier secrétaire du Parti socialiste, cela ne fait aucun doute : « Christian Nucci a peut-être agi avec légèreté, mais il est un homme honnête. Les détournements ont été faits à son insu. M. Chalier a été manipulé. La question est de savoir depuis quand. Il y a toujours autour de M. Chirac un groupe d'hommes qui trouvent des délices dans la tentation de monter des affaires. Mais cela finit par se retourner contre lui. » La réélection de François Mitterrand en mai 1988 et la victoire des socialistes lors des législatives de juin donnent une force supplémentaire à ce jugement. Désormais, ce sont les socialistes qui ont les cartes en main, et ils ne tardent pas à en jouer.

Le nouveau ministre de l'Intérieur Pierre Joxe relance la polémique, le 13 février 1989, lors de l'émission L'Heure de vérité. Il y accuse Charles Pasqua d'avoir fait confectionner le « vrai-faux passeport » d'Yves Chalier afin de couvrir une machination politique montée par Michel Aurillac contre les socialistes. Regrettant d'avoir participé à cette machination, Pasqua lui aurait confié : « Je me suis fait avoir comme un enfant de chœur. Si j'avais su, je m'y serais pris autrement. » La réaction d'Aurillac ne se fait pas attendre : « Je déplore que la diffamation soit pour le ministre de l'Intérieur une seconde nature. » Quant à Pasqua, il estime que Pierre Joxe « a gardé de son adolescence à Moscou (où son père fut ambassadeur) un attrait presque instinctif pour la manipulation ». Mais Pierre Joxe est un homme qui a de la suite dans les idées. En septembre 1989, il fait lever le secret-défense que Pasqua avait opposé au juge à propos du « vrai-faux passeport ». Dans *Le Canard enchaîné* du 22 novembre, on apprend que le directeur de la DST Bernard Gérard vient d'avouer au juge que Pasqua lui avait personnellement donné l'ordre de faire fabriquer un faux passeport et un faux permis de conduire au nom d'Yves Chalier. L'ancien ministre socialiste Pierre Mauroy réagit aussitôt sur Europe 1 : « À côté de Nucci, il devrait y avoir Pasqua. C'est un secret de Polichinelle que cette histoire de passeport. »

La politique du donnant-donnant

Menaces, gesticulations, rapports de force. Toute cette agitation aboutit à une neutralisation des deux camps, donc à l'impasse judiciaire. Le 12 février 1990, le procureur général Bézio requiert pour Christian Nucci un non-lieu partiel pour faux en écritures privées et publiques. Pour ce qui concerne son financement électoral, l'ancien ministre est couvert par la loi d'amnistie qui vient d'être votée par les Chambres. Aux yeux de la justice, l'ancien ministre est donc vierge de toute inculpation, ce qui scandalise le gaulliste Jacques Toubon : « Ce réquisitoire de non-lieu choque les Français et heurte leur sentiment de justice. » Il en appelle à la commission d'instruction de la Haute Cour, mais celle-ci rend le 4 avril 1990 un avis de non-lieu similaire à celui du parquet. En échange, le garde des Sceaux Henri Nallet décide de ne pas saisir le Parlement du dossier de Charles Pasqua. C'est du donnant-donnant. Discutant à bâtons rompus avec les journalistes, les magistrats de la commission d'instruction de la Haute Cour laissent d'ailleurs filtrer leur agacement à l'égard des politiques : « C'est la première fois dans l'histoire de notre République que l'on amnistie des faits criminels. La loi d'amnistie a été rédigée sur mesure pour M. Nucci, alors que son nom n'a même pas été prononcé dans les débats. » Le Syndicat national de la magistrature, pourtant classé à gauche, dénonce lui aussi « l'inconscience ou le cynisme de la classe politique qui ne considère pas les principes de justice comme faisant partie intégrante de la démocratie ». Selon un sondage publié le 12 avril 1990 par *Le Journal du dimanche*, plus des trois quarts des Français jugent choquante l'amnistie accordée à Nucci, et plus des deux tiers estiment que les hommes politiques ne sont pas honnêtes. C'est le résultat déplorable d'un scandale à double détente.

Le procès en cour d'assises, qui commence le 23 mars 1992, n'est plus qu'une formalité, car il ne concerne pas les politiques. La vedette en est bien sûr Yves Chalier, accusé de faux et usage de faux, abus de confiance et soustraction de deniers publics. Christian Nucci s'est constitué partie civile, ce qui suscite d'emblée la colère de Me Xavier de Roux, l'avocat de Chalier : « Il faut une certaine audace pour que M. Nucci vienne aujourd'hui réclamer justice, dit-il, alors qu'il s'est servi de son collaborateur. » Réplique de Me Francis Szpiner, l'avocat de Nucci, qui se déclare « scandalisé » au nom de son client, « victime de ses adversaires politiques ». Le 30 mars, Nucci plaide lui-même sa cause à la barre des témoins : « J'ai subi les affres de la trahison ; j'ai été trahi, sali dans mon honneur ; mes enfants aussi ont eu à en souffrir. J'ai été mis en accusation par les députés de la cohabitation ; j'ai appris à ce moment-là que la vie politique n'est pas une chose facile, que l'appétit et la soif du pouvoir l'emportent sur toute autre considération. »

Après Nucci le martyr, voici Chalier le repenti : « Depuis cinq ans, j'ai réfléchi. J'ai fondé une famille. Ce n'est plus le chef de cabinet que vous jugez. Une condamnation serait pratiquement la fin de ma vie. » Mais tout l'accable, les maîtresses dispendieuses, les détournements de fonds, les signatures imitées et les magouilles avec les services secrets. Le 1er avril 1992, il est condamné à cinq ans de réclusion et au versement d'un franc symbolique de dommages et intérêts à Christian Nucci. C'est ainsi que se clôt le dossier du Carrefour du développement, sans qu'aucun responsable politique ait été mis en cause.

Si Christian Nucci est battu lors des élections législatives de 1988 et définitivement écarté des fonctions gouvernementales, il rejoint le cabinet de Laurent Fabius à la présidence de l'Assemblée nationale. Resté maire de Beaurepaire et conseiller général de l'Isère, il devient ensuite vice-président de l'Assemblée des départements français. L'affaire du Carrefour ne lui a donc pas été fatale, pas plus qu'à Charles Pasqua, qui retrouve de 1993 à

1995 le portefeuille de l'Intérieur dans le gouvernement Balladur. L'un est pourtant soupçonné d'avoir détourné des fonds publics pour sa campagne électorale et l'autre d'avoir fait obstruction à la justice en favorisant la fuite de Chalier. Mais les impératifs de la cohabitation politique ont pris le pas sur la transparence et sur la justice.

3

Les « initiés » du mitterrandisme

Coup sur coup, en l'espace de quelques mois, éclatent deux scandales financiers mettant en cause les proches de François Mitterrand et les aventuriers de la haute finance. La proximité des élites politiques et des hommes d'affaires n'est pas nouvelle. En revanche, elle étonne venant d'un président socialiste grand pourfendeur de l'argent roi. L'affaire Luchaire et celle du Carrefour du développement ont montré que certains hauts fonctionnaires socialistes n'étaient pas indifférents aux sirènes de l'argent facile. Mais ce n'était rien en comparaison de ces nouvelles affaires, qui révèlent une connivence étroite entre les familiers de la présidence et le monde financier. Telle une monarchie républicaine, le pouvoir socialiste favorise quelques « initiés », les privilégiés du régime. C'est une surprise pour beaucoup et une désillusion pour tous. De quoi faire grossir les bataillons des déçus du mitterrandisme.

Les *prédateurs* de la Société générale

Une séance boursière exceptionnelle met le feu aux poudres, le 19 octobre 1988. En quelques heures, l'une des actions vedettes du marché, celle de la Société générale, troisième banque commerciale française, connaît une hausse de plus de 12 %, qui l'amène à la valeur record de cinq cent quarante-six francs. Quoi de plus normal ? C'est le libre jeu de l'offre et de la demande, personne ne peut y trouver à redire.

Pourtant, Marc Vienot, le P-DG de la Société générale, exprime aussitôt de vives réserves concernant ces opérations. Deux jours plus tard, on apprend que Georges Pébereau, président de la société financière Marceau Investissements, était derrière ces opérations. Elles lui ont permis de devenir en quelques jours le principal actionnaire de la Société générale avec 9,16 % du capital. Or Georges Pébereau n'est autre que l'ancien P-DG de la Compagnie générale d'électricité, évincé par Jacques Chirac en juillet 1986. Il se trouve que la Société générale fait partie du noyau dur de la CGE. En s'emparant de la banque, Pébereau revient donc en force dans la société dont la droite l'avait écarté. Qui l'a aidé à réaliser ce retour spectaculaire ?

Dans le capital de Marceau Investissements, on retrouve les partenaires financiers habituels des banques d'investissement, tels que Claude Bébéar, le P-DG des assurances AXA, Jean-Louis Descours, des chaussures André, et Gustave Leven, de Perrier. Mais on trouve aussi un établissement public, la Caisse des dépôts et consignations, dont le directeur général Robert Lion est considéré comme un proche des socialistes. Y aurait-il donc une dimension politique dans le « raid » sur la Société générale ? De nombreux observateurs le pensent, qu'ils soient financiers, journalistes ou politiques. On y voit la main du gouvernement Rocard, désireux de revenir discrètement sur les privatisations effectuées par le gouvernement Chirac.

« Ce n'est pas le rôle des institutions publiques que d'organiser des prises de contrôle occultes », proteste Édouard Balladur sur Europe 1, le 23 octobre. Ce à quoi répond sur RTL son successeur, le ministre de l'Économie et des Finances Pierre Bérégovoy, rendant hommage à Georges Pébereau « homme de qualité qui a fait ses preuves comme dirigeant d'entreprise », et observant que « le dénoyautage se fait par la loi du marché ». Non sans ironie, le ministre en exercice rappelle que « les noyaux durs ont été constitués dans le bureau du ministre des Finances » à une époque où il n'y était pas. En clair, Bérégovoy renvoie Balladur, l'artisan des fameux « noyaux durs » privatisés, à ses propres manipulations.

Jusque-là, rien de bien surprenant. Le gouvernement Chirac a conçu avec certains hommes d'affaires les montages financiers des privatisations. Il n'est pas scandaleux que le gouvernement Rocard travaille à une renationalisation rampante. Comme l'observe le journaliste Érik Izraelewicz dans *Le Monde* du 28 octobre 1988, il est difficile de croire à la neutralité de Pierre Bérégovoy dans cette affaire, mais il ne l'a sans doute pas téléguidée. Il y a eu vraisemblablement une action coordonnée, entre le groupe Pébereau et le cabinet du ministre Pierre Bérégovoy. Parmi les hommes d'affaires impliqués dans l'opération, ceux que l'on surnomme les *golden papies* en raison de leur âge avancé, on relève le nom de François Dalle, l'ex-P-DG de L'Oréal, ami personnel de François Mitterrand. Mais les golden papies jurent leurs grands dieux que l'opération est purement spéculative, sans aucune intervention du politique. « Le marché joue son rôle, je ne m'en mêle pas », affirme Pierre Bérégovoy à l'Assemblée nationale, le 16 novembre.

L'affaire en serait sans doute restée là si une nouvelle rumeur n'était pas apparue, fin novembre : le raid sur la Société générale aurait donné lieu à un délit d'initiés. Interrogé par *La Tribune de l'Expansion*, le 3 janvier 1989, Jean Farge, président de la Commission des opérations de Bourse (COB), n'exclut pas cette hypothèse. Mais c'est *L'Express* du 13 janvier qui fait véritablement éclater le scandale, en publiant une interview du ministre du Travail, Roger Fauroux, reconnaissant la gravité des faits incriminés. Cet aveu officiel suscite la colère de Pierre Bérégovoy, qui en réfère à Michel Rocard, qui lui-même appelle François Mitterrand. Comment Fauroux a-t-il pu enfreindre la règle sacro-sainte de la solidarité interministérielle ? Pourquoi a-t-il rompu la loi du silence ? Malveillance ou inexpérience ? On penche pour la seconde solution.

Le soir même, un communiqué de Matignon souligne la « confiance renouvelée » du Premier ministre à Pierre Bérégovoy. En visite en Côte-d'Or, le chef de l'État exprime quant à lui son « estime et sa gratitude » au ministre de l'Économie, « attaqué dans sa personne ». Roger Fauroux est donc publiquement désavoué. Mais le soupçon du délit d'initié n'en est que plus lourd. D'autant que *L'Express*, toujours lui, vient de révéler une autre affaire qui suscite le même soupçon.

Les secrets de l'opération Triangle

Dans son édition du 13 décembre 1988, *L'Express* affirme en effet qu'une « personnalité française informée » aurait acheté une grande quantité de titres de la société américaine Triangle, société mère d'American National Can (ANC), le numéro deux mondial de l'emballage. Ces achats sont intervenus juste avant qu'ANC ne soit rachetée par la société nationale française Pechiney. Le rachat ayant provoqué une hausse spectaculaire des cours de Triangle, de dix-huit à quarante-six dollars pour la seule séance du 21 novembre 1988, on imagine les bénéfices que l'information a pu rapporter à l'heureux initié.

On apprend quelques jours plus tard que la COB, alertée par son homologue américaine, vient d'ouvrir une enquête sur les spéculations concernant les titres Triangle, et que cette enquête révèle d'importants mouvements dans les jours qui ont précédé et suivi le rachat par Pechiney. On découvre en outre qu'une vingtaine de personnes étaient au courant de cette opération de rachat, à la direction de Pechiney, mais aussi dans quelques banques d'affaires, dans les cabinets ministériels concernés, à Matignon et à l'Élysée. *Libération* livre le premier nom « d'initié », celui de l'homme d'affaires Max Théret, ancien patron de la FNAC, et qui aurait fait acheter des actions Triangle par sa société d'investissements, la Compagnie parisienne des placements. Interrogé dans *Le Nouvel Observateur* du 23 décembre 1988, il reconnaît avoir fait l'acquisition de trente-deux mille titres Triangle avant le rachat d'ANC, mais sur la base d'une information économique signalant que Pechiney voulait se lancer sur le marché de l'emballage. Il dément avoir bénéficié de la moindre information politique, plaidant la coïncidence…

Le 5 janvier 1989, Pierre Bérégovoy s'exprime pour la première fois sur cette affaire lors du Forum de *L'Expansion* : « L'enquête, dit-il, devrait nous réserver quelques surprises. » Si l'on en croit le ministre, il y aurait eu une sorte de provocation visant à discréditer les socialistes. Il laisse entendre qu'une équipe de financiers, animée par Ambroise Roux, patron réputé proche des chiraquiens, aurait poussé au délit d'initié quelques hommes d'affaires amis du pouvoir. Propos sibyllins, qui apparaissent peu convaincants, d'autant que la rumeur accuse Alain Boublil, le directeur de cabinet de Bérégovoy, d'être à l'origine des fuites. On soupçonne aussi son ami, l'homme d'affaires libanais Samir Traboulsi. Ayant joué le rôle de conseiller de la firme américaine ANC dans les négociations de rachat par Pechiney, il n'est pas impossible qu'il se soit servi au passage. Le 19 janvier, *Libération* publie un rapport américain qui confirme la rumeur : il y a bien eu délit d'initié dans cette opération de rachat, et les informateurs venaient du premier cercle des négociateurs. Le lendemain, coup de théâtre : Alain Boublil démissionne, afin, dit-il, « de répondre aux accusateurs et de poursuivre les diffamateurs ». Pierre Bérégovoy lui rend un hommage appuyé sur Europe 1, mais chacun interprète cette démission comme un aveu de culpabilité. C'est lui, Boublil, le principal conseiller du ministre, qui a donné des informations au petit cercle des initiés.

Le 23 janvier 1989, c'est au tour du journal *Le Monde* de publier sa révélation : selon un rapport confidentiel des Renseignements généraux, remis à François Mitterrand trois jours plus tôt, son vieil ami Roger-Patrice Pelat, son « copain », son compagnon de Stalag, ferait partie du groupe des initiés. Par l'intermédiaire de la Banque cantonale vaudoise de Lausanne, il aurait acquis quarante mille actions Triangle. Après Max Théret et Alain Boublil, voici que le meilleur ami du président, son compagnon de promenade, est lui aussi impliqué dans cette sordide affaire d'argent.

« La gauche la plus pourrie du monde »

« L'affairisme politique existe depuis quelque temps déjà en France et la question n'est pas de savoir si c'est depuis le début de ce septennat ou pas », observe l'ancien Premier ministre Raymond Barre, se refusant à exploiter le scandale. Mais ce n'est pas le cas d'Alain Juppé, ravi que disparaisse « la légende selon laquelle la vertu est à gauche et le vice à droite ». Accablant « la gauche la plus pourrie du monde », il s'étonne que « François Mitterrand soit entouré de personnes qui ont pour l'argent non pas de l'aversion mais une grande affection ». Jean-Marie Le Pen affirme que « les scandales fleurissent dans les systèmes socialistes ». Quant au communiste André Lajoinie, il exprime « l'indignation » de ses amis, « jamais mêlés à aucun scandale ».

Face à ce tir croisé, Pierre Joxe monte le premier au créneau, avec Juppé pour cible, « un professeur de bien petite vertu ». Pour Henri Emmanuelli, « M. Juppé retrouve spontanément le vocabulaire des ligues de l'extrême droite française pendant l'entre-deux-guerres ». Même à droite, certains reconnaissent que le secrétaire général du RPR a tapé trop fort sur les socialistes. « Il ne faut pas jeter l'opprobre sur l'ensemble d'un camp à cause de quelques brebis galeuses », observe Philippe Séguin. « On serait mal venu de rendre le président de la République responsable des actes d'amis qu'il connaît depuis trente ou quarante ans », admet Charles Pasqua. « Est-ce qu'on est responsable d'un ami qui tombe ? » demande Pierre Mauroy sur TF1.

Mais voici que les révélations se succèdent, enfonçant chaque jour un peu plus l'entourage du pouvoir. *Le Nouvel Observateur* du 26 janvier 1989 annonce que le cabinet financier Experta Treuhand de Zurich a acheté un gros paquet d'actions Triangle juste avant le rachat par Pechiney, les revendant une semaine plus tard pour un bénéfice de plus de quatre millions cinq cent mille francs. Or, ce cabinet suisse est étroitement lié à la société Vibrachoc, dont le patron est Roger-Patrice Pelat. *L'Express* affirme quant à lui que Samir Traboulsi a acheté à Paris et Londres plus de cinq cent mille actions de la Société générale au cours de l'été 1988 : il les a revendues à l'automne avec de fortes plus-values au moment du raid lancé par Georges Pébereau et Alain Boublil. Deux affaires juteuses, deux délits d'initié.

« Toute la vérité sera faite », déclare Pierre Bérégovoy devant la commission des finances de l'Assemblée nationale, tandis que le chef de l'État lui envoie une lettre publique l'autorisant à publier le rapport de la COB dès qu'il sera rendu. De son côté, le Premier ministre Michel Rocard dénonce l'amalgame qui est fait par la droite entre le pouvoir et son entourage, ce qu'il appelle « la responsabilité par association ». Et Rocard d'évoquer les affaires des septennats précédents, sous Pompidou et sous Giscard. « Je vois une seule affaire, déclare Pierre Joxe sur Europe 1 : l'affaire politique que monte une partie de la droite pour chercher à atteindre le président de la République. » Toute la question est de savoir s'ils y ont réussi.

« C'est cette affaire qui l'a tué »

Si l'on en croit un sondage paru dans le *Journal du dimanche* du 29 janvier 1989, soit au cœur du scandale, on ne peut pas dire que les Français se sentent très concernés. Seuls 38 % déclarent s'intéresser à l'affaire Pechiney et 32 % à celle de la Société générale. Plus de la moitié d'entre eux pensent que le gouvernement ne dit pas la vérité, mais ils sont encore plus nombreux à désapprouver les critiques formulées par Alain Juppé. Les trois quarts renvoient dos à dos la gauche et la droite sur le terrain des scandales, et près des deux tiers affirment qu'ils n'en tiendront pas compte au moment des élections. Les Français semblent prêts à tout pardonner à leur président.

Le rapport de la COB, publié le 31 janvier 1989, n'est d'ailleurs pas de nature à déranger le pouvoir, car il ne désigne aucun initié. Tout juste signale-t-il que les amis du chef de l'État, Max Théret et Roger-Patrice Pelat, figurent parmi les gros acheteurs de titres Triangle. Mais rien ne prouve qu'ils aient bénéficié d'informations privilégiées. « Ni le pouvoir politique, ni les membres du gouvernement, ni les socialistes ne sont en cause », affirme un communiqué de la présidence. « La montagne a accouché d'une souris », s'indigne l'UDF François Lamassoure, tandis que le RPR Bernard Pons réclame une enquête similaire sur la Société générale, et que *Le Figaro* veut connaître les « vrais coupables ». Le 3 février 1989, Jacques Chirac et Valéry Giscard d'Estaing décident de demander au nom des groupes RPR et UDF une commission d'enquête sur les acquisitions et cessions d'entreprises publiques, c'est-à-dire sur la Société générale. Mais la majorité étant socialiste, ils savent bien que leur initiative est vouée à l'échec.

La parole est désormais au chef de l'État, qui intervient le 12 février 1989 dans l'émission Sept sur Sept, sur TF1. Il y parle longuement de ses relations avec Max Théret et Roger-Patrice Pelat. À propos du premier, il reste assez évasif, ne le comptant pas dans le cercle de ses amis, « même pas de mes relations ». Il prétend ne l'avoir rencontré que deux ou trois fois, alors que la presse fait état d'une bonne dizaine de rencontres, notamment lorsqu'il lui a remis en juin 1986 le ruban de commandeur de l'Ordre national du mérite. En revanche, le chef de l'État n'a pas de mots assez forts pour énumérer les « qualités tout à fait remarquables » de son ami Pelat, « sa force d'âme, de caractère et de camaraderie, son énergie, son esprit de décision, de présence et de force ». Et le président de conclure : « Fallait-il que je me brouille avec lui parce que de pauvre il était devenu riche ? »

Le 20 février 1989, Roger-Patrice Pelat est inculpé de recel de délit d'initié par la juge Édith Boizette, puis c'est au tour de Max Théret, le 3 mars. Mais l'opinion ne retient que les éloges du président, puis sa douleur, authentique et émouvante, lorsque Roger-Patrice Pelat est victime d'un arrêt cardiaque, le 7 mars, deux semaines après son inculpation. « La disparition de Patrice Pelat, à mon avis due aux éléments que vous savez, doit donner à réfléchir à tous », déclare Pierre Bérégovoy. « Je souhaite que dans la vie publique il y ait d'une façon générale plus d'objectivité et plus de respect des personnes avant de juger », renchérit Édouard Balladur. Quant à Max Théret, il confie sa colère au *Monde* du 8 mars 1989 : « C'est cette affaire qui l'a tué, cette justice sur la place publique, ces apprentis shérifs. Maintenant, je vais me battre non seulement pour moi, mais aussi pour lui. Cet homme était innocent. C'était un type formidable. » Du jour au lendemain, cette mort brutale met un point final au scandale des initiés. « Cette mort clôt le dossier judiciaire, écrit Bruno Frappat dans *Le Monde*. Elle en ouvre un autre, un dossier de conscience sur la fragilité des êtres et le rôle de plusieurs institutions, dont la justice et la presse. »

Les « dircab » en justice

Le scandale s'éteint, mais les affaires ne sont pas closes. Le 28 avril 1989, une commission sénatoriale présente son rapport sur le raid de la Société générale, présenté comme une « exemplaire imbrication des intérêts privés et de la volonté politique ». Critiquant la participation de la Caisse des dépôts et consignations au groupe Pébereau, le rapport souligne le rôle qu'a joué dans l'opération Charles Salzmann, conseiller à l'Élysée. Mais aucune preuve n'est donnée du délit d'initié.

C'est une fois de plus la presse qui fait avancer l'enquête, braquant les projecteurs sur le cabinet de Pierre Bérégovoy. Les directeurs de cabinet, ceux que l'on appelle familièrement les « dircab », sont sur la sellette. Fin juin 1989, *Le Monde* révèle en effet que Jean-Charles Naouri, le prédécesseur de Boublil comme chef de cabinet du ministre, a participé au raid sur la Société générale. Associé gérant à la compagnie financière David de Rothschild et président de la société d'investissement Euris, Naouri aurait acheté et revendu entre juillet et août 1988 pour plus de dix millions de francs de titres Société générale, réalisant un bénéfice de un million cinq cent mille de francs. « Gestion normale de trésorerie », se justifie-t-il, affirmant qu'il a refusé de participer au raid du mois de novembre. Mais il admet en avoir été informé. *L'Express* du 15 septembre 1989 affirme que les conclusions du rapport de la COB, corrigées par Pierre Bérégovoy, ne reflètent pas exactement les résultats de l'enquête. Celle-ci aurait mis en évidence la participation de Geneviève Dalle, la femme de l'ancien P-DG de L'Oréal, ainsi que de Jean-Charles Naouri. Il faudra néanmoins attendre le 15 juin 1990 pour que ce dernier soit inculpé de délit d'initié dans l'affaire de la Société générale.

Pendant la même période, l'enquête sur l'affaire Pechiney a elle aussi progressé. La justice suisse confirme de façon formelle que Pelat a bien fait acheter vingt mille titres les 16 et 18 novembre 1988, et les Américains révèlent que le « copain » du président a même créé une société panaméenne afin d'abriter le produit de la revente de ces titres. Puis, fin janvier 1991, c'est au tour de Samir Traboulsi d'être inculpé, suivi le 7 novembre 1991 par Alain Boublil. À cette date, les deux anciens directeurs de cabinet de Pierre Bérégovoy font donc l'objet de poursuites judiciaires, tous deux pour délit d'initié.

Le procès de l'affaire Pechiney, ouvert le 2 juin 1993 devant la 11e chambre correctionnelle de Paris, relance pendant quelques semaines l'attention des médias et de l'opinion. Samir Traboulsi se dit victime d'un préjugement : « L'affaire la plus prestigieuse de ma vie tourne au cauchemar. » Alain Boublil reconnaît avoir été présent sur le yacht de Traboulsi, au mois d'août 1988, lorsque les dirigeants de Pechiney sont venus discuter du rachat avec le P-DG de Triangle. Il admet aussi avoir rencontré Roger-Patrice Pelat, le 13 novembre 1988, soit juste avant le rachat, à l'occasion du quarantième anniversaire de mariage de Pierre Bérégovoy, au restaurant Chez Edgard. Pourtant, en dépit des fortes présomptions qui pèsent sur lui, l'ancien directeur de cabinet est relaxé le 29 juillet 1993 au bénéfice du doute. Les attendus du jugement soulignent que ses déclarations sont « tout à fait invraisemblables », mais on ne peut pas prouver que c'est lui le responsable des fuites. En revanche, Samir Traboulsi, dépeint par l'accusation comme « une sorte de Machiavel », écope de deux ans avec sursis et de vingt-cinq millions de francs d'amende, pour « délit d'initié caractérisé ». Max Théret se voit infliger la même peine, avec deux millions cinq cent mille francs d'amende.

Malheureusement pour Boublil, un procès en appel est organisé du 26 avril au 6 juillet 1994, à la demande de Traboulsi. Mauvais calcul pour ce dernier, qui voit sa peine durcie à un an de prison ferme. Celle de Max Théret est confirmée, mais ce second procès est l'occasion pour lui de rétablir une vérité importante : contrairement à ce qu'il a affirmé jusque-là, ce n'est pas lui qui a informé Roger-Patrice Pelat du rachat d'ANC, mais bien l'inverse. Le véritable coupable du délit d'initié est donc Pelat, qu'il a accepté de couvrir pendant des années afin de protéger le président de la République. Alain Boublil, l'informateur de Pelat, est cette fois déclaré coupable et condamné à deux ans de prison, dont un avec sursis.

En revanche, il faut attendre le 7 novembre 2002, soit quatorze ans après les faits incriminés, pour voir aboutir l'enquête sur le raid de la Société générale. Devant le tribunal correctionnel de Paris comparaissent quatre des onze personnes inculpées : les hommes d'affaires Samir Traboulsi, Jean-Pierre Peyraud et Georges Soros, ainsi que Jean-Charles Naouri, l'autre « dircab » de Bérégovoy. Georges Pébereau, l'organisateur du raid, a bénéficié quant à lui de l'amnistie présidentielle de 1995 car il n'était passible que d'une amende. Les autres initiés, dont François Dalle, ont bénéficié d'un non-lieu. Les quatorze années d'enquêtes n'ont pas permis de réunir des preuves du délit d'initié, mais on sait que Jean-Pierre Peyraud a gagné trente-cinq millions de francs dans l'opération, Samir Traboulsi vingt-trois millions, Jean-Charles Naouri 345 172 francs pour lui et un million cinq cent quatre-vingt mille francs pour sa société Euris. À propos de ce dernier, le juge évoque « des informations puisées à la source même, le ministère des Finances ».

Mais quatorze ans après les faits, à quoi rime un tel procès ? Me Kiejman, le défenseur de Naouri, a beau jeu de plaider l'abandon des poursuites, pour délai dépassé. C'était à chaud qu'il aurait fallu vider l'abcès de la collusion politico-financière. Le résultat de ces tergiversations judiciaires, c'est l'impunité pour les coupables. Mais cette impunité se paie au prix fort dans l'opinion publique. On retient que les conseillers d'un ministre et l'entourage du chef de l'État ont trempé dans ces magouilles financières de haut vol. Ce qui reste du scandale, c'est que la gauche morale et vertueuse s'est abandonnée avec volupté aux délices de l'argent facile. Dans le registre du « Tous pourris », les délits d'initié ajoutent un couplet empoisonné à la chanson du populisme.

4

Le prix du sang contaminé

Parmi toutes les affaires de la fin du XXe siècle, la plus scandaleuse, au sens religieux du terme, est sans conteste celle du sang contaminé. Parce qu'il y a mort d'hommes, parce que la loi de l'argent y apparaît plus forte que la vie humaine, c'est le scandale des scandales, celui qui heurte les consciences, celui qui donne à réfléchir à tous et à chacun.

Au centre de l'affaire, un homme, Michel Garretta, médecin réputé et honoré, directeur général du Centre national de transfusion sanguine (CNTS). Au printemps 1991, des voix s'élèvent dans la presse pour le mettre en accusation : pour de basses raisons financières, il aurait autorisé des transfusions avec du sang contaminé par le virus du sida. Au détriment de sa déontologie et de la morale, il aurait sciemment permis que des transfusés, pour la plupart hémophiles, soient infectés par un virus mortel. Le 1er juin 1991, un communiqué officiel annonce sa démission. Trois jours plus tard, Georgina Dufoix, qui était son ministre de tutelle, vient s'expliquer devant les caméras de TF1 : « J'ai fait partie de cette longue chaîne d'hommes et de femmes qui ont sous-estimé le risque. Pour autant, je ne me sens pas coupable, je n'ai pas le sentiment d'avoir accompli une faute. » C'est ainsi que débute le scandale du sang contaminé.

Les « monstrueuses » erreurs du CNTS

Pour les victimes et leurs familles, il y a déjà plusieurs années que le scandale aurait dû éclater. Dès le mois de mars 1989, l'Association française des hémophiles a adressé un ultimatum au gouvernement Rocard, exigeant des réponses concrètes au drame qui les a frappés de plein fouet. Des dizaines d'entre eux ont en effet été contaminés par le virus du sida lors des transfusions prescrites avant 1986. Certains plaident leur cause devant les tribunaux, accusant le CNTS de leur avoir distribué des lots de produits sanguins infectés par le virus. Les autres ont entamé des recours devant le tribunal administratif contre le ministère de la Santé. Chaque jour se révèlent de nouveaux cas, de nouvelles séropositivités, de nouveaux malades, auxquels le virus a été inoculé par ceux qui avaient mission de les guérir. En 1993, on dénombrera plus de mille deux cent cinquante contaminés et plus de deux cent quatre-vingt-dix morts. On comprend la douleur des familles, et leur colère.

On apprend que dès le mois de juin 1983 une circulaire émanant du directeur général de la Santé publique, le professeur Jacques Roux, a demandé aux centres régionaux de transfusion de prendre toutes les précautions face au virus du sida. Au mois d'octobre 1984, la revue médicale américaine *Hemophilia* a préconisé de chauffer les produits sanguins pour inactiver le virus. Dans une lettre envoyée au cabinet de Georgina Dufoix, le 9 mai 1985, Michel Garretta a recommandé d'utiliser d'urgence ce procédé de chauffage pour interrompre la contamination. Et pourtant, ce n'est que le 19 juillet suivant, soit plus de deux mois plus tard, que le CNTS a écoulé ses derniers lots de produits non chauffés. Deux mois criminels, deux mois inexplicables, pendant lesquels des centaines de transfusés ont pu être contaminés. Qui est responsable de ce retard tragique ? Les centres de transfusion ? Michel Garretta ? Le professeur Jacques Roux ? Son ministre ? Ce sont les questions que tous les Français se posent en juin 1991, et chacun attend des réponses.

Si l'on en croit le ministre de la Santé en exercice, Bruno Durieux, ce sont des « erreurs collectives » qu'il faut incriminer. Le rapport que lui remet l'Inspection générale des affaires sociales met l'accent sur une réunion interministérielle du 9 mai 1985. Lors de cette réunion, présidée à l'hôtel Matignon par le professeur François Gros, conseiller auprès du Premier ministre Laurent Fabius, le secrétaire d'État à la Santé Edmond Hervé et son ministre de tutelle Georgina Dufoix ont semblé surtout préoccupés par le coût du test de dépistage sur le sang transfusé. Décision aurait été prise de différer autant que possible l'autorisation du test américain Abbott afin de mettre au point le test français des laboratoires Diagnostics Pasteur. Résultat : on a perdu un temps précieux pour détecter les lots contaminés.

On se tourne néanmoins vers les médecins pour chercher les responsables. Le 21 octobre 1991, la juge Sabine Foulon inculpe le docteur Garretta, le professeur Roux et le docteur Netter, qui dirigeait à l'époque le laboratoire national de la santé. Garretta se dit victime d'un lynchage médiatique et réclame un jury d'honneur international. Dans un communiqué transmis par le comité central du Parti communiste, dont il est membre, le professeur Roux s'insurge, accusant la justice de vouloir couvrir la responsabilité des ministres socialistes, qui ont selon lui retardé volontairement les tests de dépistage. Netter, lui aussi « profondément indigné », refuse d'être pris pour un lampiste. Quant à Alain Juppé, premier responsable de l'opposition à s'emparer de l'affaire, il demande que les responsabilités politiques soient établies. Jacques Chirac, sur TF1, parle d'une « affaire monstrueuse » et Jean-Marie Le Pen, sur Europe 1, d'un « crime contre l'humanité ». La machine est lancée.

La bonne conscience du docteur Garretta

Le 23 octobre 1991, François Mitterrand annonce personnellement un projet de loi d'indemnisation pour tous les transfusés. Puis, le 27 octobre, c'est au tour de l'ancien Premier ministre

Laurent Fabius, principale cible politique du scandale, de sortir de son silence : sur TF1, il décline toute responsabilité, rappelant qu'il a pris en huit jours la décision de lancer le dépistage systématique des lots transfusés. Georgina Dufoix lui succède sur la même antenne, le 3 novembre, répétant la formule qui fera recette : « Responsable mais pas coupable. »

« Nous devons faire attention à l'exploitation politicienne, on ne nous le pardonnerait pas », reconnaît Charles Millon, président du groupe UDF, manifestement agacé par la précipitation de ses rivaux du RPR. Mais Alain Juppé répète que les poursuites judiciaires doivent continuer et Bernard Pons, président du groupe parlementaire gaulliste, dénonce « l'accumulation des erreurs médicales et politiques vis-à-vis du sida durant l'année 1985 ». Lors de la discussion de la loi d'indemnisation, péniblement adoptée le 9 décembre 1991 après dix heures de débats, Alain Madelin accuse lui aussi le gouvernement d'esquiver ses responsabilités : « Une fois de plus, s'exclame-t-il, c'est "courage, fuyons" ! »

L'étau se resserre sur les représentants du pouvoir. Au mois de février 1992, plusieurs journaux publient une lettre adressée au docteur Garretta, en date du 18 janvier 1991, et dans laquelle le directeur du centre de tranfusion sanguine du Val-de-Marne fait état d'importations illégales de produits sanguins venant du Brésil. Garretta prétend que c'est un faux grossier et le ministre de la Santé Bruno Durieux affirme qu'il n'était pas au courant. Mais on apprend que ce dernier avait été prévenu que des importations sauvages étaient organisées par quatre centres de transfusion, Lille, Nancy, Lyon, et Montpellier, « à l'insu des autorités de tutelle ». On a donc importé du sang à risque bien après les mesures prises en 1985, et il semble que le ministre ait voulu dissimuler cette réalité.

Le procès des responsables médicaux, qui s'ouvre le 22 juin 1992 devant le tribunal correctionnel de Paris, peut être l'occasion de tout révéler. Dans le box des accusés, Garretta, Netter, Roux ainsi que le docteur Jean-Claude Allain, qui était responsable de la recherche au CNTS au moment des faits incriminés.

Le prétoire surchauffé est bien trop exigu pour la cinquantaine d'avocats, autant de journalistes et la vingtaine de gendarmes qui veillent sur le bon déroulement des débats. Sous les fenêtres, les militants d'Act Up manifestent, brandissant des portraits de Mitterrand, Fabius, Bérégovoy, Hervé et Dufoix, traités de criminels. « Où sont les ministres ? » demandent les avocats de la partie civile.

Convoqué à la barre, le 29 juin, Michel Garretta reste pourtant imperturbable, drapé dans ses certitudes. C'est tout juste s'il admet sa méconnaissance du sida au moment des faits : « Ce n'était alors qu'une nouvelle maladie. Michel Garretta, il n'est pas plus intelligent que les autres », déclare l'ancien directeur du CNTS. « J'ai commis une erreur, je l'assumerai », reconnaît-il le 8 juillet, mais en ajoutant que tout le monde a commis les mêmes fautes. La suite du procès dévide inexorablement le fil des négligences et des lenteurs dont ont fait preuve les autorités sanitaires, depuis la direction de la santé jusqu'aux centres de transfusion. Mais ce que tout le monde attend, ce qui doit être le tournant du procès, c'est l'audition des responsables politiques, Fabius, Dufoix et Hervé, cités à comparaître par le ministère public.

Le 24 juillet 1992, ils font leur entrée dans le prétoire, dans une chaleur d'étuve, sous les sifflets d'un public trop nombreux, refoulé dans le vestibule, et sous les cris des militants d'Act Up : « Sida, les politiques savaient, ils ont assassiné ! » Commence alors une audience marathon sans suspension ni trêve, fréquemment interrompue par les réactions hostiles de la salle. Edmond Hervé en fait l'amère expérience : « J'ai juré de dire la vérité, je dirai la vérité », déclare-t-il en préambule, mais c'est une houle réprobatrice qui répond dans son dos. Lorsqu'il achève sa déposition, au bout de deux heures, ce sont des sifflets qui accompagnent son départ. Georgina Dufoix, qui lui succède, n'est pas mieux lotie. Dans un prétoire transformé en serre, elle proclame sa bonne foi : « Si j'avais su, si tous les acteurs de ce drame avaient su, il est évident que nous aurions dit dans l'instant : "Arrêtez tout !" » Des quolibets lui répondent. En revanche, le public se calme lorsque Laurent Fabius s'installe à la barre et commence par s'incliner devant la douleur des victimes et de leurs familles. Sa responsabilité politique, il la reconnaît bien volontiers : « Personne, je dis bien personne, ne peut s'en exonérer, pas même ceux qui ont agi comme il faut », affirme l'ancien Premier ministre, avant que le juge ne lève la séance, au grand soulagement d'un public exténué.

Dès le lendemain, l'opposition réagit à la déposition des ministres socialistes. Charles Millon demande que Fabius ne se défausse pas de sa responsabilité sur ses subordonnés, qu'il ne joue pas les Ponce Pilate. Sur RTL, le communiste André Lajoinie trouve « choquant » que les ministres soient « intouchables ». Ce que pensent aussi Me Vergès et Me Dupont-Moretti, avocats d'un transfusé, qui déposent plainte contre les trois ministres pour empoisonnement devant le tribunal de grande instance de Paris. Quelques jours plus tard, ils écrivent à chacun des cinq cent soixante-dix-sept députés pour leur demander de saisir la Haute Cour, au cas probable où la justice ordinaire se déclarerait incompétente concernant les ministres. De leur côté, deux hémophiles contaminés écrivent à tous les sénateurs dans le même sens.

La valse-hésitation de la Haute Cour

Comme prévu, le 5 octobre 1992, le juge d'instruction se déclare incompétent pour instruire la plainte contre les trois ministres. Dès le lendemain, le groupe RPR dépose une proposition de résolution visant à les mettre en accusation devant la Haute Cour. « Le RPR veut utiliser un terrible drame humain à des fins de basse politique. C'est une attitude répugnante », proteste Jean-Jack Queyranne, porte-parole du Parti socialiste. Quant au groupe UDF, mécontent d'avoir été « doublé » par le RPR, il dépose sa propre résolution, qui ne concerne que Georgina Dufoix et Edmond Hervé. Mais le bureau de l'Assemblée nationale, où la gauche est légèrement majoritaire, juge irrecevables

les deux résolutions. « Les socialistes protègent les socialistes », constate Bernard Pons, président du groupe RPR.

Pendant les jours qui suivent, l'attention se focalise à nouveau sur le procès des responsables médicaux, où le ministère public a requis la peine maximale prévue par la loi sur les fraudes, soit quatre ans de prison ferme et une amende de cinq cent mille francs à l'encontre de Michel Garretta, accusé d'avoir « manipulé, menti et compromis sans aucun état d'âme ». Le jugement, prononcé le 22 octobre 1992, inflige cette peine à l'ancien directeur du CNTS, tandis que Jean-Claude Allain s'en tire avec quatre ans dont deux ferme, Roux avec quatre ans avec sursis, et Netter avec une relaxe pure et simple. Radié de l'ordre des médecins, Garretta quitte les États-Unis, où il dirige à Boston depuis quelques mois un cabinet de consultants, et rentre à Paris pour être aussitôt incarcéré à la prison de la Santé. Avant de partir, il tient une conférence de presse à l'aéroport : « Je ne paierai pas pour la lâcheté des autres. »

Les autres, ce sont les politiques, ceux qui sont désormais sous les feux des projecteurs. Laurent Fabius décide de prendre les devants afin d'éviter la Haute Cour. Dans une lettre publiée par *Le Monde* du 2 novembre 1992, sous le titre « Pour la vérité », il réclame un jury d'honneur et demande une réforme de la Constitution pour que les ministres puissent être jugés dans des conditions ordinaires. Michel Rocard lui emboîte aussitôt le pas dans *Le Journal du dimanche* en proposant une réforme réservant à la Cour de cassation, et non plus aux parlementaires, le droit de saisir la Haute Cour. Mais l'opposition s'insurge. Pour Alain Madelin, c'est « un rideau de fumée pour tenter une fois encore de cacher les responsabilités des ministres ». Selon Philippe Séguin, « on ne réforme pas pour convenances personnelles ». Quant à Alain Juppé, il y voit une « manœuvre dilatoire » et réclame la Haute Cour, de même qu'Édouard Balladur et Raymond Barre.

Cette levée de boucliers de la droite fait sortir du bois François Mitterrand. Lors du Conseil des ministres du 4 novembre 1992, il dénonce la « campagne éhontée, immorale, quasiment hystérique », qui est menée contre ses anciens ministres. Cinq jours plus tard, face aux journalistes de TF1 et de France 2, il donne son feu vert à la procédure de Haute Cour. Mais il réserve l'essentiel de son intervention au projet de révision constitutionnelle, prévoyant entre autres de réformer cette juridiction, mais aussi la durée du mandat présidentiel, l'indépendance de la justice et l'extension du champ du référendum. Jacques Toubon estime que « le président cherche une fois de plus à semer la confusion », et Philippe Séguin parle d'une « bombe à retardement sous les pas du Premier ministre de la cohabitation ». Jean-Marie Le Pen, toujours friand de jeux de mots douteux, déclare que Mitterrand s'est efforcé de « noyer le poison ».

Beaucoup de parlementaires, y compris dans les rangs de la droite, ne sont pas favorables à la comparution de Laurent Fabius, dont la responsabilité apparaît très indirecte dans l'affaire du sang contaminé. Malgré les protestations du RPR, la commission d'instruction sénatoriale décide de ne poursuivre que Georgina Dufoix et Edmond Hervé. Dans la nuit du 16 au 17 décembre 1992, les discussions sont vives à l'Assemblée nationale, où doit être votée leur mise en accusation. « Ma détermination est totale et je me battrai jusqu'au bout pour que la justice me soit rendue », déclare Edmond Hervé, applaudi à tout rompre par les socialistes. C'est de « l'auto-amnistie », proteste Jacques Toubon, sous les huées. Les socialistes ayant refusé de prendre part au vote, les suffrages de la droite et des communistes ne sont pas suffisants pour atteindre la majorité nécessaire à la mise en accusation.

Est-ce la fin du scandale politique ? Va-t-on se contenter de cette fin de non-recevoir ? Les dirigeants du Parti socialiste, comprenant l'effet désastreux que cette décision pourrait avoir sur l'opinion publique, persuadent Laurent Fabius de ne pas en rester là. « Je viens vous demander de m'accuser des fautes que je n'ai pas commises », déclare l'ancien Premier ministre à la tribune du Palais-Bourbon, le 19 décembre 1992. La réforme proposée par François Mitterrand fait diversion jusqu'au mois de juillet 1993, date à laquelle est votée la loi transformant la

Haute Cour en une Cour de justice de la République. La principale innovation de cette nouvelle juridiction, c'est qu'elle peut être saisie par les plaignants sans que la procédure soit soumise au vote du Parlement. C'est désormais une commission des requêtes, composée de magistrats, qui juge de la validité des plaintes.

Il faut attendre janvier 1994 pour que cette commission soit saisie de la plainte d'un transfusé, qui accuse d'empoisonnement les trois ministres socialistes. Fin septembre, elle décide enfin de les mettre en examen. Entendu pendant plus de quatre heures, Laurent Fabius exprime à sa sortie « beaucoup de compassion pour les malades, et beaucoup de détermination pour que la vérité soit manifeste ». Mais, au milieu de la foule des reporters et des photographes, il est pris à partie par la mère d'un adolescent contaminé : « Vous avez du sang sur les mains, Fabius, ça ne vous fait rien ? » Le soutien appuyé que lui apporte François Mitterrand n'y change rien, pas plus que la déclaration de Philippe Séguin sur TF1 : « Laurent Fabius n'a strictement rien à faire là où on l'a mis. Personne n'aurait fait mieux que lui. » Mais, aux yeux de l'opinion, il est accusé, donc il est coupable.

Le procès des ministres

« Comment parler ? Comment crier à l'injustice sans froisser les victimes ? » écrit Laurent Fabius dans un livre-confession publié en septembre 1995 sous le titre *Les Blessures de la vérité*. « L'innocence n'est pas en contradiction avec le mécanisme du bouc émissaire, l'innocence en est même la condition. » Et de citer la réflexion d'un autre ancien Premier ministre, Michel Rocard, au jeune Victor Fabius : « Tu peux être fier de ton papa. » Ce que d'ailleurs semble confirmer en mars 1997 le réquisitoire du procureur général près de la Cour de justice, Jean-François Burgelin, qui demande à la commission d'instruction un non-lieu pour les trois ministres. S'il condamne « l'aveuglement » d'Edmond

Hervé, la « faible implication personnelle » de Georgina Dufoix et « le silence persistant » des collaborateurs ministériels, Burgelin réhabilite sans ambiguïté le rôle de Laurent Fabius. Enfin, le représentant du ministère public s'inquiète de la « pénalisation généralisée » de la vie politique, en s'interrogeant : « Qui gouverne encore si le juge devient l'arbitre de ces responsabilités insaisissables ? »

Pourtant, à la surprise générale, la commission de la Cour de justice choisit de passer outre les réquisitions de Burgelin et de continuer l'instruction, au vu de nouveaux documents communiqués par le juge. Au terme d'un marathon politico-judiciaire de plusieurs années, les trois ministres socialistes sont donc finalement renvoyés devant une juridiction exceptionnelle, pour homicide involontaire et atteinte involontaire à l'intégrité des personnes. C'est une première sous la Vᵉ République.

« C'est une décision très dure, il ne serait pas juste de faire des responsables politiques les boucs émissaires de tout un système », commente le centriste François Bayrou. « Je ne vois pas en quoi Laurent Fabius peut porter une responsabilité dans cette affaire », déclare un peu plus tard le gaulliste Christian Poncelet. « Les magistrats de la commission d'instruction ont joué aux pompiers incendiaires », écrit Alain Minc dans *Le Monde* : « Du procès qu'ils ont voulu sortira soit une justice ridiculisée soit un pouvoir politique acculé. À confondre responsabilité politique et responsabilité judiciaire, elle a mis le doigt dans un engrenage dangereux. » La colère monte contre « la république des juges ».

C'est dans ce contexte tendu que s'ouvre enfin, le 9 février 1999, le procès des trois ministres, au Centre des conférences internationales de l'avenue Kléber. Arrivés ensemble, l'air grave, ils font face à la Cour de justice, composée de trois magistrats et de douze parlementaires. Aucun photographe n'a été admis dans la salle, et rares sont les militants qui manifestent dehors, dans le froid glacial. On est bien loin de l'atmosphère surchauffée du procès des médecins. Cette fois, c'est un peu comme si la justice avait honte de son propre acharnement. Il y a de la douleur, beaucoup de souffrance dans le prétoire.

Le moment le plus fort du procès est l'audience du 16 février, marquée par le témoignage de Sylvie Rouix, l'une des sept victimes dont la Cour de justice a retenu la plainte. Contaminée par transfusion lors de son accouchement, en août 1985, elle interpelle Laurent Fabius depuis sa chaise roulante : « Ce n'est pas une faute politique, c'est un crime. Il était le complice de la mafia du sang dominée par les vampires de la médecine. Votre défense me fait penser à celle de Maurice Papon. Je n'ai aucune haine contre vous mais je ne veux pas de votre compassion. » Chacun retient ses larmes. « Il n'y a pas de commentaire à faire devant cette souffrance profonde », dit sobrement l'ancien Premier ministre.

En revanche, la suite du procès lui est beaucoup plus favorable. Le 18 février, le professeur François Gros, qui fut son conseiller à l'époque des faits incriminés, revendique l'entière responsabilité de la réunion du 9 mai 1985, où il fut décidé de retarder l'enregistrement du test américain Abbott. Le 19 février, l'ancien ministre gaulliste Pierre Mazeaud, membre du Conseil constitutionnel, témoigne lui aussi en faveur de Laurent Fabius, accusant la Cour de confondre responsabilité politique et responsabilité pénale. Quant à Raymond Barre, entendu le 23 février, il estime que l'ancien Premier ministre a agi dans l'affaire du sang contaminé avec une rapidité exemplaire. « Ce drame me hante depuis dix ans, déclare Laurent Fabius. On dit les politiques "blindés" ; non, ils ne le sont pas. Il est grand temps qu'apparaisse la vérité. »

Personne n'est donc surpris lorsque la Cour prononce son verdict, le 9 mars 1999, accordant la relaxe à Laurent Fabius et à Georgina Dufoix. Edmond Hervé est condamné pour avoir « commis une faute d'imprudence ou de négligence », mais dispensé de peine au motif qu'il n'a pas pu bénéficier pendant l'enquête de la présomption d'innocence. Il lui est reproché de ne pas avoir ordonné le dépistage ou la destruction des produits sanguins collectés avant le 1er août 1985, puis de ne pas avoir organisé le rappel des transfusés. Mais la Cour estime que le climat passionnel qui a entouré toute l'affaire depuis le début n'a pas permis de respecter les règles d'une justice objective : jugé coupable sur le fond, il échappe ainsi à sa peine.

C'est néanmoins la première fois sous la Ve République qu'un ministre est condamné pour un délit commis dans l'exercice de ses fonctions. Il faut remonter à la IIIe République pour lui trouver des prédécesseurs, Charles Baïhaut, condamné en 1893 pour son rôle dans le scandale de Panama, Louis Malvy, condamné en 1918 à cinq ans de bannissement par la Haute Cour pour « forfaiture » en période de guerre. Edmond Hervé se dit indigné par ce qu'il appelle « une décision partisane », rendue par « un tribunal d'exception à caractère politique » et qui « tourne le dos au droit et à la justice ». Chacun se demande en effet pourquoi lui et pas les autres. « On s'en est pris au supposé plus petit », déclarent ses proches : une fois de plus, on a choisi un bouc émissaire.

Du côté des magistrats, on s'élève au contraire contre la dispense de peine accordée à l'ancien ministre. Les syndicats unanimes condamnent l'argutie juridique employée pour justifier cette clémence. C'est la question essentielle des liens entre la justice et les médias qui est posée : pouvait-on passer sous silence une enquête aussi sensible, pouvait-on respecter absolument la présomption d'innocence, alors que la souffrance des victimes interpellait chaque jour l'opinion ? À l'heure de la communication tous azimuts, peut-on préserver le secret de l'enquête ? L'expérience montre que c'est devenu impossible. Alors pourquoi le ministre a-t-il bénéficié de cette mansuétude exceptionnelle ? Entre culpabilité pénale et responsabilité politique, la Cour n'a pas voulu trancher.

Toutes les questions posées par le procès du sang contaminé, les rapports entre la presse, les juges, la responsabilité des politiques, la sanction et l'auto-amnistie, se retrouvent au même moment sur un terrain moins dramatique mais aussi miné : le financement occulte des partis. Tout au long des années 1990, il n'est pas une semaine sans que cette question ne soit évoquée. Bureaux d'études fictifs, caisses noires, pots-de-vin, surfacturations, détournements de fonds, comptes secrets, paradis fiscaux, commissions suspectes : c'est devenu le refrain à la mode, au point de lasser l'opinion. Mais faut-il fermer les yeux sur le scandale, sous prétexte qu'il est permanent ?

5

Le scandale des bureaux d'études

Le 9 avril 1991, l'hémicycle du Palais-Bourbon est en ébullition. On se croirait revenu aux grandes heures de la IIIe République. La raison de ce tumulte ? Deux jours plus tôt, le juge du Mans Thierry Jean-Pierre a perquisitionné au siège d'Urba-Technic, un bureau d'études soupçonné d'alimenter secrètement les caisses du Parti socialiste. À peine a-t-il terminé la perquisition que le parquet l'a aussitôt dessaisi de l'affaire, l'accusant d'avoir agi « avec parti pris » et « selon des considérations personnelles ». Le pouvoir socialiste a décidé de couper les ailes à ce petit juge trop encombrant. Aux yeux de l'opposition, c'est un scandale.

Le garde des Sceaux Henri Nallet tente de se justifier en accusant Thierry Jean-Pierre de mener une action politique contre le Parti socialiste. Il est interrompu, vilipendé par les députés de droite, aux cris de « Tous des coquins ! Tricheur ! ». Des bancs de la droite à ceux de la gauche, fusent les invectives : « Bâtard ! » « Menteur ! », « Sors si t'es un homme ! » Lorsque Georges Kiejman, le ministre délégué à la Justice, tente de répliquer en dénonçant les liens du juge Jean-Pierre « avec l'un d'entre vous », les députés UDF et RPR se lèvent comme un seul homme pour quitter la salle. Les insultes fusent, et Philippe de Villiers, apostrophé par le socialiste Jean Auroux, s'avance vers les travées socialistes, prêt au coup de poing. Georges Kiejman, de son côté, est pris à partie par le gaulliste

Pierre Mazeaud. On frise l'émeute, la bataille rangée, si bien que les huissiers sont obligés de former un cordon sanitaire autour des ministres, avant que la séance ne soit suspendue.

Pitoyable spectacle pour une pitoyable affaire, qui met en lumière les graves dysfonctionnements du système politique français. À l'origine du scandale, les financements occultes des partis politiques par l'intermédiaire d'officines complices qui surfacturent aux entreprises des études fictives. Tout aussi scandaleux est l'acharnement à étouffer l'affaire, à empêcher la justice de faire la lumière sur ce système que chacun pourtant connaît et pratique dans le monde politique. Ce double scandale, ce scandale à double vitesse, va pourrir toute la décennie 1990, dans toutes les familles politiques, et jusqu'au sommet de l'État.

Les caisses noires de Marseille

C'est à Marseille que débute vraiment l'affaire des caisses noires, en avril 1986. Enquêtant sur les dirigeants d'une petite entreprise locale de travaux publics, la SPME, accusés de faux en écritures et de recel, l'inspecteur de police Antoine Gaudino découvre par hasard un trafic de fausses factures, qui le fait remonter à une société beaucoup plus importante, la SORMAE. Cette entreprise est en effet la filiale marseillaise de la Société auxiliaire d'entreprise, numéro un des travaux publics en France, maître d'œuvre du TGV-Atlantique et du tunnel sous la Manche. Or le directeur général de la SORMAE, inculpé en février 1989, reconnaît avoir versé des pots-de-vin, sous forme de fausses factures, à divers élus et fonctionnaires municipaux, et ce afin d'obtenir des adjudications de marchés publics. L'affaire est considérable, car elle implique les responsables de vingt-cinq communes de la région marseillaise. Elle le devient encore plus lorsqu'un entrefilet paru dans *L'Événement du jeudi* du 9 février 1989 signale que Michel Pezet, le numéro un du Parti socialiste à Marseille, serait parmi la liste des suspects. Ce que confirme *Le Canard enchaîné* quelques jours plus tard :

Michel Pezet aurait reçu un million de francs de la SORMAE pour financer son magazine électoral *L'Hebdomadaire*.

Le 15 février 1989, Pezet s'indigne devant les caméras de TF1. Il se décrit comme le « bouc émissaire » d'une « magnifique opération politique » montée contre lui à quelques semaines des élections municipales. Robert Vigouroux, maire sortant de Marseille et dissident du Parti socialiste, serait à l'origine de l'opération. Mais, trois jours plus tard, le juge d'instruction inculpe José Mattéi, l'un des proches collaborateurs de Pezet, ainsi que six autres responsables politiques, notamment Jean-Pierre Roux, le maire RPR d'Avignon, Jean-Pierre de Peretti della Rocca, le maire UDF d'Aix-en-Provence, et Roland Nungesser, maire RPR de Nogent-sur-Marne, gaulliste réputé. Les plus grandes familles politiques sont toutes éclaboussées. Lors des élections municipales du 19 mars 1989, la plupart des élus incriminés sont d'ailleurs sanctionnés par les électeurs. Reste à trouver les intermédiaires de ces financements occultes, c'est-à-dire les bureaux d'études qui ont fourni les fausses factures.

C'est chose faite le 22 juin 1989, et cette fois les socialistes sont seuls sous les feux des projecteurs. Sur les quatre inculpés, trois sont des responsables d'Urba-Technic, un bureau d'études qui travaille exclusivement pour le Parti socialiste : Gérard Monate, ancien syndicaliste policier, en est le président, Bruno Desjobert est le directeur de la délégation marseillaise, et Joseph Delcroix y est chargé de mission. À la tête des bureaux d'études Urba-Technic et Urba-Gracco, Monate est le grand pourvoyeur de fonds du Parti socialiste, l'intermédiaire quasi obligé entre les entreprises et les candidats en quête de financements électoraux. À la suite d'une réunion avec Michel Pezet, il a décidé de confier la construction du tunnel Prado-Carenage, à l'entrée de Marseille, à la SORMAE. En échange du marché, Urba-Gracco a récolté plusieurs millions en fausses factures et commissions occultes, directement reversées au Parti socialiste marseillais.

Le 18 août 1989, Michel Pezet est inculpé pour corruption, faux et usage de faux, et abus de biens sociaux. À la sortie du cabinet du juge Culié, il se déclare « serein sur le fond », car il ne s'est pas personnellement enrichi. Mais il reconnaît publiquement le système des fausses factures : « Tout le monde le sait », déclare-t-il aux journalistes. Ce que confirme quelques jours plus tard un communiqué du Parti socialiste : « Il n'est pas normal qu'un individu puisse être accablé pour un système qui fait fonctionner la classe politique française. » Pour le microcosme politico-médiatique, cela va de soi. Mais pour l'opinion publique, c'est un nouveau choc, une nouvelle désillusion.

Gérard Monate et le système Urba

Qui sont les coupables ? Qui faut-il punir ? Si l'on en croit Gérard Monate, interviewé dans *Le Monde* du 6 décembre 1989, le recours aux fausses factures était inévitable, compte tenu des besoins énormes des campagnes électorales. « Tout le monde, dans tous les partis, faisait ce qu'on nous reproche aujourd'hui », déclare le P-DG d'Urba. Selon lui, le système socialiste serait d'ailleurs le moins pire de tous : « Chez nous, la perception de l'argent est nette, claire, sans bavures. Avec nous, l'élu n'est jamais en contact avec la société. Donc, il ne peut y avoir de corruption à son niveau. » En somme, le système des bureaux d'études fictifs aurait permis de contourner la loi sans violer la morale.

C'est d'ailleurs l'opinion qui prévaut dans le monde politique, enclin à s'auto-absoudre de ses fautes. D'où le vote, dans la nuit du 6 décembre, de la loi sur le financement des partis politiques, associée à la loi d'amnistie des délits politico-financiers. Seuls les députés socialistes votent pour l'amnistie, qui couvre tous les délits de financements illégaux commis avant le 15 juin 1989, sauf ceux ayant entraîné un enrichissement personnel. Pour le communiste Gilbert Millet, il s'agit de « mettre un voile pudique sur des affaires nauséabondes ». D'une pierre deux coups : en même temps que l'on réglemente, on efface les fautes du passé.

Mais c'est alors qu'apparaît sur la scène médiatique le juge Thierry Jean-Pierre, chevalier blanc de la transparence politique. Le 24 avril 1990, avec deux de ses collègues, il réalise son premier coup d'éclat : afin de protester contre la loi d'amnistie, il fait libérer une dizaine de petits délinquants en raison, dit-il, « de la récente évolution de la notion d'ordre public ». Quelques semaines plus tard, son combat trouve un renfort inattendu en la personne de Gérard Monate, renvoyé en correctionnelle le 2 mai 1990 par la chambre d'accusation de la cour d'appel. Dans *L'Express* du 11 mai, il promet de tout déballer à son procès, et de faire citer les quatre trésoriers successifs du Parti socialiste avec lesquels il a travaillé. On le sent d'ailleurs très agacé par l'attitude des dirigeants socialistes : « Pour Mitterrand, j'ai le sida. Mauroy a rompu le contact. Fabius, comme à son habitude, s'est défilé. Pierre Joxe a laissé ses flics traiter mes collaborateurs de Marseille comme les pires truands. »

L'autre allié de choc du juge Jean-Pierre est l'inspecteur de police Antoine Gaudino, l'homme qui a découvert le scandale des fausses factures de Marseille. Suspendu de ses fonctions en octobre 1990 parce qu'il gêne le pouvoir, Gaudino se venge en publiant chez Albin Michel un ouvrage intitulé *L'Enquête impossible*. Il y raconte bien sûr ses investigations, et notamment la découverte des cahiers de Joseph Delcroix, l'un des collaborateurs de Monate, qui a tenu le compte rendu scrupuleux de toutes les réunions d'Urba depuis 1981. Ces cahiers sont au cœur du dossier d'accusation. Mais l'inspecteur règle surtout ses comptes avec la hiérarchie policière, qui n'a cessé de lui faire obstacle afin de protéger le Parti socialiste. « Près de deux milliards et demi de centimes d'argent sale ont contribué au financement de la campagne électorale de François Mitterrand en 1988 : de l'argent récolté grâce au trafic d'influence et à la corruption. Le chef de l'État s'est auto-amnistié » : c'est la quatrième de couverture du livre, vendu en quelques semaines à plus de deux cent cinquante mille exemplaires.

Gaudino et son éditeur Thierry Pfister, ancien directeur de cabinet de Pierre Mauroy, comptent parmi les premiers adhérents du Forum pour la justice, une association lancée en novembre 1990 par le juge Jean-Pierre, afin de « retrouver une éthique du droit et de la justice et conquérir notre indépendance ». Le 18 mars 1991, après avoir comparu devant un conseil de discipline, l'inspecteur est révoqué pour manquement à l'obligation de réserve et violation du secret professionnel. « C'est la sanction du déshonneur » écrit Thierry Pfister dans *Le Monde.* Dès lors, c'est la rébellion ouverte. Le 23 mars 1991, le journaliste Jean Montaldo, responsable de collection chez Albin Michel, remet au juge Jean-Pierre une copie des cahiers Delcroix. Le 28 mars, le juge Jean-Pierre entend Gaudino dans le cadre de l'enquête. Le 6 avril, il fait inculper et incarcérer Christian Giraudon, responsable d'Urba-Technic pour les pays de Loire. Enfin, le lendemain, il fait perquisitionner au siège parisien d'Urba-Technic. C'est ainsi qu'il provoque le tumulte parlementaire du 9 avril 1991.

Le tour de France des bureaux d'études

Il va y avoir bien d'autres révélations, d'autres rebondissements dans le scandale des bureaux d'études qui empoisonne toute la décennie 1990. En juillet 1991, on découvre une autre affaire de financement occulte, concernant cette fois la région nantaise, autour de l'industriel René Trager. Par l'intermédiaire de sa société de services, dont le capital social lui était fourni par la mairie de Saint-Nazaire, Trager a collecté pendant des années les fonds des entreprises du BTP. Il fait au juge Auriel des aveux complets, livrant des dizaines de noms d'élus, maires, adjoints, directeurs de cabinet. Parmi eux, Yves Laurent, maire de Saint-Sébastien-sur-Loire, qui se donne la mort le 13 septembre 1991 afin d'éviter le déshonneur. La veille, *L'Événement du jeudi* a publié un article intitulé « Les confessions d'un racketteur du Parti socialiste », dans lequel René Trager accusait Yves Laurent d'avoir touché une commission de six cent mille francs pour l'implantation d'un hypermarché sur sa commune. Pierre Mauroy s'indigne : « Il n'est pas acceptable que la presse se laisse aller à jeter des noms en pâture dans des conditions qui ne sont pas celles de la justice et de l'information d'une démocratie digne de ce nom. » Mais la machine judiciaire est désormais lancée, et rien ne l'arrête.

Au printemps 1992, un troisième bureau d'études est mis au jour : la SAGES, Société auxiliaire générale d'études et de services, de Michel Reyt. Ancien steward d'Air France, militant socialiste de toujours, il a créé sa propre filière de collecte de fonds en s'appuyant notamment sur le monde franc-maçon, dont il est un haut dignitaire. Fondateur de la très mondaine loge Victor-Schoelcher, il y croise de nombreux responsables politiques. En enquêtant sur la Fédération socialiste de la Sarthe, le juge Renaud Van Ruymbeke, qui a repris le dossier du juge Jean-Pierre, s'est aperçu que la SAGES concurrençait sérieusement Urba. Michel Reyt intervient pour obtenir aux entreprises généreuses de juteux marchés publics. Les entreprises ont le choix entre un abonnement à l'année ou une mission ponctuelle. Le capital de la SAGES est ainsi passé de cent mille francs en 1973 à trente millions de francs en 1987. Michel Reyt surfacture ses études aux sociétés, et l'argent atterrit dans les caisses des candidats ou des partis. Il avoue au juge que le fichier de ses bénéficiaires compte cinq cent quatre-vingts noms de maires, de parlementaires et de collaborateurs ministériels. Il a notamment financé le périodique *Vu de gauche* de Jean Poperen, ainsi que les campagnes électorales de Michel Rocard, Claude Évin et Jean-Marc Ayrault. Ce sont les chefs des courants minoritaires du Parti socialiste, qui s'estiment lésés par Urba.

« La revanche des juges »

Le 14 janvier 1992, le juge Renaud Van Ruymbeke crée la sensation en organisant une perquisition au siège national du Parti socialiste, à Paris. Même son prédécesseur Thierry Jean-Pierre n'avait pas osé aller aussi loin. « C'est la revanche des juges », écrit Edwy Plenel dans *Le Monde*.

Van Ruymbeke n'est pas un inconnu sur la scène médiatique. Treize ans plus tôt, on se souvient que Robert Boulin l'avait accusé de persécution morale. Comme on pouvait s'y attendre, les socialistes dénoncent le harcèlement contre leur parti. Mais Philippe de Villiers, sur Europe 1, saute sur l'occasion d'exploiter l'événement : « On doit déjà craindre pour l'honneur de la France l'implication directe de plusieurs membres du gouvernement. Je ne vois pas comment M. Henri Emmanuelli, trésorier du Parti socialiste, pourrait demain prétendre à la présidence de l'Assemblée nationale. »

Les députés socialistes lui répondent aussitôt, choisissant à l'unanimité Emmanuelli comme leur candidat au perchoir, avec de fortes chances d'être élu. De son côté, le Premier ministre Édith Cresson dépose plainte pour injure contre Jean-Marie Le Pen, qui vient de traiter son gouvernement de « ramassis de voleurs, de racketteurs et de gangsters ». Quant au président Mitterrand, il laisse éclater sa colère lors d'un petit déjeuner avec la presse, le 24 janvier 1992 : « L'argent, toujours l'argent ! Les affaires, encore les affaires ! Il y a une colossale hypocrisie, un énorme mensonge ! Le Parti socialiste est le parti le plus honnête de tous les partis ! Le moins malin, par beaucoup d'aspects, mais le plus honnête ! »

Le 6 juillet 1992, la décision de la chambre d'accusation de Rennes, inculpant Henri Emmanuelli de trafic d'influence au titre de trésorier du Parti socialiste, indigne ses amis. Sur TF1, Pierre Bérégovoy, le nouveau Premier ministre, dénonce la « politisation du dossier ». Pour Laurent Fabius, « trop, c'est trop. Visiblement, il y a là une manœuvre politique ». Au congrès du Parti socialiste, à Bordeaux, Emmanuelli est ovationné lorsqu'il monte à la tribune, entouré par tous les dirigeants. « Je sens cela comme une souffrance. J'ai mal au cœur. Il ne mérite pas cela », déclare François Mitterrand lors de sa traditionnelle interview du 14 juillet, rendant hommage à « un homme qui s'est fait tout seul, et d'une grande intégrité ».

Nombreux sont les chefs de la droite qui disent publiquement leur soutien au trésorier socialiste. « Inculpé ne veut pas dire coupable », observe Charles Pasqua, tandis que Jacques Barrot met en garde contre les dérapages de la justice spectacle. « Il ne faut pas que les juges se livrent à une vendetta contre les hommes politiques », prévient Bernard Stasi, tandis que Nicolas Sarkozy s'exclame : « Sommes-nous encore dans un état de droit ? »

Le monde politique fait bloc face aux juges, mais qu'en pense l'opinion ? Un sondage publié dans *Le Monde* au début de 1992 indique une dégringolade brutale de la cote de popularité du chef de l'État et de son parti : les Français ne sont plus que 31 % à faire confiance à François Mitterrand, alors qu'ils étaient encore 52 % trois mois plus tôt ; quant aux intentions de vote pour le Parti socialiste, elles sont descendues en dessous de 20 %, comme aux temps difficiles des années 1960. Le désaveu est significatif, et très inquiétant pour les politiques. À la colère de l'opinion, il est temps d'immoler une victime expiatoire : Henri Emmanuelli.

Le temps des sanctions

Le juge Van Ruymbeke continue imperturbablement son instruction sur Urba et la SAGES: le 22 janvier 1993, il remet au procureur général un impressionnant dossier en vingt volumes. Le 8 juillet suivant, les magistrats de la cour d'appel de Rennes renvoient en correctionnelle la quasi-totalité des personnes inculpées par le juge, dont Gérard Monate, d'Urba, Michel Reyt, de la SAGES, et Henri Emmanuelli.

L'information passe relativement inaperçue, car la presse se concentre sur l'affaire de corruption des joueurs de Valenciennes, où Bernard Tapie tient la vedette. Mais c'est précisément cet amalgame avec l'aventurier des affaires qui porte un lourd préjudice aux socialistes, et qui énerve prodigieusement Emmanuelli. « Depuis plus d'un an, on joue avec moi, avec ma réputation, avec la souffrance et la tristesse de mes amis et de mes proches.

Devant un tel acharnement, je ne peux rester passif », déclare-t-il. C'est pourquoi, le jour même de son renvoi en correctionnelle, il annonce qu'il se démet de son mandat de parlementaire, afin que les électeurs puissent à nouveau se prononcer « en connaissance de cause ». Soutenu par la totalité du groupe parlementaire socialiste, Emmanuelli est réélu député des Landes le 19 septembre 1993, dès le premier tour de scrutin. François Mitterrand le reçoit aussitôt à l'Élysée et le raccompagne sur le perron : « J'ai tenu à le faire venir pour lui dire ma confiance et mon amitié. C'est un honnête homme que l'on n'arrête pas de poursuivre. »

Mais Henri Emmanuelli n'est pas au bout de ses peines, pas plus que le Parti socialiste tout entier. Au lendemain de sa réélection, il apprend sa seconde mise en examen, cette fois dans le volet marseillais de l'affaire Urba, pour complicité de trafic d'influence et de corruption. « Comme Urba avait des bureaux d'études dans toute la France, ça peut durer lontemps », ironise-t-il sur RTL. Effectivement, François Mitterrand aura déjà quitté le pouvoir quand les affaires de financement du Parti socialiste arriveront à leur terme. En mars 1995, à deux mois de son départ de l'Élysée, s'ouvre le premier procès concernant le volet sarthois de l'affaire Urba-SAGES, devant le tribunal correctionnel de Saint-Brieuc. La foule des curieux et des journalistes se presse pour apercevoir et mitrailler les dix-sept prévenus, et notamment Henri Emmanuelli. « Ce tribunal n'est pas une foire d'empoigne, on n'est pas au théâtre ce soir ! » tempête le président du tribunal.

La pièce commence mal pour Emmanuelli, accusé par Pierre Villa, l'ancien secrétaire fédéral du Parti socialiste de la Sarthe, de s'être comporté comme le véritable « patron politique d'Urba ». Mais le fidèle Gérard Monate vient dès le lendemain au secours de l'ancien trésorier du parti, en se présentant comme le responsable unique du bureau d'études. « Je n'ai pas donné d'instructions. Je ne gérais pas cet argent. Gérard savait ce qu'il pouvait faire ou pas », déclare Henri Emmanuelli à la barre. Mais l'inspecteur Antoine Gaudino, qui témoigne quelques jours plus tard, estime que le Parti socialiste est totalement impliqué dans l'affaire, et regrette même l'absence au procès de Laurent Azoulay, financier de la campagne présidentielle de François Mitterrand en 1988. Le procureur de la République Yves Boivin n'est pas plus tendre avec les socialistes, dénonçant « l'argent fou qui a tout bouleversé », « les élites qui ont failli comme jadis ou naguère », et « l'empiètement du politique sur le judiciaire ». Il requiert donc deux ans avec sursis contre Henri Emmanuelli, « un trésorier qui ne s'occupait pas de trésorerie ».

Le verdict tombe le 14 mai 1995, une semaine après l'élection de Jacques Chirac à la présidence de la République : Henri Emmanuelli est condamné à un an de prison avec sursis pour recel de trafic d'influence. Gérard Monate écope de la même peine et Michel Reyt récolte six mois ferme. S'ils relèvent le « total mépris de la morale civique » dont ont fait preuve les protagonistes de l'affaire, les juges semblent néanmoins reconnaître que l'enrichissement personnel en était exclu. Les journalistes font le parallèle avec un autre jugement, prononcé le même jour par le tribunal correctionnel de Valenciennes dans l'affaire OM-VA : Bernard Tapie est condamné à deux ans de prison ferme en tant que « l'initiateur de la corruption ». Alors qu'Emmanuelli est soutenu par l'ensemble des socialistes, Tapie vitupère dans les colonnes de *Libération* contre leur chef, Lionel Jospin, « tellement anti-tapiste qu'il faut que la France sache que c'est une combine Jospin-Mauroy-Peyrelevade qui est à l'origine de la majorité de mes emmerdes ».

Le procureur Boivin ayant fait appel du jugement correctionnel, la cour d'appel de Rennes alourdit la peine d'Emmanuelli, le 13 mars 1996, à dix-huit mois de prison avec sursis et surtout à deux ans de privation de ses droits civiques. Les magistrats bretons ajoutent donc une sanction politique à la sanction pénale, en l'écartant de la vie politique. Aussitôt, la polémique éclate. Le groupe parlementaire socialiste ayant crié au « déni de justice », il est aussitôt rappelé à l'ordre par un communiqué du garde des Sceaux Jacques Toubon, avertissant « tous ceux qui mettent en cause les décisions de justice ».

Mais un autre gaulliste, Pierre Mazeaud, président de la commission des lois de l'Assemblée nationale, trouve la sanction infligée à Emmanuelli « lourde et sévère ». Quant à Philippe Séguin, président de l'Assemblée, il téléphone à son prédécesseur socialiste pour l'assurer de sa sympathie.

Un bouc émissaire ?

Le 19 mars 1996, jour où Emmanuelli se pourvoit en cassation, a lieu une séance houleuse au Palais-Bourbon. En butte aux quolibets des élus RPR, Laurent Fabius interpelle le gouvernement sur le cas Emmanuelli, dénonçant « une justice à deux vitesses », qui ne frappe que les socialistes en préservant la droite : « Nous ne pouvons pas accepter une décision qui apparaît comme une décision politique et une décision d'injustice. » Ce à quoi rétorque Jacques Toubon : « Je ne peux pas admettre que vous mettiez en cause l'indépendance de la justice. L'État, c'est la République, et la République, c'est nous. » Le lendemain, l'agitation est à son comble lors de la séance des questions au gouvernement. Laurent Fabius redit son indignation : « Où est la justice lorsqu'un seul responsable de parti est sanctionné ? » Son collègue socialiste Martin Malvy interpelle le Premier ministre Alain Juppé : « Dites-nous comment le RPR trouve son argent. » Et lorsque Jacques Toubon accuse les députés socialistes de rechercher l'amnistie pour l'un des leurs, ils quittent l'hémicycle comme un seul homme.

Le Parti socialiste décide alors de se mobiliser en faveur de son ancien trésorier. « Nous n'acceptons pas la peine complémentaire parce qu'elle est injuste », explique Lionel Jospin, en affirmant : « Le Parti socialiste ne conteste pas la justice, il demande la justice. » Et de lancer une pétition nationale, diffusée à quarante mille exemplaires, avec pour objectif un million de signatures. Mais la justice est impitoyable envers Henri Emmanuelli : le 5 juin 1997, il est condamné par le tribunal correctionnel de Lyon à dix-huit mois avec sursis pour complicité et recel de trafic d'influence dans le volet marseillais d'Urba. Pis, le 15 décembre 1997, la Cour de cassation rejette son pourvoi contre l'arrêt de la cour d'appel de Rennes. Pour le député des Landes, prostré dans son bureau de l'Assemblée, c'est la catastrophe car il se voit écarté pour deux ans de la vie politique.

Lors de la séance des questions, dans un silence respectueux, le Premier ministre Lionel Jospin exprime « des sentiments de tristesse, de solidarité personnelle et de sympathie chaleureuse ». Dans les couloirs du Palais-Bourbon, Alain Bocquet envoie à Emmanuelli « l'appui fraternel » des députés communistes. « C'est dégueulasse ! » lance le gaulliste Bernard Pons. « On a brisé la vie d'un homme », déclare Pierre Mazeaud. Les politiques font bloc contre les juges. Néanmoins, le 17 décembre 1997, Henri Emmanuelli se démet de son mandat de député des Landes.

L'affaire Destrade

Le dernier acte des financements socialistes s'ouvre le 23 septembre 1998 lorsque le juge d'instruction de Pau, Thierry Pons, effectue à son tour une perquisition au siège national du Parti socialiste, et le lendemain au siège du Parti radical de gauche. C'est l'aboutissement d'une enquête commencée trois ans plus tôt, concernant les opérations financières de l'ancien député socialiste des Pyrénées-Atlantiques, Jean-Pierre Destrade. Mis en examen pour trafic d'influence, ce dernier a envoyé au juge une longue lettre, le 29 août 1995, dans laquelle il est passé aux aveux. Il s'y présente comme l'intermédiaire entre le Parti socialiste et les sociétés de la grande distribution, dont il avait pour mission de collecter les fonds : « Entre 1988 et 1992, j'ai permis d'apporter au Parti socialiste quelque trente-trois millions de francs de financement occulte », écrit l'ancien député. Mais le plus grave, c'est qu'il affirme avoir agi à la demande de son « ami de vingt ans » Henri Emmanuelli : « C'est lui-même qui me fixait les rendez-vous avec les responsables de ce secteur », précise Destrade, ajoutant que les transactions avaient lieu « uniquement entre Emmanuelli et les pourvoyeurs, soit en espèces, soit par virements sur des comptes à l'étranger ».

La publication de cette lettre, ajoutée à la perquisition au siège du PS, fait l'effet d'une nouvelle bombe qui explose à la face de l'ex-député des Landes. Si l'on en croit Destrade, qui a été son conseiller technique à la présidence de l'Assemblée nationale, Henri Emmanuelli ne s'est pas contenté de couvrir les financements occultes du parti : il s'en est personnellement chargé. Sur la trentaine de dirigeants de la grande distribution mis en examen par le juge Pons, certains ont fait eux aussi des aveux. « On parlait de M. Destrade comme de "M. Commerce" », affirme l'un d'eux. « Destrade était souvent rue de Solférino (siège du Parti socialiste) et il semblait y jouer un rôle important », dit un autre. Un troisième admet l'avoir rémunéré au titre de « conseiller en environnement politique ». Enfin, selon le président du groupe Rallye, le plus disert des mis en examen, Destrade était bien chargé de récolter des fonds pour le PS.

Le 9 octobre 1998, le juge Pons ordonne des perquisitions dans l'ancienne permanence électorale et au domicile personnel d'Henri Emmanuelli, à Laurèdes. Quatre jours plus tard, l'ancien trésorier du Parti socialiste est pour la troisième fois mis en examen pour complicité et recel d'abus de biens sociaux. C'est un nouvel affront personnel, mais c'est surtout un nouveau coup porté aux socialistes. D'autant que les révélations ne s'arrêtent pas là. Le 5 février 1999, trois anciens cadres du PS sont eux aussi mis en examen dans le cadre de l'affaire Destrade : Laurent Azoulay et Aissa Khelifa, chargés des financements électoraux, et Gérard Peybernes, qui a dirigé l'association officielle de financement du parti à partir de 1990. Destrade parle aussi au juge de l'homme d'affaires Richard Moatti, qui aurait servi d'intermédiaire entre le groupe de grande distribution Carrefour et Henri Emmanuelli. « Je pense que Richard Moatti remplissait auprès de Carrefour le même rôle que je remplissais auprès des autres enseignes », déclare l'ancien député. Sur la foi de ses déclarations, Richard Moatti est mis en examen, le 16 février 2000, pour recel et complicité de trafic d'influence.

Cette nouvelle inculpation est beaucoup plus qu'une énième péripétie judiciaire. Chacun sait en effet que Moatti est un ami intime du Premier ministre en exercice Lionel Jospin. Au-delà de l'homme d'affaires, le responsable politique est touché par le scandale. Si l'on en croit certains témoignages, Jacques Chirac lance souvent à ses proches le nom de Moatti lorsqu'on évoque ses propres affaires. En somme, il y aurait là une monnaie d'échange, une sorte de garantie pour le président de la République, lui-même impliqué dans une spirale dangereuse de révélations. Car au centre et à droite aussi, le scandale des financements occultes est en train de faire d'importants dégâts.

« Une affaire Urba pour la droite »

Les caisses noires et les études fictives sont-elles réservées au Parti socialiste ? Dès le début de leurs investigations, les juges sont persuadés du contraire. Michel Reyt, par exemple, a fait travailler la SAGES non seulement pour ses amis rocardiens et poperenistes, mais aussi pour le PR, le Parti républicain de François Léotard et Gérard Longuet. De même, René Trager a-t-il servi d'intermédiaire pour le versement d'une commission occulte de quatre millions quatre cent mille francs au conseiller municipal PR Jean-Pierre Lapègue, en échange du marché d'adduction d'eau à Nantes. Mais ce n'est que la partie émergée de l'iceberg, révélée peu à peu par la justice et par les médias.

« Une affaire Urba pour la droite », titre *Le Monde* du 29 mars 1994, annonçant que trois ministres PR du gouvernement Balladur sont mis en cause dans un rapport que le juge Renaud Van Ruymbeke vient d'envoyer au parquet. À partir de l'affaire Trager-Lapègue, le juge a en effet remonté les filières de financement du PR, dont le président est Gérard Longuet, le vice-président Alain Madelin et le président d'honneur François Léotard, tous trois ministres. Il ressort de son enquête que plus de vingt-huit millions de francs d'origine suspecte ont été déposés en liquide sur les comptes du PR entre 1987 et 1991. Lors de son interrogatoire du 27 octobre 1993, Jean-Pierre Thomas, le trésorier du parti, a reconnu les financements occultes des entreprises. Il garde le silence sur l'origine des fonds, mais il précise que Léotard, Madelin et Longuet partagent son secret.

En fait, le juge a découvert qu'une agence de publicité, le Groupement des régies réunies, joue auprès du PR un rôle similaire à celui d'Urba auprès du PS : c'est une « pompe à finances », écrit le juge dans son rapport. Dirigé par Jean-Pierre Thomas, et installé au siège même du PR, le Groupement des régies réunies s'est vu facturer par des entreprises complaisantes plus de quatre millions de francs de prétendus espaces publicitaires en 1992. Comme par hasard, ses clients sont les mêmes que ceux d'Urba ou du Gifco, le bureau d'études affilié au Parti communiste : les entreprises du BTP, les grandes surfaces, c'est-à-dire des sociétés qui sollicitent régulièrement des faveurs politiques. En 1990, la Société française de radio-téléphone, filiale de la Compagnie générale des eaux (CGE), aurait ainsi versé plus de huit millions de francs au Groupement des régies réunies en direction des caisses du PR. *Le Canard enchaîné* observe d'ailleurs que la création de la SFR en 1987 a été largement facilitée par le ministre des PTT de l'époque... qui n'était autre que Gérard Longuet. L'hebdomadaire affirme même que Jean-Pierre Thomas allait parfois chercher directement des valises à billets au ministère.

« Calomnies », répond aussitôt la direction du PR, qui accuse le juge Van Ruymbeke d'utiliser la presse pour diffuser « des éléments partiels, incomplets et tendancieux ». Mais l'argument de la partialité a du mal à passer si l'on rappelle les investigations du juge dans l'affaire Urba. Ce dernier rédige d'ailleurs un second rapport au mois de mai 1994, dans lequel il s'en prend aux activités de deux sociétés créées par Gérard Longuet, Avenir 55 et Investel. Cette fois, le scandale atteint personnellement le président du Parti républicain, ce qui conduit le socialiste Claude Bartolone à réclamer sa démission du ministère de l'Industrie. Gérard Longuet résiste, mais il est de plus en plus contesté au sein même du gouvernement. Le 3 octobre 1994, son collègue Pierre Méhaignerie, garde des Sceaux, donne son feu vert à l'ouverture de deux informations judiciaires impliquant le président du PR : l'une concerne des travaux effectués dans sa villa tropézienne, pour un coût étrangement bas ; l'autre concerne ses trois sociétés, et notamment Investel, société de capital-risque, dont les actions ont été revendues en 1991 à la CGE, et ce pour un prix anormalement élevé. Dans cette deuxième affaire, le financement occulte paraît vraisemblable. Sous la pression du Premier ministre Édouard Balladur, Gérard Longuet démissionne enfin, le 13 octobre 1994, en protestant de son innocence : « J'ai été condamné avant que d'avoir été entendu. »

Les circuits étrangers du financement occulte

Les mois qui suivent sont difficiles pour le Parti républicain. La presse révèle que Michel Reyt, le P-DG de la SAGES, a confié au juge Renaud Van Ruymbeke qu'il avait négocié directement avec Longuet un versement de six millions de francs sur les comptes suisses du Parti républicain, lors du rachat en 1988 du siège du parti, rue de Constantine. Le banquier Alain Cellier, ami personnel de Longuet, est placé en garde à vue par le juge à propos de ces mystérieux comptes étrangers.

Le 12 novembre 1994, la juge Mireille Filippini, qui succède au juge Van Ruymbeke, organise une perquisition fructueuse au siège du parti. Quelques jours plus tard, la presse révèle que des documents bancaires édifiants ont été transmis au juge, concernant le compte luxembourgeois de la société panaméenne Suchy Corporation, crée par Alain Cellier. Un relevé informatique établit qu'une filiale suisse du groupe Alcatel a effectué, en date du 4 août 1988, un virement de trois millions deux cent mille francs sur ce compte. Or, selon les confidences de Michel Reyt, la commission de six millions qui lui aurait été versée par les dirigeants du PR lors de l'achat du siège du parti provenait du compte de la Suchy Corporation. La filière suisse du financement occulte semble démasquée, au moment même où se révèle une autre piste, venue cette fois d'Italie.

Au début du mois de juillet 1998, on apprend en effet que la juge Laurence Vichnievsky vient de mettre en examen l'homme d'affaires Guy Gennesseaux, ancien membre du conseil national du Parti républicain, et adjoint au maire de Paris dans les années 1980. Il est le président de la coopérative italienne Fondo (Fondo sociale di Cooperazione Europea), qu'il a transformée en banque d'affaires, et que *Le Monde* décrit comme « un cas d'école en matière d'escroquerie internationale ». Or la Fondo a accordé en juin 1996 un prêt de cinq millions au PR, en échange du versement d'une somme identique en espèces sur le compte luxembourgeois de la Fondo. La juge est persuadée que ce système de vases communicants, dit système du « prêt adossé », a servi à blanchir les fonds occultes du PR.

Cette révélation, qui tombe au beau milieu de la Coupe du monde de football, passe relativement inaperçue. Mais Alain Madelin, le nouveau chef de file des libéraux, président du parti Démocratie libérale qui a succédé au PR en 1997, en profite pour régler ses comptes avec ses rivaux Léotard et Longuet. Le 9 juillet 1998, Démocratie libérale se constitue partie civile, Madelin considérant que son parti est victime d'une « tentative d'escroquerie » imputable à ses prédécesseurs. Quatre jours plus tard, l'ordonnance des juges Eva Joly et Laurence Vichnievsky précise pourtant que Démocratie libérale a poursuivi l'opération de blanchiment d'espèces après 1997. Néanmoins, c'est l'ancien dirigeant du PR, François Léotard, qui est plongé dans l'œil du cyclone. Plusieurs cadres de son parti, impliqués dans l'opération Fondo, l'accusent de l'avoir personnellement supervisée. Il aurait « donné l'instruction de mettre en place un recyclage d'argent liquide issu des fonds secrets ».

Le 7 août 1998, c'est donc sans surprise que François Léotard ainsi que son ancien directeur de cabinet, Renaud Donnedieu de Vabres, sont mis en examen pour « infraction à la législation sur le financement des partis ». Là encore, cette nouvelle affaire du PR passe relativement inaperçue, éclipsée par le scandale du dopage dans le Tour de France. Mais elle rebondit à la rentrée de septembre, quand les juges Eva Joly et Laurence Vichnievsky convoquent Nicolas Bazire et Pierre Mongin, respectivement directeur et chef de cabinet d'Édouard Balladur entre 1993 et 1995. Il s'agit de vérifier si les cinq millions occultes du PR provenaient bien des fonds secrets distribués par Matignon. Devant les juges, le 15 septembre 1998, Nicolas Bazire dément formellement avoir versé des fonds secrets au PR, mais il reconnaît avoir versé des fonds importants à François Léotard, alors ministre de la Défense, notamment pour financer la DGSE. Le filet se resserre sur l'ancien maire de Fréjus : aurait-il confondu la cagnotte de son ministère avec les finances de son parti ? Les juges le mettent une nouvelle fois en examen, le 19 octobre 1998, cette fois pour infraction à la législation sur le financement des partis.

Quelles sont les conséquences de toutes ces affaires qui touchent la famille libérale ? Sur le terrain judiciaire, elles se révèlent sans gravité. Gérard Longuet est relaxé en novembre 1997 dans l'affaire de la villa tropézienne, et la relaxe est confirmée en appel un an plus tard. Quant à la question du financement occulte, elle se perd dans les sables mouvants d'une justice complaisante. En revanche, les dégâts politiques ne sont pas négligeables. Bien que solidement installé à la présidence du conseil régional de Lorraine, Gérard Longuet doit renoncer à une carrière ministérielle. François Léotard, resté président de l'UDF de 1996 à 1998, finira par quitter la politique active. Quant à l'ancien trésorier Jean-Pierre Thomas, il a lui aussi abandonné la vie politique en novembre 1997 pour rejoindre la banque Lazard.

La « caisse noire » du CDS

Le centriste François Froment-Meurice va connaître un sort similaire à celui de Jean-Pierre Thomas. Comme ce dernier, il passe aux aveux devant le juge Jean-Pierre Zanoto, en mars 1995. À partir de 1986, du temps où il était secrétaire général adjoint du Centre des démocrates sociaux (devenu Force démocrate), il a mis en place une filière de financement franco-helvétique avec le concours d'un expert-comptable genevois, Henri-Albert Jacques. Ce dernier gérait, à l'Union de banques suisses, un compte ouvert au nom d'une société panaméenne. C'était la « caisse noire » du CDS, alimentée par les plus grandes entreprises françaises, telles que Bouygues, Promodes, Castorama, Continent et Rallye. Les versements arrivaient soit directement sur le compte genevois, soit sous le couvert de fausses factures émises par la SARL Stratégies et Méthodes, dirigée par Froment-Meurice, en échange d'études fictives.

Mis en examen en juin 1995, Froment-Meurice fait éclater sa bombe dans une interview accordée au *Monde* du 17 octobre 1995 : il affirme que tous les dirigeants du parti étaient au courant, même s'ils ignoraient les détails. Au juge, il certifie que Pierre Méhaignerie, alors président du CDS, et l'ancien ministre Jacques Barrot étaient dans la confidence dès le début : un « comité financier » se tenait régulièrement dans le bureau du premier cité à l'Assemblée nationale. Environ vingt-cinq millions de francs auraient ainsi transité entre juin 1987 et mars 1992, ces sommes étant affectées au financement de la campagne présidentielle de Raymond Barre en 1988, de la campagne européenne de Simone Veil en 1989, ainsi qu'à l'achat d'un immeuble pour le CDS en 1988. Selon Froment-Meurice, c'est Méhaignerie qui donnait ses instructions sur l'utilisation des fonds.

L'ancien président du CDS est mis en examen par le juge Zanoto, le 12 juin 1997, pour recel d'abus de biens sociaux et d'abus de confiance, bientôt suivi par Bernard Bosson, autre ancien ministre, et par Jacques Barrot. « J'ai ignoré dans le détail tout le circuit mis en place par Froment-Meurice », proteste Méhaignerie devant le juge. Il ne se souvient pas du virement effectué depuis la Suisse sur le compte officiel du CDS, en juillet 1988, alors que le trésorier du parti affirme l'avoir averti de ce virement suspect. De même, Bernard Bosson a cru que le million de francs reçu en espèces des mains de Froment-Meurice en janvier 1992 provenait des fonds secrets du gouvernement. C'est la conspiration du silence. « Ils ont fui leurs responsabilités », constate avec amertume Froment-Meurice devant le juge, le 24 juillet 1998.

Le procès des dirigeants du CDS, qui s'ouvre le 6 décembre 1999, va leur permettre de s'en tirer à bon compte, en dépit des témoignages de Froment-Meurice et du trésorier du parti, Robert Parenty. Ce dernier résume la situation avec ironie : « Tout le monde au CDS parlait de l'argent suisse. Il y avait une sorte de légende, d'aura, mais personne n'avait de précision. Cela avait un côté mythique et rassurant. » Bernard Bosson amuse le tribunal en révélant la chanson préférée des jeunes centristes, sur l'air de *Petit Papa Noël* : « Petit Froment-Meurice, quand tu reviendras de Suisse, avec tes millions par milliers, n'oublie pas nos petits souliers. » Mais ce même Bosson décline toute responsabilité : « Si j'avais connu l'origine des fonds, je ne les aurais jamais pris. » Quant à Jacques Barrot, secrétaire général du CDS de 1983 à 1991, il affirme être « tombé des nues » en apprenant les révélations de Froment-Meurice. Ce dernier réagit avec vivacité, rouge de colère : « Jacques Barrot savait parfaitement comment le parti était financé. Il faut assumer ses responsabilités ! Moi, j'assume les miennes, mais pas plus ! »

Le jugement, prononcé le 23 février 2000, condamne Méhaignerie et Barrot à huit mois de prison avec sursis, soit la même peine que Froment-Meurice. Cela signifie que leur responsabilité est clairement engagée, comme le soulignent les attendus du jugement, qui formulent des « reproches » à leur encontre. Bernard Bosson, qui n'est arrivé au secrétariat général qu'en 1991, à la toute fin du CDS, n'écope que de quatre mois avec sursis. Tous sont d'ailleurs couverts par la loi d'amnistie du 3 août 1995, car leurs peines sont inférieures à neuf mois. Comme le souligne Froment-Meurice, son parti avait instauré

« un mur absolument étanche entre le financement du parti et le fonctionnement public. Le CDS est le seul parti qui ait fait ça durant cette période ». De fait, il ne semble pas que les centristes aient monnayé l'attribution de marchés publics, à la différence des autres partis. Ils ont contourné la loi, ils ont franchi la ligne jaune sans se considérer comme des chauffards. C'est tout le problème du financement occulte, qui dessine une frontière subtile, fluctuante et très discutée, entre la combine et l'illégalité.

6

Les féodaux et les « ripous »

« Les années Tapie. » S'il fallait résumer les années Mitterrand, l'image du flambeur démago et fort en gueule ne s'imposerait-elle pas dans notre conscience collective ? Commencée dans l'utopie égalitaire et fraternelle du 10 mai 1981, la présidence mitterrandienne a couronné le fric roi, incarné par le brasseur d'affaires, présentateur, chanteur, président de l'OM… et ministre de la République. Comment s'étonner dans ces conditions que cette débauche d'argent et de paillettes ait tourné la tête de quelques responsables politiques, ambitieux et parfois sans scrupule. Flamboyants, avides de pouvoir et de luxe, forts de leurs féodalités municipales et des complicités médiatiques ou patronales, une poignée d'élus, pour la plupart députés-maires, parfois ministres, ont porté le discrédit sur l'ensemble du monde politique. Boucheron, Médecin, Arreckx, Noir, Mouillot, Carignon : toutes ces affaires éclatent presque au même moment, au début des années 1990.

Les « bêtises » de Jean-Michel Boucheron

Le premier maire « ripou » sur la sellette est le député-maire socialiste d'Angoulême Jean-Michel Boucheron. Élu maire à trente ans en 1977, triomphalement réélu en 1983, il a même siégé quelques mois dans le premier gouvernement Rocard, en tant que secrétaire d'État aux collectivités territoriales. Mais ce maire très médiatique, qui a donné un rayonnement international au Festival de la bande dessinée d'Angoulême, suscite des rumeurs, et bientôt des critiques. Depuis février 1987, il fait l'objet d'une plainte déposée par l'un de ses adversaires politiques, Marcel Dominici, candidat soutenu par le Front national lors des législatives de 1988. Ce dernier accuse Boucheron d'avoir utilisé le budget de la Ville pour financer le Parti socialiste ainsi que ses propres besoins. Il aurait notamment organisé un système de fausses factures avec un bureau d'études socialiste, l'Organisme français des relations extérieures sociales (OFRES), et détourné à des fins personnelles les fonds d'une association municipale qu'il préside, le CITEL. Le 22 février 1991, il est inculpé à Paris par le juge Guy Joly pour corruption, complicité de faux en écritures, recel d'abus de biens sociaux et d'ingérence. Le 9 mars 1992, c'est au tour de la juge bordelaise Annie Léotin de l'inculper d'ingérence pour les fonds détournés du CITEL. Mais ce qui déclenche le scandale, ce sont les aveux de Boucheron au juge Guy Joly, le 20 février 1992, que la presse publie aussitôt : « Aujourd'hui, j'ai pris la résolution d'assumer totalement les bêtises, et le mot est un peu faible, qu'il est possible de m'imputer. »

L'ancien maire d'Angoulême, battu lors des élections de 1989, révèle tout un système mis en place avec son ami, l'homme d'affaires Michel Gabaude, pour récolter les fonds des entreprises du Sud-Ouest. Chaque marché public important concédé par la Ville d'Angoulême donnait lieu à plusieurs études préalables et à une facturation fictive pour les bureaux d'études dirigés par Gabaude. Une partie des fonds recueillis est allée directement dans les poches de Boucheron, soit plus de cinq cent mille francs. En outre, de juillet 1986 à mars 1987, il a été salarié de l'un des bureaux d'études, à hauteur de trente-cinq mille francs par mois, et ce pour un travail bien difficile à préciser. Ce qui lui a permis de satisfaire sa passion pour les voitures de collection, Aston-Martin, Ferrari, Porsche, Facel-Vega, et son goût pour les voyages exotiques, croisières en Grèce ou à Antigua, chasse au Zimbabwe... Selon un rapport de la police judiciaire de Bordeaux, daté d'octobre 1990, Boucheron menait un « train de vie apparent des plus importants », aux frais de la municipalité d'Angoulême.

Juste après avoir fait ses aveux au juge, Boucheron s'exile en Argentine, à Buenos Aires, où il ouvre en octobre 1992 un restaurant spécialisé dans la cuisine du Sud-Ouest. Interviewé le 26 novembre par un reporter de France 2, il n'exclut pas de rentrer en France s'il est convoqué par le juge : « Quand on fait des conneries, on les assume. » Mais il attendra cinq ans avant d'assumer. S'étant démis de son mandat de parlementaire par une lettre datée du 31 janvier 1993, il restera néanmoins en Argentine jusqu'en 1997. Condamné par défaut en juillet 1994 par le tribunal correctionnel de Paris à quatre ans de prison ferme pour trafic d'influence, recel d'abus de biens sociaux et prise illégale d'intérêts, il sera arrêté le 17 août 1995 par la police argentine. Extradé en mai 1997, il sera condamné, le 1er juillet suivant, à quatre ans de prison dont deux ferme, et à un million de francs d'amende. L'ancien petit duc d'Angoulême aura fait la honte de ses amis politiques, à l'instar de Bernard Tapie, autre prince déchu, condamné au même moment à trois ans de prison dont dix-huit mois ferme, dans l'affaire des comptes truqués de l'Olympique de Marseille. Certes, Tapie et Boucheron ne sont pas le Parti socialiste, loin s'en faut, et leurs errements personnels n'ont presque rien à voir avec le système des financements occultes du parti. Mais, dans l'opinion publique, l'amalgame se fait rapidement. « Tous pourris », c'est le refrain à la mode. D'autant que, dans le camp adverse, ce n'est pas plus brillant.

Les « ripous » du sud de la France

Comme la gauche, la droite a aussi ses brebis galeuses. C'est le cas de Jacques Farran, député PR des Pyrénées-Orientales, inculpé le 18 octobre 1991 pour ingérence et abus de confiance : en tant que président de la chambre de commerce de Perpignan, il a détourné une bonne partie des cotisations du 1 % patronal, destiné en principe aux logements sociaux, afin de racheter et restaurer la forteresse médiévale de Corbères-les-Cabanes. Or il a confié la jouissance du château à une association réservée aux membres de sa famille et à celle du vice-président de la chambre de commerce. En somme, il s'est logé dans un château en laissant à la rue les plus démunis.

Le 21 février 1992, il est à nouveau inculpé pour complicité de vols et recel de vols en écritures publiques : avec la complicité de son gendre, ancien directeur commercial de l'aéroport de Perpignan, il a détourné entre 1988 et 1991 plus de cinq cent quarante mille francs de recettes du parking de l'aéroport, géré par la chambre de commerce. Dans le cas de Farran, la malhonnêteté individuelle ne semble faire aucun doute.

C'est aussi le cas de l'ancien et tout-puissant maire de Nice, Jacques Médecin, dont les affaires sont aussi louches que ses liens avec l'extrême droite. Arrêté le 25 novembre 1993 à Punta del Este, en Uruguay, où il s'était exilé depuis trois ans, Médecin est extradé en novembre 1994, et deux fois condamné par le tribunal correctionnel de Grenoble, le 16 mai 1995. Il écope de deux ans de prison ferme et cinq ans de privation des droits civiques dans l'affaire du détournement des fonds de l'association municipale Nice-Opéra. « Si j'étais au nombre des petits et des gros poissons qui sont passés entre les mailles du filet, je me frotterais les mains de voir les hommes politiques comme moi persécutés par la justice », dit-il en sortant du tribunal. Le 3 août suivant, le voici de nouveau condamné à trois ans et demi de prison ferme et cinq ans de privation des droits civiques, pour recel d'abus de biens sociaux et corruption passive dans l'affaire de la Serel. Il est reconnu coupable d'avoir perçu de 1986 à 1990 près de quatre millions de pots-de-vin de Francis Guillot, P-DG de la Serel, une entreprise spécialisée dans la signalisation routière. Il plaide le financement de son parti, le Rassemblement républicain… qui se résume à sa personne. Mais les juges dénoncent le « système mafieux » instauré à Nice.

Un autre baron de la Côte d'Azur tombe lui aussi sous les coups de la justice : c'est le sénateur UDF du Var Maurice Arreckx, accusé de corruption en juillet 1994 par le procureur général d'Aix-en-Provence, qui demande sa mise en détention provisoire. L'ancien président du conseil général et ancien maire de Toulon est soupçonné d'avoir accepté un pot-de-vin de la société Campenon-Bernard pour l'attribution du marché de construction d'une école d'ingénieurs. Le directeur de la société a fait des aveux : Maurice Arreckx lui aurait demandé deux millions de francs, début 1992, en échange du marché. L'enquête menée par le juge démontre que le quart de cette somme a été versé au PR de Gérard Longuet et François Léotard, le reste étant remis à des proches d'Arreckx… pour utilisation personnelle. Comme souvent, on est à la frontière de la corruption individuelle et du financement occulte des partis politiques. Mais les juges concluent à la corruption, condamnant l'ancien maire de Toulon à trois ans de prison.

Pour compléter ce voyage dans la France des ripous méridionaux, il faut évoquer le maire UDF de Cannes Michel Mouillot, surnommé le « Kennedy de la Croisette ». Mis en examen pour la première fois en mars 1993, il se voit reprocher d'avoir touché des salaires fictifs dans trois sociétés, pour un montant total de six cent soixante-treize mille francs, sans aucune activité ni présence dans ces sociétés. Manifestement, il s'agissait de financement occulte. De nouveau mis en examen en juillet 1996 dans deux autres affaires de corruption, concernant le Carlton Casino Club et le Casino Club Riviera, il est mis au ban de la classe politique. Fin mars 1997, il est encore inculpé dans l'affaire de la reconstruction du Palm Beach : il reconnaît avoir touché un pot-de-vin de cent soixante-dix mille francs pour favoriser le projet de la Compagnie générale des eaux. Pas moins de quarante enquêtes sont en cours sur sa gestion municipale, record mondial !

Lors de son premier procès, en février 1995, il partage le box des accusés avec un autre député-maire, qui est l'un des poids lourds du mouvement gaulliste : Michel Noir. Ancien ministre de la cohabitation, chef de file des « quadras » rénovateurs de la droite, le maire de Lyon avait tout pour réussir une grande carrière politique. Mais le scandale le frappe en plein vol.

Un gendre très encombrant

« Ah ! Quel malheur d'avoir un gendre ! » Cette formule fameuse, appliquée naguère au président Jules Grévy, pourrait s'appliquer à Michel Noir. Ce sont en effet les révélations de son gendre, l'homme d'affaires Pierre Botton, qui vont le pousser à l'écart de la vie politique. Le scandale éclate en novembre 1992, lorsque Botton, interrogé par les enquêteurs du SRPJ de Lyon sur ses activités frauduleuses, révèle qu'il a financé la carrière de son beau-père avec l'argent de ses sociétés. Il aurait dépensé un million de francs pour les affiches de la campagne de 1989, payé un meeting électoral animé par le journaliste Yves Mourousi, et même réglé l'ardoise d'un dîner-débat de sept cents couverts, avec Édouard Balladur en vedette. Familier des médias et du show-biz, Botton a aussi fait profiter de ses largesses bon nombre de journalistes, et notamment le plus célèbre d'entre eux, Patrick Poivre d'Arvor.

Il y a donc un double scandale : celui des cadeaux aux journalistes et celui du financement occulte de la politique. Le premier fait beaucoup de tapage, car il implique les vedettes du petit écran, Patrick Poivre d'Arvor bien sûr, mais aussi Yves Mourousi, Anne Sinclair, Yvan Levaï, François-Henri de Virieu, tous entendus par le juge. Ce volet médiatique de l'enquête débouche sur l'inculpation en février 1993 de « PPDA » pour recel d'abus de biens sociaux. Reste le volet politique, le plus grave, car il concerne Michel Mouillot, qui a touché des salaires fictifs du groupe Botton, et surtout Michel Noir, inculpé par le juge Philippe Courroye, le 29 mars 1993. Le magistrat dispose en effet d'un document accablant remis par Pierre Botton : un protocole d'accord établi en avril 1989 entre ce dernier et Michel Noir, qui s'engageait par ce document à rembourser les sommes versées de façon occulte par son gendre. Admettant l'existence de cet accord, le maire de Lyon explique qu'il s'agissait simplement de coucher sur le papier « le délire des revendications » de Pierre Botton. C'est parole contre parole.

Le gendre de Michel Noir fournit aussi au juge Courroye une liste de huit entreprises qui auraient versé au total plus de cinq millions sept cent mille francs pour financer la campagne de son beau-père. Botton ajoute au dossier une lettre du 29 septembre 1987 signée par Michel Noir, ministre du Commerce extérieur à l'époque, et qui consent à la société Kis un abandon de créance de dix millions. Il y aurait eu un pacte entre le ministre candidat et l'entreprise grenobloise. Puis l'intarissable Botton livre au juge de nouvelles informations sur les circuits de financement de Michel Noir. Il affirme que ce dernier lui a demandé en 1986 de faire ouvrir trois comptes bancaires en Suisse, au nom de sociétés fiduciaires panaméennes : dix millions de francs auraient transité sur ces comptes, dont la moitié aurait financé en espèces la campagne municipale de 1989. C'est ainsi que le juge Courroye aboutit à la seconde mise en examen du maire de Lyon.

Le procès Botton-Noir s'ouvre dans une atmosphère électrique, le 13 février 1995. Outre les deux hommes, dix autres prévenus sont assis dans le box des accusés, notamment Michel Mouillot, Charles Giscard d'Estaing, neveu de l'ancien président de la République et proche collaborateur de Botton, ainsi que Patrick Poivre d'Arvor. D'emblée, Pierre Botton met les pieds dans le plat en déclarant que ses sociétés ont « supporté l'ascension politique de Michel Noir ». Ce dernier réplique quelques jours plus tard, n'hésitant pas à faire lire par ses avocats des lettres de sa fille Anne-Valérie, afin d'accréditer la thèse d'un « chantage affectif » que lui aurait imposé Botton : ce dernier lui aurait réclamé une commission sur tous les marchés publics de Lyon ainsi que cinq millions par an, sous peine d'abandonner la jeune femme. De ce déballage impudique, il ressort que tous sont jugés coupables, le 20 avril 1995 : Pierre Botton écope de quatre ans de prison dont deux avec sursis, tandis que Patrick Poivre d'Arvor, Noir et Mouillot, tous trois accusés de recel d'abus de biens sociaux, sont condamnés à quinze mois de prison avec sursis, et cinq ans d'inéligibilité pour les deux maires.

Le procès en appel, qui s'ouvre le 10 novembre 1995, ne va pas arranger les choses, même si Botton s'y montre beaucoup moins virulent envers son beau-père. Pendant que se déroule le procès, on apprend que Martin Bouygues, l'héritier de l'empire du béton et des médias, est placé en garde à vue dans le cadre de l'affaire : sa société aurait alimenté l'un des fameux comptes suisses, pour un montant de deux millions de francs. Fin décembre 1995, Martin Bouygues reconnaît ce financement, et il confirme que les fonds étaient bien destinés à la campagne de Michel Noir. Ces révélations expliquent l'arrêt de la cour d'appel, prononcé le 10 janvier 1996, et qui alourdit les peines des accusés : celle de Botton passe de quatre à cinq ans, dont dix-huit mois avec sursis, tandis que celles de Noir et Mouillot sont étendues à dix-huit mois avec sursis. L'arrêt considère que le maire de Cannes a accompli des faits « hautement répréhensibles », et que celui de Lyon « a trahi la confiance » de ses électeurs, profitant « d'avantages matériels que lui procurait un homme d'affaires sans scrupule ». Quant à Patrick Poivre d'Arvor, dont la peine est confirmée, il est écarté du journal télévisé par la direction de TF1. Pour Michel Noir, la sanction judiciaire est synonyme de mort politique. Frappé d'inéligibilité, il renonce à la députation en février 1997, considérant que « sa vie politique est désormais finie ».

Le grand communicateur de Grenoble

La retraite politique du maire de Lyon n'est sans doute pas pour déplaire à Jacques Chirac, qui voyait en lui un rival. À la télévision, Michel Noir laisse clairement entendre qu'il est victime d'un assassinat politique programmé, à l'instigation du maire de Paris. Mais un autre jeune loup de la région Rhône-Alpes agace aussi Jacques Chirac : c'est Alain Carignon, le maire de Grenoble, ministre de l'Environnement en 1986, devenu ministre de la Communication en 1993. C'est précisément son goût de la communication qui lui sera fatal.

En février 1994, une information judiciaire est en effet ouverte à propos du mensuel *Dauphiné News*, dont il est l'inspirateur. En mars, deux dirigeants de filiales de la Lyonnaise des eaux sont mis en examen, suivis en mai par Marc-Michel Merlin, P-DG de ces deux filiales. Ce dernier est déjà poursuivi dans le dossier Botton pour avoir versé cinq millions quatre cent mille francs au gendre de Michel Noir. Interrogé par le juge, il met nommément en cause Alain Carignon, qui, dit-il, lui aurait demandé de « faire un effort » pour financer sa campagne municipale de 1989. L'accusation est grave, et la mise en examen du ministre paraît inévitable. Obéissant aux consignes du Premier ministre Édouard Balladur, Carignon décide d'abandonner son portefeuille gouvernemental, le 17 juillet 1994. Cette démission, intervenant au lendemain de la victoire du Brésil en finale de la Coupe du monde de football, se veut la plus discrète possible. « Je crois que mon honneur sera, au bout du compte, mis hors de cause », écrit-il dans une lettre publiée dans la presse.

Pourtant, huit jours plus tard, il est mis en examen par le juge Courroye pour recel d'abus de biens sociaux. On le soupçonne d'avoir passé un marché avec la Compagnie de gestion des eaux du Sud-Est, filiale de la compagnie Lyonnaise des eaux : en échange de fonds destinés à financer ses journaux municipaux, notamment *Dauphiné News*, Carignon aurait accordé à cette société la gestion du service des eaux de Grenoble, privatisé à la hussarde en juillet 1989. Le total des sommes versées par la Lyonnaise et par Merlin aurait atteint cinq millions quatre cent mille francs en 1989. En outre, plus de treize millions de francs d'honoraires fictifs auraient été octroyés à la société Whip de Jean-Louis Dutaret, l'avocat et le collaborateur de Carignon. Ce dernier aurait en outre bénéficié gratuitement d'un appartement de cent quatre-vingts mètres carrés, boulevard Saint-Germain, ainsi que de la prise en charge de ses déplacements en avion privé et en hélicoptère, pour une somme avoisinant quatre millions. La Lyonnaise a chèrement payé le marché de l'eau de Grenoble !

Le maire de Grenoble se défend bec et ongles, par voie de presse et en s'adressant directement à ses électeurs. Le 12 septembre 1994, il rend publique une lettre dénombrant plus de cinq mille messages de sympathie qui lui ont été adressés, dont ceux de Jacques Chirac, Raymond Barre, mais aussi des socialistes Jack Lang et Julien Dray. Mais le bras de la justice est implacable : le 12 octobre, Carignon et Dutaret sont écroués à la prison Saint-Joseph de Lyon pour « corruption passive et recel d'abus de biens sociaux ». Au début du mois de janvier 1995, leur cas s'aggrave encore après la mise en examen de Guy Névache, qui était le troisième adjoint au maire de Grenoble. Accusé de complicité d'abus de biens sociaux et de corruption passive, il semble avoir mis en place un système de financement occulte qui arrosait tous les partis de la région. Fin janvier, Denis Bonzy, l'ancien directeur de cabinet du maire de Grenoble, reconnaît dans *Le Dauphiné libéré* que ce système a fonctionné « en accord avec Alain Carignon ».

Dès l'ouverture de son procès, le 25 septembre 1995, le maire de Grenoble est mis en cause, aussi bien par ses anciens collaborateurs municipaux que par des représentants des sociétés « amies ». Thierry Marchal, le bras droit de l'entrepreneur Marc-Michel Merlin, rapporte les propos de son patron : « M. Merlin m'a dit : si nous achetons l'appartement, Carignon nous donnera l'eau de Grenoble. » Quant à Denis Bonzy, il avoue : « Nous n'avons peut-être pas eu le courage de refuser un système politique. » Reconnu coupable de corruption, le 14 novembre 1995, Carignon est condamné à cinq ans de prison dont deux avec sursis. Les attendus du jugement ne le ménagent pas : « Alain Carignon a commis l'acte le plus grave pour un élu, vendre une parcelle de son pouvoir à des groupes privés et en accepter des avantages considérables. Le délit de corruption qu'il a commis attente profondément aux valeurs de la République et mine la confiance des citoyens dans ce noble métier qu'est l'administration de la cité, et par là, la politique. »

Comme pour Michel Noir, le procès en appel ne fait qu'alourdir la peine, le 11 juillet 1996 : il est cette fois condamné à quatre ans de prison ferme et aussitôt incarcéré. Un rapport de la chambre régionale des comptes, paru un peu plus tôt, le met en cause pour avoir touché indûment un traitement déguisé. Les élus UDF du conseil général de l'Isère le pressent de ne pas se représenter à la présidence de l'assemblée départementale. La direction nationale du RPR souhaite qu'il se mette en congé de son mouvement. C'est ainsi que Michel Noir et Alain Carignon, deux jeunes loups qui avaient défié Jacques Chirac, sont définitivement mis hors course. Mais les plus grands scandales sont à venir.

7

Le scandale au sommet de l'État ?

La justice a peu à peu démantelé les réseaux de financements occultes du Parti socialiste, du Parti républicain et du CDS. Il était logique qu'elle s'intéresse aussi aux gaullistes. Les magistrats se heurtent à un système opaque, bien verrouillé, en tout cas moins transparent que le système socialiste. Mais la persévérance est payante : les affaires remontent à la surface, les enquêtes aboutissent et les langues se délient. Pour des raisons diverses, parfois obscures, plusieurs collecteurs de fonds de la famille gaulliste décident de se confier aux juges au milieu des années 1990. Les systèmes qu'ils révèlent sont ahurissants, mais l'opinion ne semble pas s'en émouvoir. Ce qui fait scandale, c'est l'exceptionnel, l'insolite, l'imprévu, voire le grotesque.

Halphen contre Schuller

Le 20 décembre 1994, le polar est à la une de l'actualité : on apprend que le docteur Jean-Pierre Maréchal, psychiatre à l'hôpital américain de Neuilly et beau-père du juge d'instruction Éric Halphen, a été interpellé par la police alors qu'un proche du conseiller général Didier Schuller venait de lui remettre un million de francs en espèces. Selon la compagne de Schuller, qui est aussi l'une des patientes du docteur Maréchal, cette somme était destinée à Éric Halphen. Par l'intermédiaire de son beau-père, le juge de Créteil se serait donc livré à un chantage sur Schuller, au mépris de toute déontologie et de toute morale. Ce dernier ayant déposé plainte le 15 décembre, il a permis aux policiers de réaliser ce flagrant délit.

Le coup est si gros que personne n'y croit vraiment. Maréchal évoque une méprise, Halphen se déclare abasourdi. Schuller a déposé sa plainte au lendemain de la perquisition conduite par le juge au siège de son journal électoral *Le Clichois*, soupçonné d'avoir bénéficié de financements occultes. On apprend que depuis plusieurs semaines le juge Halphen enquête sur les malversations de l'office HLM des Hauts-de-Seine, dont Schuller est le président. Le 29 septembre, il a mis en examen le promoteur Jean-Claude Méry, ancien membre du comité central de ce parti, et qui passe pour le collecteur de fonds du RPR. Il semble que Méry ait mis au point un système de facturations fictives qui permet de drainer l'argent de certaines entreprises vers l'office HLM. Au-delà des Hauts-de-Seine, c'est peut-être tout le réseau de financement occulte du RPR qui est en cause : voilà pourquoi on essaie de discréditer le juge Halphen.

Dans *l'Humanité*, Claude Cabanes rappelle que Schuller est un proche de Charles Pasqua, président du conseil général des Hauts-de-Seine : « S'il s'avérait que le garde des Sceaux Pierre Méhaignerie a passé la main au ministre de la police Charles Pasqua pour "casser" le juge Halphen, cela relèverait du gangstérisme d'État. » Cette analyse semble partagée par François Mitterrand, qui convoque aussitôt Édouard Balladur et Pierre Méhaignerie à l'Élysée pour leur exprimer sa colère. En outre, le chef de l'État saisit le Conseil supérieur de la magistrature afin d'empêcher le dessaisissement du juge Halphen. Il tient à ce que la justice passe pour le RPR, comme elle est passée pour le Parti socialiste. Finalement, en janvier 1995, le juge Halphen est confirmé dans son enquête, et les investigations reprennent tambour battant.

Le 1er février 1995, nouveau coup de théâtre : averti par un mystérieux coup de téléphone, le juge Halphen fait procéder à l'arrestation en flagrant délit de l'homme d'affaires Jean-Paul

Schimpf, un proche du conseiller général Schuller. Il est interpellé sur le parking d'un hôtel de Nogent-sur-Marne, au moment où il se fait remettre deux enveloppes, contenant cinquante mille francs chacune, des mains de Françoise Montfort, P-DG de la société AVS, spécialisée dans l'assainissement de la voirie. Des pots-de-vin en flagrant délit : c'est plus que le juge ne pouvait espérer pour démasquer le « système » Schuller ! La perquisition organisée le 10 février au domicile de ce dernier confirme les aveux de Françoise Montfort : il y a bien un système de commissions occultes prélevées sur les entreprises bénéficiaires des marchés publics des HLM des Hauts-de-Seine, telle AVS. Chez Schuller, le juge découvre la liste de ces entreprises, très généreuses pour le RPR. Sur Jean-Paul Schimpf, les enquêteurs trouvent un contrat de prêt de un million de francs, émanant d'une banque suisse, au nom de Didier Schuller.

Mais derrière ce dernier se profile l'ombre de Charles Pasqua. Le 6 février 1995, le voici sur la sellette car la cour d'appel de Paris accuse la police judiciaire d'avoir monté de toutes pièces l'affaire Maréchal, comme une véritable « provocation » pour déstabiliser Halphen et enrayer la bonne marche de l'instruction. La police, c'est le ministre de l'Intérieur. Et Schuller, n'est-il pas l'homme de Pasqua ? Ravis de l'aubaine, à trois mois de l'élection présidentielle, socialistes et chiraquiens s'empressent de demander des explications au Premier ministre Édouard Balladur, le grand favori des sondages. Lionel Jospin, candidat des socialistes, considère qu'il s'agit d'une « affaire d'État », exigeant une enquête parlementaire. Laurent Fabius demande à Édouard Balladur de confirmer l'intention, que beaucoup lui prêtent, de nommer Charles Pasqua au poste de Premier ministre en cas de victoire à l'élection présidentielle. Quant à Jacques Toubon, l'un des proches de Jacques Chirac, il exige de Balladur « une mise au point sur une affaire très délicate ». Le choc est rude pour les balladuriens, et cela pose évidemment la question du coup de fil anonyme reçu par le juge Halphen. Qui avait intérêt à discréditer Schuller, donc Pasqua, donc Balladur ? Inévitablement, les regards se tournent vers le camp chiraquien.

Le cercle des chiraquiens

Le 3 juillet 1995, Éric Halphen fait une nouvelle fois la une des journaux : il organise une perquisition au siège du RPR. Sa cible est Louise-Yvonne Casetta, qui occupe officiellement le poste de « chef du personnel », mais dont chacun sait qu'elle est la trésorière officieuse du parti gaulliste. Après Renaud Van Ruymbeke au siège du Parti socialiste et Mireille Filippini au siège du Parti républicain, c'est la troisième fois en trois ans qu'un juge s'introduit dans le saint des saints, au cœur de l'un des quatre grands partis français.

Cette fois, tout le système RPR est en cause, donc celui qui en a été le chef pendant deux décennies : Jacques Chirac, le nouveau président de la République. Après avoir mis au jour le système des Hauts-de-Seine, le juge Halphen a décidé de s'intéresser de plus près à celui de la capitale. Qui dit Paris dit Chirac, donc ce sont les proches de l'ancien maire de Paris qui sont sur la sellette. Michel Roussin, qui fut son collaborateur à l'Hôtel de Ville et à Matignon, est le premier convoqué par le juge, le 12 novembre 1994, les initiales de son nom apparaissant à plusieurs reprises sur l'agenda de Jean-Claude Méry. Mis en examen pour recel d'abus de biens sociaux, il démissionne du gouvernement Balladur le 14 novembre, sans grand tapage. Puis Halphen met en examen un autre proche de Chirac, Robert Pandraud, qui a été son directeur de cabinet à la mairie de Paris puis son ministre. Le juge le soupçonne de complicité de recel d'abus de biens sociaux, concernant les salaires fictifs perçus par son collaborateur Rémi Halbwax dans des entreprises ayant passé de nombreux marchés avec l'office HLM de Paris. Enfin, Halphen s'attaque à Georges Pérol, l'homme qui a dirigé cet office. Mis en examen en mai 1995, il est soupçonné d'avoir financé les campagnes électorales du RPR dans le Limousin grâce à de l'argent occulte. Son adjoint François Ciolina aurait reçu des enveloppes de Méry.

Roussin, Pandraud, Pérol : le premier cercle des chiraquiens est sur la sellette. Certes, Michel Roussin obtient un non-lieu, faute de preuves suffisantes, bénéficiant d'incohérences et de rétractation de témoins. En revanche, les investigations du juge genevois Wenger apportent de bonnes nouvelles au juge Halphen, en mai 1996. Elles établissent que Jean-Claude Méry a perçu, sur un compte suisse, plusieurs millions de francs de commissions versées par des entreprises en échange d'interventions en leur faveur auprès de l'office HLM de Paris. « Je savais qu'il faisait la même chose que moi, mais pour le RPR », confie Gérard Monate au juge, ajoutant que « Méry avait la réputation de faire beaucoup de financement officieux sans aucune facture. Comme on dit, il travaillait à la valise ». Son bureau d'études, la Société d'études et de participations générales, était devenu incontournable pour toute entreprise voulant conclure un marché avec la mairie de Paris. Son rôle de collecteur de fonds occultes dans la capitale lui aurait d'ailleurs valu le surnom de « Méry de Paris ».

Marchés truqués et emplois fictifs

Une nouvelle bombe éclate dans *Le Parisien* du 9 mai 1996 : Claude-Annick Tissot, vice-présidente du conseil régional, donc collaboratrice directe du président Michel Giraud, accuse ce dernier de couvrir un système de fraude et de favoritisme dans les attributions de marchés publics. Démissionnaire de son poste, elle dénonce les nombreux dysfonctionnements et irrégularités commis. Elle s'en prend notamment au bureau d'études Patrimoine Ingénierie, dirigé par un certain Gilbert Sananès, et qui s'est vu attribuer le quasi-monopole des rénovations des lycées d'Île-de-France. Derrière un bureau d'études se dissimulent bien souvent des financements occultes.

Ces révélations vont coûter cher à Claude-Annick Tissot, mise au ban du RPR. Mais l'affaire des lycées d'Île-de-France rebondit néanmoins au mois de novembre 1998, grâce aux témoignages de trois cadres du BTP, recueillis par les juges Riberolles et Brisset-Foucault. Ils racontent comment certains responsables du conseil régional ont organisé une collecte de fonds systématique auprès des grandes entreprises intéressées par le marché de construction des lycées en Île-de-France. Dumez, Bouygues, Fougerolles, SGE, Sicra font partie de la combine. Chaque année, sous la houlette de Gilbert Sananès, est organisée une réunion des principaux groupes du BTP : ils se répartissent le marché des lycées, et prélèvent 2 % de la valeur de ces marchés pour les partis politiques, une partie étant versée directement aux trésoriers et l'autre partie aux élus régionaux ou à certains maires. La somme est évaluée à cinq cent soixante millions de francs, répartis entre le RPR, le Parti républicain, le Parti socialiste et le Parti communiste. Le surcoût de ces attributions truquées s'élèverait à deux milliards cinq cents millions de francs pour les contribuables parisiens. Dans le monde judiciaire, on parle du « casse du siècle » !

Une trentaine de personnes sont rapidement mises en examen. Philippe Huchard, militant RPR et ancien de la société Fougerolles, affirme que Michel Roussin l'a introduit dans ce système des lycées d'Île-de-France. Sous le contrôle de Louise-Yvonne Casetta, il était chargé d'organiser la collecte pour le RPR. À partir de 1989, Jean-Claude Méry l'aurait remplacé dans cette fonction. Les mêmes noms reviennent, qui permettent aux juges d'établir un lien direct entre le système des HLM parisiens et celui des lycées d'Île-de-France : le financement occulte du RPR, et, accessoirement, des autres grands partis français.

Il faut y ajouter les affaires d'emplois fictifs de la mairie de Paris, qui viennent frapper au cœur du mouvement gaulliste : le 21 août 1998, le juge Desmure met en examen Alain Juppé, ex-premier adjoint du maire de Paris, pour détournement de fonds publics, complicité et recel d'abus de confiance et d'abus de biens sociaux, et prise illégale d'intérêts. « C'est moi qui suis en cause. J'assume mes responsabilités », déclare-t-il dans *Le Figaro* du 26 août 1988. Chacun a compris qu'il essaie avant tout de protéger Jacques Chirac, qui fait désormais l'objet de toutes les interrogations. En tant qu'ancien maire de Paris et maître de l'appareil du RPR, pouvait-il ignorer les malversations auxquelles se sont livrés ses collaborateurs ? Fin janvier 1999, la direction centrale de la police judiciaire transmet au juge Desmure un document troublant : c'est une lettre du 16 décembre 1993 adressée par Jacques Chirac, alors maire de Paris, au secrétaire général de la Ville, et sollicitant une promotion en faveur d'une employée municipale, Madeleine Falard, qui travaille en réalité au siège du RPR. Cette lettre semble indiquer que le maire de Paris était parfaitement au courant du système des emplois fictifs. C'est en tout cas ce qui conduit un militant écologiste parisien, Pierre-François Divier, à se constituer partie civile pour réclamer l'audition du chef de l'État par le juge, le 25 mars 1999.

Heureusement pour lui, Jacques Chirac bénéficie de nombreux paravents juridiques. Tout d'abord celui du Conseil constitutionnel, présidé par Roland Dumas, et qui tranche en faveur de l'immunité présidentielle, dans son arrêt du 22 janvier 1999. Celui du procureur de Nanterre Yves Bot, qui conclut dans son réquisitoire du 19 mars 1999 à l'incompétence de la justice ordinaire à l'encontre du chef de l'État. Enfin, celui du juge Desmure lui-même, qui, dans son ordonnance du 15 avril 1999, se déclare incompétent pour instruire sur les faits impliquant le chef de l'État. Même s'il fait état des « indices graves et concordants » qui pèsent sur l'ancien maire de Paris, le juge renonce à entendre Jacques Chirac. En revanche, son ancien et fidèle adjoint Jean Tibéri est à son tour plongé dans le scandale.

Les déboires du couple Tibéri

Le 28 juin 1999, Jean Tibéri, maire de la capitale depuis 1995, est mis en examen pour complicité de trafic d'influence dans l'affaire des HLM de Paris. C'est l'aboutissement d'une série d'enquêtes, dans lesquelles sa responsabilité est plus ou moins engagée. D'abord sa femme, Xavière, mise en examen, le 5 décembre 1996, pour recel de détournement de fonds publics et recel d'abus de confiance. On l'accuse d'avoir reçu deux cent mille francs du conseil général de l'Essonne, en 1994, pour la rédaction d'un rapport plus que suspect. Pompeusement intitulé « Réflexions sur les orientations du conseil général de l'Essonne en matière de coopération décentralisée », ce tout petit texte, truffé de fautes d'orthographe, ne propose ni expertise ni solution. Le juge Halphen, qui l'a découvert par hasard, estime que ce rapport « bidon » vaut bien une enquête. Le garde des Sceaux Jacques Toubon tente alors de l'en empêcher, ce qui donne lieu à un épisode rocambolesque, ainsi résumé par *Le Canard enchaîné* du 13 novembre 1996 : « Les aventures de Tintin au Tibéri. » En réalité, ce n'est pas au Tibet mais au Népal que le garde des Sceaux fait affréter un hélicoptère spécial pour joindre le procureur de la République d'Ivry, Laurent Davenas, parti en grande randonnée dans l'Himalaya. Mais l'hélicoptère arrive trop tard pour empêcher Hubert Dujardin, l'adjoint de Davenas, d'ouvrir l'information judiciaire qui aboutit à la mise en examen de Xavière Tibéri. Devenue la cible préférée des Guignols, elle dispute la palme du ridicule à Jacques Toubon et à son Premier ministre, Alain Juppé.

Outre les problèmes de son épouse, Jean Tibéri est aussi impliqué dans l'affaire des électeurs fictifs du Ve arrondissement. Selon une enquête publiée par *Le Canard enchaîné* du 23 avril 1997, de trois mille à quatre mille électeurs auraient été inscrits illégalement par le RPR dans le fief électoral de Jean Tibéri. À sa demande ou à celle de son prédécesseur, Jacques Chirac ? En mars 1998, un ancien employé de la mairie de Paris, Gérard Merle, affirme que Jacques Chirac lui a demandé en 1988 de « faire du monde, ce qui signifiait clairement la recherche de nouveaux électeurs ». Mais c'est Jean Tibéri qui paie, lâché par les siens. Le RPR réagit de façon très tardive et très discrète à sa mise en examen. Aucun témoignage de solidarité, un simple rappel de la présomption d'innocence, rien à voir avec l'indignation exprimée lors de la mise en examen d'Alain Juppé. On note enfin qu'Édouard Balladur, Françoise de Panafieu et Jacques Toubon, tous trois candidats à la succession de Jean Tibéri, ne participent pas ce jour-là à la réunion du groupe RPR au Conseil de Paris, afin d'exprimer leur réprobation. Quant aux parlementaires du RPR, réunis en Congrès à Versailles, ils n'hésitent pas à l'attaquer de front, Patrick Devedjian lui conseillant même de démissionner de ses fonctions.

Mais Jean Tibéri résiste, contre vents et marées. « Pourquoi je reste », explique-t-il dans *Le Monde* du 23 novembre 1999 : « Je n'ai rien commis de contraire à la loi. Je l'affirme », écrit-il en déplorant que « l'opinion publique (soit) manipulée par quelques-uns ». À qui pense-t-il ? Aux socialistes ou à son « ami » Jacques Chirac, qui l'a totalement abandonné ? C'est dans un climat tendu que se tiennent à Paris les assises du RPR, le 17 juin 2000. Deux jours plus tôt, le juge Desmure vient de mettre en examen Patrick Stefanini, Yves Cabana et Antoine Joly, trois proches collaborateurs d'Alain Juppé, impliqués dans l'affaire des emplois fictifs. Le lendemain, une perquisition a été organisée à la mairie du Ve arrondissement, fief de Jean Tibéri, ainsi qu'au domicile d'Anne-Marie Affret, première adjointe au maire, personnage clé du système des faux électeurs. Mais qui s'en soucie ? Ce que retient l'opinion, c'est la brouille entre Chirac et Tibéri, les menaces de Jean, le zozotement de Xavière. Les marchés truqués, les emplois fictifs, les financements occultes, c'est désormais du quotidien, du banal : on est blasé. Peut-on encore être scandalisé ?

8

Le pacte du silence

Jamais *Le Monde* n'avait frappé si fort et si haut. Dans ses éditions des 22 et 23 septembre 2000, il publie en exclusivité le texte d'une cassette vidéo qui fait l'effet d'une bombe. Ce sont les confessions de Jean-Claude Méry, le grand collecteur de fonds du RPR, qui décrit par le menu le système dont il a eu la responsabilité. Pis encore : il y accuse le président Jacques Chirac, alors maire de Paris, d'avoir lui-même participé à ce système. Toutes les rumeurs, toutes les accusations qui courent depuis plusieurs années à travers la presse et le microcosme politique seraient-elles donc fondées ? Le chef de l'État en personne aurait participé aux manœuvres souterraines du financement occulte et du racket organisé des entreprises ? C'est en tout cas ce que portent à croire les révélations posthumes de Méry, et ce qui alimente aussitôt les polémiques sur la responsabilité judiciaire du président de la République. Pourtant, le scandale va rapidement aboutir à une impasse. Hormis les Verts et les partis extrêmes, la quasi-totalité du monde politique va se mettre d'accord pour calmer le jeu en refusant la polémique. Il faut dire que d'autres affaires éclatent ou resurgissent au même moment, sur tous les bords de l'échiquier politique. C'est sans doute ce qui explique le pacte du silence conclu en cette fin d'année 2000, et qui, depuis lors, n'a plus été remis en cause.

Les révélations de la cassette Méry

La vidéocassette contenant les révélations de Jean-Claude Méry est explosive. Pendant deux semaines, elle a circulé dans les diverses rédactions des chaînes de télévision, mais aucune n'a voulu prendre le risque de la diffuser, jusqu'à ce que le journal *Le Monde* décide d'en publier le texte. Dans cette cassette, enregistrée le 24 mai 1996, Jean-Claude Méry s'est confié sans tabou au journaliste et producteur Arnaud Hamelin. Se sachant atteint d'un cancer, qui allait l'emporter en janvier 1999, le promoteur a souhaité régler ses comptes avec ses anciens amis gaullistes.

Parmi les principales entreprises collectées, la Compagnie générale des eaux (CGE, devenue ensuite Vivendi) et la Lyonnaise des eaux sont systématiquement associées à part égale dans toutes les opérations de Paris intra-muros. Cette manne, précise Méry, ne profite pas seulement au RPR de Chirac, mais aussi, dans une moindre mesure, au Parti socialiste et au Parti communiste. « On va donner à manger à tout le monde », ironise Méry. Le patron d'une société appelée Tecni insiste quant à lui pour « supporter » personnellement Charles Pasqua, l'un des barons du gaullisme. Michel Giraud, alors président RPR du conseil régional de l'Île-de-France, « s'est vu encaisser un peu plus de trois millions de francs en liquide sur trois ans ». Il faut y ajouter, selon Méry, « un nombre impressionnant d'élus, divers et variés, de droite et de gauche, embauchés à la demande de Michel Roussin dans toute une série d'entreprises, leur assurant un salaire et faisant que ces gens-là ou leurs épouses pouvaient travailler pour le RPR sans autre souci ». En échange de ces cadeaux, en argent ou en nature, les grandes entreprises obtiennent des marchés juteux.

Méry cite par exemple un marché de trois mille cinq cents ascenseurs pour les HLM de Paris, attribué en dépit de toutes les règles légales aux deux filiales de la CGE et de la Lyonnaise des eaux, soit des marchés annuels de plus de trois cents millions de francs pour chacune d'elles. Aux grandes sociétés du bâtiment, comme Dumez ou Bouygues, Méry déclare avoir fourni « tous les ans pour un peu plus de cent cinquante à deux cents millions de francs de travaux neufs », et la même chose pour des travaux de rénovation. Mais ces détails sont jugés sans importance. La révélation majeure de la cassette, ce que tout le monde commente, c'est l'information suivante : Jacques Chirac aurait été présent, le 5 octobre 1986, lorsque Méry a remis à Michel Roussin cinq millions de francs en liquide, provenant des entreprises attributaires de marchés.

La réaction de Catherine Colonna, porte-parole de l'Élysée, est immédiate : « La manière dont le président de la République est mis en cause aujourd'hui par un quotidien est indigne. Les allégations sont mensongères. Ce procédé qui consiste à faire parler un mort autorise toutes les manipulations. » En visite au Centre national de la bande dessinée d'Angoulême, le chef de l'État intervient le soir même lors du journal télévisé de France 3. Il se dit « indigné par le procédé, indigné par le mensonge, indigné par l'outrance », associant cette manœuvre aux rumeurs colportées sur une prétendue grave maladie, et ce à trois jours du référendum sur la diminution du mandat présidentiel. « Tout ce qui est dans ce pseudo-message est pour moi sans fondement, mensonge, calomnie, et pour tout dire, manipulation », affirme le président, lâchant l'adjectif qui fait mouche, « abracadabrantesque ».

Certains journalistes relèvent qu'il n'a pas répondu sur le fond, mais la classe politique reste prudente. Selon *L'Express*, l'entourage de Chirac ne pense pas que le coup vienne de la gauche. Jean Tibéri décline toute responsabilité : « Ce qui gêne Jacques Chirac ne me fait pas plaisir. Nous avons des liens d'amitié depuis longtemps, donc tout ce qui peut lui porter préjudice ne me satisfait pas. » Patrick Devedjian, le porte-parole du RPR, ne souhaite pas que la campagne présidentielle s'engage « dans une fosse à purin ». Un peu plus tard, il émet l'hypothèse d'une amnistie générale, sans succès. En revanche, tous sont d'accord pour déplorer ce que Robert Hue appelle « un climat nauséabond ». Seuls les Verts semblent décidés à exploiter l'affaire, réclamant une commission d'enquête parlementaire. « Nous prétendons être une grande démocratie, déclare Noël Mamère. Si on était par exemple dans une démocratie anglo-saxonne, il y a longtemps que l'on aurait demandé au chef de l'exécutif de s'expliquer devant la justice et le peuple, et sans doute de démissionner. » La question se pose de savoir s'il est possible pour le juge Éric Halphen de convoquer le président de la République en tant que témoin dans l'affaire des HLM de Paris. Selon un sondage publié quelques jours plus tard par *L'Express*, 70 % des Français y sont favorables. Tous les regards se tournent alors vers le gouvernement Jospin et surtout vers le garde des Sceaux Élisabeth Guigou. Mais celle-ci se contente de renvoyer la balle à la justice, en rappelant que Jacques Chirac bénéficie de l'immunité présidentielle. Pourquoi les socialistes font-ils profil bas ?

DSK dans la tourmente

Deux jours à peine après la révélation de la cassette Méry, c'est au tour des socialistes d'être plongés dans l'embarras. Au beau milieu d'une émission consacrée au référendum, le journaliste Claude Sérillon révèle en effet aux téléspectateurs une information communiquée sur le site Internet de *L'Express* : l'ancien ministre des Finances Dominique Strauss-Kahn détiendrait l'original de la cassette de Jean-Claude Méry. Cette information étonnante a été donnée aux juges par Me Alain Belot, avocat fiscal, qui avait servi d'intermédiaire entre Méry et Arnaud Hamelin. C'est lui-même qui aurait remis une copie de l'enregistrement à Dominique Strauss-Kahn, lors de l'été 1998, puis l'original en avril 1999. En échange, l'avocat aurait réclamé au ministre un arrangement fiscal pour un de ces clients, le couturier Karl Lagerfeld, sous le coup d'un redressement de trois cents millions de francs. Non seulement DSK aurait dérogé à l'article 40 du code pénal obligeant tout haut fonctionnaire à dénoncer des faits délictueux, mais il se serait donc prêté à une manipulation fiscale relevant de l'abus de pouvoir. Aux yeux de l'opinion, il apparaît comme le complice du couturier milliardaire.

Rappelons que Dominique Strauss-Kahn est déjà embourbé dans un autre scandale qui l'a poussé à démissionner de ses fonctions ministérielles, le 2 novembre 1999. Il est effet soupçonné d'avoir perçu des sommes non justifiées de la Mutuelle nationale des étudiants de France (MNEF), dont il était l'avocat de 1994 à 1997. L'accusation vient de Philippe Plantagenest, l'ancien directeur de cabinet du directeur général de la MNEF, Olivier Spithakis, lui-même mis en examen le 28 octobre 1999. Cette affaire dépasse largement la personne de DSK puisqu'il s'agit encore une fois du financement occulte du Parti socialiste par une organisation qui lui est étroitement liée. Mais c'est Dominique Strauss-Kahn qui en est la principale cible médiatique et la victime politique. Le 16 octobre 2000, le parquet demande son renvoi en correctionnelle, pour faux et usage de faux. L'affaire de la cassette Méry semble lui porter le coup de grâce, comme en témoignent les réactions contrastées de ses collègues de parti. La plus énervée est la députée de l'Aisne Odette Grzegrzulka : « C'est une honte pour le Parti socialiste, une grande trahison pour Jospin. Il faut que, très vite, Dominique Strauss-Kahn prenne conscience du mal qu'il nous fait, qu'il démissionne de ses mandats et du Parti socialiste. » Lyne Cohen-Solal, porte-parole des socialistes parisiens, s'indigne que l'on puisse le considérer comme un « maître chanteur », mais elle reconnaît que « c'est un garçon qui peut se faire piéger ». L'explication selon laquelle il aurait oublié la cassette dans la boîte à gants de sa voiture sans jamais la visionner ne convainc pas grand-monde. On apprend que Jacques Chirac, trop heureux de cette diversion, a téléphoné au Premier ministre Lionel Jospin pour le sommer de diligenter une enquête à l'intérieur du ministère des Finances afin de savoir dans quelle mesure la cassette Méry aurait été utilisée pour négocier une transaction financière avec le fisc. Le Premier ministre déclare de son côté que le Parti socialiste n'est en rien concerné par cette affaire. Les socialistes tentent de recentrer le débat sur les propos de Méry à l'encontre de Chirac. Mais ils sont dans la même galère, comme le constate le président de l'Union syndicale des magistrats : « Est-ce que pendant dix ans on peut rester dans cette situation où la droite et la gauche se renvoient la balle en disant, non ce n'est pas moi, c'est vous qui avez commencé, on en a pris plus que vous, tout le monde le sait bien ? Qu'est-ce qu'on propose pour que ça ne se reproduise plus ? »

Le 10 octobre 2000, c'est à l'Assemblée nationale que se règlent les comptes entre les partenaires forcés de la cohabitation. La députée RPR Roselyne Bachelot s'en prend à Lionel Jospin, qui réplique en demandant à la droite de ne pas utiliser les affaires dans le débat public. Noël Mamère, quant à lui, interroge Élisabeth Guigou sur l'immunité du président de la République et sa responsabilité pénale pour des faits antérieurs à son entrée en fonctions. Au regard du droit, il juge cette immunité inacceptable, rappelant au passage qu'elle est le fruit d'une décision fort contestée du Conseil constitutionnel, le 22 janvier 1999. À tort ou à raison, le porte-parole des Verts fait allusion au rôle joué dans cette décision par l'ancien ministre socialiste Roland Dumas, président du Conseil constitutionnel, et lui-même mis en cause dans un autre scandale retentissant : l'affaire Elf.

Le ministre et la « putain de la République »

L'affaire Elf devient véritablement un scandale lorsque Roland Dumas apparaît dans le dossier, en novembre 1997. À cette date, cela fait déjà plus de trois ans que des enquêtes sont menées sur ce holding pétrolier d'État, depuis qu'en juillet 1994 la Commission des opérations de Bourse (COB) s'est interrogée sur le renflouement douteux du groupe textile français Bidermann par Loïk Le Floch-Prigent, alors P-DG d'Elf-Aquitaine.

À la suite de la plainte déposée en mai 1995 par son successeur Philippe Jaffré, l'ancien P-DG est mis en examen par la juge Eva Joly le 4 juillet 1996, juste après Maurice Bidermann et André Tarallo, P-DG d'Elf-Gabon. Quelques mois plus tard, les aveux de l'homme d'affaires André Guelfi, inculpé dans une affaire de commission occulte pour la négociation d'un contrat au Venezuela, mettent en évidence le rôle essentiel d'Alfred Sirven, l'un des proches collaborateurs de Le Floch-Prigent. Alors qu'un mandat d'arrêt international est lancé contre Sirven, en fuite, l'enquête se dirige vers deux autres affaires très douteuses : d'une part, l'intervention suspecte de Sirven dans la vente par la société Thomson de frégates à Taïwan en 1990 ; d'autre part, les commissions versées en 1992 par Elf à André Guelfi, à l'occasion du contrat de construction d'une raffinerie à Leuna, dans l'ex-Allemagne de l'Est. Ces fonds occultes auraient en partie contribué au financement du Parti chrétien-démocrate du chancelier Helmut Kohl.

Le 7 novembre 1997, Christine Deviers-Joncour est mise en examen par les juges Eva Joly et Laurence Vichnievsky pour recel d'abus de biens sociaux : on la soupçonne d'avoir bénéficié entre 1990 et 1993 d'un emploi de complaisance grassement rémunéré par Elf-Aquitaine. Outre son salaire mensuel de quarante mille francs, versé sur un compte suisse par la filiale genevoise d'Elf, elle aurait disposé d'un crédit illimité et largement utilisé : le montant de ses dépenses de restaurants, d'hôtels, de voyages ou de bijouterie atteindrait un million sept cent mille francs en trois ans. Or il semble que la seule et unique justification de ces gratifications princières résidait dans la relation amoureuse qui unissait la jeune femme au ministre des Affaires étrangères, Roland Dumas. Selon elle, il s'agissait de « préparer des dossiers pour le ministre lors de ses déplacements dans les pays intéressant Elf ». Puis elle ajoute : « Ce n'était pas ma relation avec Roland Dumas qui était rémunérée, mais le service que je pouvais rendre à la maison en raison des bonnes relations que j'avais avec lui. »

Le ministre play-boy et la belle aventurière : voilà ce qui plaît aux médias, ce qui amuse l'opinion, ce qui crée le scandale. Selon Jeanne-Marie Cardaire, ancien directeur administratif d'Elf-Aquitaine, Christine Deviers-Joncour a été recrutée sur ordre de Sirven « à la demande de Roland Dumas ». À en croire l'homme d'affaires Gilbert Miara, c'est une commission versée par Elf à la jeune femme qui lui a permis d'acheter l'appartement de la rue de Lille, huit pièces immenses sur trois cent vingt mètres carrés au premier étage d'un hôtel particulier, où a habité naguère Charles Floquet… l'un des chéquards du scandale de Panama ! Acheté dix-sept millions de francs le 12 juin 1992 par une société civile immobilière dont Christine Deviers-Joncour se déclarait gérante, ce « nid d'amour » pour VIP aurait été payé par Alfred Sirven. Début 1992, il aurait déposé quarante-cinq millions de francs sur un compte genevois, afin de récompenser ses services. En échange, elle aurait convaincu Roland Dumas d'appuyer le contrat de vente de frégates signé en août 1991 entre la société Thomson et Taïwan. L'intégrité d'un ministre de la République est directement mise en cause.

Des statuettes compromettantes

Le chef de la diplomatie française, le compagnon de François Mitterrand, le vieux routier du barreau et de la politique se serait-il laissé influencer pour les beaux yeux de sa maîtresse ? Rien ne le prouve dans le dossier des frégates ni dans aucun autre dossier. À aucun moment Roland Dumas ne semble avoir joué le jeu d'Alfred Sirven. Mais sa relation avec Christine Deviers-Joncour suscite les commentaires, les critiques, voire l'indignation. Le 1er février 1998, Michel Rocard déclare que Mitterrand « aimait à s'entourer de gens un peu à la limite ». Roland Dumas réagit, ses amis protestent, la polémique fait rage. Le 6 mars, l'ancien ministre des Affaires étrangères reçoit le soutien inattendu du président de la République Jacques Chirac, qui le reçoit à l'Élysée et rappelle publiquement le principe de présomption d'innocence. Mais de nombreux observateurs y voient une sorte de « pacte du silence » entre deux hommes qui sont tous les deux sous les feux de la suspicion judiciaire et médiatique. D'ailleurs, cela n'empêche pas la juge Eva Joly de mettre en examen Roland Dumas, le 29 avril 1998, pour complicité et recel d'abus de biens sociaux.

Dans une longue interview accordée à *Paris-Match* le 4 mars 1999, Christine Deviers-Joncour accable son ex-amant. Elle admet d'une part avoir été recrutée par Elf sur une intervention « décisive » de Roland Dumas, et d'autre part elle l'accuse d'avoir accepté des cadeaux payés par Elf. Il s'agit d'un ensemble de statuettes anciennes que Roland Dumas avait repérées lors d'une vente à l'Hôtel Drouot, et que Sirven lui a demandé d'acheter au ministre : « Je t'ai préparé une enveloppe de trois cent mille francs. Comme on est à la veille de Noël, Elf peut bien faire un petit cadeau à ton ministre. » Le « petit cadeau », aux frais du contribuable, a coûté 264 029 francs. Elle évoque aussi une paire de bottines du célèbre chausseur Berluti, offertes en 1991, pour une valeur de onze mille francs. Rien ne prouve que Roland Dumas ait eu conscience d'être acheté par de tels cadeaux. Mais leur valeur même suscite l'étonnement, et surtout dans le « peuple de gauche ». Devant le juge, le 17 mars 1999, Christine Deviers-Joncour enfonce encore un peu plus l'ancien ministre en affirmant qu'il était au courant des sources de financement de l'appartement de la rue de Lille. « Roman de mythomane », réplique Roland Dumas sur Europe 1, le 19 mars. Mais un sondage publié dans *Le Parisien* du même jour indique que 58 % des personnes interrogées souhaitent qu'il démissionne de la présidence du Conseil constitutionnel. C'est ce que réclament pêle-mêle le gaulliste Christian Poncelet, le centriste François Bayrou, Jean-Marie Le Pen et le jeune député socialiste Arnaud Montebourg, nouveau croisé de la lutte anticorruption qui lance un « appel solennel » aux membres du Conseil.

L'appel est entendu : le 23 mars 1999, Roland Dumas annonce sa mise en congé de la présidence du Conseil constitutionnel, à la grande satisfaction des socialistes, sérieusement embarrassés par cette affaire. Mais si François Hollande se félicite de cette « décision nécessaire », Philippe Douste-Blazy la juge « insatisfaisante » et Philippe de Villiers la considère comme « grotesque ». Dominique Strauss-Kahn estime qu'il doit s'agir d'« un premier pas vers le retrait ». Mais lui-même est mis en examen dans le cadre de l'affaire Elf, le 29 janvier 2000, car son ancienne secrétaire reconnaît avoir été salariée par ce groupe entre juin 1993 et mai 1994, pour un emploi fictif qui dissimulait tout simplement un transfert de fonds. Roland Dumas n'est donc pas le seul politique impliqué dans l'affaire, et ses relations avec « la putain de la République » pourraient bien dissimuler des pratiques beaucoup graves.

Finalement, le 29 février 2000, Roland Dumas est contraint d'abdiquer : quelques jours après l'annonce de son renvoi en correctionnelle, pour complicité et recel d'abus de biens sociaux, il abandonne la présidence du Conseil constitutionnel. Le procureur l'accuse d'avoir incité Elf à verser à Christine Deviers-Joncour des « salaires et avantages injustifiés », et d'avoir « indûment tiré profit des détournements » de la jeune femme. « Mieux vaut tard que jamais », se réjouit François Hollande à l'annonce de la démission de Roland Dumas. Certains socialistes, et notamment le député de la Somme Vincent Peillon, l'ont d'ailleurs réclamée depuis plusieurs semaines. En revanche, et de façon paradoxale, le gaulliste Alain Juppé s'inquiète du « glissement préoccupant » de la présomption d'innocence. Craint-on dans l'entourage du chef de l'État que cette démission prenne valeur d'exemple, et que certains y voient une raison d'en appeler à la démission de Jacques Chirac ?

À côté du vrai scandale

Roland Dumas se défend dans une interview au *Nouvel Observateur* du 9 mars 2000. Il s'affirme victime d'une machination d'origine politico-policière et d'une opération de désinformation menée par *Le Monde*, qui a « un compte à régler avec François Mitterrand ». Surtout, il prétend que son inculpation n'est qu'un rideau de fumée tiré sur la véritable affaire, celle des retours de commissions sur la vente des frégates. Il évoque même la somme « faramineuse » de cinq milliards de francs, reversés à des réseaux politiques français.

C'est une piste que les juges ont progressivement mise au jour. En mars 1999, l'ancien ministre RPR Jean-Jacques de Peretti, premier mari de Christine Deviers-Joncour, avoue avoir reçu un salaire de la société Elf pour un rôle de consultant dont les juges ont bien du mal à préciser les attributions. En mai 1999, les investigations du juge suisse Paul Perraudin permettent d'identifier le député Démocratie libérale Yves Verwaerde comme l'un des bénéficiaires des largesses de Sirven. En décembre 1999, les anciens collaborateurs de Charles Pasqua au ministère de l'Intérieur sont dénoncés par une lettre anonyme : Daniel et Marc Leandri, François Antona, Paul Polverelli et quelques autres auraient été salariés par Elf pour des emplois non justifiés. Charles Pasqua porte plainte en diffamation, mais la suspicion est portée sur ses « réseaux ».

Les révélations du grand procès Elf de mars 2003 confirmeront, hélas bien après coup, que le véritable scandale est celui des commissions versées par André Tarallo puis par Alfred Sirven aux chefs d'État étrangers et aux partis politiques français, d'abord sous la droite puis sous la gauche. C'est le scandale d'État par excellence, qui révèle les dessous peu reluisants du système de coopération énergétique franco-africain, mis en place sous le général de Gaulle. Mais cet énorme scandale, lié aux affaires de financement occulte de la vie politique, n'a jamais « fait scandale », car personne n'avait intérêt à le voir éclater.

La guerre des scandales n'aura pas lieu

Qui pourrait donc avoir à intérêt à déclarer la guerre des scandales ? Certainement pas les socialistes, éclaboussés par l'affaire Elf, celle de la MNEF et même par une sombre histoire de trafic d'armes vers l'Angola, qui a abouti à la mise en examen de Jean-Christophe Mitterrand, le fils de l'ancien président de la République, et de Jacques Attali, qui fut son proche conseiller. On sent bien que les socialistes ne veulent pas faire de vagues. Répondant à l'interpellation de Noël Mamère, le garde des Sceaux Élisabeth Guigou se retranche derrière la décision du Conseil constitutionnel et l'indépendance de la justice, qui lui fait devoir de ne jamais intervenir dans une affaire individuelle. Le même jour, le parquet annule les poursuites engagées par le juge Halphen contre les anciens ministres gaullistes Robert Pandraud et Michel Roussin.

Même prudence du côté des communistes, au moment même où leur secrétaire général, Robert Hue, comparaît dans l'affaire du financement occulte de son parti. Au mois d'octobre 1996, au terme d'une enquête de deux ans, la juge Laurence Vichnievsky l'a mis en examen, ainsi que son prédécesseur Georges Marchais, le trésorier du parti Pierre Sotura, et Richard Béninger, l'un des dirigeants du journal *l'Humanité*. Ils sont soupçonnés d'avoir bénéficié de l'argent versé par la Compagnie générale des eaux au GIFCO, Groupement d'intérêt économique pour l'équipement et la fourniture des collectivités, un conglomérat de bureaux d'études et de sociétés de services, l'équivalent d'Urba pour les communistes. Entre 1984 et 1994, le bureau d'études Sicopar, filiale du GIFCO, aurait ainsi reçu plus de quinze millions de francs, reversés ensuite au Parti communiste. En outre, la Compagnie générale des eaux aurait aussi versé plus de vingt-quatre millions de francs à sept autres filiales régionales du GIFCO, en contrepartie de marchés publics concédés par des élus communistes. De son côté, le juge Van Ruymbeke instruit un autre dossier sur Bretagne-Loire-Équipement, autre filiale du GIFCO, qui aurait touché une commission de un million huit cent mille francs de la même société de distribution d'eau.

Mais la défense est solide : s'il est avéré que les bureaux d'études du Parti communiste et le journal *l'Humanité* ont bien touché les fonds octroyés par le grand distributeur d'eau, il semble que ces fonds aient bien servi à payer des prestations ou des espaces publicitaires concédés par la presse communiste ou dans les stands de la fête de l'*Huma*. En outre, l'accusation est incapable de prouver que l'argent de la Compagnie générale des eaux est remonté vers la direction du Parti communiste. De toute façon, c'est sur une question de procédure que le procès va tourner court. Le 25 octobre 2000, les avocats de Robert Hue réclament la récusation de la présidente du tribunal Sophie Portier, au motif qu'elle a statué en 1992 comme assesseur dans le procès Urba, et qu'elle ne serait donc pas impartiale. Le lendemain, le parquet fait droit à cette réclamation et prononce le renvoi du procès à une date ultérieure. Robert Hue a donc sauvé sa tête, mais au prix d'une argutie juridique. Le Parti communiste a donc tout intérêt à ne pas s'aventurer sur le terrain miné du scandale.

Au fond, le seul qui pourrait faire exploser la bombe est un gaulliste, l'ancien bras droit de Jacques Chirac à Paris, le fidèle des fidèles. Jean Tibéri reste en effet le seul mis en examen dans la procédure sur les HLM de Paris. Le 12 octobre 2000, le voilà exclu du RPR. Il riposte indirectement sous la forme d'un article publié par *Le Canard enchaîné* du 1er novembre 2000, sous ce titre évocateur : « Tibéri menace d'impliquer Chirac ». Citant le témoignage « d'anciens collaborateurs de M. Chirac à la mairie de Paris », l'hebdomadaire satirique fait état d'une scène qui aurait eu lieu en 1993, et au cours de laquelle Jacques Chirac aurait ordonné à son chef de cabinet de « faire quelques chose » pour que Xavière Tibéri obtienne un salaire du conseil général de l'Essonne.

Qui sont ces mystérieux « collaborateurs » du maire qui ont vendu la mèche ? Dans l'entourage du président de la République, on se dit persuadé que Tibéri est derrière l'opération : « Il n'a plus rien à perdre, c'est-à-dire qu'il est dans l'état d'esprit le plus dangereux », confie au *Monde* un proche collaborateur du chef de l'État. Du côté des tibéristes, on menace : si Jacques Chirac ne cherche pas à joindre son ancien collaborateur, celui-ci publiera une lettre ouverte expliquant « pourquoi il ne veut pas porter le chapeau des affaires d'HLM et d'emplois fictifs ». Dans *Le Figaro-Magazine* du 18 novembre 2000, Jean Tibéri se dit « humilié et profondément déçu » par le président, qui « lui raconte des histoires depuis des mois » : « Jacques

Chirac n'est plus mon ami», conclut-il. Va-t-il mettre sa menace à exécution ?

C'est dans ce climat de guerre ouverte entre l'Élysée et l'Hôtel de Ville que tombe le verdict du procès de Louise-Yvonne Casetta, le 28 novembre 2000 : elle est relaxée « au bénéfice du doute », en l'absence de preuves. Mais les attendus du jugement démontrent qu'il existait bien un système frauduleux de passation des marchés, dont le préfet Jean Godfroid, directeur de l'architecture de la Ville de Paris, était le chef d'orchestre. Ce dernier est d'ailleurs condamné à dix-huit mois de prison avec sursis. Quant à celle que l'on surnomme « la cassette » du RPR, il est avéré qu'elle a menti en prétendant ne pas connaître l'entrepreneur Claude Pittau, qui l'accuse. D'autre part, il est prouvé qu'elle a appelé dix-neuf fois Jean-Claude Méry entre 1990 et 1993 : on imagine la teneur de leurs conversations.

Au lendemain même de sa relaxe, Louise-Yvonne Casetta est mise en garde à vue dans l'affaire des lycées d'Île-de-France, de même que ses homologues du PR et du Parti socialiste, Jean-Pierre Thomas et Gérard Peybernes. Tous trois se mettent à table, et leurs aveux convergent sur un nom : Michel Roussin. Ce dernier semble avoir été au cœur du système, si l'on en croit le témoignage de « la cassette » : d'une part, Robert Galley, le trésorier du RPR, lui a demandé en 1990 de prendre contact avec Roussin pour avoir les noms des entreprises à solliciter ; d'autre part, elle a assisté à la mairie de Paris à une rencontre entre Roussin et les représentants d'une société de travaux publics, afin de conclure un marché. De son côté, Jean-Pierre Thomas affirme que Gérard Longuet lui a aussi demandé de prendre contact avec Roussin pour se mettre au courant du système des marchés truqués. Le 1er décembre 2000, Michel Roussin est donc mis en examen et écroué à la prison de la Santé, pour « complicité et recel de corruption ». Celui qui fut l'homme de confiance de Jacques Chirac à la mairie de Paris se retrouve donc en prison, accusé par les principaux protagonistes du système de financement occulte. Tous les regards se tournent alors vers le chef de l'État.

Philippe Séguin, dans *Le Parisien*, demande une « grande explication sur une responsabilité collective ». Venu soutenir Claude-Annick Tissot, candidate à l'élection municipale dans le VIIe arrondissement de Paris, il dénonce « les systèmes fondés sur le clientélisme, le racket et la corruption ». Plus virulent encore, Raymond Barre attaque explicitement Jacques Chirac dans *Lyon Mag'* du 8 décembre 2000 : « Quand on occupe une fonction importante, dès qu'il y a soupçon, il vaut mieux partir. » Le chef de l'État décide alors de leur répondre, lors d'un tête-à-tête avec Patrick Poivre d'Arvor, sur TF1, le 14 décembre. Interrogé sur les marchés truqués d'Île-de-France, il proteste de sa bonne foi : « Je ne savais pas. Je ne peux pas y croire… Si c'est démontré, je serai le premier à le condamner. » Il estime que les « affaires » lui sont totalement étrangères : « En tant que président du RPR, je ne me suis jamais occupé des problèmes de financement. » Dénonçant « la justice spectacle » des médias « irresponsables » qui veulent le « déstabiliser » et « vendre du papier », il réfute formellement l'idée de « repentance » émise par Philippe Séguin. Quant à sa position face aux juges, elle est très claire : il refuse d'être entendu comme témoin, au nom de sa fonction. « Il n'y a pas de crise morale et politique en France aujourd'hui », conclut-il, plein d'optimisme. Dans un sondage publié par *Le Journal du dimanche*, trois jours plus tard, 54 % des Français estiment que le chef de l'État n'a pas à répondre à la convocation d'un juge. L'affaire est close. Ainsi s'achève le dernier scandale de l'an 2000.

9

La fin des « affaires » ?

Vingt ans de scandales, vingt ans d'affaires à répétition et à double fond, vingt ans de corruption, de manipulation et de dissimulation. Incontestablement, les deux dernières décennies du XXe siècle ont été marquées par une véritable explosion des « affaires », sans précédent dans notre histoire. La période s'y prêtait, celle de la bulle financière et de l'argent roi. L'alliance de la presse et des juges a favorisé ce grand déballage, dont personne n'est sorti indemne. À qui a-t-il profité ? C'est toute la question. Aux démocrates sincères ou aux règlements de compte sous la ceinture ? À la purge du système ou à l'exploitation démagogique de ses dérives par le Front national ? A-t-il renforcé ou affaibli la démocratie parlementaire ? Les Français, abreuvés de scandales, n'ont-ils pas perdu cette vertu première des grandes démocraties : la capacité d'indignation ?

Une frénésie de scandales

Pourquoi cette frénésie de scandales ? D'abord, et avant tout, parce que le contexte des années 1980 s'y prête, marqué par l'explosion de la bulle financière, le règne de l'argent facile et des golden boys. C'est le triomphe du marché, de la Bourse, la victoire du néolibéralisme sur le socialisme, de Wall Street sur le Kremlin. La conversion des socialistes aux lois du marché, le tournant de la rigueur, c'est la manifestation politique de cette nouvelle ruée vers l'or.

Dans ce grand banquet de l'argent facile, les politiques ne sont pas les derniers servis. Avec l'avènement de la politique spectacle et les besoins sans cesse plus importants des partis et des candidats, des sommes considérables sont investies dans les campagnes. « De l'argent, toujours de l'argent, il faut bien le trouver », déclare Gérard Monate dans *Le Monde* du 6 octobre 1989. Selon le rapport de la commission sur les comptes de la campagne électorale de mars 1993, deux tiers des élus sont les candidats qui ont bénéficié dans leur circonscription des plus fortes subventions patronales. L'argent est plus que jamais le nerf de la guerre, et il conduit à toutes les dérives, au racket des entreprises, aux attributions de marchés truqués et aux bureaux d'études fictifs.

D'autant plus que les lois sur la décentralisation, en donnant de nouveaux pouvoirs aux collectivités régionales et locales, favorisent la multiplication des appétits, donc des occasions de corrompre. Des féodalités locales se créent, certaines ne résistant pas aux sirènes du pot-de-vin ou du trafic d'influence, à l'image de Jacques Médecin à Nice, Maurice Arreckx à Toulon, Jean-Michel Boucheron à Angoulême, Michel Noir à Lyon ou Alain Carignon à Grenoble. À l'autre bout de l'échelle, c'est l'internationalisation des flux de capitaux qui autorise toutes les dérives, celle des paradis fiscaux et des comptes en Suisse, dont les trésoriers de certains partis se font une spécialité.

Sur cette bulle financière, les feux des projecteurs sont soudain braqués. Au tournant des années 1980, il est incontestable que la presse française, s'inspirant du modèle anglo-saxon, s'engage sur la voie d'un journalisme d'investigation qu'elle avait jusque-là rejeté. L'exemple du Watergate a porté ses fruits. Désormais, les enquêtes politico-financières ne sont plus réservées aux feuilles à scandales qui ont pullulé dans l'entre-deux-guerres, aux torchons d'extrême droite ou au *Canard enchaîné*. Derrière les pionniers comme Jacques Derogy, on voit apparaître toute une génération de journalistes enquêteurs, tels Jean-Marie

Pontaut, Edwy Plenel, Hervé Gattegno, et beaucoup d'autres, qui n'ont plus honte de farfouiller dans les arrière-salles du pouvoir. C'est au tour des grands quotidiens d'information comme *Le Monde* ou *Libération*, ainsi que des hebdomadaires comme *L'Express*, *Le Nouvel Observateur* ou *Le Point*, de dénicher les scandales. Les socialistes en sont les premières victimes, eux qui ont pourtant favorisé ce mouvement.

L'effet est d'autant plus dévastateur que les journalistes peuvent désormais collaborer avec une nouvelle génération de juges, les Renaud Van Ruymbeke, Thierry Jean-Pierre, Eva Joly ou Éric Halphen, bien décidés à rompre le mur du silence que le pouvoir politique et le parquet leur avaient jusqu'alors imposé. Sans doute influencés par l'opération Mains propres (*Mani pulite*) menée au même moment par les juges italiens contre les pratiques mafieuses du pouvoir politique, les magistrats français se lancent dans un véritable combat pour la vérité et la transparence. La pratique systématique des fuites de l'instruction vers la presse, les perquisitions coups de poing, le vedettariat des juges, sont autant de moyens nouveaux engagés dans la lutte contre la corruption.

Face à l'émergence des contre-pouvoirs judiciaire et médiatique, le pouvoir politique paraît bienveillant, voire demandeur. Dans sa déclaration de politique générale du 8 avril 1992, le nouveau Premier ministre Pierre Bérégovoy annonce une série de mesures de moralisation de la vie politique, en déclarant : « J'entends vider l'abcès de la corruption. » C'est un tournant historique, la première fois qu'un gouvernement inscrit ce combat au rang de ses priorités politiques.

Hélas, on sait ce qu'il en est advenu. Victime des excès de l'acharnement médiatique, Pierre Bérégovoy est devenu *post mortem* le symbole même de la résistance des politiques face aux contre-pouvoirs. Face aux « chiens » des médias et à la « république des juges », les politiques ont érigé une ligne de front faite de méfiance, de récriminations, parfois même de polémiques. Quant à la collaboration du pouvoir politique et de la justice, c'est une illusion démentie par les faits. Qu'il suffise d'évoquer l'anecdote de l'hélicoptère envoyé par Jacques Toubon pour récupérer dans l'Himalaya le procureur Davenas, et qui fit les choux gras des chansonniers pendant plusieurs mois.

Plus sérieusement, rappelons que les juges Riberolles, Brisset-Foucault et Van Ruymbeke ont été contraints le 17 juillet 2001 de renoncer à entendre Jacques Chirac à propos du financement suspect de ses voyages à l'étranger. Le juge Desmure avait dû lui aussi s'incliner en avril 1999, à propos des emplois fictifs de la mairie de Paris, de même que le juge Halphen en avril 2001 sur l'affaire des HLM de la capitale. On peut aussi rappeler que l'instruction de l'affaire des Irlandais de Vincennes, qui date de vingt ans, n'est toujours pas terminée. Le procès des « initiés » de la Société générale n'a eu lieu qu'en novembre 2002, soit quatorze ans après les faits. Henri Nallet, garde des Sceaux du gouvernement Cresson, a tenté d'entraver les investigations sur l'affaire Urba. En remontant encore plus loin, qui peut dire que toute la lumière a été faite sur l'enlèvement de Ben Barka, sur le prétendu suicide de Robert Boulin ou sur l'assassinat de Jean de Broglie ? Qui peut penser que les politiques ont pleinement collaboré avec la justice dans toutes ces affaires ?

Si l'on cite en exemple le garde des Sceaux Pierre Méhaignerie, autorisant en 1993 une enquête sur les financements occultes de son propre parti, c'est parce que son attitude fut exceptionnelle. Traditionnellement, historiquement, les hommes de pouvoir ont souvent essayé de freiner, d'entraver, voire d'interdire les investigations gênantes pour leur propre famille politique. Aujourd'hui, on ne compte plus les polémiques entre les politiques et les juges. Dans *Affaires à suivre*, un essai autobiographique publié en mars 2002, la juge Anne-José Fulguéras dénonce la toute-puissance du parquet, courroie de transmission du pouvoir exécutif. Elle raconte comment elle a été écartée de la section financière du parquet de Paris à l'automne 1999, au moment où elle enquêtait de trop près sur Dominique Strauss-Kahn dans l'affaire de la MNEF. Selon elle, c'est bien le développement de la corruption et non un nouvel espace laissé aux juges qui explique la multiplication des affaires depuis une dizaine d'années. Elle estime, à tort ou à raison, que « le sacrifice » ponctuel de certaines personnalités « sert d'exutoire et d'écran de fumée » à un système plus corrompu que jamais.

Un « écran de fumée » ?

Peut-être faut-il nuancer les propos polémiques de la juge Fulguéras, tout en soulignant qu'ils découlent d'une expérience vécue. Ils renvoient d'ailleurs à la dimension politicienne du scandale, qui est essentielle. En effet, c'est bien souvent le règlement de comptes politique qui a fait jaillir les affaires à la surface de l'actualité. La responsabilité de Jacques Chirac, Premier ministre de la cohabitation, est sans doute engagée dans la révélation de l'affaire Luchaire, fort embarrassante pour François Mitterrand, président de la République. Celle de Charles Pasqua dans l'exploitation de l'affaire du Carrefour du développement est évidente. De même, certains croiront déceler l'influence d'Édouard Balladur dans la révélation par Philippe Jaffré des scandales d'Elf-Aquitaine, destinés à gêner à la fois les socialistes et les chiraquiens. D'autres encore constatent que les « espoirs » du RPR, Michel Noir et Alain Carignon, ont été abandonnés à leur triste sort par Jacques Chirac, qui voyait en eux des rivaux potentiels. Quant à Jean Tibéri, il incarne à tort ou à raison la figure récurrente du bouc émissaire du scandale.

En revanche, la solidarité de la classe politique l'emporte dans les grands scandales concernant les abus de pouvoir des gouvernants ou les financements occultes des partis politiques Communes à toutes les grandes familles politiques, ces pratiques font l'objet d'un consensus qui conduit parfois à d'étranges pratiques, comme ce « pacte » de non-agression conclu en mars 1998 par le président socialiste du Conseil constitutionnel et le chef de l'État gaulliste, tous deux en butte aux investigations des juges. Roland Dumas s'en défend, dont acte. Mais on retrouve ce pacte de non-agression au plus haut niveau politique au mois de septembre 2000, lorsque la bombe de la cassette Méry éclate à la face de Jacques Chirac puis de Dominique Strauss-Kahn. L'affaire est réglée en quelques semaines, sans que la cohabitation ait eu à en souffrir.

Apparemment, ces vingt ans de scandales à répétition n'ont donc pas laissé de blessures trop profondes sur notre système politique. Ils ont permis entre autres de réorganiser les services secrets, le GIGN, de renforcer les pôles de lutte contre la délinquance financière, de plafonner et de réglementer le financement des partis politiques. Ils ont fait quelques victimes, quelques brebis galeuses du monde politique, députés-maires, hauts fonctionnaires, trésoriers des partis politiques, mais les grands ténors ont été préservés. Parmi ceux qui ont été soupçonnés ou condamnés, à tort ou à raison, beaucoup ont retrouvé leur place dans le jeu politique, que ce soient Christian Nucci, inamovible maire de son fief de Beaurepaire, Patrick Balkany, réélu en mars 2001 à Levallois-Perret, Jean-Pierre Destrade, réélu conseiller général en mars 2001 en battant le candidat officiel de la gauche plurielle, Gérard Longuet, président du conseil régional de Lorraine, ou Henri Emmanuelli, redevenu l'un des ténors du Parti socialiste. Apparemment, la justice est passée, et le système a prouvé sa capacité à se remettre en cause, sans trop de dégâts.

Mais faut-il s'en féliciter ? Faut-il se réjouir que les responsables des partis aient été préservés par la justice dans la plupart des grandes enquêtes sur les bureaux d'études, le racket financier, les marchés truqués, les commissions occultes ou les emplois fictifs ? Faut-il accepter que les juges Eva Joly, Laurence Vichnievsky et Éric Halphen aient jeté l'éponge dans la lutte contre la corruption politique ? Peut-on admettre que les lois des années 1990 réglementant le financement des partis soient parfois contournées, et que les pots-de-vin, les primes diverses, les petits cadeaux, les emplois de complaisance continuent (peut-être) à gangrener les relations entre le monde financier et le monde politique ? Le résultat de ces vingt années de scandales, c'est une exploitation systématique de ces dérives politico-financières par les partis extrêmes, notamment par le Front national.

Le jeu du Front national

Dans la grande tradition antiparlementaire et populiste de la fin du XIXe siècle et de l'entre-deux-guerres, le discours de Jean-Marie Le Pen ou de Bruno Mégret se nourrit des excès et des fautes de « l'establishment » ou de « la bande des quatre ». Pourtant, chacun sait que le président du Front national ainsi que son dauphin félon n'ont pas échappé aux dérives qu'ils condamnent chez les autres. On se souvient des polémiques suscitées en février 1985 par la publication du livre d'Éric Roussel, *Le Cas Le Pen*, évoquant l'héritage laissé au chef du Front national par le richissime Hubert Lambert, mort d'une cirrhose éthylique en septembre 1976, à l'âge de quarante-deux ans. L'enquête publiée par *Le Matin* du 1er avril 1985 révèle que Hubert Lambert a fait de Jean-Marie Le Pen son légataire universel sans même en informer l'héritier naturel, son cousin Philippe. Ce dernier, qui s'estime victime d'une « escroquerie morale », affirme que Hubert Lambert n'était pas sain d'esprit quand il a rédigé son testament. C'est ce que confirme le docteur Jean-Maurice Demarquet, ancien dirigeant du Front national, dans une interview publiée dans *Le Monde*, le 16 octobre 1985. Le Pen lui aurait demandé d'attester que Lambert était sain d'esprit, mais il a refusé, certain que celui-ci était « manipulé » par le chef frontiste. Il insinue même que ce dernier aurait poussé le milliardaire à boire pour en finir plus vite. Publié la veille du passage de Le Pen à L'Heure de vérité, le grand rendez-vous politique de l'époque, cette interview fait grand bruit. D'autres révélations suivent, notamment le témoignage d'un ami de Lambert, publié par *Le Nouvel Observateur* du 25 octobre 1985, et qui en dit long sur l'état de délabrement mental du personnage : trois jours avant de rédiger le testament en faveur de Le Pen, Hubert lui aurait annoncé que le président du Front national allait faire un coup d'État et qu'il allait le nommer ministre de l'Intérieur. Son chauffeur confirme que ce jour-là Lambert a fait tapisser sa chambre en bleu, blanc, rouge, exigeant de se faire appeler monsieur le Premier ministre. Le Pen aurait-il profité de sa folie pour lui extorquer sa fortune ?

À l'instar de son chef, le Front national traîne bon nombre de casseroles, au moins autant que la « bande des quatre » qu'il prend pour cible. Quels sont au juste le rôle et le fonctionnement de l'association Cotelec, fondée en 1988 pour drainer les fonds des entreprises vers le parti d'extrême droite ? Est-il vrai, comme l'affirme *L'Express* du 12 mars 1992, que Henry Botey, le parrain de Marine Le Pen, ait été surnommé « le roi du proxénétisme français » ? Et que dire de la gestion de Toulon par le maire Front national Jean-Marie Le Chevallier ?

Ce qui préserve l'extrême droite de la une des scandales, c'est d'abord son opacité, son goût du secret, soigneusement entretenu par son président. Mais c'est aussi et surtout la faiblesse de sa représentation politique : aucun ministre, peu de parlementaires, quelques sièges de conseillers régionaux et quelques mairies ne suffisent pas à alimenter la chronique des scandales. À l'écart des grands pouvoirs, abrité par sa fonction d'opposant protestataire, l'extrême droite profite des scandales sans y être exposée. L'extrême gauche, elle aussi, utilise la récurrence des affaires pour rejeter dos à dos les partis au pouvoir, de droite comme de gauche. Enfin, d'autres « chevaliers blancs », à l'intérieur même des partis au pouvoir, ont construit en grande partie leur notoriété sur la dénonciation des scandales, à l'image d'un Philippe de Villiers, d'un François d'Aubert ou d'un Arnaud Montebourg.

Il serait bien injuste de réduire leur combat à une simple ambition médiatique, comme la classe politique a trop souvent tendance à le faire. Ne sont-ils pas tout simplement les interprètes d'un malaise profond qui traverse l'opinion française ? Si l'interprétation est parfois emphatique, artificielle ou surjouée, si le refrain est souvent démagogique, il n'en reste pas moins que la mélodie est populaire et authentique. Les sondages parlent d'eux-mêmes : une enquête réalisée par la Sofres en octobre 1996, révèle que 60 % des sondés estiment les politiques « plutôt corrompus », alors que 35 % seulement les jugent « plutôt honnêtes ». Constat accablant d'une méfiance irréversible, qui fait évidemment le jeu des démagogues et populistes de tous poils. Ce que confirme l'autre partie du sondage, indiquant que les deux tiers des personnes interrogées ne se reconnaissent dans aucun parti ni dans aucun chef politique existant. Les abstentions records des élections les plus récentes reflètent cette perte de confiance. Voilà le véritable résultat de vingt ans de scandales : la poussée des extrêmes, la crise de confiance et un divorce profond entre l'opinion et les politiques.

Divorce à l'amiable, divorce de résignation ? C'est ce que semble indiquer cet autre sondage, publié par *L'Express* du 28 septembre 2000, juste après les révélations de la cassette Méry : 35 % des sondés se disent « blasés » par ce nouveau scandale, 18 % « indifférents », 18 % pensent que c'est « beaucoup de bruit pour rien », et seuls 26 % se déclarent indignés. « La corruption ne fait plus scandale », peut-on lire dans *Le Monde* du 24 janvier 2001, la « chronique répétitive et désabusée » des affaires les ayant totalement banalisées. Leur multiplication aurait-elle provoqué la mort du scandale ? Faut-il croire le journaliste Denis Robert, expert en la matière, lorsqu'il pronostique la « fin des affaires » ? Cela mérite une réflexion, en guise de bilan, sur plus d'un siècle de scandales.

Conclusion

Autopsie des scandales

S'il est vrai que les scandales sont aujourd'hui en voie de disparition, comme certains l'affirment, c'est peut-être le moment de les autopsier. Au terme de cette étude, on s'aperçoit qu'ils n'ont jamais cessé de scander notre histoire politique contemporaine. Une bonne quarantaine ayant été inventoriés sur une période de cent trente ans, on pourrait en déduire un rythme cyclique d'un scandale tous les trois ans. Cela suffit à souligner l'importance du phénomène, mais c'est un calcul évidemment absurde, car il ne tient pas compte de la périodisation.

La chronologie des scandales est en effet une question essentielle, car elle nous renseigne sur les circonstances de leur apparition. Exempte de scandale majeur pendant les dix-sept premières années de son existence, la IIIe République voit coup sur coup éclater l'affaire Wilson en 1887 puis le scandale de Panama en 1892. De la même façon, les trois grands scandales politico-financiers de l'entre-deux-guerres, Hanau, Oustric et Stavisky, apparaissent presque au même moment, à la charnière des années 1920 et des années 1930, alors que la décennie précédente a été relativement épargnée. On peut aussi noter que les grands scandales immobiliers liés au système gaulliste ne se révèlent qu'entre 1969 et 1972, lorsque Jacques Chaban-Delmas devient Premier ministre.

De même, c'est seulement à la fin de la présidence de Valéry Giscard d'Estaing que le régime semble submergé par une vague de scandales. Enfin, on constate une accélération extraordinaire dans le rythme des « affaires » à partir des années 1990, dans la seconde présidence Mitterrand et dans la première présidence Chirac. Entre 1988 et l'an 2000, c'est un feu d'artifice de scandales qui jaillissent simultanément, mêlant corruption passive, financements occultes, emplois fictifs, commissions exorbitantes et abus de pouvoir, à un rythme si rapide que l'opinion en est blasée.

Comment peut-on expliquer cette chronologie des scandales, la rationaliser, inventorier les conditions favorables à leur déclenchement ? En somme, peut-on savoir pourquoi naissent les scandales ?

Pourquoi naissent les scandales ?

Les scandales surgissent en général lorsque la société française se trouve plongée dans une période critique, tels des symptômes récurrents du mal de vivre républicain. C'était déjà le cas à la fin de la monarchie de Juillet, triste fin de règne marquée par plusieurs scandales de mœurs ou d'argent. Et cela se vérifie, schématiquement, tout au long de notre histoire républicaine.

Crise de foi républicaine

Au moment où la France s'enfonce dans la crise sociale et morale des années 1880, puis dans celle des années 1930, éclatent les grands scandales de la IIIe République. De même, le scandale du vin reflète-t-il la profonde crise des services de ravitaillement que traverse la France à la Libération. La crise morale et politique suscitée par la « sale guerre » d'Indochine engendre plusieurs scandales, liés aux trafics fraduleux ou à l'anticolonialisme. On peut enfin constater que les Trente Glorieuses de l'économie française sont relativement préservées par les scandales, tandis que le dernier quart du siècle, englué dans le marasme économique et social, en est inondé.

La crise crée-t-elle le scandale ? Elle lui offre en tout cas un contexte propice. Lorsque le pouvoir paraît impuissant, fragile, il est plus vulnérable aux affaires. C'est pourquoi les boulangistes s'emparent en 1887 du scandale des décorations pour affaiblir les républicains de gouvernement, englués dans la crise sociale et dans leurs divisions. Les ligues d'extrême droite exploitent Oustric et Stavisky au moment de la grande dépression. Un demi-siècle plus tard, le Front national s'abreuve, sur fond de chômage et de grande pauvreté, à la source intarissable des « affaires », qui jalonnent les présidences Mitterrand. Crise de foi en la République, crise de confiance, parfois même crise de régime. Si elle ne suscite pas le scandale, la crise en est le terreau privilégié.

La corruption et l'affairisme

Sur le terreau favorable de la crise, de quel semis fait-on les bons scandales ? Qu'est-ce qui fait scandale, qu'est-ce qui est jugé scandaleux ? En France, la corruption s'impose comme le mot-clé du scandale, le crime des crimes. On l'associe à Daniel Wilson, aux chéquards de Panama, aux complices des escrocs Rochette, Oustric ou Stavisky, aux fonctionnaires indélicats de l'affaire du vin ou du trafic des piastres, ou à quelques élus « ripous » de la Ve République, tels Jacques Médecin, Michel Mouillot, Maurice Arreckx ou Jean-Michel Boucheron. Au cœur de la « religion » républicaine, la corruption apparaît comme le scandale majeur, celui qui discrédita naguère les pères fondateurs, Mirabeau ou Danton. Alors que les sociétés protestantes anglo-saxonnes se focalisent sur les scandales de mœurs, c'est le rapport du pouvoir politique à l'argent qui indigne la France catholique.

Quand les États-Unis s'enflamment pour l'affaire Lewinsky, qui se soucie en France des amours secrètes de nos présidents successifs ? Quand les tabloïds britanniques se repaissent des liaisons extraconjugales de tel ou tel ministre, la presse française préserve pendant des années le secret de Mazarine. Paradoxes d'un double héritage historique, qui fusionne la diabolisation de l'argent, entretenue pendant des siècles par l'Église puis par la gauche française, avec la soif d'intégrité de la tradition républicaine. De sorte que la « religion » républicaine n'est pas affaire de vie privée. C'est le respect d'une éthique citoyenne, qui veut que l'élu soit imperméable à l'argent. La corruption est donc le plus grave de ses péchés capitaux. Vient ensuite l'affairisme, qui s'en rapproche parfois gravement.

Points communs avec la corruption : le goût de l'argent, la confusion des genres, le mélange des intérêts. Il y a une infinité de gradations dans cet affairisme scandaleux. Il n'est pas sûr qu'un Joseph Caillaux, en dépit des rumeurs hostiles, ait jamais franchi la ligne jaune de la légalité pour ses affaires. Pas plus que Rives-Henrÿs ou Rochenoir, les élus impliqués dans les scandales immobiliers de l'ère Pompidou, ou que Jean de Broglie, associé à des individus douteux. En revanche, on sait que les frères Berthelot ont usé de leurs pouvoirs publics pour favoriser leurs intérêts privés, à l'instar du baron de Soubeyran dans les premières années de la IIIe République. D'autres sont coupables de complaisance envers les intérêts privés, tels les élus gaullistes dénoncés par Gabriel Aranda, les chefs de cabinet successifs de Pierre Bérégovoy, voire les hauts fonctionnaires responsables de l'affaire du sang contaminé. « Responsables mais pas coupables », affirme à l'époque Georgina Dufoix. Mais l'opinion en juge autrement, qui s'indigne de voir ses ministres accepter le diktat du profit lorsque des vies humaines sont en jeu. Si l'on tolère l'affairisme, si l'on pardonne ses dérives à l'aventurier de la finance Bernard Tapie, on ne peut pas admettre que des ministres socialistes aient pu privilégier les lois de l'argent au détriment de la santé publique. Et pourtant, dans cette affaire du sang contaminé, c'est moins l'affairisme que l'imprudence qui semble à l'origine du scandale.

Impunité et dissimulation

L'imprudence, la légèreté, l'insouciance, le sentiment d'impunité que confère le pouvoir : voilà le troisième péché capital des politiques, et qui a lui aussi suscité bien des indignations. C'est la désinvolture fiscale de Jacques Chaban-Delmas, bien mal conseillé par Édouard Dega. C'est la complaisance coupable de Robert Boulin envers son ami Tournet ou de Christian Nucci envers son chef de cabinet Yves Chalier. C'est Roland Dumas acceptant les statuettes de Christine Deviers-Joncour, Dominique Strauss-Kahn conservant dans sa boîte à gants la cassette Méry, Valéry Giscard d'Estaing couvert de diamants et de trophées de chasse par son « cousin » Bokassa. Nulle malhonnêteté dans ces comportements, mais l'aveuglement tragique de ceux qui se considèrent au-dessus des lois communes. Et que dire des partis politiques, acceptant des systèmes plus illégaux les uns que les autres, des caisses noires, des bureaux d'études et des emplois fictifs, afin de couvrir les dépenses exorbitantes de leur course au pouvoir ?

Ce sentiment malsain d'échapper à la règle commune, au nom de la raison d'État, explique le quatrième péché des politiques : la dissimulation. Lorsque le ministre de l'Intérieur gaulliste Roger Frey essaie d'enterrer l'affaire Ben Barka, lorsque Michel Poniatowski manipule l'enquête sur le meurtre de Jean de Broglie, lorsque Charles Hernu couvre les dérives du GIGN ou l'attentat du *Rainbow Warrior*, lorsque Charles Pasqua protège la fuite d'Yves Chalier, enfin lorsque les grands partis s'entendent pour étouffer les affaires, c'est un fossé qu'ils creusent entre la classe politique et les citoyens. Ce goût du secret, ce fait du prince sont inacceptables pour l'esprit démocratique. Aux États-Unis, Richard Nixon l'a payé de sa démission. En France, où la tradition monarchique est puissante, et ravivée par le présidentialisme de la Ve République, on s'accommode un peu mieux de ces dérives absolutistes. Mais la presse y est évidemment particulièrement sensible, et c'est pourquoi elle en a fait avec raison l'un de ses chevaux de bataille. D'où cette transition évidente vers les « jardiniers » du scandale, ceux qui vont le faire éclore, puis le cultiver, l'entretenir et l'exploiter.

Qui cultive le scandale ?

Députés de l'opposition, magistrats et journalistes transforment les affaires en scandales. Face au pouvoir exécutif, cible privilégiée du scandale, les trois contre-pouvoirs se dressent, le législatif, le judiciaire et le médiatique. Pour eux, le scandale est une formidable occasion de marquer leur territoire.

Scandales à la tribune

Depuis la IIIe République, le lieu privilégié du scandale est la tribune du Palais-Bourbon. En 1892, Jules Delahaye y dénonce la « camarilla politique » de Panama et Paul Déroulède y accuse Georges Clemenceau de corruption. Jean Guyot de Villeneuve y dévoile l'affaire des fiches en 1904, avant que son collègue Syveton ne gifle le ministre de la Guerre. En 1930, à propos de l'affaire Oustric, en 1934 à propos de Stavisky, la tribune est le lieu de la dénonciation et de l'invective. C'est encore au Parlement que se jouent les morceaux de bravoure des scandales de la IVe République, quintessence du parlementarisme : la révélation par le ministre Yves Farge du trafic du vin en 1946, la levée d'immunité du député voleur Antoine de Récy en 1949, le rappel du passé vichyste du ministre André Boutemy en 1953, ou les polémiques sur les affaires des généraux ou des fuites. À cette époque, les grandes heures du scandale sont celles de l'éloquence parlementaire.

Mais la Ve République voit peu à peu le scandale déserter les assemblées, comme un symptôme de leur marginalisation politique. Terminés les dithyrambes enflammés, les insultes et les provocations en duel. L'enlèvement de Ben Barka, occulté par la campagne présidentielle, ne suscite pas de grandes polémiques à la tribune, pas plus que les grands scandales de promotion immobilière de la période gaulliste. À cette époque, la seule séance parlementaires marquante est celle qui voit le député André Rives-Henrÿs dénoncer les amis qui l'ont abandonné, en novembre 1971. Par la suite, les assemblées ne sont plus que des lieux annexes du scandale, à l'occasion d'une question orale ou d'un rapport de commission. On voit quelques belles empoignades en novembre 1974 après les attaques du général Stehlin contre l'avionneur Marcel Dassault. En avril 1991, la mise à pied du juge Jean-Pierre dans l'affaire

Urba donne lieu à une séance animée. En décembre 1992, la mise en accusation des ministres dans l'affaire du sang contaminé provoque aussi quelques joutes oratoires. Noël Mamère ou Arnaud Montebourg s'indignent encore aujourd'hui de l'impunité présidentielle. Mais c'est ailleurs que se jouent les scènes principales du scandale.

Scandales à la une

« La presse prend les hommes politiques pour des ennemis : c'est comme ça que la démocratie s'est altérée », proteste François Mitterrand lors d'un déjeuner avec les journalistes, le 24 janvier 1992. Un an plus tard, il s'en prendra aux « chiens » qui ont poussé selon lui Pierre Bérégovoy au suicide. C'est une constante de l'histoire des scandales, qui prouve, s'il en était besoin, le rôle essentiel du quatrième pouvoir.

La triple définition du scandale que donne le *Littré* au XIXe siècle insiste déjà sur sa médiatisation : le scandale est d'abord le fait incriminé, ce qui est selon les Saintes Écritures l'occasion d'errer, de tomber dans le péché ; mais c'est aussi le jugement moral qu'il provoque, l'indignation, la répulsion qu'il suscite dans l'opinion ; enfin, c'est la réaction sociale qu'il entraîne, l'effet politique qu'il engendre, sa performance en quelque sorte. C'est pourquoi le scandale dépend tout autant de ses qualités propres que de ceux qui vont l'exploiter. Dans la quasi-totalité des affaires étudiées dans cet ouvrage, les journalistes sont à la fois les révélateurs et les principaux utilisateurs du scandale.

Au premier rang, bien sûr, la presse de la droite nationaliste, qui trouve dans les affaires la justification de son antiparlementarisme forcené. De *La Libre Parole* d'Édouard Drumont aux rugissements de Léon Daudet à la une de *L'Action française*, la dénonciation des scandales est un leitmotiv de la droite extrême sous la IIIe République. Elle en fait ses choux gras et ses gros titres, à l'instar des innombrables feuilles à potins et à rumeurs qui ne vivent que de cela. *La Rumeur, Aux écoutes, Bec et Ongles* s'en font une spécialité. Évoluant de la satire vers l'investigation, *Le Canard enchaîné* commence lui aussi à tirer parti du scandale. La presse de gauche leur fait souvent écho, de *l'Humanité* au *Populaire*, dénonçant au moment des affaires Oustric ou Stavisky le pouvoir occulte des forces d'argent.

Les journaux communistes, *l'Humanité*, *Carrefour*, ou ceux des compagnons de route se retrouvent en pointe sous la IVe République, dénonçant les affaires que dénichent les grands magazines favorables à la décolonisation, *L'Express* de Jean-Jacques Servan-Schreiber et *France-Observateur* de Claude Bourdet. Puis, quand vient le temps du gaullisme, on voit apparaître sur le front du scandale un type de presse qui jusque-là s'en était tenu éloigné : voici *Le Monde*, référence du journal d'information, prenant parti contre les dérives « barbouzes » de l'affaire Ben Barka ou contre la collusion entre l'État UNR et les promoteurs. Et tandis que *Le Canard enchaîné* et *Minute* se livrent à une concurrence de plus en plus effrénée sur le terrain de l'investigation, le respectable quotidien du boulevard des Italiens se lance dans la bataille du scoop. L'exemple vient des États-Unis, notamment du *Washington Post* qui a fait « tomber » le président Nixon. Lorsque Jacques Fauvet évoque à la une du *Monde* les diamants offerts par Bokassa au président Giscard d'Estaing, nul doute qu'il a en tête le modèle anglo-saxon. C'est néanmoins *Le Canard enchaîné* qui se distingue dans cette affaire par son combat frontal contre le président, sans doute unique dans l'histoire de la presse française.

À régime bipolaire, presse bipolaire : tout au long des années où la droite est au pouvoir, pas un seul journal de droite, que ce soit *Le Figaro*, *France-Soir* ou *Le Parisien*, ne met les mains dans le scandale, si ce n'est pour attaquer l'opposant numéro un, François Mitterrand, lors de l'affaire de l'Observatoire. Lorsque la gauche arrive au pouvoir, c'est une tout autre musique : si *Le Canard enchaî*né reste en pointe, s'il revient aux enquêteurs du *Monde* et de *Libération* d'avoir révélé les dérives du ministre de la défense Charles Hernu dans l'affaire du *Rainbow Warrior*, ils sont désormais relayés par toute une presse hostile aux socialistes. Les communistes, bien sûr, trop heureux d'enfoncer un coin dans l'hégémonie mitterrandienne. Mais on voit aussi *Le Figaro* retrouver pour les affaires socialistes le goût de l'investigation que lui avait inculqué Gaston Calmette à la Belle Époque. On voit surtout émerger les news magazines, les hebdomadaires, qui multiplient les enquêtes à mesure qu'explosent les scandales : quand *Le Point* sort l'affaire Luchaire, son grand rival *L'Express* révèle les délits d'initiés. L'investigation n'est plus un sujet tabou, réservé aux feuilles à scandales ou aux journaux satiriques. C'est toute une génération de journalistes qui se lance sur les traces des affaires. Dès lors, c'est une course folle au scoop et à l'indiscrétion, qui remplissent jusqu'à la nausée les colonnes des journaux et les couvertures des magazines. La presse audiovisuelle s'en mêle, avec un temps de retard sur la presse écrite, mais avec une audience qui donne un retentissement nouveau aux affaires. C'est dans la presse écrite que se dévoile le scandale, mais c'est à la télévision qu'il s'étale désormais. Valéry Giscard d'Estaing, en s'invitant au Journal de vingt heures pour se défendre dans l'affaire des diamants, a fait du petit écran la scène principale. Elle l'est restée depuis.

Du prétoire au cabinet du juge

Si le Journal de vingt heures voit se dérouler les scènes marquantes du drame politique, c'est évidemment au Palais de justice, dans le prétoire, que se joue la scène finale, le dénouement. Chacun attend, chacun espère un bon mot du président, des effets de manche du procureur ou des avocats, des affrontements à la barre, des manifestations du public, voire des retournements inattendus. Ce sont parfois de grands moments, par exemple lors du mélodramatique procès d'Henriette Caillaux en 1914, lorsque Marthe Hanau, la banquière des Années folles, s'en prend à ses juges en 1930, ou lorsque le procès d'Antoine de Récy dévoile en 1952 les liens existant entre la nébuleuse résistante gaulliste et le gangstérisme organisé. Parfois, un coup de théâtre vient égayer l'audience, lorsque Fernand Pouillon, l'architecte du Point du Jour, débarque par surprise en pleine audience, lorsque Labrusse frappe Baranès à l'issue du procès des fuites ou lorsque Ahmed Dlimi, le chef de la Sûreté marocaine, vient témoigner lors de l'affaire Ben Barka. Mais, dans un cas comme dans l'autre, ce sont des lampistes qui sont condamnés, et bien des zones d'ombre subsistent encore. Dans la majorité des affaires, la scène finale du scandale est bâclée.

En revanche, le cabinet du juge d'instruction est devenu depuis quelques années le lieu central des affaires, après un siècle d'obscurité et de soumission. À l'exception du conseiller Prince, mort dans des circonstances mystérieuses alors qu'il enquêtait sur l'affaire Stavisky, qui connaît le nom des juges chargés d'instruire les grands scandales de la IIIe République ? Si l'Histoire retient leur nom, c'est pour souligner leur faiblesse, à l'exemple du conseiller Prinet, contraint par le procureur général Quesnay de Beaurepaire à instruire aussi lentement que possible le dossier de Panama. Le juge Roland Delattre, chargé de l'affaire des bons d'Arras, a fini dans une maison de repos, pour des motifs toujours restés obscurs. Quant au juge Guy Floch, qui prétendait aller jusqu'au bout du dossier de Broglie, il en est dessaisi en 1978 sur intervention du ministre de l'Intérieur Michel Poniatowski. Jusqu'aux années 1980, les juges ne sont que des acteurs annexes dans le déroulement des scandales.

L'émancipation des magistrats français ne se manifeste vraiment qu'au début des années 1990. Encouragés par l'exemple italien de l'opération Mains propres (*Mani pulite*), lancée en 1992 par le juge milanais Antonio Di Pietro, les juges d'instruction décident de partir en guerre contre la corruption politique et contre le financement occulte des partis. Les figures de proue de cette génération « Mains propres » se nomment Renaud Van Ruymbeke, Thierry Jean-Pierre, Philippe Courroye, Eva Joly, Laurence Vichnievsky ou Éric Halphen. Qu'apportent-ils de nouveau dans l'investigation des scandales ? Sans doute une capacité nouvelle à résister aux pressions du politique, en utilisant toutes les armes que leur confère la médiatisation. De manière systématique, ils prennent l'habitude de révéler à la presse leurs convictions intimes, voire le contenu des auditions de témoins. De même, ils pratiquent la perquisition spectacle, dont l'effet symbolique est sans doute aussi important que l'utilité judiciaire. Ils n'hésitent plus à s'exprimer publiquement, par voie de presse ou de publication. Ils sont désormais connus et reconnus, on les interroge, on les publie, on les médiatise. Certains même se lancent dans la politique, tels Thierry Jean-Pierre, devenu le « Monsieur Propre » de Démocratie libérale, ou Éric Halphen, candidat malheureux aux élections législatives.

L'émancipation des juges a provoqué la faillite d'une illusion : celle du secret de l'instruction. Incontestablement, il y a eu des dérives, des excès, parfois de l'acharnement, souvent une surmédiatisation des juges. Faut-il pour autant s'insurger contre la « république des juges », comme le font trop souvent les responsables politiques ? Ce serait oublier plus d'un siècle de silences et de compromissions, d'affaires étouffées, de mises à pied et d'impasses. Rappelons tout de même l'affaire Schuller-Maréchal, ou l'épisode de l'hélicoptère de Jacques Toubon, qui illustrent les capacités d'obstruction dont le pouvoir politique est capable. Dans le bras de fer qui oppose parfois les gouvernants et les juges, ces derniers sortent rarement victorieux, y compris dans les affaires les plus récentes. On ne compte plus les attaques qui les visent, au point de les décourager. Le retour d'Eva Joly vers son pays d'origine, la Norvège, la mise en disponibilité d'Éric Halphen pour « convenance personnelle », ou encore la nomination de Laurence Vichnievsky à la tête du tribunal de grande instance de Chartres sont des aveux de faiblesse. Trois des juges les plus en pointe dans la lutte anticorruption sont obligés de jeter l'éponge : à l'aube du XXIe siècle, l'impunité des politiques serait-elle encore d'actualité ? Le débat est ouvert, il ne nous appartient pas de le trancher. Avec le recul de l'Histoire, on peut néanmoins constater que cette impunité a souvent nui à la transparence et au châtiment des fautes. Cela pose évidemment la question de l'utilité des scandales.

À quoi servent les scandales ?

Quelle est la vertu du scandale ? Permet-il de châtier les coupables, ceux qui ont enfreint la morale républicaine du service de l'État ? Fait-il bouger les choses, évoluer les pratiques et les mentalités ? Vaste question, qui sollicite évidemment l'historien.

Une purge républicaine ?

La première fonction du scandale devrait être de sanctionner les fautes. Peut-on considérer qu'ils ont permis de purger le monde politique de ses brebis galeuses ? La réponse est évidemment nuancée. Si l'on se cantonne au terrain judiciaire, force est de constater que la sanction n'est pas toujours à la hauteur de la faute, notamment pour les responsables politiques impliqués.

À l'instar des régimes monarchiques, la République a cherché pendant plusieurs décennies à étouffer les scandales. Tous les moyens sont bons pour empêcher la vérité d'éclater : faire traîner l'enquête, à l'instar du procureur Quesnay de Beaurepaire dans le scandale de Panama, ou au contraire bâcler le dossier, comme dans l'affaire de Broglie ; piéger le magistrat instructeur, comme c'est arrivé au juge Halphen ; sanctionner un enquêteur, comme l'inspecteur de police Antoine Gaudino, ou un juge, comme Thierry Jean-Pierre ; faire pression sur un témoin, comme Jacques Despuech dans l'affaire des piastres ; le discréditer, comme pour Gabriel Aranda ; déclencher un contre-scandale, comme dans l'affaire de la cassette Méry ; isoler un bouc émissaire ou un « fusible », comme Charles Baïhaut dans le scandale de Panama ou Jean-Pierre Thomas dans le financement du Parti républicain ; verrouiller le rapport d'une commission d'enquête, comme dans l'affaire Oustric ou dans le dossier Marcel Dassault ; pratiquer la langue de bois gouvernementale et la règle du silence, comme Roger Frey dans l'affaire Ben Barka ou Charles Hernu dans celle du *Rainbow Warrior* ; se retrancher derrière la défense républicaine, comme l'ont fait tous les chefs d'État et de gouvernement, sans exception.

A-t-on « suicidé » le baron de Reinach, Alexandre Stavisky et Robert Boulin afin d'étouffer des scandales politiques de plus grande ampleur ? Certains l'affirment, mais c'est difficile de le prouver. On peut simplement constater que les conséquences judiciaires des scandales laissent bien souvent intacts les responsables politiques. Daniel Wilson est ainsi acquitté par la cour d'appel en 1888, pour des arguties juridiques, alors que sa culpabilité est prouvée. Les juges estiment que ses activités n'avaient pas « caractère du délit d'escroquerie », donc qu'elles ne tombaient sous le coup d'aucune disposition répressive. Il retrouve ensuite son siège de député. Grâce à une loi votée le 4 juillet 1889, et destinée essentiellement au général Boulanger (accusé de trafic d'influence du temps où il était ministre de la Guerre), l'article 177 du code pénal punit désormais toute personne investie d'un mandat électif qui aurait monnayé son influence. Mais cette loi n'est pas encore appliquée, trois ans plus tard, lorsque éclate le scandale de Panama. Sur la centaine de chéquards incriminés, le seul condamné est Charles Baïhaut, qui a commis l'erreur d'avouer sa faute. La plupart des parlementaires inculpés ont bénéficié d'un non-lieu, au motif fallacieux qu'ils n'avaient pas touché « personnellement » les chèques qui leur étaient destinés.

Dans l'affaire Oustric, les quatre parlementaires impliqués, dont le ministre Raoul Péret, sont acquittés par la Haute Cour de justice. Complices de Stavisky, seuls deux élus, Garat et Bonnaure, sont condamnés, à des peines d'ailleurs très légères. Dans le scandale du trafic du vin ou dans celui des piastres, aucun politique n'est même inquiété par la justice. Dans un cas comme dans l'autre, ce sont les accusateurs, Yves Farge et Jacques Despuech, qui se retrouvent finalement condamnés pour diffamation. Même clémence pour les élus impliqués dans le scandale du Point du Jour ou pour ceux que dénonce Gabriel Aranda. Si les députés Rives-Henrÿs et Rochenoir sont condamnés par la justice, la commission d'enquête réunie sur les scandales immobiliers des années Pompidou conclut à la non-culpabilité des politiques. Marcel Dassault, mis en cause par son ancien collaborateur Hervé de Vathaire, échappe à toute investigation, tandis que le volet politique de l'affaire de Broglie est verrouillé par le ministre de l'Intérieur Michel Poniatowski. De même, toutes les responsabilités gouvernementales sont évacuées dans l'affaire Luchaire, et le ministre Christian Nucci bénéficie d'un non-lieu dans le scandale du Carrefour du développement. Les « initiés » de la Société générale, mais aussi Robert Hue dans l'affaire GIFCO, Dominique Strauss-Kahn dans l'affaire de la MNEF, ou Roland Dumas dans l'affaire Elf, tous relaxés. Quant aux multiples procès concernant le financement occulte des partis, ils laissent souvent indemnes les responsables politiques, à l'exception notable d'Henri Emmanuelli. Certes, trois ministres du gouvernement Balladur sont entraînés en 1994 dans la tourmente des scandales : Alain Carignon, Gérard Longuet et Michel Roussin. Mais il s'agit là d'une sanction politique. Sur le terrain judiciaire, ce sont en général les francs-tireurs qui sont sanctionnés.

Faut-il considérer les Michel Noir, Jacques Médecin, Maurice Arreckx, comme des boucs émissaires ? Ce serait oublier les délits dont ils se sont rendus coupables. De même, il est difficile de plaindre Yves Chalier, rejetant le poids de ses fautes sur son ministre Christian Nucci, ou Michel Garretta, dénonçant la « lâcheté » du pouvoir politique dans l'affaire du sang contaminé. En revanche, on peut comprendre l'indignation du ministre Charles Baïhaut, qui fut le seul à payer pour des dizaines de chéquards, ou l'amertume de Jean Ducret, le directeur de la police judiciaire, qui a couvert son ministre dans l'affaire de Broglie. François Froment-Meurice, le trésorier du CDS, dénonce la « trahison » des dirigeants de son parti, accusés de l'avoir laissé tomber. Henri Emmanuelli se considère lui aussi comme un bouc émissaire, puisqu'il a été le seul à payer pour un système utilisé par tous. Quant à Louise-Yvonne Casetta, « la cassette » du RPR, doit-elle assumer seule les emplois fictifs de la mairie de Paris ?

Pendant presque un siècle, les responsables politiques ont souvent échappé à la sanction judiciaire. Depuis une quinzaine d'années, les choses ont changé, et la relaxe n'est plus synonyme d'étouffement. Mais en a-t-on profité pour nettoyer les écuries nauséabondes de la République ?

La correction des dérives ?

Si les scandales ne servent pas toujours à punir les véritables fautifs, permettent-ils au moins de corriger les erreurs ou les dérives du système ? Y a-t-il un effet bénéfique du scandale, en termes de réforme politique, de rénovation administrative ou de réorganisation de l'État ? Si l'on se réfère à notre corpus, on peut parfois en douter.

Peut-on considérer, par exemple, que le scandale de Panama ait supprimé les pratiques de corruption en usage sous la IIIe République ? Si la commission d'enquête parlementaire dénonce la collusion entre les intérêts privés et les élus de la République, elle ne propose aucune réforme. L'imbrication politico-financière peut se poursuivre après le scandale, en toute impunité.

L'expérience de Panama n'a pas servi d'avertissement aux nombreux ministres, parlementaires, hauts fonctionnaires et journalistes de tous poils qui ont accepté des pots-de-vin, des salaires plus ou moins fictifs ou des sièges potiches dans les conseils d'administration des escrocs Rochette, Oustric ou Stavisky. Dans un ouvrage intitulé *Profession parlementaire*, publié en 1937, l'ancien président du Conseil André Tardieu se dit choqué par la « confusion généralisée » du métier de parlementaire et de celui d'avocat d'affaires, « l'un des principaux moyens de la corruption politique ». Il cite notamment le cas d'un autre ancien président du Conseil, Pierre-Étienne Flandin, qui a longtemps exercé ses talents d'avocat-conseil auprès de l'Aéropostale et d'autres compagnies aéronautiques.

Faut-il pour autant occulter les effets bénéfiques du scandale ? Par le coup de projecteur qu'il donne sur les dysfonctionnements du régime, il permet bien souvent de le purger, voire de le réformer. C'est ainsi que les scandales à répétition des années 1930 aboutissent au décret-loi de 1935 créant la notion fondamentale d'abus de biens sociaux, la seule véritable arme juridique contre la corruption politico-financière. Le scandale du vin permet de pointer la gabegie des services de ravitaillement de l'après-guerre, suscitant une réorganisation et une épuration administrative salutaires. Le scandale du trafic des piastres provoque une dévaluation de la monnaie indochinoise, qui rend la spéculation beaucoup moins lucrative.

Sous la Ve République, le scandale jette un coup de projecteur sur les excès de l'État gaulliste. Le général de Gaulle, indigné par l'enlèvement de Ben Barka, impose *manu militari* une refonte totale des services secrets français. Vingt ans plus tard, c'est la même indignation qui poussera François Mitterrand à exiger la réorganisation immédiate du GIGN, compromis dans l'affaire des Irlandais de Vincennes, puis de la DGSE, impliquée dans le sabotage du *Rainbow Warrior*. De même, les scandales concernant les sociétés immobilières du début des années 1970 entraînent-ils une révision législative du statut de ces sociétés, puis le vote de la loi de novembre 1971 sur les incompatibilités parlementaires. Enfin, les scandales de financement occulte des partis ont suscité tout un arsenal législatif, depuis la loi de janvier 1990 jusqu'à celles de janvier 1995 et avril 1996, organisant le plafonnement et le financement publics. Mais il est vrai que la pratique ne suit pas toujours la législation.

Le règne de la combine

Il y a bien longtemps déjà que les politiques promettent des purges définitives, sans grand effet. Souvenons-nous par exemple de la déclaration de Georges Bonnet à la Chambre lors de l'affaire Oustric, le 14 novembre 1930 : « Dites-leur que c'en est fini des scandales, de la camaraderie, des complaisances coupables, que, pour les spéculateurs et les aventuriers, ce sont les portes des prisons seules qui doivent être ouvertes, qu'il y aura désormais un État fort qui saura défendre et protéger l'épargne. » Un demi-siècle plus tard, le 19 février 1993, le président François Mitterrand se targue d'être le premier président à avoir organisé « la lutte contre l'affairisme », en observant que cinquante-huit parlementaires sont incriminés dans des affaires judiciaires.

Certes, on pourrait gloser sans fin sur la nature des affaires, considérer que les affaires de bureaux d'études ou de trafic d'influence sont moins répréhensibles, moins « scandaleuses » que les pots-de-vin d'antan. Entre le magouilleur Daniel Wilson et l'intègre Henri Emmanuelli, il n'y a pas de commune mesure. On pourrait aussi tenter de comparer les scandales par la valeur des sommes qui y sont engagées. Mais ce sont des calculs hasardeux et surtout hors de notre propos, qui est d'évaluer la vertu purgative d'un siècle de scandales. La soixantaine de parlementaires évoqués par François Mitterrand renvoie à la centaine de chéquards sans doute impliqués dans le scandale de Panama. Les ficelles ne sont plus aussi grosses, les déviances ne sont plus les mêmes, mais la déviance est toujours là.

La distinction que notre législation instaure entre l'enrichissement personnel et le détournement au profit d'un parti peut légitimer toutes les dérives. D'ailleurs, en février 1997, un arrêt de la Cour de cassation, réduisant le champ des abus de biens sociaux, légitime en quelque sorte le pot-de-vin, à condition qu'il soit conforme aux intérêts de l'entreprise. De même, nombreux sont les exemples de contournements « scandaleux » de notre arsenal législatif. A-t-on éradiqué la corruption invisible, le salariat de l'homme politique ou de ses collaborateurs par les entreprises ? *Off the record*, certains affirment que des valises à billets continuent aujourd'hui encore à passer de main en main, et que le trafic d'influence a encore de beaux jours devant lui. Nombreux sont les paramètres qui peuvent expliquer la récurrence de ces pratiques frauduleuses : le coût exorbitant des campagnes électorales, en dépit des freins législatifs récents ; la décentralisation des pouvoirs, qui multiplie les lieux et les occasions de corrompre ; l'insuffisance des moyens conférés aux enquêteurs et aux juges dans la lutte contre la corruption ; l'auto-absolution trop souvent pratiquée par la classe politique à l'égard des siens ; enfin, et c'est peut-être le plus grave, un manque d'éthique, une complaisance, une sorte de tradition bon enfant de la combine et de la fraude, et qui traverse tout le corps social.

Tous les sondages le montrent : il y a dans la société française une indulgence coupable envers les fraudeurs et les tricheurs, du bas de l'échelle au sommet de l'ascenseur social, de l'artisan payé au noir au ministre soupçonné de corruption passive. Pour la seule année 2001, on enregistre quatre cent cinquante et une condamnations pour des délits d'abus de biens sociaux, qui recouvrent en fait la corruption politique et le financement occulte des partis. Et ce n'est que la partie émergée de l'iceberg. Selon le rapport 2002 de Transparency International évaluant le degré de corruption, la France se classe seulement au vingt-cinquième rang mondial, derrière le Botswana, et parmi les plus mauvais élèves de l'Europe, avec la Grèce et l'Italie. Trois ans plus tôt, elle était classée vingt-deuxième. Dans ces conditions, le chemin apparaît encore très long avant que le système politique français ne soit épuré de ses déviances et de ses excès. La litanie des scandales n'a pas vraiment suscité la purge républicaine tant espérée. En revanche, c'est à un autre niveau que le scandale permet une autre épuration : elle est politique.

La fabrique du scandale

Le scandale est avant tout une opération politique, dans sa fabrication comme dans son utilisation. La fabrique du scandale peut prendre plusieurs formes. Un article du journal *XIXe siècle*, en octobre 1887, révèle au grand public ce que le microcosme politico-médiatique connaît depuis des années : le trafic des décorations. Derrière cet article, les informations d'un certain Ladislas Heffler, qui serait manipulé par le radical Georges Clemenceau afin d'abattre les chefs de la République modérés. Ce même Clemenceau serait d'ailleurs à l'origine des révélations du mystérieux « Micros », publiées dans *La Libre Parole* en 1892, et qui aboutissent au scandale de Panama. L'opération se retournera ensuite contre le chef radical, emporté dans la tourmente panamiste, sur le thème de l'arroseur arrosé.

Dans l'affaire des fiches, le député nationaliste Guyot de Villeneuve a soigneusement préparé l'éclosion du scandale, avec l'aide de journaux complaisants. Dans la préparation de l'affaire

Berthelot, le rôle de Paul Doumer, lié à des intérêts concurrents en Indochine, apparaît central. La disgrâce des Berthelot constitue pour lui une double victoire, à la fois financière et politique, car elle éclabousse son rival Aristide Briand, leur protecteur. Quelques années plus tard, ce même Briand est de nouveau la victime politique d'un autre scandale, celui de la *Gazette du franc*, sans doute lancé par le président du Conseil Raymond Poincaré. En 1954, l'affaire des fuites est le résultat d'une opération politique menée par les adversaires de Pierre Mendès France et de François Mitterrand : policiers d'extrême droite et radicaux colonialistes. Ce même François Mitterrand est victime en 1959 de la provocation organisée par le poujadiste Pesquet. En 1969, chacun se demande d'où vient la campagne de rumeurs qui tente de mêler Georges Pompidou à l'affaire Markovic. Beaucoup évoquent une manipulation des gaullistes historiques, qui n'admettent pas de voir l'ancien directeur de la banque Rothschild s'emparer de l'héritage du Général. À proximité de l'élection présidentielle de mai 1981, Valéry Giscard d'Estaing est victime d'une campagne de presse menée par *Le Canard enchaîné*, et alimentée par les révélations de son ex-ami Bokassa, furieux d'avoir été lâché par le président français. Vengeance personnelle ? Manipulation des Libyens ? Orchestration des socialistes, à quelques semaines de l'élection ? Mais Giscard lui-même, du temps où il était ministre des Finances, n'a-t-il pas communiqué à la presse la feuille d'impôts de son Premier ministre Jacques Chaban-Delmas ? Quant à Jacques Chirac, Premier ministre de la cohabitation en 1986, il semble que son entourage ait personnellement lancé l'affaire Luchaire contre les socialistes, en dévoilant à la presse le contenu du rapport Barba, en novembre 1987, à quelques semaines de l'élection présidentielle de mai 1988.

Parfois, c'est vrai, on peut difficilement parler d'une fabrication politique du scandale. La faillite des escrocs Rochette, Oustric et Stavisky braque les feux des projecteurs sur leurs dérives et sur leurs complicités. Le gouffre financier de la Villette ou celui du Point du Jour suscitent l'attention de la justice puis de la presse. Les malversations des dirigeants de la Garantie foncière ou du Patrimoine immobilier les plongent dans le scandale. Si le ministre de l'Économie et des Finances Valéry Giscard d'Estaing révèle ces dossiers, n'est-il pas dans son rôle ? Peut-on reprocher à Michel Aurillac d'avoir dévoilé les détournements de fonds du Carrefour du développement ? Quelles que soient les arrière-pensées politiciennes, il est nécessaire que l'alternance politique permette de dévoiler les excès ou les fautes des équipes précédentes.

De même, il est bon que certains endossent l'armure de chevalier blanc dans la lutte contre la corruption. C'est le cas du ministre Yves Farge, indigné par le scandale du vin, de l'ancien militaire Jacques Despuech révélant le trafic des piastres, du haut fonctionnaire Gabriel Aranda ouvrant ses dossiers sur les copinages gaullistes, du général Stehlin critiquant le système Dassault, ou de l'inspecteur de police Antoine Gaudino poursuivant son enquête sur les financements occultes du Parti socialiste, en dépit des brimades de sa hiérarchie.

Faut-il se plaindre que le juge Thierry Jean-Pierre ait porté ce scandale sur la place publique, sous prétexte qu'il s'est ensuite engagé dans la vie politique ? Peut-on reprocher au juge Éric Halphen sa persévérance dans l'affaire des financements occultes du RPR, sous prétexte qu'il a ensuite rejoint Jean-Pierre Chevènement ? Ce serait confondre une fois de plus les intentions et les faits, et enlever à la démocratie sa capacité d'autocritique, qui est l'une de ses vertus. Pour autant, on ne peut occulter l'autre dimension majeure du scandale : son exploitation.

Jeux de massacre et règlements de comptes

Le scandale peut être une arme politique redoutable, pour qui sait l'utiliser. Si Daniel Wilson est absous par la justice et retrouve même son siège de député, chacun sait bien que la principale victime du scandale des décorations est son beau-père, Jules Grévy, contraint à démissionner de la présidence de la République en décembre 1887. L'affaire des décorations, au-delà du scandale de trafic d'influence, apparaît essentiellement comme un épisode politique : c'est le moment fondateur de la tradition protestataire et populiste incarnée par le boulangisme.

Cette même famille de la droite nationale et antiparlementaire exploite, cinq ans plus tard, le scandale de Panama. S'y mêlent de lourds relents d'antisémitisme, qui n'étaient pas encore présents dans l'affaire des décorations. En outre, les affaires de la IIIe République sont autant d'occasions de règlements de comptes au sein de la nébuleuse gouvernementale : le scandale des fiches permet aux radicaux modérés d'écarter Émile Combes ; l'affaire Rochette met sur la touche Joseph Caillaux ; l'affaire Berthelot conduit Aristide Briand à la démission ; André Tardieu est renversé à la suite de l'affaire Oustric ; quant au scandale Stavisky, il provoque la démission de Camille Chautemps, puis l'échec de Daladier, le 6 février 1934.

On retrouve ce phénomène après la Libération, l'instrumentation politique prenant le pas sur l'exigence de vérité et sur la volonté réformatrice. En 1946, les communistes exploitent le scandale du vin pour abattre le socialiste Félix Gouin ; en 1954, ils s'emparent du trafic des piastres pour exiger la fin de la « sale guerre » d'Indochine, mais, quelques mois plus tard, ils sont victimes de l'affaire des fuites, considérés comme des traîtres et des bradeurs d'empire. C'est une sorte de ping-pong politique auquel se livrent les protagonistes de la IVe République, à coups de scandales.

Ce jeu de massacre va-t-il disparaître sous la Ve République, grâce ou à cause de l'hégémonie gaulliste ? Rares en effet sont les scandales qui transpercent la muraille d'opacité et de silence dont s'entoure la forteresse UNR. L'enlèvement de Ben Barka donne bien du grain à moudre à l'opposition de gauche, mais sans grande conséquence politique. Il faut attendre la période postgaullienne, à partir de 1969, pour voir se multiplier les scandales, indissociables des règlements de comptes internes à la famille gaulliste : l'affaire Markovic en 1969, la feuille d'impôts de Chaban-Delmas en 1972 en sont les fruits. La formule assassine de Michel Poniatowski sur les « copains et les coquins » reflète l'exploitation par les giscardiens des déboires gaullistes. Quelques années plus tard, la revanche est cinglante, à l'occasion de l'affaire de Broglie ou de celle des diamants.

Si la droite reste prudente face aux premiers scandales de l'ère Mitterrand, c'est parce qu'elle y est piégée, par exemple pour le Carrefour du développement. Il suffit d'ailleurs de laisser les socialistes s'empêtrer dans les affaires de délits d'initié, de financements occultes, de corruption individuelle ou de sang contaminé. Un sondage révélé par TF1 en avril 1991, au moment de l'affaire Urba, indique que 71 % des personnes interrogées renvoient dos à dos la droite et la gauche sur le terrain des scandales. Les délits d'initié, les pots-de-vin, les financements occultes sont en contradiction absolue avec le discours historique de la gauche sur la perversité des forces de l'argent. « Notre formation a perdu, aux yeux de l'opinion, cette qualité qui la distinguait de beaucoup d'autres : la capacité d'être soumise aux tentations du pouvoir sans y céder », reconnaît Lionel Jospin en 1991, dans *L'Invention du possible.*

À qui profite le crime ?

Les années 1990 mettent en évidence l'effet miroir du scandale, les fautes des uns répondant aux erreurs des autres. La corruption d'un Maurice Arreckx renvoie à celle d'un Jean-Michel Boucheron, comme le système de Jean-Claude Méry ressemble à celui de Gérard Monate. Les systèmes de racket financier organisés sont communs à tous les grands partis dans les marchés truqués d'Île-de-France. D'où un réflexe de défense solidaire, commun à tous les grands partis. On voit plusieurs ténors de la droite réclamer la clémence pour Henri Emmanuelli, impliqué dans l'affaire Urba, tandis que le gouvernement Jospin se refuse à exploiter la cassette Méry pour affaiblir le président de la République. On évoque même l'hypothèse d'un pacte de non-agression conclu entre ce dernier et Roland Dumas, alors président du Conseil constitutionnel.

Ce vieux réflexe de solidarité des politiques est une constante de notre histoire républicaine, depuis Panama jusqu'à l'affaire Elf. Une fois que le règlement de comptes a eu lieu, le scandale n'a plus de raison d'être, et malheur à ceux qui veulent aller au bout de la vérité. Les manifestations d'indulgence ou de soutien transcendent les clivages politiques. En revanche, des protestations et des menaces sont adressées aux contre-pouvoirs, celui de la presse et celui des juges. Les procès en diffamation se multiplient contre les journalistes trop curieux et les mesures disciplinaires frappent les juges trop zélés. Instruction à charge, juges avides de publicité, violation systématique du secret de l'instruction : tels sont les griefs récurrents imputés par les politiques aux magistrats.

Instinct de défense ? Réflexe corporatiste du pouvoir politique, face aux contre-pouvoirs qui l'ébranlent ? Pas seulement. Il y a aussi, et depuis toujours, un parfum de trahison, un soupçon d'incivisme associé à ceux qui fouillent dans les poubelles de la politique. Journalistes d'investigation, magistrats zélés, députés ou simples citoyens, les dénicheurs de scandales souffrent bien souvent d'une image négative qui les apparente à des remueurs de boue. La raison de ce discrédit est enracinée dans notre histoire contemporaine : depuis que la République existe, celui qui révèle le scandale est perçu comme un ennemi de la République. L'amalgame se fait entre celui qui dénonce les dérives du système et ceux qui les exploitent de façon systématique, c'est-à-dire les adversaires du modèle républicain. De *La Libre Parole*, dénonçant les chéquards de Panama, à *Minute*, publiant la feuille d'impôts de Chaban-Delmas, l'extrême droite a toujours fait son miel des affaires. Depuis les boulangistes jusqu'à Jean-Marie Le Pen, pourfendant la « ripoublique », l'utilisation des scandales a toujours représenté l'une des armes favorites du populisme.

Quand la droite extrême a gouverné la France, c'était sous la forme du régime autoritaire et policier de Vichy, qui contrôlait et censurait l'information, donc qui ne permettait pas le scandale. Le marché noir, la réorganisation économique, les luttes d'influence entre factions rivales, les bénéfices de la collaboration et de l'aryanisation auraient pu susciter bien des affaires, bien des débats et des polémiques. Mais il aurait fallu pour cela que la vie parlementaire, la justice et la presse soient libres. Le scandale n'est possible que dans les régimes démocratiques, ce qui n'était pas le cas.

C'est justement parce que le système démocratique lui autorise une fonction protestataire que l'extrême droite a prospéré sur l'exploitation du scandale, accréditant l'idée d'un régime de combines et de corruption. Mieux que toute autre famille politique, elle profite du « Tous pourris ». On ne peut pas imputer aux seuls scandales la responsabilité du divorce entre le peuple et ses représentants. Mais c'est un élément qu'il faut prendre en compte, sous peine d'aggraver cette crise de confiance.

Le devoir d'indignation

« Il n'y a pas de crise morale ou de crise politique en France aujourd'hui », affirmait le président Chirac, le 14 décembre 2000, au lendemain de l'affaire Méry. Au-delà de sa dimension conjoncturelle, une telle formule nous renseigne sur la mentalité de la classe politique française à l'aube du XXIe siècle. Dans sa fonction de chef de l'État, garant de l'unité et de la stabilité de la nation, il ne paraît pas choquant que Jacques Chirac ait éprouvé le besoin d'apaiser les passions engendrées par le scandale. Qu'aurait-on pensé d'un président de la République dénonçant la corruption et l'affairisme, attisant les braises du populisme et de la démagogie ? Il était dans son rôle.

Pourtant, deux problèmes se posent, et ils sont de taille. Le premier problème, c'est que le président lui-même s'est trouvé mêlé à plusieurs scandales, comme d'ailleurs ses prédécesseurs Valéry Giscard d'Estaing et François Mitterrand. Il ne s'agit pas d'évaluer ici la culpabilité ou la responsabilité de l'un ou de l'autre dans les affaires qui les ont impliqués, mais simplement de constater que le régime s'est trouvé remis en cause jusqu'au sommet de l'État. Le second problème, d'ailleurs lié au premier, c'est que la crise morale et politique s'est bel et bien manifestée dans toute son ampleur lors des élections de 2002. Le premier tour a été le signe d'une crise de confiance sans précédent dans notre histoire politique.

Dans ces conditions, peut-on se satisfaire du sentiment de résignation cynique qui semble désormais accueillir les « affaires » ? Peut-on mettre fin aux scandales en jouant la carte de l'impasse judiciaire ? Peut-on faire l'économie d'une profonde réflexion éthique et des réformes nécessaires ? « Notre époque ne veut plus de cette corruption », disait en 1888 le substitut Lombard, au procès de Daniel Wilson. A-t-il été entendu ? Exiger la transparence et la justice, ce n'est pas faire le jeu du populisme.

Sans tomber dans la « logique d'épuration » dénoncée avec raison par Alain Finkielkraut, la politique doit se rendre plus convaincante, sous peine d'être rejetée. Sans devenir Robespierre, on peut admirer Émile Zola. Il est primordial de ne pas abandonner le terrain du scandale à l'exploitation démagogique dont se nourrissent les extrêmes. Le devoir d'indignation est une vertu républicaine.

ANNEXES

Tableau chronologique

Scandale	Motif	Révélation
		TROISIÈME
Les décorations, 1887	Trafic d'influence impliquant le gendre du président de la République.	Article du *XIXe siècle* (7 octobre 1887) peut-être manipulé par Clemenceau.
Panama, 1892	Trafic d'influence de dizaines de ministres et parlementaires, dont Charles Floquet, Maurice Rouvier et Albert Grévy.	Articles de *La Libre Parole* (septembre 1892) et interpellation du député Jules Delahaye, le 21 novembre 1892.
Les fiches, 1904	Abus de pouvoir du général André, ministre de la Guerre, en liaison avec le Grand Orient de France.	Articles du *Matin* (septembre-octobre 1904) et interpellation du député Jean Guyot de Villeneuve, le 28 octobre 1904.
Joseph Caillaux, 1914	Soupçon d'abus de pouvoir imputé au ministre des Finances Joseph Caillaux.	Articles de Gaston Calmette dans *Le Figaro* (1913-1914).
Les frères Berthelot, 1921	Abus de pouvoir de Philippe Berthelot, secrétaire général du ministère des Affaires étrangères, en faveur de son frère, le sénateur André Berthelot.	Éditorial de Charles Maurras dans *L'Action française* (2 juillet 1921) et interpellation du député Edmond Gast, le 8 juillet 1921.
La Gazette du franc, 1928	Escroqueries de Marthe Hanau et complicité de plusieurs parlementaires.	Arrestation de Marthe Hanau (4 décembre 1928) pour escroquerie et abus de confiance.

des scandales

Exploitation	Procès des politiques	Conséquences politiques
RÉPUBLIQUE		
Presse et députés boulangistes, ainsi que les radicaux de Clemenceau.	Procès en correctionnelle (février-mars 1888) : deux ans de prison pour Wilson ; mais acquitté en appel.	Démission du président Grévy (2 décembre 1887).
Presse et députés nationalistes.	Procès d'assises (8-22 mars 1893) : acquittement pour tous les politiques sauf pour l'ancien ministre Charles Baïhaut, condamné à cinq ans de prison.	Démission du ministre Rouvier puis du président du Conseil Émile Loubet (28 novembre 1892). Défaite des sortants aux élections de mars 1893.
Presse et députés nationalistes, ainsi que les radicaux modérés (Doumer, Caillaux) contre Émile Combes.	Aucun procès.	Démission du ministre André (15 novembre 1904) puis du président du Conseil Émile Combes (18 janvier 1905).
Presse et députés nationalistes et socialistes.	Procès d'assises (juillet 1914) : acquittement d'Henriette Caillaux.	Démission du ministre Joseph Caillaux (27 mars 1914).
Presse et députés nationalistes, socialistes, communistes, et Paul Doumer contre le président du Conseil Aristide Briand.	Procès en correctionnelle (août 1923) : amende de 3 000 francs pour André Berthelot.	Aristide Briand renversé (12 janvier 1922). Philippe Berthelot mis en non-activité pour dix ans (13 mars 1922), mais réintégré en 1925.
Presse et députés nationalistes, socialistes, communistes, et les adversaires d'Aristide Briand.	Procès en correctionnelle (octobre 1930) : deux ans de prison pour Marthe Hanau mais aucun politique condamné.	Aucune conséquence politique.

Scandale	Motif	Révélation
Oustric, 1930	Escroqueries d'Albert Oustric et complicité de plusieurs hauts fonctionnaires et parlementaires, dont le garde des Sceaux Raoul Péret.	Interpellation contre Gaston Péret (14 novembre 1930).
Stavisky, 1934	Escroqueries d'Alexandre Stavisky et complicité de plusieurs journalistes, hauts fonctionnaires et parlementaires, dont les ministres René Renoult et Henri Dalimier.	Articles de *La Liberté* (31 décembre 1933) et de *L'Action française* (4 janvier 1934).
		QUATRIÈME
Le scandale du vin, 1946	Abus de pouvoir et trafic d'influence de Pierre Malafosse et Georges Zerbini, conseillers ministériels, avec la complicité du vice-président du Conseil Félix Gouin.	Déclaration du ministre du Ravitaillement Yves Farge à l'Assemblée nationale (2 octobre 1946).
Les bons d'Arras, 1949	Organisation et complicité du vol des bons d'Arras par le député gaulliste Antoine de Récy.	Séance de levée d'immunité parlementaire de Récy (4 novembre 1949).
Les généraux, 1950	Divulgation d'un rapport militaire par les généraux Mast et Revers.	Article du *Time* (26 décembre 1950).
Le trafic des piastres, 1952	Trafic sur les piastres impliquant peut-être le haut-commissaire en Indochine Émile Bollaert et le RPF André Diethelm.	Article de Jacques Despuech dans *Le Monde* (20 novembre 1952).
André Boutemy, 1953.	Faits de collaboration imputés au ministre de la Santé André Boutemy.	Séance d'investiture du gouvernement René Mayer (22 janvier 1953).

Exploitation	Procès des politiques	Conséquences politiques
Presse et députés nationalistes, socialistes, communistes.	Rapport d'enquête parlementaire. Procès en Haute Cour (20-23 juillet 1931) : acquittement de Raoul Péret, Gaston Vidal, René Besnard et Albert Fabre.	Démission du garde des Sceaux Raoul Péret (17 novembre 1930). André Tardieu renversé (décembre 1930).
Presse et députés nationalistes, socialistes, communistes.	Rapport d'enquête parlementaire (mars 1935). Procès d'assises (4 novembre 1935-15 janvier 1936) : deux ans de prison pour Garat et un an avec sursis pour Bonnaure.	Démission du ministre des Colonies Henri Dalimier (8 janvier 1934) puis du président du Conseil Camille Chautemps (27 janvier 1934). Émeutes du 6 février 1934 et démission du cabinet Daladier.
RÉPUBLIQUE		
Presse et députés communistes.	Rapport d'enquête parlementaire (29 mars 1950). Procès en diffamation (22 janvier-15 mars 1948) : Gouin débouté. Procès en appel (9 mars 1953) : Farge condamné.	Yves Farge écarté du gouvernement Léon Blum (décembre 1946), dans lequel Félix Gouin est ministre d'État.
Presse et députés communistes.	Procès d'assises (mai-juin 1952) : dix ans de travaux forcés pour Antoine de Récy.	
Presse et députés communistes.	Mise à la retraite d'office des généraux Mast et Revers (21 juin 1950).	
Communistes et anticolonialistes (*L'Express, L'Observateur)*.	Procès en correctionnelle (30 novembre 1953) : Despuech condamné pour diffamation envers Bollaert.	
Presse et députés communistes, anciens résistants et *L'Observateur*.		Démission d'André Boutemy (9 février 1953).

Scandale	Motif	Révélation
Les fuites, 1954	Divulgation des débats du Conseil national de défense par Labrusse et Turpin.	Révocation du commissaire Dides (22 septembre 1954).
		CINQUIÈME
L'attentat de l'Observatoire, 1959.	Faux attentat de Robert Pesquet contre François Mitterrand, sénateur de la Nièvre (15 octobre 1959).	Révélations de Robert Pesquet (22 octobre 1959).
Le Point du Jour, 1961.	Malversations et escroqueries des promoteurs du Point du Jour, dont l'architecte Fernand Pouillon et l'ancien préfet Paul Haag.	Article du *Canard enchaîné*, 15 février 1961 : « Le scandale du Point du Jour ».
Ben Barka, 1965.	Complicité des policiers et des services secrets français dans l'enlèvement de Ben Barka (29 octobre 1965).	Articles de presse du 31 octobre 1965.
La Villette, 1969.	Erreurs de gestion du président de la SEMVI, le député Michel de Grailly.	Rapport de la SEMVI (12 décembre 1969).
Garantie foncière et Patrimoine foncier, 1971.	Malversations des dirigeants de sociétés immobilières, Frenkel et Lipsky, avec la complicité des députés gaullistes Rives-Henrÿs et Roulland.	Article du *Canard enchaîné* (30 juin 1971).
Aranda, 1972.	Trafic d'influence au ministère de l'Équipement, au profit de l'UNR. Rackets financiers et marchés truqués.	Article du *Canard enchaîné* (13 septembre 1972).

Exploitation	Procès des politiques	Conséquences politiques
Presse de droite (*L'Aurore*) et surtout extrême droite contre Mitterrand.	Procès militaire (7 mars-20 mai 1956) : six ans de prison pour Labrusse et quatre ans pour Turpin ; acquittement de Jean Mons et André Baranès.	Révocation du secrétaire général de la Défense nationale Jean Mons (6 octobre 1954).
RÉPUBLIQUE		
Presse et députés d'extrême droite.		
Presse et députés d'opposition, surtout communistes et indépendants.	Procès en appel (18 novembre 1963-15 janvier 1964) : trois ans pour Pouillon, sursis pour Haag.	Joël Le Tac écarté du comité central de l'UNR.
Presse et organisations politiques de gauche, notamment François Mitterrand.	Procès d'assises (5 septembre 1966-5 juin 1967) : huit ans pour Lopez, six ans pour Souchon, perpétuité pour le général Oufkir par contumace.	
Le Canard enchaîné, *Minute*, presse et députés de gauche.	Rapport de la commission d'enquête sénatoriale (avril 1971) : aucune responsabilité politique.	Michel de Grailly battu aux élections législatives (mars 1973).
Presse et députés de gauche, et surtout l'entourage de Valéry Giscard d'Estaing.	Procès en correctionnelle de la Garantie foncière (18 octobre 1973-19 mars 1974) : sept ans pour Frenkel, trois ans pour Rochenoir, trente mois pour Rives-Henrÿs. *Idem* pour le Patrimoine foncier (5 juin-26 juillet 1975) : cinq ans pour Lipsky, trois ans avec sursis pour Roulland.	Démission parlementaire de Rives-Henrÿs.
Presse d'opposition.	Procès en diffamation (19 janvier-15 février 1974) : 2 000 francs d'amende pour Aranda.	Démission de René Tomasini, secrétaire général de l'UNR (fin août 1972). Démission du député Gérard Sibeud de l'UNR (27 septembre 1972).

Scandale	Motif	Révélation
Général Stehlin, 1974.	Privilèges accordés par le gouvernement Chirac à l'avionneur Marcel Dassault.	Lettre du général Stehlin publiée par *Le Figaro* (6 novembre 1974).
De Vathaire, 1976.	Fraudes fiscales et détournements de fonds publics imputés à Dassault par son chef-comptable Hervé de Vathaire.	Articles du *Point* (13 septembre et 18 octobre 1976).
De Broglie, 1976.	Assassinat du député Jean de Broglie (24 décembre 1976). Étouffement de l'enquête par le ministre de l'Intérieur Michel Poniatowski.	Articles du *Canard enchaîné* (5 janvier 1977 et 2 avril 1980).
Les diamants, 1979.	Cadeaux de l'ex-« empereur » Bokassa au président Giscard d'Estaing et à ses proches.	Article du *Canard enchaîné* (10 octobre 1979) grâce aux révélations de Roger Delpey.
Les avions renifleurs, 1983.	Rétention par le président Giscard d'Estaing d'un rapport de la Cour des comptes sur les avions renifleurs (1979).	Déclaration du secrétaire d'État au Budget Henri Emmanuelli à l'Assemblée nationale (21 décembre 1983).
Les Irlandais de Vincennes, 1983.	Manipulations du GIGN, couvert par le commandant Prouteau, conseiller du président Mitterrand (28 août 1982).	Articles du *Monde* (21 mai 1983, 10 avril 1984, 31 octobre 1985).
Rainbow Warrior, 1985.	Attentat contre un navire de Greenpeace, avec l'accord du ministre de la Défense Charles Hernu (13 juillet 1985).	Articles dans différents journaux (début août 1985) et *Le Monde* (14 septembre 1985).
Carrefour du développement, 1986.	Détournements de fonds du ministère de la Coopération par Yves Chalier, directeur de cabinet de Christian Nucci.	Articles dans différents journaux (fin juin 1986) et *Le Point* (10 novembre 1986 et 25 janvier 1987).
Luchaire, 1987.	Vente d'armes illégale à l'Iran, sous les gouvernements Fabius et Chirac (1984-1987).	Articles du *Point* (2 novembre 1987), du *Figaro* (4 novembre 1987) et du *Monde* (23 décembre 1987).

Exploitation	Procès des politiques	Conséquences politiques
Presse et députés gaullistes.		Démission du général Stehlin de son mandat de député.
Presse de gauche et giscardiens.	Procès en correctionnelle (30 mars-5 avril 1977) : quatre ans de prison pour Hervé de Vathaire.	Rapport de la commission d'enquête Limouzy (21 avril 1977) : Dassault innocenté.
Presse de gauche et gaullistes.	Procès d'assises (4 novembre-23 décembre 1981) : dix ans pour Pierre de Varga, Guy Simoné et Gérard Frèche.	Rapport de la commission d'enquête Longuet (20 janvier 1981) : Poniatowski innocenté.
Campagne du *Canard enchaîné*. *Le Monde*, socialistes et gaullistes.		Valéry Giscard d'Estaing battu à l'élection présidentielle du 10 mai 1981.
Gouvernement et députés socialistes.		
Le Monde et d'autres organes de presse.	Annulation de la procédure contre les trois Irlandais arrêtés (5 octobre 1983).	
Communistes et Verts.		Démission du ministre Charles Hernu (22 septembre 1985).
Communistes et droite contre Nucci puis socialistes et communistes contre Pasqua.	Procès d'assises (23 mars-1er avril 1992) : cinq ans de prison pour Yves Chalier.	Non-lieu de la commission d'instruction de la Haute Cour pour Christian Nucci (4 avril 1990).
Chiraquiens puis socialistes.	Non-lieu (16 juin 1989).	

Scandale	Motif	Révélation
Triangle, 1988.	Délits d'initiés dans les opérations sur le titre Triangle (16-18 novembre 1988).	Articles de *L'Express* (13 décembre 1988) et du *Monde* (23 janvier 1989).
Société générale, 1989.	Délit d'initié lors de l'OPA sur la Société générale (19 octobre 1988).	Interview du ministre Roger Fauroux dans *L'Express* (13 janvier 1989).
Le sang contaminé, 1991.	Responsabilité des politiques et des médecins dans l'empoisonnement des transfusés par des lots sanguins infectés par le virus du sida.	Démission du docteur Garretta, directeur du Centre national de transfusion sanguine (1er juin 1991).
Urba-Sages, 1991-1992.	Financement occulte du Parti socialiste par des bureaux d'études fictifs.	Articles de *L'Événement du jeudi* et du *Canard enchaîné* sur la SORMAE (février 1989).
Noir-Botton, 1992.	Trafic d'influence, financements occultes imputés à l'homme d'affaires Pierre Botton, à son beau-père Michel Noir, député-maire de Lyon, et à Michel Mouillot, député-maire de Cannes.	Aveux au juge de Pierre Botton (novembre 1992).
Carignon, 1994.	Trafic d'influence, financements occultes, corruption passive imputés à Alain Carignon, député-maire de Grenoble.	Ouverture d'une information judiciaire dans l'affaire *Dauphiné News* (février 1994).
Finances du PR, 1994.	Financement occulte du PR par des bureaux d'études fictifs et des paradis fiscaux. Malversations de Gérard Longuet.	Article du *Monde* (29 mars 1994).

Exploitation	Procès des politiques	Conséquences politiques
Chiraquiens, libéraux et communistes.	Procès en appel (26 avril-6 juillet 1994) : deux ans dont un avec sursis pour Alain Boublil, un an pour Samir Traboulsi, deux ans avec sursis pour Max Théret.	Démission d'Alain Boublil, directeur de cabinet de Pierre Bérégovoy (20 janvier 1989).
Chiraquiens, libéraux et communistes.	Procès en correctionnelle (7 novembre 2002) : abandon des poursuites pour délai dépassé.	
Toute la droite et les communistes.	Procès des médecins en correctionnelle (22 juin-22 octobre 1992) : quatre ans de prison pour Michel Garretta.	Procès des ministres devant la Cour de justice de l a République (9 février-9 mars 1999) : Laurent Fabius et Georgina Dufoix relaxés ; Edmond Hervé condamné mais dispensé de peine.
Toute la droite et les communistes.	Procès en appel (février-mars 1996) : dix-huit mois de prison avec sursis et privation de deux ans des droits civiques pour Henri Emmanuelli.	Henri Emmanuelli démis de ses fonctions de député pour deux ans (17 décembre 1997).
La gauche et les chiraquiens.	Procès en appel (novembre 1995-janvier 1996) : cinq ans de prison dont dix-huit mois avec sursis pour Pierre Botton, dix-huit mois avec sursis pour Michel Noir et Michel Mouillot.	Michel Noir ne se représente pas à la mairie (1995) et abandonne son siège de député (février 1997).
La gauche.	Procès en appel (juin-juillet 1996) : quatre ans de prison pour Alain Carignon.	Démission d'Alain Carignon du ministère de la Communication (17 juillet 1994).
Canard enchaîné.	Relaxe de Gérard Longuet (novembre 1997).	Démission de Gérard Longuet du ministère de l'Industrie (13 octobre 1994). Jean-Pierre Thomas, trésorier du PR, quitte la politique (novembre 1997).

Scandale	Motif	Révélation
Finances du CDS, 1995.	Financement occulte du CDS par des bureaux d'études fictifs.	Aveux au juge de François Froment-Meurice, trésorier du CDS (mars 1995).
Marchés truqués, 1994-2000.	Trafic d'influence sur les marchés des offices HLM de Paris et des Hauts-de-Seine, ainsi que sur ceux des lycées d'Île-de-France.	Interpellation du docteur Maréchal, beau-père du juge Halphen (20 décembre 1994). Interview de Claude-Annick Tissot dans *Le Parisien* (9 mai 1996). Publication des révélations de Jean-Claude Méry dans *Le Monde* (22-23 septembre 2000).
Elf-Roland Dumas, 1997-2000.	Commissions occultes de la société Elf et trafic d'influence du ministre des Affaires étrangères Roland Dumas.	Inculpation de Christine Deviers-Joncour (7 novembre 1997).

Exploitation	Procès des politiques	Conséquences politiques
Canard enchaîné.	Procès en correctionnelle (décembre 1999-février 2000) : huit mois de prison avec sursis pour Froment-Meurice, Pierre Méhaignerie et Jacques Barrot, mais amnistie.	
Les Verts, Arnaud Montebourg, l'extrême droite.	Arrêt du Conseil constitutionnel sur l'immunité présidentielle (22 janvier 1999).	Démission de Michel Roussin du ministère de la Coopération (14 novembre 1994). Jean Tiberi exclu du RPR (12 octobre 2000).
Les Verts, Arnaud Montebourg, l'extrême droite.	Procès en appel (30 janvier 2003) : Roland Dumas relaxé, trente mois pour Le Floch-Prigent, trois ans pour Sirven.	Roland Dumas démissionne de la présidence du Conseil constitutionnel (29 février 2000).

Sources et Bibliographie

Pour des raisons bien compréhensibles, les archives consultables sont beaucoup plus riches sur la IIIe République que sur les suivantes. Pour la période postérieure à 1945, nous disposons heureusement de nombreux témoignages et d'enquêtes journalistiques.

Première partie 1. L'invention du scandale (1870-1900).

Sources manuscrites.

Archives nationales.

• Série F7 Police générale : 12 549. Affaire Wilson ; 12921 à 12929 : affaire de Panama.

• Panthéon du ministère de l'Intérieur (dossiers provenant du Contrôle général de la police et de la Sûreté nationale, versés en 1981. Mi 25 294 : Léopold Arton ; Mi 25 310 : Georges Clemenceau ; Mi 25 315 : Jules Delahaye et François Deloncle ; Mi 25 338 : Cornélius Herz ; Mi 25 347 : Ferdinand de Lesseps ; Mi 25 373 : Maurice Rouvier ; Mi 25 396 : Daniel Wilson.

Archives de la préfecture de police de Paris.

• Série B/a : 188 à 191 : affaires de Panama ; 192 à 194 : affaire Cornélius Herz ; 937 à 940 : Léopold Arton ; 1012 : Albert Christophle ; 1238 : Jacques de Reinach ; 1260 : Maurice Rouvier ; 1300 : Daniel Wilson.

• Série E/a. 8 : Jules Grévy ; 14 : Maurice Rouvier ; 109 : Joseph Reinach et Daniel Wilson.

Sources imprimées.

Commissions d'enquête parlementaires.

— Sur les faits de trafics de fonctions publiques et des décorations, rapport général d'Émile Brousse, Chambre des députés, 6 juillet 1889, n° 3908.

— Affaire de Panama, rapport général d'Ernest Vallé, Chambre des députés, 27 janvier 1898, n° 2992.

Témoignages.

Barrès (Maurice), *Le Roman de l'énergie nationale*, 3 vol. : *Les Déracinés*, *L'Appel au soldat*, *Leurs Figures*, 1897-1902.

Chirac (Auguste), *Les Rois de la République, Histoire des juiveries*, Arnould, 1883 ;

L'Agiotage sous la IIIe République, 1880-1887, Savine, 1887.

Freycinet (Charles de), *Souvenirs*, 3 vol., Librairie Delagrave, 1913.

Gilly (Numa), *Mes Dossiers*, Paris, 1889.

Lajeune-Vilar (André), *La Bande opportuniste. Mœurs et tripotages du monde politique*, A. Charles, 1896.

Bibliographie.

Bourson (Pierre-Alexandre), *L'Affaire Panama*, De Vecchi, 2000.

Bouvier (Jean), *Les Deux Scandales de Panama*, Julliard, collection « Archives », 1964.

Chabannes (Jacques), *Les Scandales de la IIIe République de Panama à Stavisky*, Librairie académique Perrin, 1972.

Dansette (Adrien), *Les Affaires de Panama*, Librairie académique Perrin, 1934 ; *L'Affaire Wilson et la chute du président Grévy*, Librairie académique Perrin, 1936.

Duroselle (Jean-Baptiste), *Clemenceau*, Fayard, 1988.

Garrigues (Jean), *La République des hommes d'affaires. 1870-1900*, Aubier Histoires, 1997 ; *Les Patrons et la politique. De Schneider à Seillière*, Perrin, 2002.

Guilleminault (Gilles), *La France des gogos : trois siècles de scandales financiers*, Fayard, 1976.

Halévy (Daniel), *La Fin des notables*, Grasset, 1930.

Joly (Bertrand), *Déroulède. L'inventeur du nationalisme*, Perrin, 1998.

Loménie (Emmanuel Beau de), *Les Responsabilités des dynasties bourgeoises*, Denoël, 1947.

Simon (Maron), *The Panama Affair*, Charles Scribner and Sons, New York, 1971.

Mollier (Jean-Yves), *Le Scandale de Panama*, Fayard, 1991.

Rioux (Jean-Pierre), *Frissons fin de siècle*, éditions du *Monde*, 1990.

Toesca (Maurice), *Le Scandale des décorations*, Imprimerie Mame, 1971.

Zévaès (Alexandre), *Le Scandale de Panama*, La Nouvelle Revue critique, 1931.

Deuxième partie. Le temps des radicaux (1900-1940).

Sources manuscrites.

Archives nationales.

- Série F7 Police générale : 13 979. Affaire Oustric ; 14 667 : affaire Rochette ; 14 668 : affaire Stavisky ; 14 689 : Marthe Hanau, Oustric.
- Panthéon du ministère de l'Intérieur. Mi 25 300 : les Berthelot ; Mi 25 307 : Joseph Caillaux ; Mi 25 335 : Marthe Hanau ; Mi 25 372 : Henri Rochette ; Mi 25 376 à 25 388 : Alexandre Stavisky.
- Fonds Louis Marin. 317 AP 24 : commission d'enquête sur l'affaire Oustric ; 317 AP 28-29 : spéculations illicites.

Archives de la préfecture de police de Paris.

- Série B/a : 1972 : commission d'enquête sur l'affaire Stavisky.
- Série G/a : O1 : Albert Oustric.

Sources imprimées

Commissions d'enquête parlementaires.

— Sur les circonstances qui ont préparé, précédé, accompagné ou suivi l'arrestation du financier Rochette, rapport de Daniel de Folleville, Chambre des députés, séance du 10 mars 1911, n° 814.
— Sur les concours d'ordre politique dont auraient pu bénéficier les spéculateurs et les affaires qui ont mis en danger l'économie nationale, le marché des valeurs et l'épargne publique [affaire de la « Snia Viscosa »], rapport de Louis Buyat, Chambre des députés, séance du 11 mars 1931, n° 4756.
— Affaires Stavisky, rapport général d'Ernest Lafont, Chambre des députés, séance du 7 mars 1935, n° 4886.

Témoignages.

Caillaux (Joseph), *Mes Mémoires*, 3 vol., Plon, 1942.
Hanau (Marthe), *La Vérité sur l'affaire de la* Gazette du franc, Robert Jon, 1930.
Mennevée (Roger), *Les Documents politiques, économiques et financiers*, Paris, 1930-1933.
Rochette (Henri), *Henri Rochette écrit par lui-même*, Librairie du bon plaisir, 1931.
Tardieu (André), *La Profession parlementaire*, Flammarion, 1937.

Bibliographie.

Allain (Jean-Claude), *Joseph Caillaux. Le Défi victorieux, 1863-1914*, Imprimerie nationale, 1978.
Bredin (Jean-Denis), *Joseph Caillaux*, Hachette, 1980.
Charlier (Jean-Michel), Montarron (Michel), *Stavisky*, Robert Laffont, 1975.
Desanti (Dominique), *La Banquière des Années folles*, Fayard, 1968.

Dumarcet (Lionel), *L'Affaire Caillaux*, De Vecchi, 1999.
Ferenczi (Thomas), *Ils l'ont tué ! L'affaire Salengro*, Plon, 1995.
Fitère (Jean-Marie), *Alexandre Stavisky : scandale dans la République*, Acropole, 2000.
Jankowski (Paul), *Cette vilaine affaire Stavisky : histoire d'un scandale politique*, Fayard, 2000.
Jeanneney (Jean-Noël), *L'Argent caché. Milieux d'affaires et pouvoirs politiques dans la France du XX*[e] *siècle*, Fayard, 1984.
Privat (Maurice), *Le Scandale de la* Gazette du franc, Paris, 1931.
Rouvière (Jacques), *L'Affaire Salengro ou les bas-fonds de la République*, Belfond, 1982.
Vindé (François), *L'Affaire des fiches 1900-1904 : chronique d'un scandale*, Éditions Universitaires, 1989.

Troisième partie. Règlements de comptes pendant la guerre froide (1945-1958).

Sources manuscrites.

Archives nationales.

Fonds André Boutemy : 553 AP 1 à 46.

Sources imprimées.

Commissions d'enquête parlementaires.

— Sur la production du vin, la livraison du vin par les producteurs au Ravitaillement général et la répartition de ce vin entre les attributaires, rapport de Gérard Vée, Assemblée nationale, séance du 8 juin 1948, n° 4485.
— Affaire des généraux, rapport d'Eugène Delahoutre, Assemblée nationale, séance du 28 juillet 1950, n° 10795.
— Enquête sur le trafic des piastres, rapport de Raymond Mondon, Assemblée nationale, séance du 17 juin 1954, n° 8681.

Témoignages.

Delarue (Jacques), *Recueil de documents sur le trafic des piastres*, archives de la BDIC, F Delta Res 860.
Despuech (Jacques), *Le Trafic des piastres*, La Table ronde, rééd., 1974.
Farge (Yves), *Le Pain de la corruption*, Le Chêne, 1947.
Gouin (Félix), *Un certain goût de fiel*, Nice, sd.
Mons (Jean), *Sur les routes de l'Histoire : cinquante ans au service de l'État*, Albatros, 1982.

Bibliographie.

Clément (Claude), *L'Affaire des fuites : objectif Mitterrand*, Olivier Orban, 1980.

Elgey (Georgette), *La République des illusions, 1945-1951*, Fayard, 1993 ;
La République des contradictions, 1951-1954, Fayard, 1968 ;
La République des tourmentes, 1954-1959, Fayard, 2 T, 1992 et 1997.
Galtier-Boissière (Jean), *Scandales de la IVe République*, *Le Crapouillot*, 1955.
Marcus (Paul), *La République trahie : l'affaire des fuites*, Atlantica, 1999.

Quatrième partie. Des barbouzes et des promoteurs (1958-1974).

Commission d'enquête parlementaire.

Sur les sociétés civiles de placement immobilier et sur leurs rapports avec le pouvoir exécutif, rapport d'Armand Le Douarec, Assemblée nationale, 28 avril 1972, n° 2290.

Témoignages.

Aranda (Gabriel), *L'État piégé*, Stock, 1972.
Lopez (Antoine), *Confessions d'un espion*, Fayard, 2000.
Figueras (André), *L'Affaire du bazooka*, Déterna, 1999.
Pesquet (Robert), *Mon vrai-faux attentat contre François Mitterrand : la vérité sur l'affaire de l'Observatoire*, Michel Lafon, 1995.
Pouillon (Fernand), *Mémoires d'un architecte*, Le Seuil, 1968.
Rochenoir (Victor), *Cette vilaine affaire*, Fayard, 1972.

Enquêtes.

Derogy (Jacques), *Ils ont tué Ben Barka*, Fayard, 1999.
Guérin (Daniel), *Ben Barka, ses assassins, seize ans d'enquête*, Plon, 1981.
Madelin (Philippe), *Dossier I… comme immobilier*, Alain Moreau, 1974.
Violet (Bernard), *L'Affaire Ben Barka*, Le Seuil, 1995.

Cinquième partie. Le temps des liaisons dangereuses (1974-1981).

Commission d'enquête parlementaire.

Sur l'utilisation des fonds publics alloués aux entreprises privées ou publiques de l'industrie aéronautique, rapport de Jacques Limouzy, Assemblée nationale, séance du 27 octobre 1978, n° 2563.

Témoignages.

Boulin (Bertrand), *La Vérité sur mon père*, Stock, 1980.
Delpey (Roger), *La Manipulation*, J. Grancher, 1981 ;
Prisonnier de Giscard, J. Grancher, 1982 ;
Le Blanc et le Noir, J. Grancher, 1991.
Giscard d'Estaing (Valéry), *Le Pouvoir et la vie*. tome 2 « L'Affrontement », Livre de poche, 1992.

Poniatowski (Michel), *Mémoires*, Éditions du Rocher, 1997.
Ribemont (Patrick de), *Échec aux princes : l'affaire de Broglie*, H. Berger, 1978.
Simoné (Guy), *L'Affaire de Broglie : un crime d'État*, Michel Lafon, 1999.

Enquêtes.

Assouline (Pierre), *Monsieur Dassault*, Stock, 1983.
Bacelon (Jacques), *L'Affaire de Broglie*, J. Picollec, 1981.
Bothorel (Jean), *Histoire du septennat giscardien*, Grasset, 1983.
Denis (Stéphane), *La Chute de la maison Giscard*, Jean-Claude Lattès, 1981.
Derogy (Jacques), Pontaut (Jean-Marie), *Enquête sur les affaires d'un septennat*, Robert Laffont, 1981.
Péan (Pierre), *Affaires africaines*, Fayard, 1983.
Ynfante (Jesus), *Un crime sous Giscard : l'affaire de Broglie, l'Opus Dei, Matesa*, F. Maspero, 1981.

Sixième partie. L'explosion des scandales (1981-2000).

Témoignages.

Barril (Paul), *Missions très spéciales*, Presses de la Cité, 1984 ;
Guerres secrètes à l'Élysée. 1981-1985, Albin Michel, 1986.
Beau (Jean-Michel), *Les Irlandais de Vincennes : l'honneur d'un gendarme*, Livre de poche, 1990.
Carion (Alain), *De Mitterrand à Chirac, les affaires : dix ans dans les coulisses du pouvoir*, Plein Sud, 1996.
Carignon (Alain), *Une saison dans la nuit*, Grasset, 1995.
Chalier (Yves), *La République corrompue*, Robert Laffont, 1991.
Deviers-Joncour (Christine), *La Putain de la République*, Calmann-Lévy, 1998.
Dumas (Roland), *L'Épreuve, les preuves*, Michel Lafon, 2003.
Gaudino (Antoine), *L'Enquête impossible*, Albin Michel, 1990.
Greisalmer (Laurent), *Les juges parlent*, Fayard, 1992.
Halphen (Eric), *Sept ans de solitude*, Denoël, 2002.
Jean-Pierre (Thierry), *Bon appétit, messieurs !*, Le Grand Livre du mois, 1991 ;
Lettre ouverte à ceux que les petits juges rendent nerveux, Albin Michel, 1994.
Joly (Eva), *Notre affaire à tous*, Les Arènes, 2002.
Mafart (Alain), *Carnets secrets d'un nageur de combat*, Albin Michel, 1999.
Médecin (Jacques), *La République des juges*, Hachette, 1996.
Nallet (Henri), *Tempête sur la justice*, Plon, 1992.
Prieur (Dominique), *Agent secrète*, Fayard, 1995.
Trager (René), *L'Affaire Trager*, Éditions du Rocher, 1992.

Enquêtes.

Agret (Roland), *La Voyoucratie au service de la démocratie : les grandes affaires d'État*, Filippachi, 1997.

Coignard (Sylvie), *La République bananière*, Belfond, 1989.
Deloire (Christophe), *Cadavres sous influence : les morts mystérieuses de la Ve République*, Jean-Claude Lattès, 2003.
Denis (Stéphane), *Le Roman de l'argent*, Albin Michel, 1988.
Derogy (Jacques), *Enquête sur trois secrets d'État*, Robert Laffont, 1986.
Derogy (Jacques), Pontaut (Jean-Marie), *Enquête sur un carrefour dangereux*, Fayard, 1987.
Gaetner (Gilles), *Les Épinglés de la République*, Jean-Claude Lattès, 1995.
Gattegno (Hervé), *L'Affaire Dumas*, Stock, 1998.
Genestar (Alain), *Les Péchés du prince*, Grasset, 1992.
Gerber (François), *Affaires d'État, de Ben Barka à Tiberi : comment le parquet étouffe les dossiers*, Albin Michel, 1997.
Giret (Vincent), *Les Vies cachées de DSK*, Le Seuil, 2000.
Greisalmer (Laurent), *Le Procès du sang contaminé*, Le Monde Éditions, 1992.
Jeambar (Denis), Lech (Jean-Marc), *La Grande Lessive : anarchie et corruption*, Flammarion, 1994.
Lecomte (Claude), *Coulez le « Rainbow Warrior » !*, Éditions sociales, 1985.
Montaldo (Jean), *Mitterrand et les quarante voleurs*, Albin Michel, 1994 ; *Les Voyous de la République*, Albin Michel, 2001.
Péan (Pierre), *Enquête sur l'affaire des avions renifleurs*, Fayard, 1984.
Raffy (Serge), *Monsieur Gendre : le roman vrai de l'affaire Botton*, Fayard, 1995.
Ravai (Nazadine), *La République des vanités. Petits et grands secrets du capitalisme français*, Grasset, 1997.
Riedmatten (Louis-Armand de), *L'Affaire du sang contaminé*, Éditions du Rocher, 1992.
Robert (Denis), *Pendant les affaires, les affaires continuent*, Stock, 1996.
Routier (Airy), *La République des loups*, Calmann-Lévy, 1989.
Routier (Airy), Lecasble (Valérie), *Forages en eau profonde : les secrets de l'affaire Elf*, Grasset, 1998.
Villeneuve (Charles), *Les Liaisons dangereuses de Pierre Bérégovoy. Enquête sur la mort d'un Premier ministre*, Plon, 1993.
Wolton (Thierry), *Les Écuries de la Ve*, Grasset, 1989.

Analyse.

Bouvier (Jean-Claude), *Les Affaires, ou comment s'en débarrasser*, La Découverte, 1997.
Chagnollaud (Dominique), *État politique de la France : les grands débats, affaires et « scandales »*, Quai Voltaire, 1993.
Charon (Jean-Marie), *Un secret bien violé : la loi, le juge et le journaliste*, Le Seuil, 2000.
Colombani (Jean-Marie), Portelli (Hugues), *Le Dernier Septennat de François Mitterrand*, Grasset, 1995.
Deysine (Anne), Kesselman (Dona), *Argent, politique et corruption*, Actes du Colloque de Paris-X-Nanterre, juin 1998.
Dutrait-Crozon (Henri), *La Justice républicaine*, Éditions du Trident, 1998.

Georgel (Jacques), *Dictionnaire des affaires : argent et politique*, Apogée, 1997.
Lascoumes (Pierre), *Corruptions*, Presses de Sciences Po, 1999.
Martin (Laurent), « *Le Canard enchaîné » ou les fortunes de la vertu*, Flammarion, 2001.
Mény (Yves), *La Corruption de la République*, Fayard, 1992 ;
La Corruption dans la vie publique, La Découverte, 1997.
Mény (Yves), Della Porta (Donatella), *Démocratie et corruption en Europe*, La Découverte, 1995 ;
« La corruption », *Pouvoirs*, n° 31, 1984.

Index des noms

A

B

C

D

E

F

K

L

M

N

O

P

Q

R

Table

Remerciements à Nicole Lattès, Dominique Missika
et Elsa Rosenberger qui ont rendu possible cet ouvrage.

Impression réalisée sur CAMERON par

BUSSIÈRE CAMEDAN IMPRIMERIES

GROUPE CPI

à Saint-Amand-Montrond (Cher)
pour le compte des Éditions Robert Laffont
en février 2004

N° d'édition : 44476. — N° d'impression : 040553/4.
Dépôt légal : février 2004.

Imprimé en France